Langenscheidt
Schiele & Schön

Praxiswörterbuch
Textil und Mode

Englisch · Deutsch · Französisch
Italienisch

von
Gerhard Rebmann

W0326234

Langenscheidt

Berlin · München · Wien · Zürich
London · Madrid · New York · Warschau

Dritte, aktualisierte und erweiterte Auflage des
Langenscheidt Praxiswörterbuches Bekleidung und Mode

Das Langenscheidt Praxiswörterbuch Textil und Mode ist die gekürzte Ausgabe von Gerhard Rebmanns großem „Illustriertem Modewörterbuch mit Erläuterungen Deutsch-Englisch-Französisch-Italienisch", erschienen im Fachverlag Schiele & Schön, Berlin, 2010.

Eingetragene Marken sowie Gebrauchsmuster und Patente sind in diesem Wörterbuch nicht ausdrücklich gekennzeichnet. Daraus kann nicht geschlossen werden, dass die betreffenden Bezeichnungen frei sind oder frei verwendet werden können.

© 2010 Langenscheidt Fachverlag, ein Unternehmen der Langenscheidt KG, Berlin und München, auf Basis der gekürzten Ausgabe 2010 des Schiele & Schön „Illustrierten Modewörterbuchs" mit Genehmigung der Fachverlag Schiele & Schön GmbH, Berlin
Satz: Hagedorn medien[design], Stuttgart
Druck: CS-Druck, Berlin
Printed in Germany
ISBN 978-3-86117-312-0

10010

Inhalt

Vorwort

Mit dem Praxiswörterbuch „Textil und Mode“ von Gerhard Rebmann erscheint dieser handliche Reisebegleiter seit seinem ersten Erscheinen als „Praxiswörterbuch Bekleidung und Mode“ nun bereits in der dritten, vollständig überarbeiteten und mit weiteren Erläuterungen versehenen Auflage. Die Begriffe aus den Bereichen Herren- und Damenbekleidung, Modestile, Kleidungsteile und Accessoires wurden mit Blick auf die neuesten Entwicklungen in der Modebranche überarbeitet und erweitert. Im Anhang finden sich nun zusätzlich 20 anschauliche Illustrationen.

Das Wörterbuch umfasst eine große Vielfalt an fachlichen Termini, die den Benutzern in vier Sprachen – Englisch, Deutsch, Französisch, Italienisch – auf einen Blick angeboten werden. Damit bietet es Berufs- und Fachschülern ebenso eine praktische Verständigungshilfe wie professionellen Modefachleuten und denjenigen, die ihren Urlaub für intensive Einkaufstouren nutzen wollen.

Das Ziel dieses Werks besteht nicht nur in der Ausbildung von Berufs- und Fachschülern, sondern auch darin, den Modeprofis die Arbeit im zwei- oder mehrsprachigen Berufsumfeld zu erleichtern. Bereits der viersprachige Aufbau des Hauptteils mit den zahlreichen Kurzerklärungen zu den Begriffen sorgt für Klarheit über ihre Bedeutung in der jeweiligen Fachsprache. Die Register im Anhang bieten die Möglichkeit, schnell und effizient einen gesuchten Begriff nachzuschlagen, unabhängig von der Ausgangssprache, aus der er stammt.

Ebenfalls auf den aktuellen Stand gebracht wurden die im Anhang enthaltenen Internet-Links zu deutschen Fachverbänden und Ausbildungsstätten.

Das Praxiswörterbuch ist eine gekürzte Fassung des anerkannten Standardwerkes „Illustriertes Modewörterbuch mit Erläuterungen Deutsch-Englisch-Französisch-Italienisch“ von Gerhard Rebmann, erschienen beim Verlag Schiele & Schön, Berlin, 2010.

Anregungen zur Verbesserung des Wörterbuches werden vom Verlag gern entgegengenommen. Bitte senden Sie diese an Langenscheidt KG, Redaktion Wörterbücher, Postfach 40 11 20, D-80711 München.

Die Verlage

Hinweise für die Benutzer

1. Beispiele für die alphabetische Ordnung im Wörterbuch

button
button-down collar
button fly of trousers/pants
button placket
button shoe
button through
button-through skirt
button-up
buttonhole
buttonhole keyhole
buttonhole range
buttoning
buttoning left over right

2. Beispiele für die alphabetische Ordnung im Register

nähen *v* 1269
Nähen *n* 1253
Nähen *n* an der Maschine 862
Nähen *n* der Besetzenkante 564
Nähen *n* der Reversbesatzkante 564
Nähfältchen *n* 331
Nähnadel *f* 1271
Nähstich *m* 1273
Naht *f* 1242
Naht *f* mit geraden Stichen 1426
Naht *f* mit zwei Fäden 1541
Nahtansatz *m* 1246
Nahteinschlag *m* 1249
nahtloser Strumpf *m* 1254
Nähzwirn *m* 1272

pied-de-poule *m* 697
piede *m* del collo 249
piedino *m* del collo 249
piedino *m* dell'asola 149
piega *f* 1095
piega *f* aperta 1406
piega *f* della cintura 1570
piega *f* doppia 383
piega *f* interna doppia 718
piega *f* inversa 114
piega *f* ricoperta 294
piega *f* stirata 301
piegatura *f* 1095
pieghe *fpl* a fisarmonica 5
pieghe *fpl* alla Watteau 1576

Die Schreibung des Deutschen folgt den gültigen amtlichen Regeln der neuen deutschen Rechtschreibung (Stand 1.8.2006).

3. Bedeutung der Zeichen

/ button fly of trousers/pants = button fly of trousers *oder* button fly of pants

( ) corselet (bodice) = corselet *oder* corselet bodice

[ ] eckige Klammern enthalten Kurzerklärungen

( ) kursive Klammern enthalten Zusatzinformationen

Mehrere Übersetzungen innerhalb einer Sprache werden durch Semikolon getrennt und sind durch Einrückung von der nächstfolgenden Sprache abgehoben. Besteht keine eindeutige Synonymie bei einer Übersetzung, so folgt dem Quasisynonym eine weitere, von der ersten abgrenzende Erläuterung.

4. Abkürzungen

Abkürzung	English	Deutsch	Français	Italiano
abbr.	abbreviation	–	–	abbreviazione
abrév.	–	–	abréviation	–
adj	adjective	Adjektiv	adjectif	–
(AE)	American English	–	–	–
agg	–	–	–	aggettivo
allg.	–	allgemein	–	–
(ant.)	–	–	–	antico
(BE)	British English	–	–	–
dim.	–	–	diminutif	diminutivo
e.g.	for example (from 'exempli gratia')	–	–	–
engl.	–	englisch	–	–
f	–	Femininum	féminin	femminile
(fam.)	familiar expression	familiär, umgangssprachlich	familier	familiare
fpl	–	Femininum Plural	féminin pluriel	femminile plurale
fr.	–	französisch	–	francese
(gener.)	general	–	–	generalmente
(génér.)	–	–	général	–
(hist.)	historical	historisch	historique	–

Abkürzung	English	Deutsch	Français	Italiano
ingl.	–	–	–	inglese
invar.	–	–	–	invariabile
m	–	Maskulinum	masculin	maschile
(milit.)	military term	militärisch	militaire	militare
m/n	–	Maskulinum/ Neutrum	–	–
mpl	–	Maskulinum Plural	masculin pluriel	maschile plurale
n	–	Neutrum	–	–
n/m	–	Neutrum/Maskulinum	–	–
npl	–	Neutrum Plural	–	–
(obs.)	obsolete	–	obsolète	–
par ex.	–	–	par exemple	–
p.e.	–	–	–	per esempio
pl	plural	Plural	pluriel	plurale
(präf.)	–	präferenziell	–	–
(pref.)	preferred term	–	–	preferito
(préf.)	–	–	de préférence	–
qqch.	–	–	quelque chose	–
qqn.	–	–	quelqu'un	–
(rar)	rare	selten	rare	raro
spec.	–	–	–	specialmente
(st.)	–	–	–	storico
sth.	something	–	–	–
v	verb	Verb	verbe	verbo
(veralt.)	–	veraltend	–	–
vgl.	–	vergleiche	–	–
v. rifl.	–	–	–	verbo riflessivo
z. B.	–	zum Beispiel	–	–

Englisch
Deutsch
Französisch
Italienisch

A

1 **A-line** [narrow at the shoulders and flaring away triangularly from the body at the bottom] *(pref.)*; flared line
A-Linie *f* [mit schmalen Schultern, zum Saum hin glockig ausschwingend ausgestellt] *(präf)*; ausgestellte Linienführung *f*
ligne *f* **en A** [à épaules étroites, évasée en bas]
linea *f* **ad A** [stretta al punto del busto e poi allargata verso il fondo] *(pref.)*; linea *f* svasata

2 **above-the-knee look** [with regard to the length of the lower hem of women's outerwear]
kniefreie Mode *f* [Saumlänge in der Damenoberbekleidung, die über dem Knie endet]
mode *f* **au-dessus du genou** [s'arrêtant au-dessus du genou]
moda *f* **fino sopra il ginocchio** [che lascia scoperti i ginocchi]

3 **academic dress** [consisting of a mortar board, a gown and a hood]; academic costume *(AE)*; academic gown *(AE)*
akademischer Talar *m* [knöchellang, bestehend aus Hut, Talar und Kapuze]
robe *f* **universitaire** [mais on dit aussi toge de professeur]
toga *f* **accademica** [lunga fino alla caviglia]

4 **accessories** *pl* [that match clothes, usually a woman's dress, and enhance their function and aesthetics - compare clothing accessories and fashion accessories] *(gener.)*
Accessoire *n* [Zubehör zur Vervollständigung (Gürtel, Schuhe) oder zur Ergänzung (Schmuck, Sonnenbrille) eines Outfits - vgl. Bekleidungsaccessoires und Modeaccessoires] *(allg)*
accessoires *mpl* [l'ensemble des objets autres que l'habillement associés à une toilette, par ex.: sac, gants, chaussures et ceinture - voir accessoires vestimentaires et accessoires de mode] *(génér.)*
accessorio *m* [tutti gli elementi che completano l'abbigliamento, tessuto escluso - vedi anche accessori da abbigliamento e accessori da moda] *(gener.)*

5 **accordion pleats** *pl* [regular parallel pleats, created by pressing or sewing, like the bellows of an accordion]
Akkordeonplissee *n* [mit regelmäßigen, dauerplissierten Falten wie beim Akkordeon]
plissé *m* **en accordéon** [des plis réguliers parallèles]
plissé *m* **a fisarmonica** [con piccole pieghe parallele a fisarmonica] *(pref.)*; pieghe *fpl* a fisarmonica

6 **acetate horsehair** [made of cellulose acetate]
Acetatrosshaar *n* [aus Celluloseacetat]
crin *m* **de cheval d'acétate** [fait en acétate de cellulose]
crine *m* **di cavallo di acetato** [fatto d'acetato di cellulosa]

7 **activewear** [generic term for clothing worn for active sports, but not by professional athletes, who wear official athletic uniforms - compare athletic clothes]; activewear *(AE)*
Aktivwear *f* [spezielle Sportkleidung für ganz bestimmte Sportarten - vgl. Sportlerkleidung]
vêtements *mpl* **de sport technique** [pour le sport actif - voir également vêtements d'athlétisme] *(préf.)*; vêtements *mpl* pour le sport actif
active wear *m* [locuzione inglese: abbigliamento attivo per lo sport - vedi anche indumenti per lo sport] *(pref.)*; abbigliamento *m* attivo per lo sport

8 **addition** [in width, over and above the body measurements]
Addition *f* [über bestimmte, horizontal gemessene Körpermaße, z. B. den Brustumfang, hinaus; ergibt somit die Überweite]
addition *f* [en largeur, qui s'ajoute en plus des mesures du corps]
agio *m* [in larghezza, aldilà delle misure del corpo, p.e. 4 cm per la semicirconferenza

torace che si lasciano per facilitare il movimento] *(pref.)*; addizione *f*

9 **adjustable** *adj* [that can be modified to fit by regulating the width or length of a garment]
verstellbar *adj* [regulierbare Weite oder Länge, z. B. verstellbare Saumweite]
réglable *adj* [dont on peut faire varier la largeur ou la longueur] *(préf.)*; ajustable *adj*
regolabile *agg* [che può essere regolato, p.e. vita regolabile]

10 **adjustable cuff** [can be modified to fit]
verstellbare Manschette *f* [in der Weite]
poignet *m* **réglable** [d'une chemise ou d'une robe]
polsino *m* **regolabile** [di una camicia o di un abito femminile]

11 **Afro-look** [clothes, hairstyle and accessories derived from Africa] *(pref.)*; Afro style
Afrolook *m* [englisches Wort für aus Afrika stammende Bekleidungsart, Frisur und Accessoires]
look afro *m* [anglicisme: un style vestimentaire africain]
afrolook *m* [voce inglese: uno stile che da un aspetto africano]

12 **aigrette feather** [the extremely long feather of the heron egret, used to trim a hat] *(pref.)*; egret feather
Aigrette *f* [französisches Wort für einen sehr langen Silberreiher-Federschmuck für Hüte]
aigrette *f* [l'ensemble de plumes de héron destiné à orner un chapeau]
aigrette *f* [voce francese per un pennacchio di piume di airone]

13 **aiguillette** [French word for braided decorative cord] *(pref.)*; aiguille
Aiguillette *f* [französisches Wort: mit Band oder goldener Schnur gestaltet und an Festlichkeiten insbesondere von Kindern getragen]
aiguillette *f* [ruban ferré aux deux extrémités, cordon tressé ou ruban portés à une noce ou à une fête]
aghetto *m* [cordoncino con punta rigida per allacciare, p.e. aghetto per scarpe]

14 **all-cotton** *adj* [made entirely of cotton]; all cotton *adj (AE)*
reinbaumwollen *adj* [aus 100% Baumwolle]
de coton pur [100% coton]
tutto cotone [100% cotone]; di cotone puro

15 **all-in-one** *adj* [made in a single connected piece]
Ganz- [in einem Stück geschnitten - vgl. Einteiler]
entier *adj* [tout en un - voir également une-pièce]
intero *agg* [che non é spezzato - vedi anche monopezzo]

16 **all-linen** *adj* [made entirely of linen]; all linen *adj (AE)*
reinleinen *adj* [aus 100% Leinen]
de lin pur [par ex.: toile pur lin]
tutto lino [100% lino]; di lino puro

17 **all-nude tights** *pl* **with non-reinforced toe and heel**; all nude pantyhose *(AE)*
Strumpfhose *f* **mit unverstärkter Spitze und Ferse** [somit auch in offenen Schuhen tragbar]
collant *m* **à pointe et à talon non-renforcé** [contraire: collant à talon renforcé]
collant *m invar.* **a punta e a tallone non rinforzati**

18 **all over embroidery** [spreading over the entire surface of a fabric]
All-over-Stickerei *f* [englischer Begriff für eine vollflächige Stickerei]; vollflächige Stickerei *f*
broderie *f* **all-over** [notion anglaise: pleine toile de broderie surtout]
ricamo *m* **all over** [locuzione inglese per tutto ricamo]; tutto ricamo *m*

19 **all-silk** *adj* [made entirely of silk] *(pref.)*; all silk *adj (AE)*
reinseiden *adj* [aus 100% Seide]
de soie pure [100% soie]
tutta seta [100% seta]; di seta pura

20 **all-weather coat** [weatherproofed, it is suitable for dry and wet weather] *(pref.)*; storm coat; weather coat
Wettermantel *m* [aus gegen Wind und

Regen wetterechten Textilien gefertigt] *(präf)*; Allwettermantel *m*
manteau *m* **résistant aux intempéries** [à la pluie et au vent]
impermeabile *m* [per ripararsi dall'acqua]; cappotto *m* impermeabile [resistente agli agenti atmosferici]

21 **all-wool** *adj* [made entirely of wool]; all wool *adj (AE)*; wool *adj* [made of 100% wool]; woollen *adj*
reinwollen *adj* [aus 100% Wolle]; wollen *adj* [aus Wolle]; Woll-
de laine pure [100% laine]
tutta lana [100% lana]; di lana pura

22 **Alpine hat** [a hat from the Alps made of impermeable felt] *(gener.)*; Tyrolean hat
Tirolerhut *m* [ein wasserdichter Filzhut mit nach oben schmäler werdendem Kopfteil und hinten aufgebogener Krempe]
chapeau *m* **tyrolien** [à petit bord fait de feutre vert imperméable, utilisé par les chasseurs]
cappello *m* **tirolese** [di feltro impermeabile]

23 **alteration of clothes** [the action of modification by an alteration - compare doing small alterations] *(pref.)*; clothing alteration; modification of clothes
Ändern *n* **eines Kleidungsstücks** [z. B. in einer Änderungsschneiderei - vgl. Nachbesserung]
modification *f* **d'un vêtement** [par agrandissement, par diminution ou simplement par retouche sans affecter l'essence de ce qui change - voir également retouche]
modifica *f* **di un capo** [il modificare un capo d'abbigliamento - vedi anche modifica]

24 **androgynous look** [simultaneously incorporating male and female fashion characteristics]; androgynous fashion
androgyne Mode *f* [gleichzeitige Verwendung von Merkmalen der Damen- und Herrenmode]
mode *f* **androgyne** [qui utilise des caractéristiques du sexe opposé ou des deux sexes]
moda *f* **androgina** [che presenta allo stesso tempo caratteristiche del sesso femminile e di quello maschile]

25 **angel sleeve** [a long flowing sleeve]
Engelsärmel *m* [ein langer, sich zum Saum hin allmählich erweiternder Ärmel]
manche *f* **d'ange** [à bas légèrement évasé]
manica *f* **angelo** [con allargamento leggero verso l'orlo]

26 **ankle-length** *adj* [reaches to the ankle or clears the floor by a few centimetres]
knöchellang *adj* [bis zum Knöchel reichend bzw. einige Zentimeter kürzer als bodenlang]
à la cheville [arrivant ou descendant à la cheville] *(préf.)*; jusqu'à la cheville
alla caviglia [abbreviazione di lungo fino alla caviglia, p.e. cappotto lungo fino alla caviglia]

27 **anorak** [a hooded, hip-length, slip-on weatherproof jacket]; hooded jacket
Anorak *m* [eine Schlupfjacke mit Kapuze, großer Tasche an der Vorderseite und evtl. mit Bandzug am Saum]
anorak *m* [une veste de sport imperméable avec une capuche à enfiler]
anorak *m* [una giacca antivento con cappuccio e una grande tasca sul davanti che si infila dalla testa]

28 **apache tie** [similar to the tie worn by Native Americans]
Apachenkrawatte *f* [wie bei den Angehörigen eines Indianerstammes getragen]
cravate apache *f* [comme portée par les indiens d'une tribu du sud des États-Unis]
cravatta *f* **apache** [di una tribù indiana degli Stati Uniti d'America]

29 **appearance** [general impression]
Erscheinungsbild *n*; Gesamterscheinungsbild *n*
allure *f* [également allures *fpl* - moins l'impression produite par un vêtement, mais plutôt la façon dont celui-ci est porté] *(préf.)*; aspect *m* [plus l'impression produite par un vêtement]
aspetto *m* **generale** [l'immagine esteriore, il modo in cui appare un capo di vestiario]

30 **applied elastic waistband** [a separate sewn-on waistband with a visible waistline seam] *(pref.)*; elastic waistband [applied]

angesetzter elastischer Bund *m* [ein getrennt zugeschnittener elastischer Hosenbund mit deutlich sichtbarer Verbindungsnaht]
ceinture *f* **élastique rapportée** [coupée séparément et cousue au pantalon]
cintura *f* **elastica attaccata** [tagliata separatamente e cucita ai pantaloni]

31 **appliqué** [an ornamental fabric shape or figure, pre-embroidered or beaded, affixed to the surface of garment components]
Applikation *f* [Verzierung durch Aufnähen oder Aufkleben von z. B. einer Stickereiapplikation] *(präf)*; Auflegearbeit *f*; Superposé *n* [französisches Wort für Applikation]
applique *f* [tout ce qui est appliqué ou plaqué sur une pièce de vêtement pour l'orner: perles, paillettes, pièces de dentelle, de tissu ou de broderie] *(préf.)*; application *f*
applicazione *f* [elementi decorativi (perle, pietre o pagliette) di altro tessuto cuciti, incollati o applicati a caldo su un capo di vestiario]

32 **après-plage look** [French term for the look of a garment one might wear when relaxing after the beach]
Après-Plage-Look *m* [französischer Begriff für das Gesamtbild einer nach dem Strand getragenen Mischformkleidung zwischen Party- und Sportkleidung]
look après-plage *m* [style vestimentaire que l'on porte après avoir été à la plage - les objets s'appellent après-plage]
look *m* **dopospiaggia** [abbigliamento dopo spiaggia]

33 **après-ski look** [French term: worn when relaxing after a day's skiing]
Après-Ski-Look *m* [französischer Begriff für in Hotels und Restaurants nach dem Skilaufen getragene Outfits]
look après-ski *m* [un style vestimentaire que l'on porte après avoir fait du ski] *(préf.)*; style *m* après-ski
look *m* **doposcì** [locuzione inglese: look da doposci]; stile *m* doposcì

34 **apron** [worn at the front of the body over other clothes in order to protect them, and tied around the waist]; pinafore *(obs.)*; pinny *(AE)* [informal abbr. of pinafore] *(fam.)*
Schürze *f* [der Kleidung vorgebundenes Schutzkleidungsstück]
tablier *m* [plus ou moins enveloppant, maintenu à la taille par des liens et qui protège le devant du corps]
grembiule *m* [un indumento che copre il vestito dal petto in giù con o senza pettino (una pettorina), sorretto da una cintura allacciata dietro la schiena]

35 **armhole** [a hole on which a set-in sleeve is sewn to a dress, jacket or coat] *(pref.)*; armscye [e.g. shirt]; arm's eye *(AE)*
Armloch *n* [eine Aushôlung in einem Bekleidungsteil zum Einnähen des Ärmels] *(präf)*; Ärmelausschnitt *m*; Armausschnitt *m*
emmanchure *f* [une échancrure faite dans le tissu où s'adapte la manche ou par laquelle on laisse passer le bras] *(préf.)*; entournure *f*
giromanica *m* [la circonferenza della parte di un indumento all'altezza della spalla che circonda l'ascella a cui si attaccata la manica] *(pref.)*; scalfo *m* [la parte ascellare del giromanica]

36 **armhole reinforcement** [for strengthening part of a clothing item with binding or facing]
Armlochverstärkung *f*
renfort *m* **d'une emmanchure**
rinforzo *m* **di un giromanica** [ciò che serve a rinforzare]

37 **army T-shirt** [of the type worn in the US Army]
Army-T-Shirt *n* [kurzärmelig, mit Kragenbündchen und kurzer Knopfleiste]
teeshirt *m* **militaire** [de l'armée américaine]
tee-shirt *f* **militare** [dell'esercito americano]

38 **art T-shirt** [printed with pictures of artistic objects on white cotton]
Kunstdruck-T-Shirt *n* [von kunstvollen Originalen ausgehend auf weißem Baumwolltrikot bedruckt]
teeshirt *m* **d'art** [des œuvres d'art sont imprimées sur du coton blanc]

tee-shirt *f* **artistica**

39 **ascot** [abbr. of ascot tie: a man's white looped, broad silk tie with wide ends held in place by a jewelled pin, worn with formal dress at Ascot]; ascot tie; cravat *(AE)*
Ascotkrawatte *f* [große und breite weiße Plastronkrawatte, die mit einer Ascotnadel festgehalten wird] *(präf)*; Edsorkrawatte *f*
ascot *f* [la cravate qui se porte à l'extérieur d'une chemise ou d'un plastron]
plastron *m* **Ascot** [la grossa cravatta a nodo piatto che ricopre lo sparato o il davantino della camicia]; cravatta *f* Ascot

40 **assembly seam** [using a thread] *(pref.)*; stitched assembly seam
Verbindungsnaht *f* [mittels Fadenlegung]
couture *f* **d'assemblage** [par un fil]
cucitura *f* **d'assemblaggio** [mediante un filo]

41 **assembly seam** [joins garment components]
Verbindungsnaht *f* [fügt Bekleidungsteile zusammen - vgl. Schließnaht]
couture *f* **d'assemblage** [des composants d'une pièce d'habillement]
cucitura *f* **d'assemblaggio** [di due o più componenti di un capo di vestiario]

42 **athletic clothes** *pl* [worn during active sports - compare activewear]
Sportlerkleidung *f* [keine allgemeine Sportkleidung, sondern auf ganz bestimmte Sportarten abgestimmt - vgl. Aktivwear] *(präf)*; Athletenkleidung *f*
vêtements *mpl* **d'athlétisme** [un maillot et une culotte de sportif - voir également vêtements de sport technique]
indumenti *mpl* **per lo sport** [vedi anche active wear] *(pref.)*; abbigliamento *m* atletico

B

43 **baby articles** *pl*; articles *pl* for babies
Babyartikel *mpl* [für Kleinstkinder, die noch nicht laufen können, bestimmt]
articles *mpl* **de bébé**; articles *mpl* premier âge
articoli *mpl* **da neonato**

44 **baby-doll nightdress** [a very short woman's nightdress with a high waist, similar to dresses worn by dolls]; baby-doll nightshirt; baby-doll nightgown *(AE)*
Baby-Doll-Nachthemd *n* [englischer Begriff für ein sehr kurzes, weites, leicht ausgestelltes und kindlich-naiv wirkendes Hängernachthemdchen]
nuisette *f* [une légère chemise de nuit très courte de femme] *(préf.)*; baby-doll *m* [locution anglaise pour une nuisette composée d'une chemise de nuit très courte et d'un slip]
camicia *f* **da notte baby doll** [dall'inglese: una leggera camicia corta da notte, scollata e larga, senza maniche]; baby-doll *m* [locuzione inglese: camiciola trasparente corta e larga + mutandina coordinata]

45 **back** [the rear of an item of clothing, consisting of one or more pieces]
Rücken *m* [der hintere Schnittteil eines Kleidungsstücks]
dos *m* [d'une pièce d'habillement] *(préf.)*; derrière *m* [d'une pièce d'habillement]
dietro *m* [di un capo di vestiario - la parte posteriore di un capo, p.e. il dietro del cappotto]

46 **back-bared** *adj* [with the back bare, cut low at the back of a dress - compare with décolleté back] *(pref.)*; backless *adj (AE)* [when the back is not covered]
rückenfrei *adj* [der Rücken bleibt vollständig frei - vgl. rückendekolletiert]
à dos nu [à dos complètement nu - voir également décolleté dans le dos] *(préf.)*; à dos découvré
a schiena nuda [che lascia scoperta la schiena - vedi anche scollato sulla schiena]

47 **back buttoning**
hinterer Knopfverschluss *m*
boutonnage *m* **dans le dos**
abbottonatura *f* **di dietro** [in posizione posteriore]

48 **back length from cervical to waist level** [a length measurement]
Rückenlänge *f* **vom siebten Halswirbel bis zur Taille** [ein Längenmaß]
longueur *f* **du dos de la septième cervicale jusqu'à la taille** [une mesure de longueur]
lunghezza *f* **della schiena dalla cervice alla vita** [una misura di lunghezza] *(pref.)*; lunghezza *f* dalla vertebra cervicale fino alla vita

49 **back vent** [usually centrally positioned]; rear vent
Rückenschlitz *m* [in der Rückenmittelnaht untergebracht] *(allg)*; Hakenschlitz *m* [ein in den Verlauf der Rückennaht eines Sakkos angebrachter Schlitz]
fente *f* **du dos** [plus souvent au milieu du dos]
spacco *m* **di dietro** [nella cucitura centrale]

50 **backless evening gown** [leaving the back bare]
rückenfreies Abendkleid *n* [der Rücken bleibt vollständig frei]
robe *f* **du soir à dos nu** [dégageant largement le dos]; robe *f* dégageant largement le dos; robe *f* décolletée dans le dos [largement décollettée]
abito *m* **da sera a schiena nuda** [la schiena resta completamente scoperta]

51 **backpack** [an utilitarian bag with straps, carried on the back - compare knapsack] *(pref.)*; rucksack
Rucksacktasche *f* [eine Tasche für den täglichen Gebrauch - vgl. Rucksack] *(präf)*; Rucksack *m* [eine Damentasche]
sac *m* **à dos** [le sac suspendu à deux sangles passant sur et sous les épaules - voir également havresac]
zainetto *m* [una borsa in stile zaino militare che si porta appesa alle spalle - vedi anche zaino]

52 **bag** [handbag for holding and carrying items] *(gener.)*
Tasche *f* [Behältnis zum Aufbewahren und zum Mitnehmen von Gegenständen - kein Bekleidungsteil]
sac *m* [un contenant grand ou petit, plat ou à soufflets, à poignée ou à bandoulière fermé par un rabat ou une fermeture à glissière]
borsa *f* [femminile a mano o a tracolla - un sacchetto di varie fogge che si porta in spalla o in mano] *(gener.)*; borsetta *f* [solo in versione femminile]

53 **baggy trousers** *pl* [while a woman's baggy trousers are full at the hips and taper to the ankles, a man's baggy trousers remain full down to the hem] *(pref.)*; baggies *pl*; baggy pants *pl (AE)*
Baggypants *pl* [eine unter die Hüfte gerutschte Hose mit Überweite, wobei der Schritt lässig und fast in Kniehöhe hängt]; Baggies *pl*
baggy pants *pl* [anglicisme pour le pantalon très large à taille basse, porté sans ceinture]
baggy (pants) *pl* [locuzione inglese: pantaloni molto ampi con tasche grandi, indossati senza cintura]

54 **baguette bag** [woman's oblong handbag closed with a flap]
Baguettetasche *f* [eine längliche Handtasche mit oder ohne Griff, meist unter dem Arm getragen]
sac baguette *m* [un sac oblong porté sous le bras]
borsa *f* **baguette** [una mini borsa portata sotto il braccio]; baguette *f* [abbreviazione di borsa baguette]

55 **balconette bra** [French term for push-up bra, also worn with straps]
Balconnet-Büstenhalter *m* [ein Halbschalen-BH mit Bügeln, der die Brüste hebt - wird auch mit Trägern getragen]
soutien-gorge *m* **à balconnet** [qui réhausse la poitrine, découvrant largement le décolleté] *(préf.)*; soutien-gorge *m* pigeonnant [découvrant la poitrine plus généreusement]
reggiseno *m* **a balconcino** [a scollo molto profondo che mette in rilievo il seno]

56 **ball dress** [full-skirted dress reaching to the ankles, with décolleté neckline]; ball gown *(AE)*
Ballkleid *n* [mit langem Rockteil und Dekolleté]
robe *f* **de bal** [longue à décolleté]

abito *m* **da ballo** [lungo con scollatura]

57 **ballerina length**
Ballerinalänge *f*
longueur *f* **de la ballerine**
lunghezza *f* **alla ballerina**

58 **bandeau** [strapless, straight-across-the-top bra without cups]
Bandeau-Büstenhalter *m* [ein glattes, breites, trägerloses BH-Band ohne Stützfunktion]
soutien-gorge bandeau *m* [un soutien-gorge sans bretelles formé d'une bande de tissu]
reggiseno *m* **a fascia** [senza coppe incorporate, a spalline incrociate nel centro davanti]

59 **baptismal dress**; christening dress *(AE)* [worn by infants for baptism]
Taufkleidchen *n* [für Kleinstkinder]
robe *f* **de baptême** [d'enfant en bas âge]
vestito *m* **da battesimo**

60 **bar tack** [at the end of a buttonhole or vent for reinforcement or decoration] *(pref.)*; tack [abbr. of bar tack]
Riegel *m* [Nahtriegel mit Fadenverwahrung am Nahtende zum Befestigen von Knopflochabschlüssen und zum Stabilisieren von Tascheneingriffen oder Schlitzen] *(präf)*; Nahtriegel *m (allg)*
bride *f* **d'arrêt** [servant de point d'arrêt pour renforcer l'extrémité d'une couture, d'une fente ou d'une boutonnière]
travetta *f* [una cucitura molto corta con punti diritti, coperta di punti a zig-zag, per fermare le cuciture di tasche e di occhielli o per rinforzare i bordi di pieghettature o di asole]

61 **bar tacking seam** [for reinforcing a seam end] *(pref.)*; barring seam
Riegelnaht *f* [mehrmalige Absicherungsnaht gegen Lösen einer Nähfadenverschlingung] *(präf)*; Verriegelungsnaht *f*
couture *f* **d'arrêt** [exécutée pour que les coutures ne se défassent pas]
fermacucitura *f* [per fermare una cucitura] *(pref.)*; cucitura *f* di travetta [per fermare tasche, aperture o occhielli]; cucitura *f* di fermo

62 **bare midriff top** [exposing the rib cage of girls and young women down to the waist or hips]
bauchfreies Top *n* [mehr als nabelfrei: rundherum bis zur Taille oder zu den Hüften frei]
haut *m* **qui découvre entièrement la taille**
top *m* **che lascia scoperta la vita**

63 **barrel dress** [a barrel-shaped dress]
Tonnenkleid *n* [ein fasslinienförmiges Kleid]
robe *f* **à baril** [en forme de baril]
abito *m* **a barile** [a forma di barile]; vestito *m* a barile

64 **basic wardrobe** [of a person]
Grundgarderobe *f* [unerlässliche Kleidungsstücke einer Person]
garde-robe *f* **de base** [d'une personne: vêtements dont on ne peut pas se passer]
guardaroba *m invar.* **di base** [di una persona]

65 **basting seam** [for holding the sections of a garment together before stitching]; tacking seam
Heftnaht *f* [hält mehrere Nähteile provisorisch zusammen]
faufilure *f* [la couture de faufilage] *(préf.)*; couture *f* de faufilage; bâti *m* [une couture provisoire à grand points lâches]
cucitura *f* **da imbastitura** [per unire provvisoriamente due parti]

66 **bat wing sleeve** [beginning almost at the waist and ending tight at the wrist, this sleeve has a wing-like appearance - compare dolman sleeve]; batwing sleeve *(AE)*
Fledermausärmel *m* [ein eingesetzter Ärmel, der kurz über der Taille ansetzt und sich zum Handgelenk hin verjüngt - vgl. Dolmanärmel]
manche chauve-souris *f* [à très large emmanchure descendant à peu près jusqu'à la taille - voir également manche dolman]
manica *f* **a pipistrello** [una manica molto ampia che parte dalla vita e si restringe verso il polso - vedi anche manica dolman]

67 **bathing requisites** *pl*
Bademode *f (präf)*; Badeartikel *mpl*; Badesachen *fpl (fam.)*

collection *f* **de plage** *(préf.)*; articles *mpl* balnéaires
articoli *mpl* **da bagno**

68 **battle jacket** [a buttoned or zipped, generously cut waist-length jacket with fitted waistband, turn-down collar and two breast pockets]
Battlejacket *n* [englisches Wort für eine der englischen Pilotenjacke ähnliche Jacke, jedoch weiter geschnitten und mit Reißverschluss versehen]
battle jacket *f* [anglicisme et notion de mode d'après le blouson de la RAF]; blouson battle *m*
battle jacket *f* [locuzione inglese per la giacca da combattimento, cioè un giaccone con spalle larghe, cadenti, con bottoni o con cerniera]; giacca *f* da combattimento *(milit.)*

69 **beachwear** [store term for clothes and accessories worn at the beach]
Beachwear *f* [englisches Wort als Oberbegriff von Bade- und Strandkleidung im Handel, einschl. dekorativer Strandelemente]
vêtements *mpl* **de plage**; beachwear *m* [anglicisme pour les vêtements de plage]
indumenti *mpl* **da spiaggia** [l'insieme degli indumenti per prendere il sole] *(pref.)*; abbigliamento *m* da mare; beachwear *m* [voce inglese: abbigliamento da mare]

70 **beaded bag** [a small evening bag covered entirely with beads]
Perlentasche *f* [kleine, vollständig mit Perlen besetzte Abendtasche]
sac *m* **perlé** [du soir]
borsa *f* **perlata** [da sera decorata di perle]

71 **Beatle boot** [an ankle-high boot with elastic side gores] *(pref.)*; Chelsea boot; elastic-sided boot [an ankle-high boot]
Stiefelette *f* **mit seitlichem Gummieinsatz**
bottine *f* **à élastique sur le côté**
stivaletto *m* **Beatles** [con elastico inserito lateralmente] *(pref.)*

72 **bell-bottoms** *pl* [trousers that are close-fitting down to the knee but then flare out down from the knee] *(pref.)*; flares *pl*; flared leg trousers *pl*; bell-bottomed trousers *pl*; slops *pl* [baggy trousers/pants like those worn by sailors]
Schlaghose *f* [eine bis zum Knie eng anliegende, zum Saum hin glockenförmig erweiterte Hose]; Bell-Bottoms *pl* [engl. Begriff für Schlaghose]; Slophose *f* [engl. Begriff für Schlaghose]
pantalon *m* **évasé** [au-dessous du genou]
pantaloni *mpl* **a campana** [svasati dal ginocchio in giù] *(pref.)*; pantaloni *mpl* svasati

73 **bell skirt** [gathered at the waistline, full over the hips and flared at the hem]; swing skirt [a swinging skirt with a wide flare at the hem]
Glockenrock *m* [ein kreisrund zugeschnittener oder aus Kreissegmenten bestehender, immer schwingender und zum Saum hin erweiterter Rock - vgl. Godetrock]
jupe cloche *f* [à bas légèrement évasé]
gonna *f* **a campana** [allargata con un taglio obliquo dalla vita in giù]

74 **bellows pocket** [outside pocket with side bellows (plaited strips of fabric) that expand when the pocket is used - compare safari pocket]
Blasebalgtasche *f* [mit seitlichen, bei Bedarf aufspringenden, gefalteten Streifen zur Vergrößerung des Aufnahmevolumens einer aufgesetzten Tasche - vgl. Safaritasche]
poche *f* **à soufflets** [les soufflets latéraux s'ouvrent et donnent plus d'ampleur à la poche - voir également poche saharienne]
tasca *f* **a soffietto** [due soffietti laterali creano un'ampiezza supplementare e danno una maggiore capienza alla tasca]

75 **belt** [a narrow strip, made of leather or fabric, worn around the waistline] *(gener.)* *(pref.)*; waist belt
Gürtel *m* [ein die Taille umschlingender Stoff- bzw. Lederrundgurt mit einfacher Schnalle oder dekorativer Schließe zum Halten einer Hose]
ceinture *f* [la bande de cuir ou d'étoffe qui enserre la taille et sert à maintenir un vêtement ou à le faire blouser] *(génér.)*; ceinturon *m* [large et robuste ceinture de cuir]; courroie *f* [de cuir]
cintura *f* [la striscia di pelle o di tessuto

amovibile per trattenere e stringere un capo di vestiario alla vita] *(gener.)*

76 **belt bag** [a small sporty bag, worn on a waist belt]; pouch pocket [worn suspended from a belt]
Gürteltasche *f* [Gürtelgeldbeutel, der, mittig am Gürtel hängend, auf der Reise getragen wird] *(präf)*; Gürtelgeldbeutel *m*
bourse *f* **portée à la ceinture** [munie de soufflets]; porte-monnaie *m* attaché à la ceinture; sac *m* de ceinture
borsellino *m* **di cintura**

77 **belt loop** [a ring of leather or fabric through which the end of a belt is passed]
Gürtelschlaufe *f* [aus Leder oder Gewebe - am Taillengürtel oder am Hüftriemen gleitender flacher Ring, durch den das spitze oder runde Ende des Gürtels durchgefädelt wird]
passant *m* **d'une ceinture** *f* [de cuir ou de tissu - un anneau aplati autour de la courroie pour faire passer la ceinture] *(génér.)*; passant *m* d'une courroie [de cuir]
passante *m* **della cintura** [di cuoio o di tessuto - un anello a forma di cerchio piatto intorno alla cintura]

78 **besom pocket** [with a single piped edge above the opening] *(pref.)*; piped pocket; bound pocket; slash pocket
Paspeltasche *f* [der Eingriff dieser eingeschnittenen Tasche ist durch eine Paspel versäubert] *(präf)*; paspelierte Tasche *f*
poche *f* **passepoilée** [bordée d'un passepoil]
tasca *f* **a filetto** [ad un solo filetto] *(pref.)*; tasca *f* con profilo

79 **bespoke suit** [made according to the requirements of an individual customer]; tailor-made suit
Maßanzug *m* [der nach individuell ermittelten Maßen geschneidert wird]
complet *m* **sur mesures** [suivant les mesures d'une personne particulière] *(préf.)*; complet *m* sur mesure; complet-veston *m* sur mesure
completo *m* **su misura** [conforme alle misure volute da una persona]

80 **between season wear** [transitional clothes worn between two seasons]
Übergangskleidung *f* [für eine Übergangssaison bestimmt]
vêtements *mpl* **de demi-saison** [ni trop chauds ni trop légers]
abbigliamento *m* **da mezza stagione** [che segna la fine di una stagione e l'inizio della successiva]

81 **bias-cut** *adj* [cut diagonally - at an angle of 45° - to the lengthwise direction of the warp threads in a fabric, in order to take advantage of the greater stretch of a bias-cut fabric]; bias *adj* [abbr. of bias cut]
schräg geschnitten *adj* [diagonal geschnitten]; bias-cut *adj* [englisches Wort für schräg geschnitten]
coupé *adj* **dans le biais**; coupé *adj* en biais
tagliato *agg* **di sbieco**

82 **bib** [a piece of fabric attached to trousers, aprons or skirts, extending upwards from the waist and covering the chest]
Latz *m* [ein loses, die Brust bedeckendes Gewebeteil an Hosen, Schürzen und Röcken] *(präf)*; Brustlatz *m*
bavette *f* [partie d'une jupe ou d'une salopette qui remonte sur la poitrine] *(préf.)*; plastron *m* [de pantalon - qui remonte sur la poitrine retenu par des bretelles]
pettorina *f* [con bretelle che copre la parte anteriore del busto di una gonna o di pantaloni] *(pref.)*; pettino *m* [del grembiule che copre il petto]

83 **bike jacket** [a motorcyclist's waist-length leather jacket, zipped in the middle or to one side]; motorcycle jacket
Bikerjacke *f* [eine leichte, gesteppte Lederbundjacke mit Reißverschluss] *(präf)*; Motorradjacke *f*; Perfecto *m* [Ledermotorradblouson mit Gummizug - eine Rockerkultjacke]
blouson *m* **de motocycliste** [une veste courte en cuir à glissière, resserrée aux hanches] *(génér.)*
chiodo *m* **da biker** [un giubbotto di pelle corto in vita con molte zip, ornato di borchie] *(pref.)*; giubbotto *m* da motociclista [un giubbotto di pelle corto in vita con fibbie e cintura, ornato di borchie]

84 **bikini briefs** *pl* [man's and boy's low-rise, narrow, high-cut underpants fitting around the hips]
Herrenslip *m* **mit Nabel- und Schenkelbeugeausschnitt** [eine eng anliegende, bis in die Schenkelbeuge ausgeschnittene Unterhose]; Slip *m* [Herrenslip]
slip *m* **pour homme échancré à taille basse** [une culotte moulante et très échancrée au-dessus des cuisses]
slip *m* **a gamba alla francese e a vita bassa** [mutandine corte e sgambate da uomo]

85 **bikini panties** *pl* [woman's and girl's low-rise, high-cut underpants fitting around the hips, similar to a bikini]; below-the-navel panties *pl*
Damenslip *m* **mit Nabel- und Schenkelbeugeausschnitt** [wobei der Slipbund unter den Nabel bogenförmig abgesenkt ist] *(präf)*; Minislip *m*
minislip *m* **échancré** [très haut sur les cuisses, pour femme] *(préf.)*; mini-slip *m* échancré
minislip *m* **a gamba alla francese da donna**

86 **binding** [of an edge by fastening the raw edge with a ribbon or a narrow strip of fabric to prevent ravelling]
Einfassen *n* [Absichern von Nähgutkanten mittels Einfassband gegen Ausfransen] *(allg)*; Randeinfassen *n*; Kanteneinfassen *n*
bordage *m* [d'un bord avec un ruban contre l'effilochement]
bordatura *f* [bordatura a nastro contro la sfilacciatura - l'azione]

87 **black tie** [a dress code meaning men's semiformal evening dress, e.g. dinner jackets, should be worn - compare white tie for full evening dress]
halbformelle Abendkleidung *f* [ein Dresscode]
cravate *f* **noire** [un dresscode: l'indication sur une invitation de s'habiller en smoking]
cravatta *f* **nera** [un dresscode]

88 **blazer** [a loose-fitting sports jacket worn with trousers/pants or skirt of contrasting colour]
Blazer *m* [einfarbige sportliche Jacke mit aufgesetzten Taschen, auch mit kleinem Wappenaufnäher erdenklich - in der Damenmode alle Einzeljacken mit Sakkocharakter] *(präf)*; Einknopfjacke *f*
blazer *m* [une veste de sport en flanelle unie ou à rayures ayant une couleur différente du pantalon - peut être aussi ornée d'un écusson]
blazer *m* [voce inglese per una giacca sportiva di panno leggero con tasche a toppa e taschino, possibile anche con stemma sul taschino]

89 **blind-stitch seam** [with small, almost invisible, connecting stitches]; blind seam; invisible seam
Blindstichnaht *f* [eine an der Außenseite nicht sichtbare Naht] *(allg)*; Pikiernaht *f* [zur Verbindung einer Einlage mit dem Oberstoff durch eine auf der Oberseite nicht sichtbare Handnaht]
couture *f* **invisible** [sur l'endroit d'un tissu] *(préf.)*; couture *f* à points invisibles
cucitura *f* **invisibile** [sul diritto del tessuto eseguita ad ago curvo] *(pref.)*; cucitura *f* a punti invisibili

90 **blind tuck** [a horizontal tuck overlapping another] *(gener.)*; horizontal blind tuck
blinde Biese *f* [eine waagerechte, biesenartige Falte, die sich mit einer anderen überlappt]
pli *m* **religieux** [une nervure horizontale ou un pli plat horizontal qui se superpose à un autre]
piega *f* **religiosa** [una nervatura orizzontale sovrapposta all'altra]

91 **blouse** [a woman's upper garment, softer than a shirt, hanging loosely or tucked into a skirt] *(gener.) (pref.)*; top *(AE)* [synonym for blouse worn mostly with pants or sports skirt]
Bluse *f* [ein lockeres, vorne oder hinten geknöpftes, weiches Damenoberteil] *(allg)*
blouse *f* [un corsage court qui recouvre le buste et se porte vague ou serré par une ceinture - voir également chemisier] *(préf.)*; corsage *m* [terme générique pour

les blouses, chemisettes et chemisiers] *(génér.)*
blusa *f* [di larghezza abbondante da portarsi dentro o fuori di una gonna o di pantaloni] *(pref.)*; camicetta *f* [da donna]

92 **bloused back** [a very full back]
Rucksackrücken *m* [ein blusiger Rücken]
dos *m* **blousant** [qui blouse, qui a un effet bouffant, par ex.: robe à dos blousant]
dietro *m* **blusante** [con effetto leggermente gonfio e sbuffante in vita]

93 **blouson** [abbr. of blouson jacket: a short, loose bloused jacket with a low or normal waistline, a knitted or gathered waistband, ribbed cuffs and a bloused back]
Blouson *n/m* [eine an den Hüften eng anliegende, jedoch füllige bzw. ballonartig gebauschte Bundjacke mit Ripprändern]
blouson *m* [une veste courte et ample de sport et de loisirs resserrée à la taille ou aux hanches et pourvue de poignets à bord côtes]
blusotto *m* **(sportivo)** [un giubbotto leggero, corto in vita e a forma leggermente blusante] *(pref.)*; blouson *m*; giubbotto *m* blusante

94 **boating wear** [worn on the boat deck - compare 'yachting look' and 'marine look'] *(gener.)*
Bootskleidung *f* [vgl. Jachtmode und Marinelook] *(allg)*; Segelkleidung *f (allg)*
vêtements *mpl* **de bateau** [voir également style yachting et look à la marinière] *(génér.)*
abbigliamento *m* **da barca** [vedi anche moda yachting e look alla marinara] *(gener.)*

95 **bobble hat** [a knitted cap with a small, soft ball of wool (pompom) on the top - a beanie has no pompom] *(pref.)*; pointy cap with pompom [with a pointed end]
Pudelmütze *f* **mit Pompon**
bonnet *m* **en laine à pompon**
berretto *m* **a maglia di lana con pompon**

96 **bodice** [the upper part of a woman's garment, covering the upper body down to the waist, excluding the sleeves and collar - not an independent part of the garment]; top [the bodice, not an independent part of the garment]
Oberteil *n/m* [eines Kleidungsstücks, weniger Ärmel und Kragen - Gegensatz: Unterteil]
haut *m* [s'opposant au bas d'une robe, le haut est la partie supérieure d'un vêtement qui se trouve au-dessus de la taille, par ex. le haut d'une robe]
sopra *m* [la parte superiore di un capo di vestiario senza maniche e collo, p.e. il sopra dell'abito da donna]

97 **bodice seam** [of a dress] *(pref.)*
Wiener Naht *f* [eine vom Armloch zur Brustspitze geschwungene und dann zur Taille senkrecht verlaufende Naht]
couture bretelle *f* [d'une robe]
cucitura *f* **bretella** [di un abito da donna]

98 **body** [of a garment] *(gener.)*; bodice [of a garment] *(gener.)*
Rumpf *m* [eines Bekleidungsstücks] *(allg)*
corps *m* [partie d'un vêtement qui recouvre le torse, sans les manches et le col] *(génér.)*
busto *m* [di un capo di abbigliamento] *(gener.)*

99 **body** [a woman's tightly fitted one-piece stretch garment for the upper body, sometimes fastening at the crotch - an item of outerwear or underwear]; bodysuit
Bodysuit *m* [eng anliegende einteilige Ober- oder Unterbekleidung mit ausgeschnittenem Höschen, evtl. im Schritt geschlossen]; Body *m* [Kurzwort für Bodysuit]
body *m* [un maillot de corps et une culotte moulants qui se boutonne entre les jambes - vêtements de dessus ou de dessous]; corsage-culotte *m* [fermé par une patte d'entrejambe]
body *m* [voce inglese: un indumento in maglia aderente al corpo, costituito da corpino e mutandine e usato nella danza o nella biancheria intima]

100 **body** [the top section of a woman's dress above the waist, excluding the sleeves, covering the body from the shoulders to the waist]; bodice *(obs.)*
Korsage *f* [ein ärmelloses Damenoberteil, meist trägerlos und versteift, miederartig

stützend gearbeitet, z. B. Abendkleidkorsage]
corsage *m* [la partie supérieure d'une robe sans les manches, par ex.: corsage d'une robe]
corpino *m* [la parte superiore di un abito da donna che fascia il torso, maniche escluse] *(pref.)*; corpetto *m*; bustino *m* [corpino aderente di un abito femminile]

101 **body measurements** *pl* [anthropometrics]
Körpermaße *npl* [Rund- und Längenmaße des ganzen Körpers und seiner Einzelteile]
mesures *fpl* **du corps** [anthropométrie: les proportions du corps humain]
misure *fpl* **del corpo** [antropometria: misurazione del corpo umano]

102 **bomber jacket** [zipped waist-length leather jacket with gathered, ribbed waistband and patch pockets] *(pref.)*; flight jacket
Bomberjacke *f* [ein wattiertes, taillenlanges Blouson mit verdecktem Reißverschluss, Strickbündchen und Stricksaum]
bomber jacket *m* [anglicisme pour un blouson noir qui arrive à la taille et qui a une doublure de couleur vive, par ex.: orange] *(préf.)*; bomber *m* [abréviation de bomber jacket]
bomber *m* [un giubbotto corto, zippato e imbottito simile a quello dei piloti] *(pref.)*; blusotto *m* bomber

103 **bonnet** [without a brim and tied under the chin]
Haube *f* [Frauenkopfbedeckung mit Kinnband, meistens ohne Krempchen]
coiffe *f* [la coiffure de femme sans bord portée aujourd'hui seulement dans les fêtes folkloriques]
cuffia *f* [un copricapo senza tesa allacciato sotto il mento] *(gener.)*

104 **boot** [a strong item of footwear of various lengths, reaching up to the ankle or higher and sometimes up to the thigh] *(gener.)*; knee-boot [extends to the knee]
Stiefel *m* [ein den Fuß und einen mehr oder weniger langen Teil des Beins bedeckendes Schuhwerk]
botte *f* [une chaussure à tige qui protège le bas de la jambe et parfois la cuisse] *(préf.)*; boots *fpl* [bottillon léger, par ex.: desert-boots]
stivale *m* [una calzatura dal polpaccio fin sotto il ginocchio o alla mezza coscia - p.e. mettere gli stivali]

105 **border** [any extremity of an item of clothing - compare front edge] *(gener.)*
Rand *m* [irgendeine Extremität der Kleidung - vgl. Kante] *(allg)*
bord *m* [n'importe quelle extrémité d'un vêtement - voir également bord de devant] *(génér.)*
bordo *m* [qualunque parte marginale di un capo di vestiario - vedi anche bordo davanti] *(gener.)*

106 **bottom** [the lower edge of a piece of clothing *(pref.)* - also means the lower part of a two-piece, e.g. bikini bottom or tracksuit bottoms]; lower edge [of a dress, sleeve or skirt]
unterer Abschluss *m* [eines Kleidungsstücks]; Saum *m* [im Sinne des unteren Abschlusses allgemein und nicht des eines echten, umgeschlagenen Saumes - vgl. Saum (Abkürzung)]
bas *m* [il se trouve en bas d'un vêtement, par ex.: bas d'une robe, d'une jupe ou d'une manche]
fondo *m* [la ripiegatura di tessuto al suo interno al fondo di una gonna, un abito da donna o una manica - un orlo ripiegato e cucito]

107 **bottom binding**; shoe-guard binding; cuff binding *(AE)*; heel binding
Stoßband *n*; Hosenschoner-Stoßband *n*; Stoßborte *f* [eine Hosenschonerstoßborte] *(veralt.)*
extrafort *m* **pour pantalons** [un ruban posé à l'extrémité intérieure du bas de la jambe de pantalon pour en éviter l'usure] *(préf.)*; extrafort *m* de pantalon; talonnette *f* de pantalon
nastro *m* **di rinforzo** [una fettuccia applicata all'interno dell'orlo dei pantaloni per proteggerlo dall'usura]; nastro *m* battitacco; nastro *m* salvapantaloni

108 **bouffant skirt** [a gathered full skirt]; puff skirt *(obs.)*
bauschiger Rock *m* *(präf)*; Bauschrock *m*; Puffrock *m* *(veralt.)*

jupe *f* **bouffante** [l'ampleur de la jupe est contenue par une ceinture, c'est-à-dire la jupe ample est resserrée à la taille] *(préf.)*; jupe *f* bouffée
gonna *f* **a sgonfi** [a taglia serrata] *(pref.)*; gonna *f* a sbuffo [con uno sgonfio]

109 **bound seam** [seam enclosing cut edges in a narrow strip of fabric, stitched to prevent ravelling] *(pref.)*; binding seam
Einfassnaht *f* [Versäuberungsnaht zur Absicherung von Nähgutkanten mit Einfassband gegen Ausfransen] *(präf)*; Bordierungsnaht *f*; Bordierung *f* [die Naht]
couture *f* **de bordage** [avec un ruban à border non tissé thermocollant pour éviter l'effilochement des bords d'un col, de manches et d'ourlets]
cucitura *f* **di bordatura** [evita la sfilacciatura]

110 **bow** [consisting of a knot, one or two loops and two loose ends (streamers), used for decoration on clothes or in the hair - compare bow tie]
Schleife *f* [zur Doppelaugenschleife gelegt, kommt sie als Schleifenbluse oder im Haar gebunden zum Einsatz - vgl. Schleife (im Sinne des Querbinders)] *(präf)*; Schluppe *f* [eine Kragenart, die aus einem zu Doppelaugenschluppe gelegten Stück Band besteht]
boucle *f* [faite d'une pièce de ruban à extrémités flottantes libres - voir également nœud papillon]
fiocco *m* [un nastro annodato a capi liberi - vedi anche cravatta a farfalla]; gala *f* [un fiocco ornamentale]

111 **bow blouse** [with two long ribbon ends tied in a bow around the neckline] *(pref.)*; blouse with a bow collar
Schluppenbluse *f* [zwei Enden eines am Halsausschnitt befestigten, verstürzten Bandes werden als Kragenersatz zu einer Schluppe gebunden]; Schleifenbluse *f* *(allg)*
blouse *f* **à boucle** [un corsage à col noué]
blusa *f* **a fiocco** [a collo annodato] *(pref.)*

112 **bow tie** [a square-cut tie that narrows at the middle and is tied in the manner of a butterfly bow] *(gener.)*; butterfly bow tie; club bow tie [with a straight top]
Schleife *f* [im Sinne des Querbinders - vgl. Schleife (kommt zu Doppelaugenschleifen)] *(allg)*; Fliege *f* [umgangssprachliche Bezeichnung von Schleife] *(fam.)*; Querbinder *m* *(veralt.)*; Schmetterling *m* [mit asymmetrisch diagonalen Enden]
nœud papillon *m* [le nœud de cette cravate forme deux ailes de papillon] *(préf.)*; nœud pap *m* [forme familière pour nœud papillon]; papillon *m*
cravatta *f* **a farfalla** [una cravatta annodata a farfalla o a fiocco rigido] *(pref.)*; farfallino *m*; gala *f* [cravatta a farfalla con nodo già fatto]

113 **box jacket** [a straight unfitted jacket]; straight jacket
gerade fallende Jacke *f* [eine gerade geschnittene Jacke ohne Abnäher von den Schultern bis zur Taille] *(präf)*; taillenlose Jacke *f*
veste *f* **droite** [qui a une coupe droite]
giacca *f* **diritta** [tagliata a linea diritta con la stessa ampiezza dalle spalle fino all'orlo]

114 **box pleat** [two opposing folds turned to the front, while their edges lie in opposite directions]
Quetschfalte *f* [mit den zwei Falten mittig, an den Außenseiten der Falte nach rechts und nach links gelegt]
pli *m* **rond** [un pli inverse au pli creux: des pliures doubles contre-posées à l'extérieur, ressemblant aux plis plats non repassés]
piega *f* **cannone** [la doppia piega rovesciata esterna a due pieghe divergenti, rivolte in direzioni opposte] *(pref.)*; cannone *m* [forma abbr. di piega cannone]; piega *f* inversa; piega *f* doppia esterna

115 **boxer shorts** *pl* **for swimming** [a man's loose swim trunks with wide legs and an elastic waistband] *(pref.)*; boxer shorts swimsuit *(AE)*; swim trunks *pl*
Boxerbadehose *f* *(präf)*; Boxershorts-Badehose *f*
boxer-short *m* **de bain** *(préf.)*; boxer *m* de bain [abréviation de boxer-short de bain]
boxer *m* *invar.* **da bagno** *(pref.)*

116 **boys' wear**
Knabenbekleidung *f*
vêtements *mpl* **de garçon**
abbigliamento *m* **da ragazzo**

117 **bra** [shortened form of brassiere, an undergarment supporting the breasts - compare bandeau (strapless)] *(pref.)*; brassière [formal term]
Büstenhalter *m* [eine Unterkleidung - vgl. Bandeau-Büstenhalter] *(präf)*; BH *m* [Abkürzung für Büstenhalter]
soutien-gorge *m* [composé de deux bonnets retenus par des bretelles - voir également soutien-gorge bandeau] *(préf.)*; brassière *f*; soutif *m (fam.)*; porte-doudounes *m* [langage populaire]
reggiseno *m* [una fascia a due coppe sorretta da spalline regolabili che sostiene il seno - vedi anche reggiseno a fascia] *(pref.)*; reggipetto *m*

118 **bra cup size** *(pref.)*; cup size of bra
Cupgröße *f* **eines Büstenhalters**
mesure *f* **du bonnet** [d'un soutien-gorge]; taille *f* de bonnets [d'un soutien-gorge]
misura *f* **della coppa** [di un reggiseno]

119 **braces** *pl* [detachable elastic straps clipped to trousers/pants to support them]; suspenders *pl*; gallowses *pl (AE)*
Hosenträger *m* [zwei am Hosenbund befestigte, verstellbare elastische Bänder, die über die Schultern geführt werden, um die Hose zu halten]
bretelles *fpl* **de pantalon** [deux bandes élastiques à pinces réglables servant à maintenir en place le pantalon ou la jupe - se dit d'une paire de bretelles] *(génér.)*; balancines *fpl* [bretelles de matelots]
bretelle *fpl* **dei pantaloni** [due bande di tessuto elastico regolabili passandole sopra le spalle per sorreggere i pantaloni]

120 **braid** [any narrow woven band, usually of silk or gold thread, or any bias binding used to trim or bind edges]; gimp [narrow fabric or braid with a raised effect]; guimp *(obs.)*
Borte *f* [Besatzband in Form von Schmalgewebe, Geflecht oder Maschenware zur Verzierung oder zum Abschluss von Kanten und Säumen - vgl. Tresse]
ganse *f* [un ruban tissé servant à border, à renforcer ou à décorer les bords, par ex.: bordé de ganses]
spighetta *f* [un nastro stretto a spiga usato per rifiniture di bordi e guarnizioni]

121 **braless** *adj* [without a bra]; no bra
büstenhalterlos *adj* [ohne Büstenhalter]; ohne Büstenhalter; ohne BH-Innenausstattung [ohne eingearbeiteten Büstenhalter, z. B. Badeanzug ohne Innenausstattung]
sans soutien-gorge [le soutien-gorge manque] *(préf.)*; sans fondation [sans un soutien-gorge intérieur, par ex.: costume de bain sans fondation]
senza reggiseno [privo di reggiseno]

122 **breast dart** [for fitting a garment more closely to the body]; bust dart
Brustabnäher *m* [zur Unterstützung der Formgebung der Brustwölbung]
pince *f* **de devant** [droite ou gauche]
ripresa *f* **del davanti** [destra o sinistra che concorre alla formatura del petto di una giacca o di un cappotto]

123 **breast length** [the length from the pitch point of the neck-side/shoulder to the breast point - a body measurement]
Brusttiefe *f* [vom Halsansatz/Schulter bis zum Brustpunkt - ein Körpermaß]
longueur *f* **de l'épaule à la pointe du sein** [une mesure du corps]
lunghezza *f* **dalla spalla alla punta del seno** [una misura del corpo]

124 **breathable** *adj* [that allows the passage of air and moisture vapour through the fabric for more comfort, especially with waterproof clothing]
atmungsaktiv *adj* [befördert dampfförmige Feuchtigkeit und Luft durch das Gewebe]
respirant *adj* [qui laisse passer l'air et les vapeurs vers l'extérieur, par ex. les microfibres respirantes]
respirativo *agg* [che è attivo, respirativo]

125 **bridal dress** [simple, not too formal - compare wedding dress]; bridal gown [more formal than a bridal dress, often with a train]
Brautkleid *n* [einfache Ausführung - vgl. Hochzeitskleid]; Brautrobe *f* [prächtiger

als ein einfaches Brautkleid, eventuell mit Schleppe versehen]
robe *f* **de mariée** [voir également robe de mariage]
abito *m* **da sposa** [vedi anche abito nuziale]

126 **bridal veil** *(pref.)*; wedding veil
Brautschleier *m* [ein weißer Schleier]
voile *m* **de mariée** [par ex.: le voile blanc de mariée]
velo *m* **da sposa** [calato davanti al viso]

127 **briefs** *pl* [for women and girls, reaching to the top of the thigh]; panties *pl* [short-legged or legless underpants] *(gener.)*; panty; pants *pl (AE)* [underpants]
Schlüpfer *m* [mit kurzem Bein für Damen und Mädchen] *(allg)*; Damenschlüpfer *m*
culotte *f* [de femme et de fille - un sous-vêtement féminin qui couvre le bas du tronc et le haut de la cuisse]
mutandine *fpl* [da donna e da bambino] *(pref.)*; mutandina *f* [dim. di mutanda *(raro, spec. pl: mutandine)* - vedi anche mutanda (da uomo o da donna)]

128 **broad-brimmed hat**; brimmy hat
breitkrempiger Hut *m*
chapeau *m* **à larges bords**
cappello *m* **a larghe tese**

129 **broad-shouldered** *adj* [that has broad padded shoulders]
schulterbetont *adj* [breit gepolstert]; mit breiten Schultern
épaulé *adj* [à rembourrage, qui donne de la largeur aux épaules] *(préf.)*; à carrure épaulée
spallato *agg* [che ha spalle larghe]; di spalle larghe

130 **broken gorge seam** [where the lapel meets the collar] *(pref.)*; broken lapel seam
gebrochene Spiegelnaht *f* [die Spiegelnaht verläuft zwischen Fasson und Kragen abgewinkelt in die Reversspitze] *(präf)*; gebrochene Crochetnaht *f*; gebrochenes Crochet *n*
couture anglaise *f* **cassée**; couture *f* contre-anglaise cassée
cucitura *f* **a specchio spezzata**

131 **bubble dress** [a short-skirted, bubble-like dress, usually worn over a stiffened base]
Ballonkleid *n* [mit kurzem, ballonförmig aufgebauschtem Rock]
robe *f* **à ballon** [avec une jupe courte et gonflée comme un ballon]
abito *m* **a palloncino** [a gonna corta e gonfia come un pallone]

132 **bubble skirt** [full skirt gathered at the waist with a balloon-like shape, worn mostly over a stiffened base] *(pref.)*; balloon skirt *(AE)*; puffball skirt [a skirt that resembles a puffed-out ball]
Ballonrock *m* [in der Taille eng, in der Hüfte sehr weit und zum Saum hin verjüngt]
jupe *f* **à ballon** [une jupe bouffante aux hanches]
gonna *f* **a palloncino** [stretta in vita e gonfia al fianco con un listino al ginocchio]

133 **buckle** [the metal or plastic piece joining the ends of a belt together]
Schnalle *f* [Verschlussteil am Ende eines Gürtels]
boucle *f* [un anneau garni d'une pointe montée sur une axe (ardillon), destiné à fermer une ceinture]
fibbia *f* [un fermaglio che serve a chiudere le cinture o a regolare le spalline]

134 **build-up strap** [a broad shoulder strap which decreases in width as it curves up from the bodice of a garment] *(pref.)*; broad strap
Vollachselträger *m* [ein breiter, gebogen zugeschnittener Träger von Unterwäsche] *(präf)*; Vollachsel *f* [Abkürzung von Vollachselträger]; breiter Schulterträger *m*
bretelle *f* **large** [la bande large et arrondie qui passe sur l'épaule et joint le dos et le devant d'un décolleté ou de la lingerie féminine, par ex.: robe à bretelles]
bretella *f* **larga** [una striscia larga, arcuata che sorregge la scollatura di un abito da donna o di una sottoveste]

135 **bumbag** [a small security bag attached to a belt and worn around the waist when travelling]; fanny pack *(AE)*; fanny belt [with bumbag] *(AE)*
Kängurutasche *f* [eine bei Reisen am Gürtel

getragene Tasche zur Aufbewahrung von Dokumenten und Geld]
sac *m* **porte-monnaie** [fixé à la ceinture et destiné au voyage]
borsa *f* **da allacciare in vita** [da viaggio]

136 **business suit** [an office suit with tie in a conservative style and colour, also worn on other occasions]; city suit [for town wear]; town suit
Businessanzug *m* [dezenter Anzug in zurückhaltenden Farben]; Cityanzug *m*; Büroanzug *m* [bequem geschnittener Anzug]
complet *m* **de ville** [de couleurs discrètes et classiques]; costume *m* de ville
completo *m* **da città** [in colori classici]

137 **bust measurement** [the body measurement taken around the fullest part of a woman's bust]; chest measurement [the body measurement taken around the fullest part of a man's chest]
Brustumfang *m* [der waagerecht über die stärkste Stelle der Brust gemessene Umfang des Körpers - ein Körpermaß]
tour *m* **de poitrine** [mesuré à l'endroit le plus large chez les hommes ou au niveau de la pointe des seins - une mesure du corps]
circonferenza *f* **del torace** [dal punto più ampio - una misura del corpo maschile] *(pref.)*; giro *m* del torace; circonferenza *f* del seno [una misura del corpo femminile] *(pref.)*; giro *m* del seno

138 **bustier** [a close-fitting underwear combination of strapless bra and waist cincher in one piece, reaching to the waist] *(pref.)*; torsolette *(AE)*
Bustier *n* [taillenlange, miederartig anliegende Unterwäsche-Korsage mit integriertem BH ohne Träger - nicht zu verwechseln mit dem trägerlosen Korsageoberteil]; Torsolet *n* [ein leichtes, kurzes Bustier]
bustier *m* [un sous-vêtement comprenant un soutien-gorge sans bretelles qui se prolonge jusqu'à la taille - ne pas confondre avec le petit corsage décolleté sans bretelles]
bustier *m* [voce francese: un indumento intimo con reggiseno incorporato senza spalline per capi molto scollati - oggi anche un capo esterno] *(pref.)*

139 **bustier top** [French term for a close-fitting strapless dress top - a woman's tight top which does not cover the arms and shoulders - compare bustier]
Bustiertop *n* [französisches Wort: miederartiges, trägerloses Kleidoberteil, kann auch eine stützende Funktion innehaben - vgl. Bustier]
bustier *m* [le petit corsage ajusté sans bretelles, qui descend jusqu'à la taille en laissant les épaules nues - voir également bustier (un sous-vêtement)]; bustier *m* haut
bustier *m* [voce francese: un soprabustino femminile aderente senza spalline - vedi anche bustier (voce francese: un indumento intimo)]; sopra bustier *m*

140 **button** [part of the fastening system using a buttonhole]
Knopf *m*
bouton *m* [servant à fermer deux parties de vêtement]
bottone *m* [per chiudere un indumento]

141 **button-down collar** [the pointed ends of the shirt collar are fastened to the shirt with buttons]
Button-down-Kragen *m* [mit auf das Hemdvorderteil runtergeknöpften Kragenspitzen]
col *m* **à pointes boutonnées** *(préf.)*; boutons-col *m*
collo *m* **a punte abbottonate** [con due asole per due bottoni cuciti sul davanti della camicia] *(pref.)*; collo *m* button down [locuzione inglese per collo a punte abbottonate]

142 **button fly of trousers/pants** [closed by means of buttons located under a placket]; trouser/pants fly with buttons
Hosenschlitz *m* **mit Knopfverschluss**
braguette *f* **à boutons d'un pantalon**
allacciatura *f* **a bottoni per pantaloni** [l'abbottonatura anteriore dei pantaloni]

143 **button placket** [an opening in a piece of clothing with a flap to cover the

buttons by which it is fastened] *(pref.)*; buttoning placket
Knopfleiste *f* [schmaler Stoffstreifen mit Knöpfen beim Hosenschlitz oder verdeckte Leiste bei Mänteln] *(präf)*; Knopfblende *f* [angesetzter Stoffstreifen mit Knöpfen]; Knopfverschlussleiste *f*
patte *f* **de boutonnage** [une pièce de tissu rajoutée qui comporte les boutons] *(préf.)*; patte *f* à boutons
patta *f* **a bottoni** [la striscia di tessuto che ricopre l'apertura abbottonata di tasche o di pantaloni] *(pref.)*; patta *f* del lato bottoni [dell'abbottonatura]; patta *f* dell'abbottonatura

144 **button shoe** [a short, buttoned boot - compare mary jane] *(pref.)*; flattie [a pump with a buckled strap]
Knöpfschuh *m* [vgl. Spangenschuh]
chaussure *f* **boutonnée** [voir également soulier à la bébé]
scarpina *f* **abbottonata** [vedi anche scarpetta alla bebé]

145 **button through** *v* [fasten by buttons along the whole length of an item of clothing, e.g. to button through a skirt]
durchknöpfen *v* [ein Bekleidungsstück, z. B. einen Rock, der ganzen Länge nach durchknöpfen]
boutonner *v* **entièrement** [toute la longueur d'une pièce de vêtement]
abbottonare *v* **interamente** [chiudere un capo di vestiario interamente tramite bottoni, p.e. sul davanti di un abito o di una gonna]

146 **button-through skirt** [with visible buttons along its whole length]
durchgeknöpfter Rock *m* [mit sichtbar angebrachten, einsatzbereiten Knöpfen]
jupe *f* **boutonnée entièrement**
gonna *f* **interamente abbottonata**

147 **button-up** *adj* [that buttons up]; buttonable *adj*
knöpfbar *adj* [kann zugeknöpft werden]; zuknöpfbar *adj*
boutonnable *adj* [peut être boutonné]
dotabile *agg* **di bottoni** [può essere abbottonato]

148 **buttonhole** [part of the fastening system through which a button is passed]
Knopfloch *n* [Gegenstück des Knopfes]
boutonnière *f* [une fente brodée ou une bride par laquelle on passe un bouton]
asola *f* [un'apertura nel tessuto per consentire il passaggio di un bottone] *(pref.)*; occhiello *m* [vedi anche occhiello (un piccolo foro)]

149 **buttonhole foot** [an extension of the buttonhole eyelet]
Knopflochfuß *m* [die Verlängerung des Knopflochauges]
pied *m* **de la boutonnière** [voir également œillet d'une boutonnière]
piedino *m* **dell'asola** [vedi anche occhiello di un'asola]

150 **buttonhole keyhole** [a round, fan-shaped eyelet at one end of the buttonhole for receiving the button shank] *(pref.)*; buttonhole eyelet
Knopflochauge *n* [eine den Stiel aufnehmende Rundung des Augenknopflochs] *(präf)*; Knopflochrundung *f*
œillet *m* **d'une boutonnière** [qui reçoit la tige d'un bouton]
occhiello *m* **di un'asola** [per ricevere il gambo di un bottone]

151 **buttonhole piping**
Knopflochpaspel *f/m*
passepoil *m* **d'une boutonnière**
filetto *m* **da asola**

152 **buttonhole placket** [of trousers and shirt]
Knopflochleiste *f* [ein mit Futter verstürztes Stoffteil an Hosen und Hemden]
patte *f* **à boutonnière** [la patte de boutonnage qui borde l'ouverture d'un vêtement]
patta *f* **delle asole** [dell'abbottonatura]

153 **buttonhole range** [a row of buttonholes]
Knopflochreihe *f* [in einer Linie]
rangée *f* **de boutonnières** [sur une même ligne]
fila *f* **di asole** [allineate una accanto all'altra]

154 **buttoning** [the process of fastening a garment with buttons]
Zuknöpfen *n* [Schließen mit Knöpfen] *(präf)*; Knöpfen *n* [Zuknöpfen] *(allg)*
boutonnage *m* [l'action de fermer un vêtement à boutons]
abbottonatura *f* [l'abbottonare tramite bottoni]

155 **buttoning left over right** [men's buttoning]
Links-auf-rechts-Knöpfung *f* [in der Herrenschneiderei]
boutonnage *m* **de gauche à droite** [chez les hommes]
abbottonatura *f* **da sinistra a destra** [abbottonatura da uomo]

156 **Byron collar** [a soft, open-wing collar with large points] *(pref.)*; open-wing collar
Schillerkragen *m* [ein weicher, offener und tief hinuntergezogener Umlegekragen]; Dantonkragen *m*
col *m* **Danton** [un col mou ouvert]
collo *m* **alla Danton** [un collo floscio aperto]

C

157 **cable knit goods** *pl* [with a raised decorative pattern of twisted cables]
Zopfmusterstrickware *f* [mit echtem oder imitiertem Zopfmuster]
tricot *m* **à torsade** [tricoté de manière à former des torsades ornementales]
maglia *f* **a treccia** [un disegno in rilievo a tre ciocche incrociate in modo alterno]

158 **calf length** [reaching to the calf below the knee, but shorter than midi-length]
Wadenlänge *f* [bis unter das Knie, jedoch kürzer als die Midilänge]
longueur *f* **au mollet** [plus courte que la longueur midi]
lunghezza *f* **al polpaccio** [a metà tra il ginocchio e la caviglia]

159 **camiknickers** *pl* [a one-piece item of women's underwear combining a camisole and French knickers, covering the upper and the lower body]; woman's camiknickers *pl*
ganzteilige Kombination *f* [warme Damenunterwäsche, bestehend aus einem Hemdteil und einem glockigen Schlüpfer]; ganzteilige Damenunterwäsche *f*
chemise-culotte *f* **(féminine)** [gilet de corps à manches longues et culotte cloche en une pièce ou un body boutonné à l'entrejambe]
pagliaccetto *m* **(femminile)** [un capo intimo in un solo pezzo con corpetto e mutandine]

160 **camisole** [underwear; a woman's waist-length, sleeveless, trimmed underbodice with straps, worn under a sheer blouse]
Kamisol *n* [taillenlanges Damenunterhemd mit mehr oder weniger breiten Schulterträgern, das des Öfteren unter einer hauchdünnen Bluse getragen wird]
camisole *f* [un sous-vêtement jusqu'à la taille à bretelles pour les robes très fines] *(préf.)*; chemise *f* américaine
camiciola *f* [intima da donna - camicetta intima di maglia sottile a bretelle, lunga fino alla vita]

161 **camisole top** [a waist-length, sleeveless top with more or less broad straps - if strapless, then with an elastic cord through the heading]
Kamisoltop *n* [taillenlang, mit mehr oder weniger breiten Schulterträgern]
haut camisole *m* [qui arrive à la taille et est maintenu par des bretelles]
top *m* **a camiciola** [fino alla vita a bretelle]

162 **camouflage suit** [a one-piece or two-piece suit made of waterproof fabric and printed with a camouflage pattern]
Camouflagekleidung *f* [mit modischem Tarnmuster in Olivgrün und Braun] *(präf)*; Tarnanzug *m*
vêtements *mpl* **de camouflage** [à dessin de camouflage]; tenue *f* de camouflage
tuta *f* **mimetica** [in tessuto mimetizzato] *(pref.)*; tuta *f* di camuffamento

163 **cap** [soft or snugly fitting, flat, brimless headdress, often with a peak - compare peaked cap] *(gener.)*

Mütze *f* [eine weiche oder wie angegossen anliegende Kopfbedeckung mit oder ohne Schirm - vgl. Schirmmütze] *(allg) (präf)*; Kappe *f* [sprachlich von der Mütze nicht eindeutig unterscheidbar]
casquette *f* [une coiffure souple à visière, sans bord - voir également casquette à visière] *(génér.)*
berretto *m* [un copricapo morbido, aderente provvisto o no di visiera - vedi anche berretto con visiera] *(gener.)*

164 **cap flap** [the flap can cover the ears too]
Mützenklappe *f* [deckt die Ohren ab und schützt sie vor Kälte oder Staub]
rabat *m* **de la casquette** [pour protéger du froid les oreilles]
battente *m* **di un berretto** [una piccola patta esterna che protegge le orecchie dal freddo]

165 **cap peak** [the front part of a cap that shades the eyes]; cap visor *(AE)*; cap bill *(AE)*
Mützenschirm *m* [Sonnenschutz am Vorderteil der Mütze]
visière *f* **de bonnet** [que l'on porte sur le front pour protéger les yeux]
visiera *f* **del berretto** [a mezza luna che serve a proteggere gli occhi]

166 **cape** [a short, sleeveless, loose cloak, often with slits for arms, that fastens at the neck - it can be attached to a longer cloak, falling over the shoulders]
Cape *n* [ärmelloser Umhang mit Armschlitzen und evtl. mit Kapuze, etwas eleganter als eine Pelerine oder ein Umhang - kann auch zu einem längeren Umhang genäht sein und die Schultern bedecken]
cape *f* [un vêtement ample sans manches avec une fente pour passer les bras, éventuellement un capuchon qui est jeté sur les épaules et se ferme à l'encolure]
cappa *f* [un'ampia sopravveste senza maniche, in genere con cappuccio, che s'indossa appoggiata sulle spalle - in sartoria anche un cappotto per lo più lussuoso, p.e. cappa di visone]

167 **cardigan** [classic: a long-sleeved, collarless, buttoned-down knitted jacket with no collar but with a round neckline] *(pref.)*; cardigan sweater *(AE)* [with buttons]
Cardigan *m* [klassisch: durchgeknöpfte Rundhalsstrickjacke mit langem Ärmel] *(präf)*; Rundhalsstrickjacke *f*
cardigan *m* [classique: une veste à manches longues et à encolure ras du cou boutonnée au milieu jusqu'au cou]; veste *f* cardigan [tricotée]; veste *f* tricotée à manches longues
cardigan *m* [classico: una giacca di maglia a girocollo interamente abbottonata sul davanti] *(gener.)*; coreana *f* [un cardigan leggero femminile]

168 **cardigan neckline** [collarless with a round neckline]
Cardiganausschnitt *m* [kragenlos mit rundem Ausschnitt]
encolure cardigan *f* [ronde sans col]; encolure *f* ras du cou [de cardigan]
scollatura *f* **a cardigan** [scollatura montante rotonda senza collo]

169 **care and maintenance instructions** *pl* [giving advice on the cleaning and ironing of a garment]
Pflegeanleitung *f* [hinsichtlich des Waschens und Bügelns von Bekleidungsstücken]
instructions *fpl* **d'entretien** [de l'habillement: mode d'emploi du produit, rédigé par le fabricant, par ex.: instructions de lavage et d'entretien - des recommandations]
istruzioni *fpl* **per la cura del capo** [con avvertenze e suggerimenti per mantenere in buono stato un capo di abbigliamento]

170 **cargo pants** *pl* [loose trousers with cargo pockets and pockets on the side of the leg]; cargoes *pl*; combat trousers *pl*; combats *pl* [abbr. of combat trousers]
Cargohose *f* [eine weite Workwearhose mit zwei seitlichen Cargotaschen] *(präf)*; Kargohose *f*
pantalon cargo *m* [mot anglais pour un pantalon large à poches cargo]
cargo *mpl invar.* [abbreviazione di pantaloni cargo, locuzione inglese per pantaloni sportivi ampi a tasche cargo - voce inglese]; pantaloni *mpl* cargo [voce inglese]

171 **cargo pocket** [a large patch pocket with a curved top, extending to the waist]
Cargotasche *f* [eine aufgesetzte Tasche mit bogenförmig weit nach hinten gezogener, oberer Kante]
poche cargo *f* [une poche appliquée avec un bord supérieur arrondi]
tasca *f* **cargo** [una tasca applicata a bordo superiore curvo, esteso fino alla vita]

172 **carioca bra** [a half-cup bra that exposes the upper part of the breasts, also worn strapless]; half bra; demi-bra *(AE)* [a half-cup bra]
Halbschalenbüstenhalter *m* [ein stützender, die Brust nur teilweise bedeckender Büstenhalter] *(präf)*; Carioca-Büstenhalter *m* [mit Halbschalen]
soutien-gorge *m* **carioca** [un soutien-gorge à demi-bonnets]; soutien-gorge *m* à demi-bonnets
reggiseno *m* **a carioca** [a mezze coppe, secondo l'uso privo di spalline]; reggiseno *m* a mezze coppe

173 **Carmen blouse** [leaving the shoulders bare]
Carmenbluse *f* [schulterfrei]
blouse *f* **à épaules nues** *(préf.)*; blouse *f* Carmen [à épaules nues]
blusa *f* **alla Carmen** [a scollatura ampia sottolineata da ruche o da volant, che lascia scoperte le spalle senza allacciatura]

174 **cascade drapes** *pl* [bias-cut ruffles falling in folds with a series of diagonal curved pleats]
Wasserfalldrapierung *f* [die diagonal verlaufend wasserfallartig fällt]
drapé *m* **en cascade** [agencement de plis diagonaux flottants en cascade]
drappeggio *m* **a cascata** [che cade in ampie pieghe con armoniosa eleganza, simile ad una cascata]

175 **casing** [enclosure forming a tunnel that prevents body contact with the drawstring or elastic inside] *(pref.)*; tunnel loop
Tunnelschlaufe *f* [Hosen- oder Rocktunnelschlaufe zum Durchziehen eines Gummis oder einer Zugschnur im Blick auf Weitenregelung] *(allg)*
coulisse *f* [un rempli qui permet de ceinturer un pantalon ou une jupe en faisant glisser un lien afin de réduire les ampleurs] *(préf.)*; passant tunnel *m* [du pantalon ou de la jupe]
coulisse *f* [un passante a forma di tunnel entro in quale si fa passare un cordoncino] *(pref.)*; passante *m* sagomato

176 **casual jacket** [a light, short jacket]; leisure jacket
Freizeitjacke *f* [zwanglos, lässig und ungezwungen] *(präf)*; Utilityjacke *f* [englisches Wort für eine die Aktivwearjacke nachahmende funktionelle Jacke]; Legerjacke *f* [in zwanglosem Bekleidungsstil]; sportlich elegante Jacke *f*
veste *f* **décontractée** *(préf.)*; veste *f* des loisirs
giacca *f* **casual** [locuzione inglese: di aspetto sportivo da indossare in occasioni informali e per il tempo libero]; giacca *f* per il tempo libero

177 **casual trousers** *pl*; casual slacks *pl* *(AE)*
Legerhose *f* *(präf)*; sportlich elegante Hose *f*
pantalon *m* **décontracté** *(préf.)*; pantalon *m* de loisir
pantaloni *mpl* **casual** [comodi e disinvolti]; pantaloni *mpl* da tempo libero

178 **casuals** *pl* [informal item of casual clothing and shoes] *(pref.)*; casual clothing; dressy casual [more formal business clothing]; casual wear; leisurewear [worn for relaxing or playing sports]
Legerkleidung *f* [bequeme, zwangslose Bekleidung mit wenig die Formen erhaltender Ausstattung] *(präf)*; Casualwear *f* [engl. Wort für lässige, jedoch gepflegte Bekleidung]; Leisurewear *f* [engl. Wort für Freizeitkleidung]
vêtements *mpl* **décontractés** [confortables et élégants] *(préf.)*; tenue *f* décontractée; vêtements *mpl* de loisir
abbigliamento *m* **casual** [voce ingl.: abbigliamento semplice di aspetto sportivo per occasioni informali: per il tempo libero e il viaggio - vedi anche abbigliamento informale] *(pref.)*; abbigliamento *m* per il tempo libero

179 **catwalk** [the narrow footway that models walk along when presenting new fashions]; runway *(AE)*
Laufsteg *m* [schmaler Steg zum parademäßigen Vorbeimarsch der Models] *(präf)*; Catwalk *m* [englisches Wort für Laufsteg]; Runway *f* [englisches Wort für Laufsteg]
passerelle *f* [pour mannequins qui présentent une collection de mode]
passerella *f* [una pedana o corsia sopraelevata su cui sfilano le indossatrici per presentare i modelli di una collezione]

180 **centre back pleat** [serves as a walking pleat]; center back pleat *(AE)*
hintere Mittelfalte *f* [für mehr Bewegungsfreiheit]
pli *m* **du milieu de dos** [d'aisance]
piega *f* **del mezzo dietro** [per una maggiore libertà di movimento]

181 **centre back tab** [to change the fit]
Rückenmittellasche *f* [zur Weitenregelung]
tirant *m* **au milieu dos** [de réglage]
tirante *m* **centrale di dietro** [di regolazione]

182 **centre back vent** [extending from the centre seam]; center back vent *(AE)*
Rückenmittelschlitz *m* [in der Verlängerung der Mittelnaht gelegen]
fente *f* **médiane dans le dos** [en prolongement de la couture du milieu de dos]; fente *f* centrale dans de dos
mezzospacco *m* **del dietro**; spacco *m* centrale del dietro

183 **centre front panel** [sewn together with other panels]; center front panel *(AE)*
vorderer Mittelteil *m* [zwischen zwei Nähten bzw. zwischen anderen zwei Bahnen genäht]
lé *m* **central de devant** [la pièce de tissu cousue au milieu de deux coutures verticales]
telo *m* **centrale di fronte** [un pezzo di tessuto cucito insieme ad altri, posizionato di fronte]

184 **centre front slit**; center front slit *(AE)*
vorderer Mittelschlitz *m*
fente *f* **médiane de devant**
spacco *m* **centrale davanti** [p.e. spacco davanti di una gonna]; mezzospacco *m* davanti

185 **ceremonial dress** [clothes for public or religious occasions] *(pref.)*; ceremonial clothes *pl*; robe habillée [French term for ceremonial dress]; full ceremonial uniform *(milit.)*
Robe habillée *f* [französischer Begriff: Oberbegriff für festliche Kleider wie Dinner-, Cocktail- und Abendkleider, im Gegensatz zu den Tageskleidern - kein Damenkleid im Allgemeinen] *(allg)*
robe *f* **habillée** [un vêtement de cérémonie opposé au vêtement informel] *(génér.)*
robe-habillée *f* [locuzione francese: un abbigliamento formale] *(gener.) (pref.)*; robe-habillè *f (ant.)*

186 **chain belt** [made from a series of connected metal loops - compare Chanel belt] *(gener.)*
Kettengürtel *m* [der aus Metallkettengliedern besteht]
ceinture *f* **à chaîne** [qui enserre la taille et sert à maintenir un vêtement en place]
cintura *f* **a catena** [una o due catene ornamentali per trattenere e stringere un capo di vestiario alla vita]

187 **chalk stripe** [narrow, widely spaced white lines on grey or navy flannel]
Kreidestreifen *m* [unterbrochene, helle Längsstreifen mit regelmäßigen, größeren Abständen zwischen einander] *(präf)*; Tennisstreifen *m*; Mafioso-Streifen *m* [ununterbrochene Kreidestreifen]
rayure craie *f* [rayures un peu épaisses, blanches ou grises sur fond noir, gris ou bleu marine] *(préf.)*; rayure tennis *f*; rayure tennis *f* 'Mafioso'
riga *f* **gessata** [una rigatura chiara su fondo scuro simile al gesso sulla lavagna] *(pref.)*; riga *f* tennis [su un fondo scuro]; riga *f* gangster [riga bianca chiara con spaziature superiori a 1 cm]

188 **Chanel court shoe**; Chanel pump *(AE)*
Chanelpumps *m*
escarpin Chanel *m*
scarpetta *f* **Chanel**

189 **Chanel length** [a classic below-the-knee length] *(pref.)*; Chanel knee-length
Chanellänge *f* [eine Knielänge, die mehr oder weniger unter dem Knie endet]
longueur Chanel *f* [qui s'arrête plus au moins au-dessous du genou]; chanel *m* [abréviation de longueur Chanel]
lunghezza *f* **Chanel** [fin sotto il ginocchio]

190 **Chanel style** [with braid trim, golden buttons and narrow sleeves]; Chanel look
Chanelstil *m* [mit Einfassungen aus Bändern oder Borten an Kanten, Taschen oder Kragen sowie mit Goldknöpfen und schmalen Ärmeln] *(präf)*; Chanellook *m*
optique Chanel *f* [look Chanel]
stile *m* **Chanel** [look Chanel]

191 **chasuble dress** [a woman's sleeveless overdress like the clerical vestment]
Chasuble(kleid) *n* [ärmelloses, wadenlanges Überkleid, einem Priestergewand aus zwei Teilen nachempfunden, das über den Kopf gezogen wird]
robe chasuble *f* [un vêtement droit sans manches en forme de manteau en deux pans rappelant la chasuble des prêtres, qui est porté par-dessus les autres habits - voir également chasuble] *(préf.)*; robe *f* sans manches [large et droite]
abito *m* **a casula**

192 **chasuble pleat** [a hollow pleat running over the shoulder and covering the beginning of a sleeve]
Chasublefalte *f* [eine seitlich bis zur Schulter gezogene Hohlfalte, die den Ärmelansatz verdeckt]
pli chasuble *m* [un pli creux couvrant le début des épaules]
piega *f* **a casula** [una piega cava che copre la spalla dall'inizio]

193 **cheap finery** [decorative items bought cheaply without regard for good taste - affected look of ostentatious elegance]
Flitterkram *m* [eine aufdringliche, nicht immer geschmackvolle Zierde]
fanfreluche *f* [ornements légers et accessoires futiles: pompon, dentelle et plumes]
fronzolo *m* [ornamento superfluo, p.e. abito pieno di fronzoli]

194 **check** [pattern of woven squares and rectangles] *(pref.)*; check pattern
Karo *n* [ein durch Verkreuzung waagerechter und senkrechter Streifen gebildetes viereckiges, aneinandergereihtes Webmusterelement]
carreau *m* [un motif tissé symétrique, formé par le croisement de bandes verticales et horizontales, par ex.: veste à carreaux]
quadro *m* [un disegno di forma quadrata, p.e. un tessuto a grandi quadri] *(pref.)*; quadretto *m* [un disegno a piccoli quadri, p.e. un tessuto a quadretti]; motivo *m* ornamentale a quadri [o a quadretti]

195 **check shirt** [with a pattern of small squares]
kariertes Hemd *n*
chemise *f* **à carreaux**; chemise *f* à damiers
camicia *f* **a quadretti** [piccoli]; camicia *f* a quadri [grandi]

196 **chemise dress** [a simple, straight-lined, loose button-down dress with long sleeves hanging straight from the shoulders like a chemise]; shirt dress
Hemdkleid *n* [gerade geschnitten, geknöpft und hemdenartig hängend getragen]
robe chemise *f* [s'apparente à une chemise droite d'homme]
abito *m* **a camicia** [con linea diritta di camicia da uomo, abbottonato dal collo]

197 **chessboard check** [coloured square checks - an all over pattern]
Schachbrettkaro *n* [quadratische, farbige Alloverkaros]
carreau *m* **d'échiquier** [avec des couleurs différentes juxtaposées]
quadro *m* **da scacchiera** [multicolore]

198 **chic** *adj* [very elegant]; smart *adj* [clean, tidy and rather formal]
schick *adj* [modisch-elegant]
chic *adj* [avec élégance] *(préf.)*; smart *adj* [anglicisme pour chic]; chic et choc
scicche *agg invar.* [adattamento della voce francese chic]

199 **children's fashion**
Kindermode *f*

mode *f* **enfantine** *(préf.)*; mode *f* pour les enfants
moda *f* **da bambino** [per bambini]

200 **children's lingerie**; children's underwear
Kinderwäsche *f* [für Mädchen und Jungen]
sous-vêtements *mpl* **pour enfants**
biancheria *f* **da bambino** [un indumento intimo]

201 **children's wear** *(pref.)*; children's clothes *pl*; children's apparel *(AE)*
Kinderbekleidung *f (präf)*; Kinderkleidung *f*
vêtements *mpl* **pour enfants** *(préf.)*; habillement *m* pour enfants
abbigliamento *m* **da bambino**

202 **child's bib slacks** *pl*
Latzhöschen *n* [Kinderhöschen mit Latz]; Lätzchenhöschen *n*
culotte *f* **à bavette pour enfants**
pantaloncini *mpl* **a pettorina da bambino**

203 **child's button shoe** [a child's shoe that is buttoned up on the outer side using a buttonhook - it has one or more shiny buttons]
Kinderknöpfschuh *m*; Knöpfschuh *m* für Kinder
chaussure *f* **boutonnée pour enfants**
scarpina *f* **abbottonata da bambino**

204 **child's sailor suit** [with a middy blouse and a braid-brimmed square collar at the back, resembling the suit of an ordinary sailor, worn by small boys]
Kindermatrosenanzug *m (präf)*; Matrosenanzug *m* [Kinder-]
costume *m* **de marin pour enfants** [un costume bleu rappelant les costumes des marins, à culotte pour les petits garçons et à jupe plissée pour les petites filles]
marinara *f* [un abito infantile che ricorda l'uniforme dei marinai] *(pref.)*; costume *m* alla marinara da bambino

205 **child's trouser bib** [a piece of fabric attached to the waist of a child's trousers and extending up over the chest]
Kinderhosenlätzchen *n* [ein Brustlatz]; Kinderhosenlatz *m*
bavette *f* **de pantalon pour enfants** [la partie d'un pantalon qui remonte sur la poitrine]; plastron *m* de pantalon pour les enfants [retenu par des bretelles]
pettorina *f* **dei pantaloni da bambino** [che copre una parte del davanti a partire dalla cintura dei pantaloni]

206 **Chinese neckline** *(pref.)*; mandarin neckline
Mandarinausschnitt *m*
encolure *f* **chinoise**
scollatura *f* **alla cinese**; scollatura *f* alla coreana

207 **chinos** *pl* [washable sports pants made from a strong khaki chino cloth]
Chinos *fpl* [weit und gerade geschnittene Hose mit oder ohne Bundfalten - in jedem Fall ohne Bügelfalte - mit Schubtaschen] *(präf)*; Chino *f (rar)*; Chinohose *f*
chino *m* [en France le mot a le sens de slack] *(préf.)*; pantalon chino *m*
chinos *mpl* [forma abbreviata per pantaloni chinos, fatti di un tessuto diagonale in cotone kaki e tagliati a linea morbida] *(pref.)*; pantaloni *mpl* Chinos

208 **cigarette pants** *pl* [with tight, very narrow, straight trouser legs, which can also taper towards the ankle]
Zigarettenhose *f* [eng, fast geradlinig gestaltet, zum Knöchel hin geringfügig verjüngt]
pantalon cigarette *m* [étroit en partant des hanches]
pantaloni *mpl* **a sigaretta** [un modello di pantaloni aderente ai fianchi e affusolato alla gamba]

209 **circle halter top** [a top or blouse with a halter neck that leaves the back and shoulders bare]
Top *n* **mit kreisförmigem Neckholder** [lässt den Rücken frei] *(präf)*; Nackenträgertop *n*
haut *m* **soutenu par une bande circulaire** [autour du cou]; halter top *m* circulaire [anglicisme: soutenu par une bande autour du cou]
top *m* **a bretella di nuca circolare** *(pref.)*; halter top *m* circolare [locuzione inglese: top a bretella di nuca]

210 **circular belt** [going around the natural waistline]

Rundumgürtel *m* [macht ein Kleidungsstück rund um die Taille fest]
ceinture *f* [à la ronde qui enserre la taille]
cintura *f* **tutt'intorno** [una striscia intorno alla vita]

211 **circular hem** [e.g. of a circular skirt]
Rundsaum *m* [z. B. eines gerundeten Rockes]
ourlet *m* **circulaire** [par ex.: d'une jupe circulaire]
orlo *m* **circolare** [p.e. orlo circolare di una gonna]

212 **cisson dart** [used in making men's clothes]
Cissonabnäher *m* [kommt in der Herrenkonfektion zum Einsatz]
pince *f* **cisson** [utilisée dans la confection masculine]
ripresa *f* **cisson** [locuzione francese: una pince usata nella confezione maschile]

213 **city coat** [suitable for town wear] *(pref.)*; walking coat
Businessmantel *m* [dezenter Mantel in zurückhaltenden, meist dunklen Farben] *(präf)*; Stadtmantel *m*
manteau *m* **de ville**; manteau *m* pour sortir [plus élégant]
cappotto *m* **da città** [per tutti i giorni]

214 **classic design** [a small pattern on a fabric that has always been fashionable]
Classics *pl* [zeitloses, sich immer wieder wiederholendes Kleinmuster für Stoffe] *(präf)*; Klassiks *pl*
dessins *mpl* **classiques** [en tissu]
disegno *m* **classico** [di tessuto]

215 **classic elegance** [fashionable over a long time]
klassische Eleganz *f* [der Tradition entsprechend]
élégance *f* **classique** [de bon goût]
eleganza *f* **classica** [di buon gusto]

216 **clean look** [of the cut of a style] *(pref.)*; clean cut
klare Linie *f* [eines Modells - eine klare Modelllinie, in konservativen Farben gestaltet]; Cleanlook *m* [englisches Wort für klare Modelllinie]
ligne *f* **claire** [de la coupe d'un modèle]
linea *f* **chiara** [di un modello]

217 **cleaning instructions** *pl* [for textile products]
Reinigungsvorschrift *f* [für Textilien]
instructions *fpl* **de nettoyage** [de l'habillement]
istruzioni *fpl* **per il lavaggio in acqua o a secco** [dei capi]

218 **cling-resist** *adj* [that does not adhere to the body]; clingresist *adj (AE)*; non-clingy
nicht anhaftend *adj* [haftet dem Körper nicht an]
non-collant *adj* [qui n'est pas adhérent au corps]
non aderente *agg* [che non è aderente al corpo]

219 **clinging** *adj* [of clothes - tending to adhere unpleasantly to the body]; clingy *adj*
anhaftend *adj* [an den Körper unangenehm anhaftend]
collant *adj* **(au corps)** [qui adhère au sens négatif - contraire: ample, large, vague] *(préf.)*; adhérent *adj* (au corps) [au sens négatif de collant]
aderente *agg* **(al corpo)** [che aderisce al corpo in modo scomodo]; collant *agg*

220 **cloak** [sleeveless loose upper garment fastened at the neck, such as a shorter cape or a mantle]
Überwurf *m* [z. B. ein ärmelloses Cape oder ein ärmelloser Umhang]; Umhang *m*
mantille *f* [un manteau sans manches et sans emmanchures fendu devant et fermé au cou]
mantello *m* [una sopravveste ampia e lunga senza maniche con cappuccio indossata sulle spalle, p.e. il mantello degli alpini] *(pref.)*; mantellina *f* [più corta, p.e. la mantellina degli alpini]; mantelletto *m*

221 **cloche** [French word for a woman's deep-crowned hat concealing all of the hair - worn low over the forehead]
Glockenhut *m* [ein gewölbter Damenhut mit tief in die Stirn heruntergezogenem Rand]; Cloche *f/m* [Damenhut]
chapeau cloche *m* [avec un petit bord tiré vers le bas ou évasé et rabattu]; cloche *f*

[abréviation de chapeau cloche, un chapeau souple avec un petit bord tiré vers le bas]
cloche *f* [voce francese: un cappello tondo e aderente da donna, a piccola tesa che scende attorno al volto, da portare basso sulla fronte]

222 **clocked hose** [an ornamental design runs up the side of the hose]
Strumpf *m* **mit Zierstreifen** [der seitlich erscheint]
bas *m* **à baguette** [à ornement linéaire sur les côtés]
calza *f* **a baghetta** [con riga ornamentale laterale]

223 **clog** [entirely wooden shoe with an upturned pointed toe]
Clogs *mpl* [fersenfreie Schuhe mit Holz- oder Plastiksohle] *(allg)*; Holzpantoffel *m*
sabot *m* [une grosse chaussure paysanne taillée en bois dont le dessus est en cuir, la semelle est parfois en plastique]
sabot *m invar.* [voce francese: calzatura a tallone libero, chiusa in punta] *(gener.)*; zoccolo *m* [a suola di legno]

224 **close-fitting clothes** [fitting tightly, so that they reveal the shape of the body]
körpernahe Bekleidung *f (präf)*; figurbetonende Bekleidung *f*
vêtements *mpl* **près du corps** [très ajustés]
indumenti *mpl* **attillati** [aderenti al corpo]

225 **closing seam** [compare assembly seam]
Schließnaht *f* [vgl. Verbindungsnaht]
couture *f* **de fermeture** [voir également couture d'assemblage (par un fil)]
cucitura *f* **di chiusura** [vedi anche cucitura d'assemblaggio]

226 **cloth cuff** [of dresses made of the same fabric]
Stoffbündchen *n* [ein schmaler weicher Saumabschluss aus dem gleichen Oberstoff wie das Kleid] *(präf)*; Ärmelstoffbündchen *n*
poignet *m* **de tissu** [une bande faite du même tissu et rapportée à l'extrémité d'une manche de robe en resserrant le bas de la manche]
polso *m* **di tessuto** [fatto dello stesso tessuto e attaccato alla manica di un abito da donna]

227 **clothes** *pl* [of any type] *(pref.)*; apparel *(AE)*; wear; clothing [collective noun or items of a particular type, e.g. warm clothing]; garment [in a formal context]; dress [in a particular style]; gear [items for young people]
Bekleidung *f* [jedes Kleidungsstück, das den Körper bedeckt, einschl. Schmuck und Handtasche] *(präf)*; Kleidung *f* [ohne Schmuck und Handtasche]; Gewand *n (veralt.)*; Toilette *f* [feine Damenkleidung]
vêtements *mpl* [terme général, les chaussures incluses, mais sans les bijoux et les sacs]; habillement *m* [linge, bijoux et sacs inclus, mais sans les chaussures]; effets *mpl* civils
abbigliamento *m* [insieme degli indumenti da indossare escluse bigiotteria e borsa] *(pref.)*; vestito *m* [indumento che si indossa sopra la biancheria e sotto il soprabito]; vestiti *mpl*; indumento *m*

228 **clothes** *pl* **made to measure** [made to the size specifications of an individual]; made-to-measure clothes *pl*; custom clothes *pl (AE)*; bespoke clothes *pl*; custom-made clothes *pl*
maßgeschneiderte Bekleidung *f (präf)*; einzeln angefertigte Bekleidung *f*
confection *f* **sur mesure** [le produit fini] *(préf.)*; vêtements *mpl* sur mesure
abbigliamento *m* **su misura** [a livello sartoriale]

229 **clothes** *pl* **that fit well** [e.g. the jacket fit me well - opposite: misfit]
passendes Kleidungsstück *n* [mit faltenlosem Sitz, da es der Körperlinie entspricht]
pièce *f* **d'habillement qui va bien** [aller bien/mal à qqn., être seyant]
capo *m* **di vestiario che veste bene** [che si addice a chi lo indossa, p.e. la giacca mi sta bene, mi va a misura]

230 **clothing accessories** *pl* [gloves and belts that enhance a garment] *(pref.)*; accessories *pl* for clothing
Bekleidungsaccessoires *npl* [Gürtel, Tücher und Schleifen, die ein Outfit

vervollständigen] *(präf)*; Bekleidungszubehör *n*
accessoires *mpl* **vestimentaires** *(préf.)*; accessoires *mpl* d'habillement
accessori *mpl* **da abbigliamento** [che completano gli abiti come guanti e cinture senza essere strettamente necessari]

231 **clothing physiology**
Bekleidungsphysiologie *f*
physiologie *f* **d'un habillement**
fisiologia *f* **di un abbigliamento**

232 **clover leaf lapel** [with rounded ends to the collar and lapel where they meet]; cloverleaf lapel *(AE)*
abgerundetes Revers *n* [abgerundete Revers- und Kragenenden]
revers *m* **à cran arrondi**
risvolto *m* **a cran arrotondato**

233 **cluster-pleated skirt** [with pleats arranged in one or more groups]
Rock *m* **mit Faltengruppe(n)** [mit einer oder mehreren Gruppen versehen] *(präf)*; Faltengruppenrock *m*
jupe *f* **à plis groupé(s)**
gonna *f* **a pieghe raggruppate** [riunite in uno o più gruppi]

234 **clutch bag** [a small, flat handbag without handles, carried on formal occasions] *(pref.)*; envelope bag [clutch bag in envelope style]; mini-clutch bag [tiny version of it]
Kuverttasche *f* [längliche Handtasche mit Klappe, die einem Briefkuvert ähnelt]; Clutchbag *f* [englisches Wort für Kuverttasche]
pochette *f* [le sac à main très plat sans poignée ni bandoulière ayant la forme allongée d'une enveloppe]
busta *f* [abbreviazione di borsetta a busta, una borsetta piatta rettangolare] *(pref.)*; borsetta *f* a busta [rettangolare]

235 **coachman collar** [a large circular collar extending over the shoulders or even over the upper arms, but shorter than a cape collar - compare pelerine collar]
Kutscherkragen *m* [ein großer, auch die Schultern teilweise bedeckender Kragen, der kleiner als ein Pelerinenkragen ist - vgl. Pelerinenkragen]
col cape *m* [un large col qui couvre les épaules, plus petit qu'un col pèlerine - voir également col pèlerine]
collo *m* **a cappa** [un collo ampio che si prolunga sul davanti o sul dietro come una mantellina - vedi anche collo a pellegrina]

236 **coat** [a sleeved item of outerwear, from hip-length to full-length, worn over another garment] *(gener.)*; rain and shine coat [all-purpose coat]
Mantel *m* [mindestens knielanges Oberbekleidungsteil] *(allg)*
manteau *m* [un vêtement de dessus porté par les hommes et les femmes, quoique chez les hommes on dit plutôt pardessus]; pardessus *m* [manteau masculin, les femmes portent des manteaux]
cappotto *m* [un soprabito pesante invernale] *(gener.)*

237 **coat-tail** [the hanging section at the back of a cutaway or a swallow-tailed coat below the waistline] *(gener.)*; tail [of a cutaway coat or simple jacket] *(gener.)*
Rockschöße *mpl* [ein die Hüfte und weiter nach unten hin bedeckender Teil von Frack, Cutaway, Gehrock oder Jacke, nicht jedoch von einem Damenrock] *(allg)*
queue *f* **d'habit (de cérémonie)** [deux basques forment une queue]; queue *f* de veston; basque *f* de veston [un pan de veste à même rapporté à la taille - deux forment une queue]
coda *f* **di giacca** [più lunga posteriormente] *(gener.)*; baschina *f* di giacca

238 **cocktail apron** [a half apron made of lace or fabric, with or without a very small bib]
Cocktailschürze *f* [eine Taillenschürze aus Spitze oder weißem Gewebe mit einem oder ohne einen sehr kleinen Latz]
tablier *m* **à thé** [un tablier taille qui peut avoir une très petite bavette fixée sur la poitrine]
grembiule *m* **da cocktail** [senza pettino o con pettino piccolo]

239 **coin dots** *pl* [a contrasting pattern such as coins or larger objects, used on printed fabrics]
Pfennigtupfen *m* [in der Größe eines Cents,

als kreisrundes Dessinelement in Kontrastfarbe]; Pfennigtüpfel *m*
pois monnaie *m* [un dessin à pastilles ou petits disques de couleur en contraste sur un tissu imprimé]
pois *m* **a forma di moneta** [un disegno costituito da piccoli cerchi simili a una moneta in colore contrastante rispetto a quello dello sfondo]

240 **colback** [French word for a fur hat with earflaps]
Schapka *f* [russisches Wort für eine Pelzmütze mit hohem, herunterklappbarem Rand und Ohrenschützern] *(präf)*; Chapka *f*; Tschapka *f*
chapka *m* [une coiffure en fourrure à pattes pour recouvrir les oreilles et un rabat couvrant la nuque] *(préf.)*; chapska *f*; colback *m* [un bonnet cache-oreilles à poils ou de fourrure]
colbacco *m* [voce francese: un cappello di pelliccia con paraorecchie indossato in Russia]; colbac *m invar.*

241 **collapsible umbrella** [can be collapsed into a cylindrical shape] *(pref.)*; folding umbrella
Klappschirm *m* [vgl. Knirps®]
parapluie *m* **pliant** [voir également parapluie télescopique]
ombrello *m* **pieghevole** [che si può piegare su sé stesso]

242 **collar** [a neckband attached at the neckline of a dress, shirt or coat]
Kragen *m* [Halsteilabschluss des Halslochs eines Hemdes, eines Kleides oder eines Mantels]
col *m* [la partie qui entoure le cou] *(préf.)*; collet *m* [un archaïsme qui s'utilise aujourd'hui seulement au sens d'un col arrondi de grandes dimensions] *(obs.)*; collerette *f* [petit collet de linge fin]
collo *m* [cucito alla base della scollatura di una camicia o di un abito maschile] *(pref.)*; colletto *m* [dim. di collo]; bavero *m* [un collo di cappotto, di mantello o di giacca, anche un bavero di pelliccia]

243 **collar break** [the place between the two gorge seams where the collar turns]; collar crease *(AE)*
Kragenbruch *m* [der rollende Kragenbruch einer Jacke oder eines Mantels von Spiegelnaht zu Spiegelnaht]
cassure *f* **du col** [d'une jaquette ou d'un manteau où le col se replie sur lui-même entre les deux contre-coutures anglaises]
spezzatura *f* **del collo** [della giacca o del cappotto, che si ottiene spezzando il collo tra le due cuciture a specchio]

244 **collar corner** [of a wing collar with turned-down corners - compare collar point]
Kragenecke *f* [eines Eckenkragens - vgl. Kragenschenkel]
coin *m* **d'un col** [cassé - voir également pointe d'un col]
angolo *m* **di un collo** [a angoli ripiegati - vedi anche punta di un collo]

245 **collar gorge** [the line where the collar meets the lapel]
Kragenspiegel *m (präf)*; Besetzenspiegel *m*
contre-anglaise *f* **d'un col** [à la réunion du col avec le revers] *(préf.)*; anglaise *f* du col
specchio *m* **di un collo** [la linea di unione di un collo con il risvolto di una giacca o di un cappotto]

246 **collar notch** [the notch is the angle formed between the collar and the revers] *(pref.)*; collar step
Kragenabstich *m* [Verlauf der Kragenkante auf die Spiegelnaht hin] *(präf)*; Crochet *n* [französisches Wort für Abstich]
cran *m* **du col** [l'angle formé au point de rencontre du revers avec le col]
cran *m* **del collo** [l'angolo di unione del collo con il risvolto] *(pref.)*; dente *m* del collo

247 **collar point** [the pointed end of a collar - it may be spread or turned-down - compare collar corner (of a wing collar)] *(pref.)*; pointed end of a collar; collar tip; collar end
Kragenschenkel *m* [vgl. Kragenecke] *(allg)*; Kragenspitze *f* [spitzes Ende eines Kragens]
pointe *f* **d'un col** [l'extrémité en pointe d'un col, par ex.: les pointes d'un col - voir également coin d'un col] *(préf.)*; bout *m* d'un col
punta *f* **di un collo** [l'estremità appuntita di

un collo - vedi anche angolo di un collo] *(pref.)*; estremità *f* di un collo

248 **collar size** [the size of the shirt collar corresponding to the neck size - compare neck circumference]
Kragenweite *f* [Kragengröße des Hemdes - vgl. Halsumfang] *(präf)*; Kragennummer *f*; Kragengröße *f*
taille *f* **de cols** [de chemise]; encolure *f* d'une chemise [la largeur donnée au col de la chemise, par ex.: une chemise d'encolure 40 - voir également tour de cou]
misura *f* **del collo** [di camicia - vedi anche circonferenza del collo]

249 **collar stand** [the collar band topstitched along the neckline seam]; stand of collar
Kragenfuß *m* [Bündchen bei zweiteiligen Hemden- und Mantelkragen] *(präf)*; Kragensteg *m*
pied *m* **du col** [qui rattache le col au corps d'une chemise ou d'un manteau]
piede *m* **del collo** [di camicia costituito da un listello rigido per sostenere il collo] *(pref.)*; solino *m* [piede di collo]; piedino *m* del collo; lunetta *f* del collo

250 **collar tab** [a strip attached to a collar wing for fastening the two points of the collar below the knot of a tie] *(pref.)*; collar flap
Kragentab *m* [eine Lasche zum Zusammenknöpfen der Spitzen eines Umlegekragens unter dem Krawattenknoten] *(präf)*; Tab *m* [Kragentab]; Kragenlasche *f* [an Tabkragen]
bride *f* **de col** [une languette de boutonnage du col]; languette *f* de boutonnage du col [pour tab]
tesa *f* **da collo** [una linguetta di tessuto provvista di bottone]; linguetta *f* del collo [a bottone]

251 **collar with stays** [inserts of strips of whalebone or plastic] *(obs.)*; whalebone collar *(obs.)*
Stäbchenkragen *m* [mit biegsamen Kunststoffstäbchen in kleinen Taschen auf der Unterseite des Kragens versehen] *(veralt.)*
col *m* **baleiné** [les baleines sont des tiges flexibles servant à renforcer le col, cachées dans une poche intérieure sous le bout du col] *(obs.)*
collo *m* **a stecche di balena** [stecchetti di plastica per mantenere la forma delle punte] *(ant.)*

252 **collarless blouse**
kragenlose Bluse *f*
blouse *f* **sans col**
blusa *f* **senza collo**

253 **collection dress** [for a certain season]
Modellkleid *n* [als Bestandteil einer Kollektion]
robe modèle *f* [partie intégrante d'une collection]
abito *m* **modello** [componente di una collezione]

254 **colour-fast** *adj* [the colours do not easily fade and the garments do not lose their colour when washed]; color-fast *(AE)* [resistant to change]
farbecht *adj* [kein Farbverlust beim Waschen]
grand teint *adj* [à couleurs durables qui résistent au lavage et à la lumière du soleil, par ex.: tissu grand teint] *(préf.)*; bon teint *adj* [par ex.: tissu bon teint]
a tinta solida [che resiste al lavaggio senza perdere il colore]

255 **colour fastness** [resistance to change as regards colour or to the transfer of colorant to other textiles]; colorfastness *(AE)*
Farbechtheit *f* [verändert seine Farbe nicht bzw. färbt auf andere Textilien nicht ab]
résistance *f* **de la couleur** [la teinture d'un tissu résiste à la lumière et au lavage] *(préf.)*; solidité *f* de la couleur
solidità *f* **della tinta** [delle stampe e delle tinture verso luce, alcali e acidi che resistono al lavaggio senza perdere il colore]; solidità *f* del colore

256 **colour fastness to seawater** [better: seawater fastness]; color fastness to seawater *(AE)*
Meerwasserechtheit *f* *(präf.)*; Meerwasserfarbechtheit *f*

résistance *f* **de la couleur à l'eau de mer** *(préf.)*; solidité *f* de la couleur à l'eau de mer
solidità *f* **della tinta all'acqua di mare**; solidità *f* del colore all'acqua di mare

257 **coloured linen**; colored linen *(AE)*
Buntwäsche *f*
linge *m* **de couleur**
biancheria *f* **colorata**

258 **combination (garment) with long legs** [a man's one-piece undergarment with long legs, covering the body]; union suit with long legs *(AE)*
ganzteilige Kombination *f* **für Herren** [Unterhemd und lange Unterhose in einem Teil]
combinaison *f* **pour hommes** [un sous-vêtement chaud masculin d'une seule pièce du cou jusqu'aux pieds]; maillot *m* de corps long
maglietta *f* **e mutande** *fpl* **della salute da uomo**

259 **combination fashion** [wearing items of clothing that are not matching items]
Kombimode *f* [im Gegensatz zum Komplettlook geht es bei dieser Moderichtung um das Tragen von aufeinander nicht abgestimmten Einzelteilen]
mode *f* **combinatoire** [des pièces d'habillement qui s'accordent mal entre elles]
moda *f* **combinatoria** [che manca di armonia tra capi di vestiario]

260 **comfort pleat** [which opens if necessary, e.g. kick-pleat - compare kick-pleat]
Bequemlichkeitsfalte *f* [die bei Beanspruchung aufspringt - vgl. Gehfalte]
pli *m* **d'aisance** [pour plus de commodité, par ex.: un creux dans le milieu du dos de la doublure pour donner de l'aisance - voir également pli d'aisance (pour faciliter la marche)]
piega *f* **di comodità** [vedi anche piega per camminare]; piega *f* di ampiezza

261 **comfort style** [providing a greater range of movement]; comfort line
Komfortschnittlinie *f* [ein bequemer Modellschnitt, der viel Bewegungsfreiheit gewährt] *(präf)*; bequemer Schnitt *m*
coupe *f* **confortable** [d'une pièce de vêtement]; ligne *f* confortable [de coupe]
linea *f* **comoda** [una linea confortevole di un modello]

262 **comforter** [a long knitted scarf - compare woollen comforter]
Schal *m* [um den Hals gewickeltes, langes, meist wärmendes Tuch - vgl. Seelenwärmerschal aus Wolle]
cache-nez *m* [une longue écharpe tricotée enroulée autour du cou - voir également cache-nez en laine]
sciarpa *f* [una lunga fascia a maglia che si avvolge intorno al collo per ripararsi dal freddo - vedi anche sciarpa di lana]

263 **Communion dress** [for children taking their Communion]; Communion dress *(AE)*
Kommunionkleid *n* [für den Empfang des Abendmahls seitens katholischer Mädchen]
robe *f* **de communion** [pour les filles catholiques]
abito *m* **da comunione** [da ragazza] *(pref.)*; abito *m* da prima comunione [da ragazza]

264 **concealed button fly** [e.g. of trousers]; button fly-front *(AE)* [of trousers with a concealed row of buttons]; concealed button placket [e.g. of a coat]
verdeckte Knopfleiste *f* [unter einer Vorderteilkante unsichtbar gearbeitet]
braguette *f* **à boutons cachés sous une patte** [recouvrés, par ex.: braguette à boutons de pantalon] *(préf.)*; patte *f* à boutons recouvrés
allacciatura *f* **a bottoni nascosti** [p.e. dei pantaloni]

265 **concealed press stud strip**
verdeckte Druckknopfleiste *f*
patte *f* **qui recouvre des boutons-pression**
allacciatura *f* **con bottoni a pressione nascosti**

266 **concealed zip fastener** [hidden in a seam]; invisible zipper *(AE)*

verdeckter Reißverschluss *m* [in einer Naht verdeckt]
fermeture *f* **à glissière recouvrée** [placée dans une couture]
cerniera *f* **nascosta** [nella cucitura]

267 **Confirmation dress** [worn at admission to full membership in various Christian Churches]
Konfirmationskleid *n* [für die Aufnahme jugendlicher evangelischer Christen in die Erwachsenengemeinde]
robe *f* **de confirmation** [pour les jeunes protestants]
abito *m* **da cresima**

268 **contour belt** [follows the curved shape of the waist and outlines the figure]
Konturgürtel *m* [passt sich der Taillenform an]
ceinture *f* **de contour** [la bande de cuir servant à serrer la taille et non la hausse de la ceinture d'un pantalon]
cintura *f* **di contorno** [la striscia flessibile di pelle che cinge gli abiti, non la striscia che rifinisce in vita i pantaloni o le gonne]

269 **contour bra** [padded with foam to show the contours of the breasts]
Konturbüstenhalter *m* [mit Schaumstoff gepolstert, um die Form der Brüste herauszuheben]; Kontur-BH *m*
soutien-gorge *m* **de contour** [rembourré avec de la mousse]
reggiseno *m* **di contorno** [che forma il seno]

270 **contour cup** [of a contour bra, with the function of shaping and contouring the breasts]
Konturcup *m* [mit Bodyshapingfunktion durch Betonung des Busens]; Konturschale *f*
bonnet *m* **de contour** [d'un soutien-gorge]
coppa *f* **di contorno** [di un reggiseno]

271 **contouring** [outlining the body]; body shaping; bodyshaping *(AE)*
Bodyshaping *n* [den Körper durch straffende Höschen und Feinstrumpfhosen formend]
contourage *m* **du corps** [pour le maintenir et accentuer ses rondeurs]
body shaping *m* [locuzione inglese: per evidenziare il contorno del corpo]

272 **control measurements** *pl*
Kontrollmaße *npl* [Hilfs- oder Ergänzungsmaße, die zu den Tabellenmaßen hinzugerechnet werden]
mesures *fpl* **de contrôle** [introduites dans le barème de mesure, un tableau du mesurage du corps humain]
misure *fpl* **di controllo** [del corpo umano]

273 **control tights** *pl* [the control section of the tights functions like a lightweight girdle]; control pantyhose *(AE)*
stützende Strumpfhose *f* [im Bereich des Höschens mit Stretchgarnen verstärkt]
collant *m* **de soutien** [pour galber les hanches et donner un contour harmonieux au corps]
collant *m invar.* **elastico** [dalla vita in giù]

274 **convertible hood collar**
verwandelbarer Kapuzenkragen *m*; umwandelbarer Kapuzenkragen *m*
col *m* **à capuchon transformable** [un col rond et drapé qui peut se rabattre sur la tête comme un capuchon]
collo *m* **a cappuccio trasformabile** [arrotolato a ciambella] *(pref.)*; collo *m* fratesco [trasformabile in cappuccio]

275 **coolie jacket** [straight, loose-fitting jacket]
Kulijacke *f* [gerade geschnittene, lose Jacke]
veste coolie *f* [vague et droite]
giacca *f* **coolie** [diritta e non aderente]

276 **coordinates** *pl* [items of clothing made in matching colours or fabrics, designed to be worn combined with other items from the same group]
Koordinaten *fpl* [Kombinationsmode mit Teilen, die aus Partnerstoffen gearbeitet sind]; Coordinates *pl* [englisches Wort für Koordinaten]
coordonné *m* [un vêtement composé d'au moins deux pièces d'habillement assorties, c'est-à-dire faites de tissus partenaires]
coordinato *m* [capi di abbigliamento diversi legati tra di loro per colore o disegno dei tessuti partner]

277 **cord** [composed of several strands twisted together, for fastening an item of clothing at the waist]
Kordel *f* [ein gedrehtes oder geflochtenes, dickes Geflecht (z. B. eine Schnur) zum Festziehen an der Taille]
cordon *m* [un gros cordon tressé que l'on noue autour de la taille servant de ceinture]
corda *f* [intrecciata di media grossezza usata esteriormente come una cintura da stringere alla vita]

278 **cord drawn through a casing**
Schaubengürtel *m* [ein mit Steckschloss versehener Gürtel zur Weitenregulierung, der durch einen tunnelartigen Stoffschlauch durchgezogen ist]
ceinture *f* **à glisser** [à travers des passants]
cordoncino *m* **per stringere** [che si trova nel passante di un capo di vestiario]

279 **cord trim** [decorative trimming]
Agréments *pl* [französisches Wort: eine Posamentart zur Verzierung]
agréments *mpl* [une sorte de passementerie d'ornement]
agrimani *mpl* [voce francese per una sottocategoria di passamaneria]

280 **cord trousers/pants** *pl* [trousers made of ribbed cloth, e.g. corduroy]; cords *pl* [abbr. of cord trousers/pants]; corduroy trousers/pants *pl*; corduroys *pl* [abbr. of corduroy trousers/pants] *(obs.)*
Cordsamthose *f*
pantalon *m* **en velours côtelé**
pantaloni *mpl* **di velluto a coste**

281 **corselet (bodice)** [a waist-length, tight-fitting bodice with a lace fastening, worn over a blouse, e.g. a peasant bodice - compare laced corselet]
Leibchen *n* [taillenkurzes, durchgeschnürtes oder durchgeknöpftes Damenoberteil; Korselett heißt im Deutschen eine Bodyart - vgl. Schnürleibchen] *(allg)*
corselet *m* [le vêtement de dessus lacé ou boutonné porté sur une blouse ou la blouse boutonnée elle-même - voir également corselet lacé]
busto *m* [che fascia il tronco tra la vita e le spalle allacciato o abbottonato sul corpetto e che le donne portano con costumi regionali - vedi anche busto allacciato]

282 **corselet waistline** [pulled together with a belt and laced at the front or back]
geschnürte Taillenlinie *f*
ligne *f* **de la taille lacée**
linea *f* **allacciata**

283 **corselette** [a foundation garment combining a bra and a girdle providing firmer support than a body briefer or an all-in-one, and also without using stretch panels]
Korselett *n* [einteiliges, weicheres Mieder und Büstenhalter, mit unelastischen Einsätzen verstärkt]
combiné *m* **léger** [un léger sous-vêtement féminin destiné à mouler le corps grâce à une matière peu extensible]
corsetto *m* **leggero** [un bustino intimo leggero di tessuto elastico]

284 **corselette belt** [a wide body-shaping belt] *(gener.)*
Miedergürtel *m* [ein sehr breiter Gürtel, der meistens vorne geschnürt wird] *(allg)*
ceinture corselet *f* [large, destinée à mouler la taille]
cintura *f* **a bustino** [una striscia larga allacciata che stringe la vita]

285 **corset** [rigid-boned one-piece item of underwear combining bra and girdle, heavier than a corselet] *(obs.)*; foundation *(obs.)*; all-in-one [foundation] *(AE)*
Korsett *n* [Büstenhalter und Hüftgürtel in einem einteiligen Mieder mit Versteifungen; schwerer als ein Korselett] *(veralt.)*
corset *m* [un sous-vêtement baleiné allant du buste jusqu'au bas des hanches] *(obs.)*
corsetto *m* [un bustino intimo steccato in tessuto elastico che stringe la vita e fascia il torace, sostenendo il seno] *(ant.)*

286 **Cossack blouse** [an asymmetrically fastened, slip-on blouse with a standing collar and full sleeves, secured with a belt or sash]; Russian blouse
Kosakenbluse *f* [asymmetrisch gegürtete Modeschlupfbluse mit Schlupfschlitz,

niedrigem Stehkragen und vollen Bündchenärmeln]; Russenbluse *f*
blouse *f* **de cosaque** [une blouse asymétrique qui s'enfile par la tête]
blusa *f* **cosacca** [asimmetrica da infilare]

287 **cotton pantie hose** [women's tights]; cotton pantihose
Baumwollstrumpfhose *f (präf)*; Strumpfhose *f* aus Baumwolle
collant *m* **de coton**
calzamaglia *f* **di cotone**

288 **cotton shirt**
Baumwollhemd *n*
chemise *f* **en coton**
camicia *f* **di cotone**

289 **counterbuttonhole** [on the other edge]
Gegenknopfloch *n* [befindet sich auf der anderen Kante]
boutonnière *f* **de contre-bouton** *(préf.)*; boutonnière *f* de rappel
controasola *f* [che si trova in contrapposizione] *(pref.)*; asola *f* di richiamo

290 **country style** [characteristic of the country] *(gener.)*; landlord style [finer than country style]; chalet style [French]
Landhausstil *m* [Alpen-Landstil] *(präf)*; Countrystil *m* [mit Elementen aus der englischen oder der nordamerikanischen Countrymode]; Chaletstil *m* [franz.]; Gutsherrenstil *m* [feinere Ausführung]
style *m* **campagne** [par ex.: style de Provence]
moda *f* **alla campagnola** [p.e. moda provenzale]

291 **court shoe** [woman's formal, low-cut slip-on shoe that does not cover the top part of the foot]; pump *(AE)* [in the USA of any height]
Pumps *m* [ausgeschnittener Damenschuh mit höherem Absatz] *(präf)*; ausgeschnittener Damenschuh *m* mit höherem Absatz *(allg)*
escarpin *m* [une chaussure féminine largement ouverte sur le dessus et avec une semelle mince] *(préf.)*; chaussure *f* ouverte (féminine)
scarpetta *f* [décolleté elegante, leggera, affusolata e scollata con tacco medio o alto da donna]

292 **court shoe**; spectator pump *(AE)* [a woman's low-heeled pump with perforated toe and heel, usually in contrasting colours]
Trotteur *m* [Damenschuh mit mittelhohem Absatz, meist in zwei Farben mit Perforationen an der Vorderkappe und an der Ferse]
trotteurs *mpl* [chaussures basses de ville à deux couleurs avec des perforations devant et à talon bottier (moyen et large) destinées aux femmes]
scarpa *f* **di tutti i giorni da donna** [una scarpa con tacco basso, comoda]

293 **couturier** [a designer of haute couture, especially a French couturier, usually the proprietor of a couture house]
Grand Couturier *m* [Modeschöpfer der Haute Couture und Leiter eines Modehauses, der von der Chambre Syndicale de la Couture Française als solcher anerkannt ist]
couturier *m* [abréviation de grand couturier français qui crée des modèles et dirige une maison de couture] *(préf.)*; grand couturier *m*; designer *m* [de haute couture]
designer *m* **di alta moda** [un disegnatore di modelli originali di una collezione di alta moda] *(pref.)*; creatore *m* di alta moda

294 **covered pleat**
verdeckte Falte *f*
pli *m* **caché** *(préf.)*; pli *m* recouvré
piega *f* **ricoperta**

295 **cowboy boot** [high-heeled, calf-high boot] *(pref.)*; western boot; dip-top boot *(AE)*
Cowboystiefel *m* [wadenlang, mit hohem Absatz] *(präf)*; Texasstiefel *m*
botte *f* **de cow-boy** [ce ne sont pas des bottes de cheval, plutôt des bottes cavalières à talons hauts]
stivale *m* **da cow boy** [con tacco assai spesso]; camperos *mpl* [dallo spagnolo: con tacco obliquo medio o basso]

296 **cowboy shirt** [with half-moon pockets and a V-shaped yoke, worn with a

neckerchief or a string tie] *(pref.)*; western shirt
Cowboyhemd *n* [mit Halbmondtaschen und V-förmigem Sattel]
chemise *f* **de cow-boy** [à empiècement en pointe et à poche demi-lune]
camicia *f* **da cowboy** [con sprone a punta e tasca a mezza luna]

297 **cowl** [a series of folds falling in a soft cluster - see also hood] *(pref.)*; waterfall [a series of folds under two-point tension]
Wasserfallrüsche *f* [in ein Halsloch oder einen Ausschnitt horizontal oder senkrecht eingenähte Falten]; Drapierung *f* [wasserfallartig fallend]
ruche *f* **en cascade** [une série de plis dans une encolure] *(préf.)*; cascade *f* [abréviation de la ruche en cascade]
ruche *f* **a cascata** *(pref.)*; cascata *f* [forma abbreviata di ruche a cascata]

298 **cowl back** [e.g. of a gown with a back cowl - compare back drapery]
drapierter Rücken *m* [wasserfallartig]
dos *m* **drapé**
dietro *m* **drappeggiato**

299 **cowl collar** [that drapes and can form a hood over the head] *(pref.)*; hooded collar; cowl hood [collar]
Kapuzenkragen *m* [kuttenkragenartig gestaltet, ist der Kragen in eine Kapuze umwandelbar] *(präf)*; Kuttenkragen *m* [hohe, drapierte Stoffröhre, die auch breit umgeschlagen werden kann]
col *m* **à capuchon** [un col transformable en capuchon] *(préf.)*; col *m* bénitier; col *m* monacal transformable en capuchon
collo *m* **con cappuccio** [che può essere rialzato per coprire il capo simile ad un cappuccio]; collo *m* fratesco [trasformabile in cappuccio]

300 **cowl neckline** [draped neckline falling in several soft folds like a waterfall] *(pref.)*; waterfall neckline
Wasserfallausschnitt *m* [eine Serie drapierter Halbmondfalten bedecken den Ausschnitt] *(präf)*; Kaskadenausschnitt *m*
encolure *f* **drapée en cascade** [à plis souples]
scollatura *f* **drappeggiata a cascata** [le pieghe cadono armoniose a cascata sul busto]

301 **crease (down the trousers)** [a sharp crease on the front and back parts of the trouser legs] *(pref.)*; trouser crease; trouser pleat [pressed in]; pants crease *(AE)*; pressed-in crease [a sharp crease inserted by heat, moisture and pressure]
Bügelfalte *f* [einer Hose - der eingebügelte Bruch in der Vorder- und Hinterhosenmitte] *(präf)*; Bruch *m* [eingebügelte Hosenfalte]; Bügelbruch *m* [Fachbezeichnung der Bügelfalte]
pli *m* **repassé** [d'un pantalon qui marque le devant du pantalon du haut jusqu'en bas]
piega *f* **stirata** [dei pantaloni stirati lungo la linea di piegatura, dalla cintura al fondo, p.e. piega stirata dei pantaloni]

302 **crease mark** [deformation due to the incomplete removal of a crease when finishing] *(pref.)*; wrinkle mark
Knitterfalte(n) *f(pl)* [eine durch Knittern zurückgebliebene Falte]
impression *f* **de froissure** [la trace laissée dans un tissu par froissement]
segno *m* **di sgualcitura** [la deformazione del tessuto dovuta a sgualcitura]

303 **creative designer** [transfers new fashion accents onto a classic series of products]
Serienmodelleur *m* [wendet die Modeentwicklung an klassische Serienmodelle über alle Phasen an]
modéliste *m* **de série** [qui adapte l'évolution de la mode à des modèles simples en exécutant toutes les étapes d'élaboration d'un modèle]
modellista *m/f* **di serie** [chi idea e disegna modelli d'abbigliamento per la fabbricazione in serie, conformi alla tendenza della moda]

304 **creative modelliste** [creates prototypes until the design is perfected]; creative modeliste *(AE)*
Kreationsmodelleur *m* [eine Person, die eine Modellzeichnung in Schablonen und Prototyp schöpferisch umwandelt]
modéliste créateur *m* [qui transforme le croquis du modèle pour en une toile, un patronnage et un prototype]

modellista *m* **creatore** [chi idea e disegna modelli d'abbigliamento]

305 **crew neck** [with a round knit ribbing - a round, flat neckline like the neckline of the shirts of racing crews]; crew neckline
halsnaher Ausschnitt *m* [mit Strickbündchen - ein runder Ausschnitt]
encolure *f* **au ras du cou** [à bord côtes qui s'arrête à la naissance du cou]; ras-du-cou *m* à bord côtes [abrév. pour encolure au ras du cou à bord côtes]
scollatura *f* **a girocollo** [con bordo a coste, usata soprattutto per tee-shirt e maglia]

306 **crew neck knit** [with round neckline fitting closely to the neck]
halsnahes Trikot *n* [mit rundem Ausschnitt]
tricot *m* **ras du cou** [c'est-à-dire avec une encolure qui s'arrête à la naissance du cou]
maglietta *f* **girocollo**; girocollo *m* [abbreviazione di maglietta girocollo]

307 **crinkle look** [new crinkles in the surface, such as wrinkles and ripples, are created after washing]; crinkle appearance
Knitteroptik *f* [gewolltes verknittertes Warenbild mit der erwünschten Eigenschaft der Knitterneubildung durch Waschen] *(präf)*; Crinkle-Optik *f* [aus dem Englischen]
look *m* **froissé** [d'un vêtement qui a des froissures voulues et disposées irrégulièrement]
look *m* **ad effetto sgualcito** [che ha un effetto sgualcito intenzionato]

308 **crocodile bag** [made of crocodile leather]
Krokodiltasche *f* [aus Krokodilleder]
sac *m* **en crocodile**; sac *m* en croco
borsa *f* **di coccodrillo** [fatta di pelle conciata di coccodrillo]

309 **crop top** [cut short to bare the midriff, leaving the stomach visible]; baremidriff top [for girls and young ladies]; midriff [abbr. for baremidriff]
Brassière *f* [taillenkurzes, enges, bauchfreies Oberteil] *(präf)*; bauchfreies Top *n*
brassière *f* **(de femme)** [un petit corsage léger, décolleté qui découvre entièrement la taille d'une jeune femme]
brassière *f* [voce francese: un capo in maglia scollato, molto corto, che lascia scoperta la vita]

310 **cross-dressing** [mix of incompatible dressing styles - originally, the wearing of clothes of the opposite sex by a cross-dresser]
Crossdressing *n* [englischer Begriff: ein anscheinend nicht zueinanderpassender Mix von Kleidungsstücken]
habillage *m* **dans le cross-style** [anglicisme: fait de s'habiller avec des vêtements incompatibles]
cross dressing *m invar.* [voce inglese: indossare indumenti di stili diversi]

311 **cross stitch seam** [with a series of decorative Xs]
Kreuzstichnaht *f* [eine Ziernaht, die aus je zwei sich diagonal überkreuzenden Einfachstichen besteht und für Verzierungszwecke zum Einsatz kommt]
couture *f* **au point de croix** [d'ornement]
cucitura *f* **a croce** [per decorazione]; cucitura *f* a punto a croce [per decorazione]

312 **crossover top** [knitted wrap top, crossing over at the front] *(pref.)*; crisscross; wrap-over knit top; wrapped knit top
Cachecœur *n* [französischer Begriff für ein dünnes gestricktes Damenwickeljäckchen mit schmalen Ärmeln, das die Brust nur knapp bedeckt] *(präf)*; Cachecoeur *n*; Wickelstrickjacke *f*; Wickeljacke *f*
cache-cœur *m* [un jersey portefeuille à col en V échancré dont les devants son munis de liens se nouant sur la hanche gauche] *(préf.)*; couvre-cœur *m*
cache-coeur *m* [voce francese per una maglietta che si incrocia in vita allacciandosi davanti o sul fianco]

313 **crotch lining** [of the upper part of the inside leg] *(pref.)*; crutch lining
Schrittfutter *n* [an der Schrittspitze der Vorderhose] *(präf)*; Schrittbeilage *f*; Gesäßfutter *n* [wurde früher an den

Nahtzugaben der Hinterhosennähte befestigt] *(veralt.)*
hirondelle *f* [une doublure de la fourche d'un pantalon]; doublure *f* de la fourche d'un pantalon
fodera *f* **del cavallo** [dei pantaloni all'inforcatura delle gambe]

314 **crotch piece** [a wedge-shaped piece joining two trouser legs] *(pref.)*; crutch piece; trouser crotch piece; pants crotch piece *(AE)*
Schrittecke *f* [ein keilförmiges Stoffteil im Schrittbereich der Hinterhose] *(präf)*; Hosenkeil *m*; Schrittstück *n*; Zwischenbeinkeil *m* [einer Hose]; Gesäßstück *n*; Hosenschrittecke *f*
chanteau *m* **d'entrejambe** [d'un pantalon - une pièce en forme de losange ou de triangle qui donne de l'aisance] *(préf.)*; gousset *m* [d'entrejambe de pantalon]
cavallino *m* [dei pantaloni - un piccolo pezzo di tessuto cucito al cavallo dei pantaloni]

315 **crush boot** [made of high-gloss patent leather made to look as if crushed]; crushed boot
Knautschstiefel *m* [aus leicht biegsamem Lackleder mit faltiger Optik]
botte *f* **froissée** [en cuir vernis froissé]
stivale *m* **sgualcito** [di pelle verniciata a effetto sgualcito]

316 **cuff** [the bottom of a long shirtsleeve, consisting of a separate sewn-on piece of fabric or of the sleeve turned back on itself, closing with one or more buttons] *(gener.)*; sleeve cuff; wristband [a cuff]
Manschette *f* [ein an den Ärmel genähter, getrennt zugeschnittener und knöpfbarer Stoffstreifen oder ein umgeschlagener Teil des Ärmels selbst] *(allg)*
poignet *m* [l'extrémité rapportée de la manche qui est resserrée vers le bas] *(génér.)*; revers *m* [par ex.: le revers de la manche]
polsino *m* [termine usato più comunemente con riferimento alla manica di una camicia o di un abito]; polso *m* [usato più comunemente con riferimento alla manica di una giacca, di un cappotto o di un abito]

317 **cuffed sleeve** [gathers a usually voluminous sleeve with the aid of a cuff]
Manschettenärmel *m* [ein Ärmelabschluss zum Zusammenhalten einer voluminösen Ärmelweite]
manche *f* **à poignet** [qui resserre l'ampleur de la manche]
manica *f* **a polsino** [cucita al termine di una manica per restringere l'ampiezza della stessa]

318 **cuir savage look** [French term for the suede-finished look of a fabric]
Wildlederlook *m* [eines Gewebes]
look *m* **à aspect de chamois** [d'un tissu]
look *m* **ad aspetto di camoscio** [di un tessuto]

319 **culottes** *pl* [French word for a divided skirt with separate legs but hanging wide like a skirt] *(pref.)*; divided skirt; pantskirt *(AE)*; trouser skirt [split at side front to reveal bloomers]
Hosenrock *m* [eine wadenlange Damenhose mit rockähnlichen, sehr weit geschnittenen Beinen] *(präf)*; Rockhose *f*; Jupe Culotte *f* [französisches Wort für Rockhose]
jupe-culotte *f* [un pantalon à deux jambes très amples séparées avec l'apparence d'une jupe longue] *(préf.)*; pantalon-jupe *m (génér.)*
gonna pantalone *f* [un pantalone diviso in due sezioni molto ampie, tanto da sembrare una gonna] *(pref.)*; pantagonna *f*

320 **cummerbund** [a wide, usually black silk sash, pleated along its length and worn in Europe round the waist under a dinner jacket]
Kummerbund *m* [eine in Europa nur zur Einreiher-Smokingjacke mit der Fältelung nach oben rund um den Bund getragene Schärpe]
ceinture *f* **de smoking** [noire ou rouge]
cintura *f* **di smoking** [nero o rosso]

321 **cup collar** [like the calyx of a flower] *(pref.)*; calyx collar; petal collar [irregularly shaped like a flower petal]
Kelchkragen *m* [ein halsentfernter Kragen, der wie ein Blumenkelch aufrecht steht]; Blumenkelchkragen *m*

col coupe *m* [qui ressemble aux pétales d'une fleur]; col *m* à corolle
collo *m* **a calice** [consiste in una striscia arricciata o pieghettata che si allarga]; collo *m* a corolla

322 **cut** [how a specific garment style is cut] *(pref.)*; make [creating new styles]; shape [of garment]
Schnitt *m* [Aufbau, Form und Styling eines Modells] *(präf)*; Fasson *f* [Linienführung eines Modells]; Façon *f* [französisches Wort für Fasson]
coupe *f* [d'un modèle - qui donne la forme et le style au vêtement, une ligne particulière, par ex.: robe de bonne coupe] *(préf.)*; façon *f* du modèle [l'aspect d'une pièce par rapport à sa ligne]
taglio *m* [di un modello - forma e stile di un capo di vestiario, p.e. taglio di un cappotto a linea ad A] *(pref.)*; foggia *f* [di un modello]; linea *f* [di un modello]; stile *m* [di un modello]

323 **cut** *v* **a low neckline**
dekolletieren *v* [einen tiefen Ausschnitt schneidern]
décolleter *v* [couper une encolure qui descend largement vers la poitrine]
décolletare *v (pref.)*; tagliare *v* una scollatura profonda

324 **cut-fingered glove** [with fingers cut off to show rings] *(pref.)*; fingerless glove [with short fingers]; mitt [entirely fingerless, long bridal glove]
Stutzhandschuh *m* [bis zum zweiten Fingerglied sind alle Handschuhfingerspitzen abgeschnitten]; fingerloser Handschuh *m* [komplett ohne Finger]
mitaine *f* [un gant qui laisse sortir les deux premières phalanges des doigts] *(préf.)*; demi-gant *m*
mezzoguanto *m* [tagliato all'altezza delle nocche]

325 **cut-out swimsuit** [a woman's fitted maillot with a low cut-out in the centre front or elsewhere]
Damenbadeanzug *m* **mit tiefem Ausschnitt**
maillot *m* **de bain à découpe de femme** [un maillot à l'encolure qui s'éloigne largement du cou]; costume *m* de bain à découpe de femme
costume *m* **da bagno intero a scollatura profonda femminile**; costume *m* intero a scollatura profonda [forma abbreviata di costume da bagno intero a scollatura profonda]

326 **cut waistband trousers** *pl* [without a separate sewn-on waistband] *(pref.)*; cut waistband pants *pl (AE)*
Hose *f* **mit angeschnittenem Bund** [d. h. der Bundstreifen wird nicht getrennt angenäht, sondern bereits bei der Hosenkonstruktion zur Länge der Hose dazugerechnet]
pantalon *m* **à ceinture coupée** [pas rapportée]
pantaloni *mpl* **a cintura intagliata** [non attaccata]

327 **cutaway shoulder** [a type of halter shoulder leaving half of the shoulder bare]
amerikanische Schulter *f* [angefangen mit der Schulterkugel liegt die Schulter bis zur Mitte frei] *(präf)*; Minusschulter *f*
épaule *f* **américaine** [une emmanchure qui laisse l'épaule à moitié libre]
spalla *f* **all'americana** [un taglio di giromanica che lascia nuda la mezza spalla - vedi anche scollatura all'americana]

328 **cutaway tail** [with the skirt cut away from the waist at the front towards the hem at the back]
Cutrockschoß *m* [eines Cutaways]
basque *f* **arrondie** [d'une jaquette de cérémonie]
coda *f* **arrotondata** [di una giacca da cerimonia]

329 **cyclist collar** [a high collar, usually with a front zip]
Radlerkragen *m* [hoher Trikotkragen, meistens mit Reißverschluss versehen]
col *m* **cycliste** [à haut-col, le plus souvent avec une fermeture à glissière]
collo *m* **da ciclista** [un collo alto, spesse volte con zip, frequentemente in maglia - vedi anche collo alla ciclista]

D

330 **dance shoe** *(gener.)*
Tanzschuh *m (allg)*
chausson *m* **de danse** *(génér.)*
scarpetta *f* **da danza (femminile)**; scarpa *f* da danza (maschile)

331 **dart** [a V-shaped pointed tuck sewn in on the wrong side of an item of clothing to make it body-fitted]
Abnäher *m* [eine kleine, genähte Falte in Keilform an der Abseite des Gewebes, um die Weite zu verringern, wobei das Ende der Falte meistens freigegeben wird] *(präf)*; Nähfältchen *n*
pince *f* [le petit pli cousu sur l'envers d'une pièce de vêtement qui va en diminuant la profondeur et qui sert à ajuster un pantalon, à lui donner de l'aisance ou à diminuer l'ampleur]
ripresa *f* [la piccolissima piega rientrante e cucita sul rovescio per modellare o per diminuire l'ampiezza di abiti] *(pref.)*; pince *f* [la piccolissima piega non cucita sotto la cintura di un pantalone - vedi anche pince aperta]

332 **dart-fitted waist**
Taille *f* **mit Abnähern** [die mit Abnähern auf eine Taille angepasst wurde]
taille *f* **pincée** [qui a été resserrée à la taille] *(préf.)*; taille *f* marquée
vita *f* **a riprese** [di una linea di abito da donna aderente alla vita]

333 **dart seam**
Abnähernaht *f*
couture *f* **de pince**
cucitura *f* **di ripresa**

334 **daywear** [clothes worn on ordinary days] *(pref.)*; street wear [made in a street style inspired by clothing worn by young people]
Tageskleidung *f* [für den täglichen Gebrauch geeignet] *(präf)*; Streetwear *f* [englisches Wort für Tageskleidung, so wie sie von jungen Leuten getragen wird, weniger von der Modeindustrie vorgegeben]
vêtements *mpl* **de jour** [utilisés dans la journée] *(génér.)*; toilette *f* du matin [terme utilisé seulement pour les vêtements féminins]
indumenti *mpl* **da giorno** [che si indossano durante il giorno]; abbigliamento *m* per tutti i giorni

335 **décolletage** [French word for the low-cut neckline of a woman's garment, allowing the neck, the shoulders and the top part of the breasts to be visible] *(pref.)*; décolleté; low-cut neckline
Dekolleté *n* [ein größerer Kleiderausschnitt, der Schulter und Brustansatz oder Rücken zeigt] *(präf)*; Dekolletee *n*; tiefer Ausschnitt *m*
décolleté *m* [une encolure dépourvue de col qui s'éloigne largement du cou, mais aussi une échancrure par où on passe la tête] *(préf.)*; décolletage *m* [ici un décolleté, mais aussi l'action de décolleter]
décolleté *m* [la scollatura profonda di un abito e allo stesso tempo la parte di pelle scoperta - vedi anche scollatura] *(pref.)*; decolletè *m (ant.)*; scollatura *f* profonda

336 **décolleté** *adj* [French word for low-necklined, e.g. décolleté evening dress] *(pref.)*; low-necked *adj*; low-necklined *adj*
dekolletiert *adj* [mit tiefem Ausschnitt versehen]
décolleté *adj* [à une encolure qui s'éloigne largement du cou vers le bas, par ex.: robe décolletée] *(préf.)*; encolure *f* échancrée
décolleté *agg* [che ha una scollatura molto profonda]; scollato *agg* molto profondo

337 **décolleté bra** [a low-plunged bra] *(pref.)*; low-plunged bra
Büstenhalter *m* **für tiefes Dekolleté**
soutien-gorge *m* **à grand décolleté**
reggiseno *m* **per un décolleté molto scollato** [o profondo]

338 **decorative handkerchief** [tucked into the breast pocket]; pocket square; fancy handkerchief; pocket-chief
Einstecktuch *n* [Ziertuch für die Brusttasche] *(präf)*; Stecktuch *n* [Herrenziertuch]; Ziertuch *n* [Stecktuch]; Pochette *f* [Herrenziertuch]
pochette *f* [un petit mouchoir décoratif

assorti à la cravate et qui orne la poche de poitrine d'un veston]
fazzoletto *m* **da taschino** [da infilare nel taschino di una giacca]; pochette *f/m* [voce francese: piccolo fazzoletto da infilare nel taschino di una giacca]

339 **decorative lace** [looking more attractive]; fancy lace
Zierspitze *f* [erhöhter Attraktivität]
dentelle *f* **ornementale** [pour être plus attrayante]
pizzo *m* **ornamentale**

340 **delicate washing** [to be done very carefully]
Feinwäsche *f*
lavage *m* **délicat**
lavaggio *m* **delicato**

341 **demi-saison collection** [collection for the season between the last and the next] *(pref.)*; between season collection *(AE)*
Zwischensaisonkollektion *f (präf)*; Kollektion *f* der Übergangssaison
collection *f* **de demi-saison** [hors saison ou d'entre-saison]; collection *f* d'intersaison
collezione *f* **di mezza stagione** [dei modelli di grande sartoria o di azienda]

342 **depth of the pocket opening**
Tascheneingrifftiefe *f* [von der Tiefe des Taschenbeutels bedingt]
profondeur *f* **de l'ouverture d'une poche**
profondità *f* **dell'apertura di una tasca**

343 **Derby shoe**
Derbyschuh *m* [seine Seitenteile liegen über dem Blatt]
derby *f* [abréviation de chaussure derby, une chaussure basse à quartier lacé, par ex.: des derbys]; chaussure derby *f*
scarpa *f* **Derby** [che ha i gambetti cuciti sopra la mascherina]

344 **desert boot** [an ankle-high, lined, laced boot with a rubber sole] *(pref.)*; chukka boot [an unlined desert boot]
Wüstenstiefel *m* [ein Knöchel hoher, gefütterter Schnürstiefel mit Gummisohle]
desert boots *pl* [terme anglais pour une paire de bottes du désert: des bottillons légers en daim] *(préf.)*; bottes *fpl* de désert; rangers *pl*; schwartzkopfs *pl* [des bottines souples lacées]
desert boot *m* [locuzione inglese: stivale da deserto]; stivale *m* da deserto; Clarks *mpl* [locuzione inglese: stivali da deserto]

345 **design** [of a garment style, after planning the style and product development] *(pref.)*; rub-off [line-for-line copy of a garment style]
Design *n* [die Form- und Schnittgestaltung eines Kleidungsstücks, die von Ausführungsangaben begleitet ist]
design *m* [d'un modèle - le projet et la conception]
design *m* [del modello realizzato da un modellista, che idea e realizza modelli d'abbigliamento - il progetto e la concezione]

346 **designer brand** [brand of a fashion designer] *(pref.)*; brand [abbr. for designer brand] *(gener.)*; designer megabrand *(AE)* [well-known brand of a fashion designer]
Designermarke *f* [Firmenzeichen mit dem Namen eines bekannten Modedesigners]
marque *f* **d'un créateur de mode**
marchio *m* **di un creatore di moda** [di identificazione della creazione]

347 **designer clothes** *pl*
Designerkleidung *f* [vom Modeschöpfer entworfene Originalmodelle, die jedoch keine Unikate sind]
vêtements *mpl* **de grand couturier**; vêtements *mpl* de créateur de mode
capi *mpl* **di un creatore di alta moda**; abbigliamento *m* di designer [di alta moda]

348 **designer suit**
Designeranzug *m*
complet *m* **de grand couturier**; complet *m* de créateur de mode
completo *m* **di creatore di alta moda**; completo *m* di designer

349 **detachable hood** [can be taken off]
abtrennbare Kapuze *f (präf)*; abnehmbare Kapuze *f*
capuche *f* **amovible** [un petit capuchon de poche, par ex.: la capuche d'un imperméable] *(préf.)*; capuche *f* détachable; capuchon *m* de poche

cappuccio *m* **staccabile** [amovibile da portare nella tasca]

350 **detached shoulder flap** [not joined on] *(pref.)*; loose yoke
loser Sattel *m* [im Gegensatz zu einem fest verarbeiteten Sattel] *(präf)*; loser Koller *m*; lose Passe *f*
bavolet *m* **dégagé** *(préf.)*; empiècement *m* dégagé
spallone *m* **staccato** [un pezzo rettangolare di tessuto cucito sulla spalla e lasciato libero - vedi anche sprone (cucito)] *(pref.)*

351 **deux-pièces** [French term for a woman's two-piece garment]; two-piece; two-piecer *(AE)*
Deuxpièces *n* [zweiteilige Damenbekleidung, wobei die Stoffe möglichst, aber nicht zwangsweise identisch sein müssen] *(präf)*; Deux-Pièces *n*; Zweiteiler *m* [Damenoutfit als Oberteil/Rock oder Oberteil/Hose aus dem gleichen Material]
deux-pièces *m* [l'ensemble féminin composé d'un pantalon ou d'une jupe et d'une veste, d'une tunique ou d'un boléro de la même étoffe]
due pezzi *m* [il vestito femminile che consiste in due elementi coordinati, p.e. completo formato da giacca e gonna o pantaloni]

352 **diagonal pocket** [positioned at an angle]
Diagonaltasche *f*
poche *f* **en biais**; poche *f* en diagonale
tasca *f* **diagonale**

353 **diamond zip**; diamond zipper *(AE)*
Diamantreißverschluss *m*
fermeture *f* **à glissière à dents en forme de diamant**
cerniera *f* **diamante** [con denti a forma di diamante]

354 **dicky** [a removable, decorative fill-in, with or without a collar, set into low necklines] *(pref.)*; dickey; dickei
entfernbarer Brusteinsatz *m* [mit oder ohne Kragen zum Einsatz in einen Ausschnitt bestimmt]
plastron *m* **amovible** [à col ou sans col pris dans une encollure]
plastron *m* **staccabile** [a collo o senza inserito nella scollatura] *(pref.)*; coprisparato *m* staccabile

355 **dimensional stability** [the ability to retain a two-dimensional shape]
Maßhaltigkeit *f* [die zweidimensionale Formbeständigkeit von Bekleidungen nach Nass- oder Wärmebehandlung]; Dimensionsstabilität *f* [von Gewebe]; Maßstabilität *f* [von Bekleidung]
stabilité *f* **dimensionnelle** [stabilité bidimensionnelle d'une pièce de vêtement]
stabilità *f* **dimensionale** [la proprietà di un capo di vestiario di mantenere la forma bidimensionale]

356 **dimensionally stable** *adj* [compare dimensional stability] *(pref.)*; deformation resistant *adj*
formbeständig *adj* [seine Gestalt behaltend - vgl. Maßhaltigkeit] *(präf)*; formstabil *adj*; maßhaltig *adj*
résistant *adj* **aux déformations** [voir également stabilité dimensionnelle]; indéformable *adj*
resistente *agg* **alla deformazione** [al cambiamento di forma - vedi anche stabilità dimensionale]

357 **dinner jacket** [a black jacket with a lustrous shawl collar or double-overlapped, fastened with two rows of button]; tuxedo coat *(AE)*; tuxedo jacket *(AE)* [black]
Smokingjackett *n* [mit Schalkragen oder Spitzenfasson, meistens schwarz] *(präf)*; Smokingjacke *f*
veston *m* **de smoking** [noir, droit ou croisé à col châle de soie]; smoking *m* [abréviation de veston de smoking]
smoking *m* [forma abbreviata di smoking jacket - vedi anche smoking (il completo)] *(pref.)*; smoking jacket *f* [locuzione inglese: una giacca nera da cerimonia con revers o collo a scialle in seta]; dinner jacket *f*

358 **dinner jacket** [a white semiformal jacket used only in summer or as cruise wear - compare dinner jacket (the black

one)] *(pref.)*; white dinner coat; dinner coat [white in colour]
Dinnerjacket *n* [engl. Wort für einen weißen Sommersmokingsakko, der heute meistens auf Kreuzfahrten mit schwarzer Hose getragen wird - vgl. Smokingjackett] *(präf)*; White Tuxedo *m/n* [weißes Dinnerjacket]
veston *m* **blanc du soir** [voir également veston de smoking]
giacca *f* **bianca da sera** [vedi anche smoking]; dinner jacket *f* [locuzione inglese: giacca bianca da sera]

359 **dinner suit** [semiformal dinner jacket and trousers with satin stripes down the side - compare black tie (the black bow)]; tuxedo *(AE)*; tux *(AE)* [informal abbr. of tuxedo]
Smoking *m* [Herrengesellschaftsanzug mit seidenem Revers und einer seitlich mit Galon besetzten Hose] *(präf)*; Dinneranzug *m*
smoking *m* [composé d'un veston de cérémonie sans basque à revers de soie et d'un pantalon garni sur le côté d'un galon de soie - voir également nœud papillon]; smok *m* [abrév. pour smoking]
smoking *m* [il completo costituito da una giacca nera con revers di seta e pantaloni con banda laterale in seta - vedi anche cravatta a farfalla] *(pref.)*; tuxedo *m*

360 **Dior pleat** [a walking pleat with a vent at the back of a narrow skirt or a dress] *(pref.)*; Dior vent [at the back of a narrow skirt]
Diorfalte *f* [Öffnung in der hinteren Mittelnaht eines Rockes mit einem auf dem Futter aufgenähten Stoffbesetzen dient als Gehschlitz] *(präf)*; Diorschlitz *m*
pli Dior *m* [un pli d'aisance pour faciliter la marche dans une jupe étroite] *(préf.)*; fente Dior *f*
piega *f* **alla Dior** [l'apertura nella cucitura dietro della gonna è una piega per camminare] *(pref.)*; spacco *m* Dior

361 **disc dress**
Schuppenkleid *n*
robe *f* **à écailles**
abito *m* **scaglioso**

362 **discreet mini** [a longish miniskirt] *(pref.)*; longish mini
Ladymini *m* [knapp kniefreier bis äußerst kurzer Rock]; Ladyminirock *m*
lady mini(jupe) *f* [une minijupe qui est un peu plus longue]
lady minigonna *f* [che lascia scoperta la gamba sopra il ginocchio - più lunga di una minigonna]

363 **dish-out apron** [white with a small bib made of lace or fabric]
Servierschürze *f* [mit kleinem Spitzenlatz zur Bedienung]
tablier *m* **de service** [blanc avec une petite bavette]
grembiule *m* **da servizio** [bianco a pettorina che copre una parte del davanti del busto, usato in case private e locali pubblici]

364 **divided pocket** [separated into two or more parts]
unterteilte Tasche *f* [mit zwei oder mehreren Taschenbeuteln]
poche *f* **subdivisée** [en deux ou plusieurs sacs de poche]
tasca *f* **suddivisa** [a due o più sacchetti]

365 **do** *v* **alterations** [e.g. altering the waistband of trousers by hand]; alterate *v* *(obs.)*; make *v* over *(AE)*
ändern *v* [ein Bekleidungsstück nach Kundenmaß]
retoucher *v* [une pièce de vêtement en l'adaptant aux mesures du client]
modificare *v* [modificare un capo per un certo cliente]

366 **dog's ear collar** [a flat collar with long rounded ends like a spaniel's ears] *(pref.)*; spaniel's-ear collar
Bananenkragen *m* [flacher Kragen mit abgerundeten Ecken, dem Spanielohr ähnlich]
col banane *m* [à bouts longs et larges, arrondis aux extrémités] *(préf.)*; col *m* en oreilles d'épagneul [à pointes coupées]
collo *m* **a banana** [con estremità arrotondate]

367 **doing small alterations** [making small improvements on new clothes, e.g. the jacket will not need much alteration]

Nachbesserung *f* [die Retusche neuer Kleidungsstücke]
retouche *f* [de vêtements pour les adapter aux mesures du client]; faire *v* une retouche
modifica *f* [di un capo di abbigliamento per un cliente]

368 **dolman sleeve** [set in deeper than a batwing sleeve into a very deep-cut armhole - compare bat wing sleeve]
Dolmanärmel *m* [rund oder eckig verlaufender, weit ins Oberteil hinein eingesetzter Ärmel, der tiefer als ein Fledermausärmel angesetzt wird - vgl. Fledermausärmel]
manche dolman *f* [à très large emmanchure arrivant plus bas sur le devant du vêtement que la manche chauve-souris - voir également manche chauve-souris]
manica *f* **dolman** [a giromanica più profonda di quella della manica a pipistrello - vedi anche manica a pipistrello]

369 **domed** *adj* [with press studs]
Druckknopf-; mit Druckknopf [versehen]; Patenknopf-
pressionné *adj* [se dit d'un blouson pourvu de boutons-pression, c'est-à-dire fermant au moyen de boutons-pression]
pressionato *agg* [che è provvisto di bottoni a pressione]

370 **Dorothy bag** [a handbag made from a rectangular piece of fabric, with a drawstring ribbon]
Sackhandtasche *f* [in der Art eines Almosenbeutels]
aumônière *f* [qui ressemble à une bourse attachée à la ceinture au bout d'une chaîne, qui servait aux aumônes]
borsa *f* **a sacchetto** [un piccolissimo sacco]

371 **dot design** [with small round, especially printed, contrast marks]; dot pattern
Tüpfelmuster *n* [mit gedrucktem oder gewebtem Rundmuster in Kontrastfarbe]
dessin *m* **à pois** [à pastilles tissées ou imprimées, c'est-à-dire des petits cercles de couleur contrastée, par ex.: robe à pois]
disegno *m* **a pois** [a piccoli cerchi stampati o tessuti in colore contrastante rispetto al colore del fondo]

372 **dotted blouse** [covered with printed or woven dots] *(pref.)*; spotted blouse
Tüpfelbluse *f* [mit kreisrunden Dessinelementen überall] *(präf)*; getüpfelte Bluse *f*
blouse *f* **à pois** [imprimés ou tissés surtout sur la surface du tissu]
blusa *f* **a pois** [per tutto]

373 **double-breasted** *adj* [the overlapped front opening of a jacket is double-breasted if it has two rows of buttons - it means double-breasted even if one row is decorative]
zweireihig *adj* [zweireihig geschlossen, d. h. die zwei sich überlappenden Teile, Übertritt und Untertritt, werden mit zwei Knopfreihen geschlossen]; Zweireiher-
croisé *adj* [qui est boutonné sur deux rangées, par ex.: veste croisée à double boutonnage dont les bords se croisent - opposé à droit] *(préf.)*; à double boutonnage; à deux rangées *(obs.)*
doppiopetto *agg invar.* [che ha i davanti in larga parte sovrapposti ed è provvisto di due file di bottoni] *(pref.)*; a doppio petto; incrociato *agg*

374 **double-breasted jacket** [the front opening of the jacket is lapped over double and fastened with two rows of buttons]
zweireihige Jacke *f* [zweireihig geschlossen]
veste *f* **croisée** [à deux rangées]
giacca *f* **doppiopetto** [con i davanti sovrapposti chiusi da due file di bottoni] *(pref.)*; giacca *f* a doppio petto

375 **double-breasted suit jacket**
zweireihiger Sakko *m* [zweireihig geschlossene Herrenanzugjacke] *(präf)*; Zweireiher *m* [Abkürzung für zweireihigen Sakko]
veston *m* **croisé d'un complet** [à deux rangées] *(préf.)*; veste *f* croisée [pas pour un complet]
giacca *f* **doppiopetto di un completo** [ha i davanti sovrapposti chiusi da due file di

bottoni] *(pref.)*; giacca *f* a doppio petto di un completo

376 **double cufflink** [two metallic buttons are joined by a link or chain that goes through two buttonholes of a cuff] *(pref.)*; button-and-chain [closing]
doppelter Manschettenknopf *m* [zwei mittels Metallsteg oder Kette zusammengehaltene Schmuckknöpfe oder -scheiben ohne Knebelhalterung]
boutons *mpl* **de manchette(s) jumelés** [deux boutons métalliques identiques reliés entre eux et amovibles qui servent à fermer les manchettes]
bottoni *mpl* **gemelli** [uniti per catenella o moschettone per chiudere i polsini]

377 **double dress** [a sheer dress is worn over an opaque slip]
Doppelkleid *n* [ein hauchdünnes Kleid überdeckt ein undurchsichtiges Unterkleid]
robe *f* **double** [une robe arachnéenne sur une combinaison de dame opaque]
abito *m* **doppio** [un abito molto sottile da donna su una sottoveste opaca]

378 **double-handle** [of a handbag or travelling bag]
Doppelgriff *m* [einer Tasche oder eines Koffers]
poignée *f* **double** [d'un sac à main ou d'une valise]
manici *mpl* **gemelli** [di una borsa o di una valigia]

379 **double-handled handbag** [carried in the hand]
Handtasche *f* **mit Doppelgriff** [eine in der Hand mitgeführte Tasche]
sac *m* **à main à poignée double** [par laquelle on le tient main serrée]
borsa *f* **a manici gemelli** [che si regge con la mano]

380 **double-knit fabric** [a weft knit fabric with a similar face and back, more stable and thicker than a single-knit fabric]; double-face knit fabric; double knit fabric *(AE)*
Doppelmaschenware *f* [mit gleicher Vorder- und Rückseite, dicker als eine Einfadenstrickware]
tricot *m* **deux fontures** [l'étoffe tricotée]; tricot *m* double face [étoffe tricotée, utilisée des deux côtés]
maglieria *f* **double-face** [locuzione inglese: un tessuto lavorato a maglia a doppia faccia] *(pref.)*; maglieria *f* a doppia faccia

381 **double lock stitch seam** [the line along which two or more fabric layers are joined together]
Doppelsteppstichnaht *f* [linienförmige Verbindung mit Doppelsteppstichen zwischen zwei Nähgutteilen]
couture *f* **à double point noué** [l'endroit même]
cucitura *f* **a doppio punto annodato** [il risultato dell'operazione del cucire, il luogo stesso dove passa la cucitura]

382 **double piping**
Doppelpaspel *f/m*
passepoil *m* **double**
filetto *m* **doppio**

383 **double pleat**
Doppelfalte *f*
pli *m* **double** [un pli d'aisance]
piega *f* **doppia** [una piega di comodità]

384 **double-pointed waistband** [with two downward points, used for trousers or skirts]
Doppelspitzbund *m* [vorne mit zwei Spitzen nach unten, kommt er als Hosen- oder Rockbund zum Einsatz]
ceinture *f* **à deux pointus** [une ceinture à deux bouts pointus en bas utilisée pour la confection de pantalons et de jupes] *(préf.)*; ceinture *f* pointue double
cintura *f* **a punta doppia** [a due punte in basso, utilizzata nella confezione dei pantaloni e delle gonne]

385 **double ring belt**; ring belt [abbr. of double ring belt]
Doppelringgürtel *m*
ceinture *f* **à double anneau**
cintura *f* **a doppio anello**

386 **double seam** [two parallel single seams]
Doppelnaht *f* [zwei parallel verlaufende Einzelnähte]; Zweinadelnaht *f*; 2-Nadelnaht *f*

double couture *f* [à deux coutures parallèles] *(préf.)*; couture *f* double
doppia cucitura *f* [a due cuciture parallele]; cucitura *f* doppia

387 **double-stitched** *adj*
doppelt gesteppt *adj*
double piqué *adj*
doppio impuntito *agg* [che è impuntito, per unire due strati di tessuto con punti fitti]

388 **double zigzag stitch** [made with double rows of lock stitches]
Zickzack-Doppelsteppstich *m* [mit doppelter dreieckförmiger Stichanordnung]
point *m* **double en zigzag** [formant des angles alternativement saillants]
punto *m* **doppio a zig-zag** [che forma angoli a Z]

389 **down coat** [filled with fluffy, very fine soft feathers and quilted] *(pref.)*; quilted down coat
Daunenmantel *m* [mit Flaumfedern gefüllt und gesteppt] *(präf)*; Steppdaunenmantel *m*
doudoune *f* **longue** [un manteau garni de duvet et matelassé] *(préf.)*; manteau *m* matelassé
piumino *m* **lungo** [giubbotto lungo imbottito di piumino e trapuntato]

390 **down-filled** *adj* [that is completely full of fluffy, very fine soft feathers]
daunengefüllt *adj* [mit Flaumfedern gefüllt]
rempli *adj* **de duvet** [bourré de plumes molles]
imbottito *agg* **di piumino** [che è pieno di piume morbide]

391 **down filling** [the soft, loose fluffy feathers - not the act of filling]
Daunenfüllung *f* [die Masse der Flaumfeder]
duvet *m* **de remplissage** [les petites plumes molles et très légères d'oiseaux adultes]
imbottitura *f* **di piumino** [ciò che serve a riempire qualcosa, p.e. un piumino imbottito di piumino]; riempitura *f* di piumino [ciò che serve a riempire, non l'operazione]

392 **down-interlined** *adj* [that has been lined with fluffy, very fine soft feathers and quilted to the outer fabric - compare down-filled]
daunengefüttert *adj* [daunengepolstert - vgl. daunengefüllt]
rembourré *adj* **de duvet** [voir également rempli de duvet]
imbottito *agg* **di piumino**

393 **down jacket** [filled with fluffy, very fine soft feathers and quilted] *(pref.)*; quilted down jacket
Daunenjacke *f* [mit Flaumfedern gefüllt und gesteppt] *(präf)*; Steppdaunenjacke *f*
doudoune *f* [une veste garnie de duvet et matelassée ou un épais blouson matelassé]
piumino *m* **corto** [un giaccone a maniche imbottito di piumino e trapuntato]

394 **down waistcoat**; down vest *(AE)*
Daunenweste *f*
gilet *m* **à duvet**
gilè *m* **di piumino** [smanicato]

395 **drainpipe trousers** *pl* [with very narrow, tight-fitting, straight-cut legs]; drainpipes *pl (pref.)*; drain-pipe pants *pl (AE)*; stovepipe trousers *pl*
Röhrenhose *f* [mit gerade geschnittenen, engen Hosenbeinen ohne Bügelfalte]
pantalon *m* **tubulaire** [tout droit]
pantaloni *mpl* **tubolari** [tagliati diritti]

396 **drape** [the way a draped fabric hangs and folds - compare drape degree and hanging] *(pref.)*; drapes *pl*
Drapee *m* [Art und Weise wie die Falten einer Drapierung fallen - vgl. Drapee (Grad der Zusammenraffung) und Faltenwurf] *(präf)*; Drapé *m* [Drapierung]
drapé *m* [l'agencement harmonieux de plis flottants en biais qui ornent une robe, par ex.: le drapé harmonieux d'une robe - voir également degré de drapage et draperie]
panneggio *m* [l'effetto armonioso creato dalle pieghe nel tessuto di un abito da donna, non per dare più ampiezza o l'insieme di pieghe - vedi anche grado di drappeggiabilità e drappeggio]

397 **drape degree** [the degree to which a fabric falls in graceful folds when draped

and hanging, measured by a drapemeter - compare drape]
Drapee *m* [Grad der Zusammenraffung weicher, rund fallender Falten - vgl. Drapee (die Art und Weise einer Drapierung)] *(präf)*; Drapé *m* [Zusammenraffungsgrad]
degré *m* **de drapage** [le degré de l'agencement des plis - voir également drapé (l'agencement)]
grado *m* **di drappeggiabilità** [vedi anche panneggio]

398 **draped neckline** [unfitted, falling in graceful folds, formed by loose folds]
drapierter Ausschnitt *m* [mit gerafften, rund fallenden, graziösen Falten]; Drapee-Ausschnitt *m*; Drapé-Ausschnitt *m*
encolure *f* **drapée** [comporte des plis souples gracieux]
scollatura *f* **drappeggiata** [con un effetto armonioso, creato dalle pieghe nel tessuto] *(pref.)*; scollatura *f* drapé

399 **drawstring** [a cord inserted through a casing that can be pulled to tighten the waist of trousers or a skirt]
Zugschnur *f* [die durch einen Tunnel zur Regulierung der Weite gezogen wird] *(präf)*; Tunnelkordel *f* [dicker als eine Schnur]; Schaubengürtel *m* [wenn das eingezogene Zugmittel breiter ist]; Tunnelgurt *m* [breiter als eine Schnur]
cordon *m* **de serrage** [passant dans une coulisse pour réduire l'ampleur d'un vêtement] *(préf.)*; cordelette *f* de serrage; lacet *m* de serrage [par ex.: coulissant à la base d'un anorak]
cordoncino *m* **da allacciare** [all'interno di un orlo o di una coulisse per regolare la larghezza di un capo di vestiario]

400 **drawstring adjusting** [of the hem or the waist of trousers] *(gener.)*
Regelung *f* **der Weite mittels Zugschnur** [mit Stopper versehen, z. B. Regelung der Saumweite oder eines Bundes mittels Zugschnur] *(präf)*; Weitenregelung *f*
réglage *m* **à cordelette coulissée d'une largeur** [afin de réduire l'ampleur du bas ou de la taille d'une pièce d'habillement] *(génér.)*
regolazione *f* **della larghezza con allacciatura a coulisse** [p.e. regolazione della larghezza del fondo o della taglia di un capo di vestiario] *(gener.)*

401 **drawstring casing** [encloses a drawstring] *(pref.)*; casing of drawstring
Schnurzugtunnel *m* [durch den ein Schnurzug gezogen wird, um damit eine Weitenregulierung zu bewerkstelligen] *(präf)*; Schlaufentunnel *m* [mit breiterer Zugschleife]; Saumzugtunnel *m*; Zugschnurtunnel *m*; Schaube *f*
coulisse *f* **à cordon** [dans un rempli, dans un ourlet ou entre deux piqûres parallèles pour réduire l'ampleur d'un vêtement] *(préf.)*; passant tunnel *m* pour le cordon [de serrage]
coulisse *f* **a cordoncino** [un cordoncino attraversa l'interno di un orlo e viene tirato ai due capi per arricciare il capo di vestiario]

402 **drawstring fastener** [with a cord inserted at the hemline that is pulled and tied to form a closure] *(gener.)*; drawstring closing *(gener.)*; drawstring closure *(AE)*
Schaubenzugverschluss *m* [mit Schaubengürtel in einer tunnelartigen Öffnung] *(präf)*; Kordelzugverschluss *m*; Saumzugverschluss *m*; Tunnelzugverschluss *m*; Schnurverschluss *m*
fermeture *f* **à lacet coulissé** *(préf.)*; fermeture *f* coulissée à cordelette; fermeture *f* à cordon
allacciatura *f* **a coulisse** [che fa passare un cordoncino all'interno di un raddoppio di tessuto arricciando il capo] *(gener.)*; chiusura *f* a cordoncino

403 **drawstring trousers** *pl* [pull-on trousers with a drawstring at the top]; drawstring pants *pl (AE)*
Schnurzughose *f* [die Weitenregelung der Hose erfolgt über einen Schnurzug, der durch einen Schnurzugtunnel gezogen wurde]
pantalon *m* **à cordon coulissant** [que l'on resserre à la taille par un cordon glissé à l'intérieur de la coulisse]
pantaloni *mpl* **a coulisse** [regolabili con un'allacciatura a stringhe] *(pref.)*; pantaloni *mpl* con allacciatura a stringhe

404 **drawstring waistline**
Schaubenzug-Taillenlinie *f*

ligne *f* **de la taille à coulisse**
linea *f* **della vita a coulisse**

405 **dress** [skirted garment for women and girls] *(gener.)*; gown [refers to a floor-length formal skirted garment]
Kleid *n* [einteiliges Damengewand sowie Mädchen- oder Kinderkleid]
robe *f* [un vêtement de dessus couvrant le buste et les jambes de femmes et de jeunes enfants]
abito *m* **da donna** [un vestito che copre tanto la parte superiore quanto quella inferiore di una donna - vedi anche abito da uomo] *(pref.)*; vestito *m* da donna; abitino *m* [abito femminile semplice]; veste *f* da donna

406 **dress code** [guidelines regarding the clothes expected at social occasions, specifying the approved manner of dress, e.g. formal means black tie or formal dark suit for gentlemen]
Dresscode *m* [englisches Wort für eine ungeschriebene Kleidervorschrift, die die erwünschte gesellschaftliche Bekleidung, je nach Anlass, verkündet] *(präf)*; Kleiderordnung *f*; Kleidervorschrift *f*
tenue *f* **vestimentaire recommandée** [par le dresscode, c'est-à-dire l'indication sur une invitation de s'habiller en smoking]; dresscode *m*
dresscode *m* [voce inglese: consigli per un abbigliamento adeguato all'occasione]

407 **dress man** [a man who displays clothes by wearing them]; dressman *(AE)*; model [here, a man who displays clothes - compare style and model (French term for a style)]
Dressman *m* [englisches Wort für ein männliches Model] *(präf)*; männliches Model *n* [Vorführmann]
dressman *m* [anglicisme pour un mannequin masculin]
indossatore *m* [uomo che indossa nuovi modelli di vestiario e li mostra in una sfilata di moda] *(pref.)*; modello *m* [persona di sesso maschile - un indossatore]; dressman *m* [voce inglese per indossatore]

408 **dress shield** [attached under the armpits of a dress to prevent the staining of clothes from perspiration] *(pref.)*; underarm shield; dress-preserver
Armblatt *n* [ein schweißaufnehmendes Stoffblatt zum Schutz der Bekleidung vor Achselschweiß] *(präf)*; Schweißblatt *m*
dessous-de-bras *m invar.* [un cercle de tissu qui protège les vêtements de la transpiration aux aisselles] *(préf.)*; dessous-bras *m*
sottoascella *f* [una lunetta che si cuce all'interno dell'attaccatura della manica per evitare che la traspirazione rovini il tessuto] *(pref.)*; sottascella *f*

409 **dress with décolleté bust**; dress with a front décolletage
Kleid *n* **mit Brustdekolleté** [ein am Vorderteil dekolletiertes Kleid]
robe *f* **décolletée devant**
abito *m* **scollato sul petto**

410 **dress with a low neckline** [at the front or back]
dekolletiertes Kleid *n* [vorne oder im Rücken ausgeschnitten]
robe *f* **décolletée** [devant ou dans le dos]
abito *m* **scollato** [sul petto o sulla schiena]

411 **dress with a low neckline at the back**
im Rücken dekolletiertes Kleid *n*
robe *f* **décolletée dans le dos**
abito *m* **scollato sulla schiena**

412 **dress with a plunging décolletage** [the neckline extends down to the waist or below]; low-plunged dress
tief dekolletiertes Kleid *n*
robe *f* **à grand décolleté**
abito *m* **a scollatura profonda**

413 **dress with train** [that is drawn along on the ground, a less splendid dress than the robe with a train - compare robe with train]
Schleppenkleid *n* [einfacher als eine Schleppenrobe - vgl. Schleppenrobe] *(präf)*; Kleid *n* mit Schleppe; Abendkleid *n* mit Schleppe
robe *f* **à traîne** [plus simple que la robe somptueuse à traîne - voir également robe somptueuse à traîne] *(préf.)*; robe *f* traînant par terre [plus simple que la robe somptueuse à traîne]

abito *m* **con lo strascico** [p.e. un abito da sposa con lo strascico che appoggia a terra, più semplice di un abito sontuoso con lo strascico - vedi anche abito sontuoso con lo strascico]

414 **dressing gown** [a loose, coat-like, tied, wraparound gown, worn over night clothes]; dressing robe; bathrobe; robe *(AE)* [abbr. of bathrobe]; robe de chambre [French term]
Morgenmantel *m* [ein über der Unter- oder Nachtwäsche getragener geknöpfter Hausmantel oder gegürteter Wickelmantel] *(präf)*; Manteau de Chambre *m* [franz. Begriff für Morgenmantel]; Morgenrock *m*
robe *f* **de chambre** [un vêtement d'intérieur, non serré, sans col boutonné ou à col châle croisé (pour femmes ou pour hommes)]
vestaglia *f* [un indumento da casa lungo fino ai piedi a portafoglio o abbottonato davanti e annodato in vita]

415 **dressy** *adj* [that is very elegant and intended to be worn on more formal occasions, e.g. don't wear it, it is too dressy - compare elegant] *(pref.)*; dress *adj*
festlich elegant *adj* [die Formen beachtend gekleidet]; sehr festlich (gekleidet) *adj*; Gala-; Fest-
très habillé *adj* [qui caresse les formes du corps, par ex.: une robe plus habillée que l'autre]
di gala [che è molto elegante, adeguato alla tenuta di gala] *(pref.)*; molto elegante; in gran gala

416 **dressy morning gown** [an elegant dressing gown]
Déshabillé *m* [französisches Wort für eine Damenmorgenkleidung, eleganter als ein Morgenmantel]
robe *f* **de chambre très élégante**
déshabillé *m* [locuzione fr.: vestaglia molto elegante]

417 **drip-dry** [abbr. of drip-and-dry: dries quickly on the line without creases, needing only little or no ironing]; drip-and-dry; wash and wear
wash and wear [englischer Begriff: tropfnass aufhängen und leicht nachbügeln]
lavé *adj* **sans repasser** [étendre trempé et porter sans repasser ou repasser légèrement] *(préf.)*; étendre trempé
lava e indossa [mettere ad asciugare all'aria capi di abbigliamento semiumidi che non si devono stirare]; wash-and-wear

418 **driving glove** [a knitted glove with a leather palm with a good grip, or an all leather glove]
Autohandschuh *m* [mit griffiger, der Handfläche entsprechender Unterhand]
gant *m* **de conduite** [où la paume de la main ne glisse pas] *(préf.)*; gant auto *m*
guanto *m* **da automobile** [a palmo, con una buona presa]

419 **dropped shoulder** [sloping downwards] *(pref.)*; sloping shoulders *pl*
fallende Schulter *f*
épaule *f* **tombante**
spalla *f* **cadente**

420 **dropped waist** [below the natural waistline]
tiefe Taille *f* [tiefer liegend als die natürliche Taillenlinie]
taille *f* **basse** [qui se trouve sous la ligne de la taille naturelle]
vita *f* **bassa** [spostata in basso rispetto alla linea naturale della vita]

421 **duffle coat** [a short-length warm coat, fastened with toggles and usually with a hood] *(pref.)*; duffel coat *(AE)*; toggle coat *(AE)*
Dufflecoat *m* [der dreiviertellange, warme Sportmantel mit Knebelknöpfen und meistens mit einer Kapuze versehen]
duffle-coat *m* [un ample manteau en gros drap à fermeture brandebourg, éventuellement à capuche] *(préf.)*; corvette *f* [manteau sport à capuchon qui arrive à mi-cuisses]
montgomery *m* [un giaccone a tre quarti a chiusura ad alamari ed eventualmente con cappuccio] *(pref.)*; duffle coat *m* [locuzione inglese per il giaccone montgomery]

422 **dummy buttonhole** [an imitation

buttonhole for decorative purposes] *(pref.)*; imitation buttonhole
blindes Knopfloch *n* [mit Zierfunktion]
fausse boutonnière *f* [imitation d'ornement d'une boutonnière]
asola *f* **finta** [che simula un'asola]

423 **dummy ironing** [gradually forming an item of clothing into a particular shape on a ironing body]; body ironing
Formbügeln *n* **an der Büste**
repassage *m* **sur mannequin-forme**
stiratura *f* **su manichino**

424 **dungarees** *pl* [slacks with a bib top and suspender straps made of dungaree]; overalls *pl* [with bib top] *(AE)*; bib overalls *(AE)*; bib-top pants *pl (AE)*
Latzhose *f* [mit einem die Brust bedeckend angenähten oder abknöpfbaren Teil, der von Trägern gehalten wird] *(präf)*; Mecano *f* [eine Latzhose]
pantalon *m* **à bavette** [retenu par des bretelles]; pantalon *m* à plastron [retenu par des bretelles]; salopette *f* à plastron [d'enfant ou de sport pour adultes]
salopette *f invar.* **a pettorina** [utilizzata nell'abbigliamento sportivo, da lavoro o da bambino]

425 **durable crease** [of trousers - the permanent pressed pleat lasts for a long time] *(pref.)*; durable pleat [of trousers]; permanent pleat [of trousers]
Dauerbügelfalte *f* [durch Formbehandlung der fertigen Hose eingebügelt] *(präf)*; Permanentbügelfalte *f* [einer Hose]
pli *m* **repassé permanent** [à la presse d'un pantalon]
piega *f* **stirata permanente** [dei pantaloni]

426 **duster** [lightweight, full-length coverall coat, nowadays a woman's loose full-length coat]; dustcoat; duster coat *(obs.)*
Staubmantel *m* [ein weiter ungefütterter Baumwollmantel für die Fahrt in offenen Gefährten] *(veralt.)*
cache-poussière *m* [un manteau léger qui protège les habits de la poussière] *(préf.) (obs.)*; pare-poussière *m* [d'automobiliste] *(obs.)*
spolverino *m* [il soprabito molto leggero o impermeabile leggero di colore neutro] *(pref.) (ant.)*; soprabito *m* antipolvere *(ant.)*

E

427 **ear bandeau** [worn around the head or across the forehead to keep the ears warm]
breites Stirnband *n* [zum Warmhalten der Ohren]
bandeau *m* **cache-oreilles** [pour protéger les oreilles du froid]
fascia *f* **paraorecchi** [una fascia di maglia per la protezione delle orecchie dal freddo]

428 **ear flap** [on the side of a cap, it can be turned down to cover the ear and protect it from the cold]
Ohrenklappe *f* [deckt die Ohren ab und schützt sie vor Kälte oder Staub]
rabat *m* **de cache-oreilles** [qui protége les oreilles du froid]; oreillette *f*
aletta *f* **di paraorecchi** [applicata a cappelli invernali per proteggere le orecchie dal freddo]

429 **ease** [extra measurement to give a more comfortable fit - compare addition] *(gener.)*; comfort ease [allows the body to move more easily, e.g. with chest size]; wearing ease; at ease [comfortable]
Lockerungsbetrag *m* [für mehr Bequemlichkeit, z. B. Bundumfang + Lockerungsbetrag = Bundüberweite - vgl. Addition] *(allg)*; Bequemlichkeitsbetrag *m*
aisance *f* [une largeur supplémentaire pour rendre le vêtement plus confortable - voir également addition]
ampiezza *f* **supplementare**

430 **easy-care clothing** [can be revived after laundering by light ironing]; ease-of-care apparel *(AE)*
pflegeleichte Bekleidung *f* [einfach zu waschen, leicht zu reinigen, weitgehend knitter- und bügelfrei]
vêtements *mpl* **facile à entretenir** [ou d'entretien facile]
abbigliamento *m* **che richiede poca cura**

431 **easy-care shirt** [it can be revived after laundering by light ironing] *(pref.)*; minimum care shirt; no-iron shirt; wash-and-wear shirt
bügelfreies Hemd *n* [bleibt nach der Wäsche glatt]; bügelarmes Hemd *n* [erfordert bloß ein leichtes Bügeln]; pflegeleichtes Hemd *n* [weist geringe Knitterneigung bzw. weitgehende Bügelfreiheit auf und ist somit leicht zu waschen]
chemise *f* **wash and wear** [anglicisme: à repassage inutile]; chemise *f* à repassage inutile; chemise *f* facile à entretenir [la chemise n'est repassée qu'en cas de besoin]
camicia *f* **no-iron** [locuzione inglese: niente ferro = 'lava e indossa' (non si deve stirare)] *(pref.)*; camicia *f* lava e indossa; camicia *f* non stiro

432 **edge binding** [a narrow cotton strip covering borders or cut edges at the back in order to prevent stretching and ravelling - compare binding (a special narrow strip)] *(pref.)*; edge tape
Eckenband *n* **für Kanten und Ränder** [unelastisches Band zum Einsatz an der Rückseite gegen Ausdehnung von Kanten und Rändern] *(präf)*; Kanteneckenband *n*; Kanteneggenband *n*
extrafort *m* **pour bords** [ruban serré qui sert à renforcer les bords sur l'envers] *(préf.)*; extrafort *m* pour les bords
fettuccia *f* **per bordi** [un nastro per rinforzare i bordi]

433 **edge reinforcing** [the act of sewing a strip of fabric along an edge to reinforce it] *(pref.)*; reinforcing an edge
Verstärken *n* **des Randes** [durch Mitnähen von Kantenbändern oder Fixierbändern] *(präf)*; Randverstärkung *f*
renforçage *m* **du bord** [avec un ruban de renforçage - l'action de renforcer]
rinforzo *m* **di un bordo** [a nastro di rinforzo - l'operazione di rinforzare]; rinforzamento *m* di un bordo

434 **edge-to-edge jacket** [the adjacent front edges meet edge to edge]; bord à bord jacket [French term for edge-to-edge]
Bord-à-Bord-Jacke *f* [französischer Begriff: die Vorderkanten der Jacke stoßen aneinander, ohne sich zu überlappen]; Jacke *f* mit Kante-gegen-Kante-Vorderteilen
veste *f* **bord à bord** [les bords de devant se rencontrent bord à bord sans se croiser]
giacca *f* **bord à bord** [voce francese: bordo contro bordo]; giacca *f* bordo contro bordo

435 **edging** [the process of applying and turning back facings - not the border itself]
Besetzen *n* [Verstürzen der vorderen Kante von der Spiegelnaht bis zum Saum mit einem Besatz, nicht zu verwechseln mit dem Kleidungsteil gleichen Namens Besetzen - vgl. Besetzen (ein Gewebekleinteil)]
pose *f* **d'un parement** [l'action de poser]
bordatura *f* **a paramontura** [l'operazione di bordare]

436 **effect seam** [makes the seam itself stand out more]
Effektnaht *f* [hebt die Naht ausgeprägter heraus]
couture *f* **d'effet** [qui produit une vive impression visuelle]
cucitura *f* **di effetto** [per mettere in evidenza la cucitura]

437 **elastic border** [made from unvulcanized natural rubber or synthetic rubber - compare elasticated border] *(pref.)*; elastic hem
Gummirand *m* [aus Naturkautschuk oder synthetischem Kautschuk - vgl. ohne Gummirand]
bord *m* **à élastique** [en caoutchouc naturel ou élastomère]
bordo *m* **a elastico** [fatto di gomma elastica naturale o gomma elastica sintetica - vedi anche senza bordo a elastico]

438 **elastic girdle** [an elasticated, boneless corset moulding the lower torso and the thighs]
elastischer Hüftgürtel *m* [zum Abflachen des Bauchs und zur Modellierung der Hüften]
gaine *f* **élastique** [le sous-vêtement en tissu élastique sans baleines ni laçage destiné à galber les hanches et la taille et à aplatir le ventre de la femme]

guaina *f* **elastica** [indumento intimo elasticizzato che modella il torso dal petto in giù]

439 **elastic pantie girdle**; elastic panty-girdle *(AE)*
elastische Miederhose *f*
gaine-culotte *f* **élastique**
panciera *f* **elastica a mutande**

440 **elastic waistband** [to hold trousers or a skirt firmly round the waist]; elasticized waistband *(AE)*
Gummibund *m* [Hosen- oder Rockbund mit eingezogenem Gummizug, um der Hose oder dem Rock Halt zu verleihen]; Hosengummibund *m*
ceinture *f* **à élastique** [d'un pantalon ou d'une jupe pour les maintenir]
cintura *f* **a elastico** [che cinge i pantaloni o la gonna alla vita]

441 **elasticated border** [elastic threads run through the border, unlike the unpleasant elastic top made from natural rubber - compare elastic border]
Rand *m* **ohne Gummi** [nicht aus Naturkautschuk oder synthetischem Kautschuk bestehend, sondern aus elastischen Fäden, die nicht mehr unangenehm drücken - vgl. Gummirand]
bord *m* **sans élastique** [en caoutchouc naturel ou en élastomère - voir également bord à élastique]
bordo *m* **senza elastico** [fatto di gomma elastica naturale o sintetica - vedi anche bordo a elastico]

442 **elasticated waistline** [with elastic inserted, used for skirts, pull-on trousers and dresses]; elasticized waistline *(AE)*
elastische Taille *f* [in den Hosen- oder Rockbund eingezogenes elastisches Band zur Weitenregelung, bei Damenröcken auch sichtbar angebracht]
taille *f* **élastique** [à élastique inséré]
vita *f* **elastica** [ad elastico inserito]

443 **elbow-length sleeve**; elbow sleeve [reaching to the elbow]
ellbogenlanger Ärmel *m*
manche *f* **qui arrive au coude**
manica *f* **fino al gomito**

444 **elbow patch** [an external elbow reinforcement]
Ellbogenbesatz *m* [eine äußere Ellbogenverstärkung, z. B. Lederellbogenbesatz an sportlichen Blazern]; Ärmelfleck *m*
renfort *m* **au coude rapiécé** [une garniture rapiécée (cousue ou collée) au coude, par ex.: renforts de cuir aux coudes d'un blouson] *(génér.)*; renforts *mpl* de cuir aux coudes
toppa *f* **applicata sul gomito** [un ritaglio di tessuto o di pelle applicato sulla parte esterna della manica all'altezza del gomito] *(pref.)*; rinforzo *m* di gomito

445 **elephant leg trousers** *pl* [with extremely wide trouser bottoms, e.g. Harlow trousers]; elephant leg pants *pl* *(AE)*
Elefantenbeinhose *f* [mit am Saum sehr breiten Hosenbeinen]; Hose *f* mit Elefantenbein
pantalon *m* **à pattes d'éléphant** [à jambes très amples à la cheville] *(préf.)*; pantalon *m* à jambes d'éléphant
pantaloni *mpl* **a zampa di elefante** [a gambe molto larghe sul fondo]

446 **emblem** [a cut-out, individual embroidered design with finished edges, or a picture that symbolizes an organization]
Emblem *n* [Sinnbild]
emblème *m* [une figure symbolique accompagnée d'une devise]
emblema *m* [figura simbolica accompagnata da un motto]

447 **embroidered** *adj* [that has been decorated with a coloured pattern sewn onto the fabric] *(gener.)*; direct embroidered *adj* [that has been applied directly onto the garment components]
gestickt *adj* [mit Stickerei versehen]
brodé *adj* [qui est orné de broderies]
ricamato *agg* [che è stato sottoposto alla ricamatura, p.e. ricamato a mano]

448 **embroidered initials** *pl* [of a person]
gestickter Namenszug *m* [einer Person]
initiales *fpl* **brodées** [d'une personne]
iniziali *fpl* **ricamate** [di un nome, p.e. iniziali

ricamate sulla biancheria - vedi anche monogramma ricamato]

449 **Empire dress** [straight-cut with the waistline seamed under the bosom line and having a relatively narrow skirt]
Empirekleid *n* [ein gerade geschnittenes Kleid mit hoch liegender Taille und relativ engem Rock]
robe empire *f* [à taille positionnée au-dessous de la poitrine, style empire]
abito *m* **impero** [a linea di vita sotto il seno]

450 **Empire waistline** [gathered directly underneath the bust]; Directoire line [exaggeratedly high-waisted line, prevalent at the time of the French Directory]
Empiretaille *f* [hoch liegend, mitunter knapp unterhalb der Büste]
taille Empire *f* [elle se trouve au-dessous du sein]
vita *f* **impero** [a linea di vita sotto il seno]

451 **enlarging** [making an item of clothing larger or wider by increasing its size or extent]; letting out [making an item of clothing wider]; enlargement
Erweiterung *f* [eines Bekleidungsteils durch Versetzung der Naht]
élargissement *m* [d'une pièce de vêtement par déplacement de la couture]
allargamento *m* [ampliamento di un capo di vestiario]

452 **ensemble** [more than one item of (usually women's) clothes, coordinated to be worn together as an outfit]
Ensemble *n* [mehrere in Stil, Farbe, Form oder Material aufeinander abgestimmte und als Ganzes angebotene, meist Damenkleidungsstücke - Oberbegriff für Coordinates und Complet]
ensemble *m* [composé d'au moins deux pièces d'habillement féminin assorties et faites pour être portées ensemble]
insieme *m* [di capi di vestiario in modo da costituire un tutto armonico per essere indossati contemporaneamente]; composé *m* [voce francese: completo costituito da due o più capi in tessuti diversi per disegni o colori]

453 **entredeux lace**
Einsatzspitze *f*
dentelle *f* **pour entredeux**
pizzo *m* **da entre-deux**

454 **epaulette** [a shoulder strap giving width to the shoulder line, a loop on the shoulder or a shoulder piece for military purposes]; epaulet *(AE)*
Schulterklappe *f* [aufknöpfbare oder fest aufgenähte Achselklappe] *(präf)*; Schulterstück *n*; Schulterriegel *m*; Epaulette *f* [hartes Schulterstück auf Uniformen]; Epaulett *n* [besser: Epaulette]; Achselklappe *f*
épaulette *f* [une bande d'étoffe cousue ou boutonnée à l'extérieur de l'épaule, utilisée aussi pour les uniformes militaires] *(préf.)*; patte *f* d'épaule
spallina *f* [la larga striscia con varie passamanerie che sormonta le spalle delle uniformi e dei capi di abbigliamento di taglio sportivo e degli impermeabili - vedi anche spallina (un'imbottitura)]

455 **ethnic look** [ethnic style from Europe and the USA relating to a population subgroup]
Ethnolook *m* [mit folkloristischen Einflüssen gestaltet] *(präf)*; ethnisches Outfit *n*
look *m* **ethnique** [anglicisme: à caractère ethnique, qui est propre à une ethnie]
look etnico *m* [locuzione inglese: stile di abbigliamento con elementi di costumi extra-europei] *(pref.)*; ethno look *m* [dall'inglese]

456 **Eton suit** [a uniform for younger schoolboys and schoolgirls consisting of an Eton jacket and trousers/shorts or skirt]
Etonanzug *m* [eine gerade geschnittene, kurze, schwarze Uniformjacke mit breitem Revers und Hose bzw. Rock]
complet Eton *m* [le vêtement de garçonnet ou de fille composé d'un spencer et d'un pantalon gris rayé ou d'une jupe pour l'école]
completo *m* **Eton** [che consiste in una giacca diritta e pantaloni corti o lunghi rigati o una gonna - un completo da scolaro]

457 **evening attire** [fine clothing worn in the evening for informal and formal

occasions]; evening wear; eveningwear *(AE)*; evening clothes *pl*; evening dress [for men and women] *(gener.)*
Abendkleidung *f* [zu festlichen Anlässen abends getragen] *(allg)*
habits *mpl* **de soirée** [un habillement soigné]; vêtements *mpl* de soirée
vestito *m* **da sera** [vestiario elegante formale e informale per occasioni mondane] *(pref.)*; abbigliamento *m* da sera

458 **evening dress** [consisting of a swallow-tailed coat with satin or faille lapels, trousers with a satin stripe and a white waistcoat] *(pref.)*; tails *pl* [evening dress]
Frack *m* [Frackanzug, bestehend aus einem Frackrock mit Schößen und Spiegelrevers, einer Frackhose mit zwei parallelen Seidenbändern am Hosenbein und einer Frackweste aus weißem Pikee]
habit *m* [de soirée: le costume masculin de cérémonie noir avec une veste à longues basques en queue de morue, un pantalon à galons de soie et un gilet blanc - voir également habits] *(préf.)*; frac *m (obs.)*; pingouin *m* [habit] *(fam.)*
frac *m* [abito maschile da cerimonia, costituito da una giacca nera a coda di rondine, un gilè bianco e pantaloni con bande laterali] *(pref.)*; frack *m*

459 **evening full dress** *(pref.)*; full dress [abbr. for evening full dress]; robe de style [with a tight bodice and a long bouffant skirt]
großes Abendfestgewand *n (präf)*; große Abendfestkleidung *f*; Galaabendkleidung *f*
grande tenue *f* **de soirée** [une tenue très élégante]
gran tenuta *f* **da sera**; tenuta *f* di gala da sera [particolarmente elegante]

460 **ever-clean collar** [a soil-repellent collar]
Dauerkragen *m* [ein Schmutz abweisender Kragen]
col *m* **antisalissure** [antitaches]
collo *m* **sempre pulito** collo *m* antimacchia

461 **exclusive style** [a particular style of clothing available from one firm only] *(pref.)*; exclusive model [French term for the clothing style itself - rare in *(AE)*]
Exklusivmodell *n* [eines bestimmten Hauses]
modèle *m* **exclusif** [qui est produit seulement par une maison]
modello *m* **esclusivo** [di cui non esistono altri uguali, confezionato esclusivamente da una casa]

462 **exposed zip** [not concealed by the fabric]; exposed zipper *(AE)*
sichtbarer Reißverschluss *m* [zwischen zwei Stoffkanten oder unter eine einfache Falte genäht]
fermeture *f* **à glissière visible** [cousue entre deux plis]
cerniera *f* **visibile** [cucita fra due bordi o sotto una piega]

463 **extended shoulder** [extending down over the shoulder point of the upper arm]; relaxed shoulder *(AE)*
überschnittene Schulter *f* [reicht über den Schulterpunkt hinaus und ergibt somit eine breitere Schulter] *(präf)*; verlängerte Schulter *f*
épaule *f* **rallongée** [au dehors du point d'épaule]
spalla *f* **prolungata** [spalla misurata in modo più abbondante]

464 **extensible waistband** [that can be extended by about 5 or 6 cm]
Dehnbund *m* [ca. 5-6 cm dehnbar]
ceinture *f* **extensible** [environ 5-6 cm]
cintura *f* **estensibile** [di circa 5-6 cm]

465 **eyelet** [a hole or an embroidered hole in fabric or leather, used to lace shoes and bodices or to fasten belts]; eyelet hole
Öse *f* [ein mit Knopflochseide umstochenes oder auch nicht umstochenes Loch zum Schnüren]
œillet *m* [un petit trou rond, brodé ou non, pour faire passer un lacet, par ex.: œillet d'une chaussure]
occhiello *m* [un piccolo foro orlato nel tessuto per far passare un gancio o una stringa di allacciatura]

466 **eyelet hook** [a thin, curved piece of metal to fit into an eye - compare hook fastener]; eye hook; hook [to fit into an eye]

Ösenhäkchen *n* [bildet zusammen mit einer Öse einen Haken- und Ösenverschluss - vgl. Hakenverschluss]
agrafe *f* **de porte** [en forme de crochet qui glisse dans un anneau en métal qu'on appelle porte ou dans une bride en fil brodé - voir également fermeture à agrafe] *(préf.)*; crochet *m* d'œillet; agrafe *f* [le petit crochet]
gancio *m* **di occhiello** [un organo di chiusura: la chiusura completa è costituita da un gancio e un occhiello - vedi anche chiusura a gancio] *(pref.)*; ganghero *m*

F

467 **fabric panel** [sewn together with other panels]
Stoffbahn *f* [zwischen zwei Nähten bzw. zwischen anderen zwei Bahnen genäht]
lé *m* **de tissu** [une pièce de tissu cousue entre deux coutures verticales]
telo *m* **di tessuto** [un pezzo di tessuto cucito tra altri due pezzi]

468 **face side of the seam** [upper side] *(pref.)*; top side of the seam; upper side of the seam
Nahtoberseite *f* [Schauseite der Naht]
côté *m* **supérieur d'une couture**
lato *m* **superiore di una cucitura**

469 **faced hem** [created by sewing another piece of the fabric onto the raw edge of the length, turning it up and finishing it - a false hem] *(pref.)*; false hem
falscher Saum *m* [entsteht durch Annähen eines Streifens aus demselben Stoff an einen Innenrand der Länge nach, wenn für eine gewünschte Länge kein Stoff mehr vorhanden ist]
faux ourlet *m* [une bande du même tissu qui est rapportée à un bord et est repliée sur la couture quand on n'a pas assez de tissu pour atteindre une certaine longueur] *(préf.)*; ourlet *m* rapporté [un faux ourlet]
orlo *m* **riportato** [un orlo finto realizzato cucendo internamente al fondo un'altra striscia dello stesso tessuto] *(pref.)*; orlo *m* rimesso; orlo *m* finto

470 **facing** [a piece of fabric that is attached by sewing to the raw edge of a lapel, hem, armhole or neckline in order to finish it - compare edging (the process)]
Besetzen *n* [ein Gewebekleinteil, mit dem ein Rand oder die vordere Kante eines Sakkos besetzt wird - vgl. Besetzen (Verstürzen)] *(präf)*; Besatz *m*; Spiegel *m* [mit glänzender Seide belegtes umgeschlagenes Revers]
parement *m* [une pièce du même tissu qui double un revers, se replie vers l'extérieur et va jusqu'au bas d'une jaquette ou d'un manteau - voir également pose d'un parement] *(préf.)*; parementure *f*; parmenture *f*
paramontura *f* [una doppia dello stesso tessuto che ricopre i lembi del davanti di una giacca dal collo fino all'orlo e forma così un risvolto o l'apertura di una scollatura - vedi anche bordatura a paramontura] *(pref.)*; doppia *f*

471 **faggoting** [the ornamental criss-cross stitching of an open join between two fabrics]; fagoting *(AE)*
Zickzack-Nähen *n* [zwischen zwei offenen Nähgutkanten, auch als Verzierung eingesetzt]
fagotage *m* [la couture ornementale en zigzag - l'action de fagoter]
cucitura *f* **di unione a zigzag** [eseguita a macchina - l'azione]

472 **fall** [the act of falling away from the body: clothes can hang on, wrap around or fall away from the body] *(pref.)*; fabric fall; hang [how a fabric drapes on the body after it is sewn]
Fall *m* **eines Kleidungsstücks** [vom Körper weg]
tombée *f* [d'un vêtement - la façon dont une pièce de vêtement ou un tissu tombe bien ou mal en s'adaptant au corps] *(préf.)*; pli *m* d'un vêtement [la manière dont il tombe et forme des plis et non le pli lui-même]
caduta *f* [dell'abbigliamento sul corpo]

473 **false shirt front** [the stiff front part of a formal white shirt, also a man's backless shirt front part used for gala occasions] *(pref.)*; shirt front [abbr. of false shirt front]; shirt bosom *(AE)* [man's]
Hemdbrust *f* [aus gesteiftem Waffelpikee

für Frackhemden und ungesteift für Smokinghemden] *(präf)*; lose Hemdbrust *f* [für Herren]; Plastron *m/n* [für Herren]
plastron *m* **de chemise** [d'homme - fixe ou amovible qui recouvre la poitrine]
sparato *m* [un petto inamidato di camicia da sera da uomo] *(pref.)*; plastron *m* [da uomo]; davantino *m* [davanti di una camicetta ornato, p.e. davantino ricamato da donna]

474 **falsies** *pl* [shaped pads for giving a fuller appearance, e.g. to the breasts]
falsches Teil *n* [ein geformtes Pölsterchen, das korrigierend eingesetzt wird, um ein Körperteil voller erscheinen zu lassen]
ampliforme *f* [un petit rembourrage pour augmenter le volume d'une partie de corps, par ex.: ampliforme pour faire les seins plus gros]; coussinet *m* [de soutien-gorge pour augmenter le volume des seins]
imbottitura *f* [nella coppa del reggiseno per aumentare il volume del seno]

475 **fancy accessories** *pl* [ornamental accessories]
Putz *m* [Aufputz bzw. reiche Dekoration von Bekleidung - vgl. Hutputz]
parure *f* **d'ornement** [les articles de fantaisie assortis servant à orner un vêtement féminin, fabriqués par des paruriers, plumassiers, fleuristes et brodeurs]
parure *f* **d'ornamento** [un insieme d'ornamenti di fantasia assortiti]

476 **fancy apron** [an ornamental apron] *(pref.)*; ornamental apron
Zierschürze *f* [mit reicher Dekoration]
petit tablier *m* **ornementé**
grembiulino *m* **di ornamento** [a decorazione ricca]

477 **fancy border** [an ornamented border]; ornamental border
Zierbordüre *f* [streifenförmiger, vorgefertigter Kantenzierstreifen]; Zierborte *f* [Band mit Dessin]
bordure *f* **ornementale** [préfabriquée]
bordatura *f* **ornamentale** [prefabbricata]

478 **fancy seam** *(pref.)*; ornamental seam
Ziernaht *f*
couture *f* **ornementale**
cucitura *f* **ornamentale**

479 **fashion accessories** *pl* [that enhance the aesthetics of a garment]
Modeaccessoires *npl* [die eine Bekleidung modisch ergänzen und einem Stil zuzuordnen sind] *(präf)*; modisches Zubehör *n*
accessoires *mpl* **de mode** [qui donnent à l'habillement un look à la mode]
accessori *mpl* **da moda** [che servono a completare l'aspetto del abbigliamento]

480 **fashion creation**
Modekreation *f (präf)*; Kreation *f*
création *f* **de mode**
creazione *f* **di moda**

481 **fashion designer** [who decides how clothes will look] *(pref.)*; designer of fashion; dress designer
Modeschöpfer *m* [der Kollektionsmodelle entwirft] *(präf)*; Designer *m* [Modeschöpfer]; Modedesigner *m*
créateur *m* **de mode** [celui qui crée des modèles originaux pour les collections]
creatore *m* **di moda** [un disegnatore di modelli originali per una collezione, chi idea, disegna e realizza modelli d'abbigliamento]

482 **fashion draughtsman** *(pref.)*; fashion draftsman *(AE)*; designer of collection items; fashion developer; apparel designer *(AE)*
Modedesigner *m* [ein Berufszeichner von Bekleidungsmodellen und Accessoires]; Modezeichner *m*
dessinateur *m* **de mode** [de dessins d'habillement et d'accessoires]
disegnatore *m* **di moda** [che ha l'incarico della progettazione di capi d'abbigliamento o di accessori originali per professione] *(pref.)*; vestiarista *m* e *f* [chi disegna i modelli]

483 **fashion jewellery** [artificial gems and precious metals] *(pref.)*; fashion jewelry *(AE)*; faux jewels [fake fashion jewellery]; costume jewelry *(AE)*
Modeschmuck *m* [Billigschmuck]
bijou *m* **de mode** [objets de parure à coût

faible, fait de matières non précieuses] *(préf.)*; bijou *m* de fantaisie
bigiotteria *f* **di moda** [imitazione]

484 **fashion sketch**; spec *(AE)* [a drawing of a style without the human figure, but with garment measurements]; flat [a drawing of a style without the human figure]
Modeskizze *f* [auf die Schnelle entworfen] *(präf)*; Modeentwurf *m*
croquis *m* **de mode** [un esquisse exécuté rapidement au crayon]; esquisse *f* de mode [la première forme d'un dessin exécutée au crayon]
schizzo *m* **di moda** [p.e. disegno abbozzato di un modello]

485 **fashionable** *adj* [following a popular style at a certain time - compare high fashion]; in style; in fashion; trendy [very fashionable]; up-to-date *adj*
modisch *adj* [vgl. topmodisch] *(präf)*; in Mode *adj*; en vogue [französischer Begriff für modisch]; trendy *adj* [englisches Wort für modisch aktuell]; trendig *adj*
à la mode [conforme au goût collectif du jour - voir également à la dernière mode] *(préf.)*; fashionable *adj*; en vogue
alla moda [p.e. vestirsi alla moda secondo i canoni imposti o p.e. essere alla moda - vedi anche all'ultima moda]; in voga

486 **fast fashion** [a person who is very keen on fast fashion is called a fashionist or fashion victim]
schnelle Mode *f* [schnell vergängliche Mode]
mode *f* **éphémère** [à changement rapide] *(préf.)*; mode *f* à changement rapide
pronto moda *f* [molto ravvicinata al momento di vendita del modello al consumatore]

487 **fasten** *v* [to secure sth. with a button or a clasp]; do up *v* [to fasten sth.]
schließen *v* [z. B. ein Kleidungsstück schließen] *(allg)*
fermer *v* [par ex.: fermer un vêtement]
chiudere *v* [allacciare, p.e. chiudere il cappotto]

488 **fasten** *v* **with buttons** [to sth.]
anknöpfen *v* [mit Knöpfen etwas an einem anderen Teil festmachen]
attacher *v* **par boutons** [une pièce à l'autre]; boutonner *v* à qqch.
attaccare *v* **con bottoni**

489 **fastening seam**
Befestigungsnaht *f* [bei der zwei Nähgutteile miteinander befestigt werden]
couture *f* **de fixage**
cucitura *f* **di fissaggio**

490 **faulty seam**
fehlerhafte Naht *f* [z. B. die Naht weist Fehlstiche auf]
couture *f* **défectueuse**
cucitura *f* **difettosa**

491 **feather boa** [a scarf made of feathers and worn over the shoulders]
Federboa *f* [ein um den Nacken und auf den Schultern getragener langer, schmaler Federschal]
boa *m* **à plumes** [une longue écharpe aérienne en plumes, plus étroite que l'écharpe que les femmes enroulaient autour du cou]; tour *m* de cou en plumes
boa *m* **di piume** [una sciarpa femminile di piume molto lunga da portare attorno al collo]

492 **feather hat**
Federhut *m* [Federn dienen als Hutschmuck]
chapeau *m* **à plumes** [un chapeau de femme]; chapeau *m* à plumet [à grande plume ou à touffe de plumes garnissant une coiffure militaire]
cappello *m* **a piuma**

493 **feed puckering** [a seam defect due to the resistance of the presser foot on the top ply causing sliding of the stitched fabrics and distortion of the seam]
Transportkräuselung *f* [Nähstörung durch Verschiebung der oberen und unteren Nähpartner untereinander]
froncement *m* **de transport** [un défaut de couture causé par le transport du tissu]; grignotage *m* de transport [un défaut]
grinze *fpl* **di trasporto** [in un tessuto - un difetto di cucitura]

494 **felled seam** [a very durable

topstitched seam of the felled edges, executed with two rows of stitches]; fell seam
Kappnaht *f* [das Übersteppen der Nahtpartner nach dem einer der Nahtpartner nach einer Seite hin umgelegt wurde - vgl. französische Naht]
piqûre *f* **rabattue** [à deux aiguilles - une piqûre très résistante] *(génér.)*
cucitura *f* **ribattuta** [a doppio ago, molto resistente per capi di abbigliamento che vengono indossati molto, p.e. per jeans - il risultato dell'operazione] *(pref.)*; ribattitura *f*

495 **felt cloche** [a woman's narrow-brimmed, closely fitting hat - compare cloche]
Filzglockenhut *m* [ein Glockenhut aus Filz - vgl. Glockenhut] *(präf)*; Filzcloche *f* [französisches Wort für Filzglockenhut]
cloche *f* **de feutre** [un chapeau cloche en feutre - voir également chapeau cloche]
cloche *f* **di feltro** [un cappello da donna - vedi anche cloche]

496 **felt hat** [made of wool or hair]
Filzhut *m* [aus Woll- oder Haarfilz]
feutre *m* [abréviation de chapeau de feutre, par ex.: un feutre noir]; chapeau *m* de feutre
feltro *m* [forma abbreviata di cappello di feltro] *(pref.)*; cappello *m* di feltro

497 **felt shoe**
Filzschuh *m*
chaussure *f* **de feutre**
scarpa *f* **di feltro**

498 **festoon** [any curved projection forming the scalloped edge of a garment or lingerie (women's underwear and nightclothes)]; scallop
Feston *n* [Rand- und Bortenverzierung von Damenwäsche in Form von gebogten Blättern und Blumen]
feston *m* [une broderie en forme de feuille courbée et de dents arrondies qui est utilisée en bordure de lingerie ou de col, par ex.: col à festons]
festone *m* [un ricamo di bordatura che imita fiori e foglie]

499 **festoon stitch** [an upright stitch with a loop at the top of the stitch] *(pref.)*; shell stitch [produces a scalloped effect, being made at intervals on a tuck]; scalloping stitch
Festonstich *m* [fester Schlingstich zur Befestigung von Kantenrändern oder zur Randbefestigung in Bogen- oder Zackenform] *(präf)*; Schlingstich *m*
point *m* **de feston** [point de finition qu'on utilise pour broder le contour d'un bord découpé] *(préf.)*; point *m* de languette
punto *m* **a festone** [per fermare il bordo del festone] *(pref.)*; punto *m* a linguetta

500 **fibre-filled** *adj* [that is complety full of fibres]
fasergefüllt *adj* [voll von Fasern]
rempli *adj* **de fibres** [bourré de fibres]
imbottito *agg* **di fibre** [che è pieno di fibre]

501 **fichu** [a small scarf or shawl, made of silk, lace or muslin, folded to form a triangle and used to cover a woman's neckline] *(obs.)*
Brusttuch *n* [ein kleines Tüchlein aus Seide oder Musselin] *(veralt.)*; Fichu *m* [ein dreieckiges Brusttuch, kleiner als ein normales Brusttuch, lose oder angenäht, meistens zu Volkstracht getragen] *(veralt.)*
fichu *m* [une petite pièce de tissu souple pliée en triangle et portée dans l'encolure pour couvrir la gorge - le terme n'est plus employé aujourd'hui que pour certains foulards rustiques] *(obs.)*
fichu *m invar.* [voce fr.: il piccolo pezzo triangolare di merletto o di velo di stile rustico per coprire la scollatura della donna] *(pref.) (ant.)*; fisciù *m* [adattamento italiano del francese] *(ant.)*

502 **field jacket** [not necessarily military]; combat jacket
Fieldjacket *n* [englischer Begriff: eine Nachahmung von Kampfjacken] *(präf)*; Kampfjacke *n*
field jacket *f* [terme anglais pour les blousons militaires] *(préf.)*; blouson field *m* [anglicisme pour les blousons militaires utilisés sur le champ de bataille]
giacca *f* **militare** [monopetto, aderente, a spalle squadrate, a tasche e a taschini a toppa] *(pref.)*; field jacket *f* [locuzione inglese per giacca militare]; giaccone *m* militare [pesante]

503 **figure-hugging** *adj* [enclosing the figure as tightly as possible, emphasizing the contours of the body - compare tight-fitting]
körperbetont *adj* [körpernah - vgl. eng anliegend] *(präf)*; figurbetont *adj*; tight fit *adj* [englischer Begriff: der Passform entsprechend körperbetont]
près du corps [par ex.: vêtement près du corps - voir également serré]; très ajusté *adj*
attillato *agg* [che è aderente ed evidenzia le forme del corpo - vedi anche molto aderente]

504 **filigree open-work** [delicate open-work ornament with filigree]
Filigranarbeit *f* [mit sehr feingliedrigem Design]
travail *m* **filigrané** [ou en filigrane - un ouvrage fait de fils de métal ou de fils de verre entrelacés et soudés]
lavoro *m* **in filigrana** [che si esegue intrecciando fili metallici o di vetro in modo da formare un disegno] *(pref.)*; filigrana *f*

505 **filling with down** [fluffy, very fine soft feathers that grow under the contour feathers of birds]
Füllen *n* **mit Daunen** [die Tätigkeit des Füllens mit Daunen]; Daunenfüllen *n*
remplissage *m* **de duvet** [l'action qui consiste à remplir une pièce de vêtement de duvet]
riempitura *f* **a piumino** [l'operazione di riempire un capo di vestiario di piumino]

506 **fine stocking** [made of nylon]; nylons *pl* [stockings made of nylon]
Feinstrumpf *m* [ein mit Straps festgehaltener, oberschenkelmittig langer Strumpf aus Nylon] *(präf)*; Nylons *pl*; Nylonstrumpf *m*
bas *m* **de nylon** [qui couvre la jambe de la femme jusqu'au haut de cuisse]; bas *m* fin *(génér.)*
calza *f* **di nylon** *(pref.)*; calza *f* di nailon

507 **fine string** [a thin string for holding pieces together]
Schnürchen *n* [eine dünne Schnur]
ficelle *f* [une corde mince]
cordoncino *m* [dim. di cordone, che ha la struttura di una corda]

508 **fine tights** *pl*; fine pantyhose *(AE)*
Feinstrumpfhose *f* [mit angesetztem Höschenteil]
collant *m* **fin** [par ex.: collant de nylon]
collant *m* **sottili** [p.e. collant di nylon]

509 **finished clothing item** [ready for use]
Fertigteil *n* [ein Bekleidungsteil] *(präf)*; fertiges Bekleidungsteil *n*
pièce *f* **d'habillement finie**
capo *m* **di vestiario finito**

510 **finished measurement** [taken from an item of clothing, e.g. bodice measurements]
Fertigmaß *n* [am fertigen Kleidungsstück gemessen] *(präf)*; Fertigteilmaße *npl*; Effektivmaße *npl*
mesure *f* **finie** [d'une pièce d'habillement]
misura *f* **finita**

511 **fish mouth lapel** [the lapel is cut slanted and the collar ends are rounded]; fishmouth lapel *(AE)*
Fischmaulrevers *n* [schräg geschnittenes Revers mit runden Kragenenden]
revers *m* **à gueule de poisson**
risvolto *m* **a bocca di pesce**

512 **fisherman's vareuse** [woollen overblouse similar to a pea jacket]
Fischerjacke *f* [eine hüftenlange, weite grobwollene Jacke]
vareuse *f* **de pêcheur** [une veste ample, style blouse en grosse toile]
caban *m* **da pescatore** [una giacca ampia come una camicia di lana grossolana]

513 **fishing parka**
Anglerjacke *f*
parka *f/m* **de pêcheur**
parka *m* **da pescatore**

514 **fishnet shirt** [round-necked undershirt or shirt made of openwork knit (large, open-weave knit)] *(pref.)*; net shirt
Netzhemd *n* *(präf)*; Netztrikot *n*
chemise *f* **en cellulaire**; chemise *f* en filet
camicia *f* **a rete**

515 **fishnet stocking** [openwork with diamond patterns] *(pref.)*; net hose; mesh

hose [run resistant nylon hose with tiny diamond patterns]
Netzstrumpf *m* [mit großen Öffnungen in Netzoptik]
bas-résille *m* [article chaussant à mailles qui rappellent un filet] *(préf.)*; bas *m* en cellulaire; bas filet *m*
calza *f* **a rete**

516 **fishtail skirt** [the free-hanging panel at the back of a dress]
Fishtailrock *m* [aus dem Englischen: mit hinten frei hängendem Zipfel - der Rocksaum ist schräg gestaltet]
jupe *f* **à queue de pêche** [en arrière]
gonna *f* **a fishtail** [locuzione inglese: gonna con un piccolo lembo flottante sul dietro]

517 **fit** [of clothes; how an item fits to the body lines, giving it the right shape and size]
Sitz *m* [einer Bekleidung]; Passform *f* [die Außenmaße der Bekleidung sollten mit den anatomischen Belangen harmonisieren]
qui va bien ou mal [aller bien/mal à qqn., par ex.: cette jupe te va bien]; qui est de la bonne taille
vestibilità *f invar.* [proprietà di un capo di vestiario che si adatta bene alla corporatura di una persona]

518 **fit of the suit** [that has the right shape and size] *(gener.)*; made-to-measure fit of the suit [only for a suit made to the size specifications of an individual]
Anzugpassform *f* [die Außenmaße des Anzugs müssen mit den anatomischen Belangen übereinstimmen, damit er gut sitzt]; Sitz *m* eines Anzugs [ohne Faltenbildung]
coupe *f* **seyante d'un costume**
vestibilità *f* **di un completo**

519 **fit** *v* **tightly** [to the body]; fit *v* closely [to the body]
körpernah anliegen *v*; dicht anliegen *v* [an den Körper]; eng anliegen *v*
être *v* **près du corps** [très ajusté]; être *v* serré [au corps]
essere *v* **attillato** [aderente al corpo]

520 **fitted** *adj* [made to fit closely to body lines]; fit *adj* [abbr. of fitted]
angepasst *adj* [z. B. vom Schneider dem jeweiligen Körper angepasst]
ajusté *adj* [par ex.: ajusté à la taille de qqn.]
adattato *agg* [p.e. la cintura dei pantaloni]

521 **fitting** [trying a garment on alone, or a tailor's session for altering clothes to fit the body lines of a customer]
Anprobe *f* [die Tätigkeit der Prüfung, wie eine neue Kleidung passt, nicht der dazu erforderliche Raum, dieAnprobekabine]
essayage *m* [l'action d'essayer un vêtement ou d'adapter un vêtement sur mesures par un retoucheur]
prova *f* [p.e. indossare un abito in prova]

522 **five-pocket jeans** *pl* [with two hip pockets, two side pockets and a key pocket within the larger western side pocket on the right-hand side]
Fünftaschenjeans *f* [mit Westerntaschen, d. h. mit schräg geschwungenen Eingrifftaschen, wobei die rechte Tasche mit einer Kleingeldtasche versehen ist]; Five-Pocket-Jeans *f* [englischer Begriff für Fünftaschenjeans]
blue-jean *m* **western à cinq poches incurvées**
blue jeans *mpl* **a cinque tasche western**

523 **flannel nightshirt** [a full-length warm nightgown made of cotton flannel, with a round yoke and ruffle]; flannel nightgown
Flanellnachthemd *n* [warmes, langes Nachthemd]
chemise *f* **de nuit en flanelle** [chaude à col haut fermé]
camicia *f* **da notte di flanella**

524 **flap** [a flat, rectangular piece of cloth that hangs down and covers the opening of a pocket]
Patte *f* [mit Futter verstürzte Stoffklappe zum Verdecken einer Öffnung, z. B. einer angeschnittenen Tasche]; Klappe *f* *(veralt.)*
rabat *m* [une bande de tissu qui recouvre qqch., par ex.: rabat de la poche]
aletta *f* [una striscia di tessuto che

sormonta e ricopre un'apertura, p.e. aletta della tasca]; patta *f*; pattina *f*

525 **flap frame pocket** [a patch pocket stitched all the way round, with a rectangular piece of cloth covering the pocket opening]
Rahmenpattentasche *f* [rundum abgesteppte aufgesetzte Tasche mit Patte]
poche *f* **à cadre et à rabat** [la poche est appliquée et surpiquée tout autour]
tasca *f* **a telaio e ad aletta** [applicata e impuntita tutt'intorno]

526 **flapped besom pocket** [abbr. of flapped double besom pocket, an inset double-piped pocket with a rectangular piece of fabric covering the opening] *(pref.)*; flapped double besom pocket; flapped-besom pocket
Paspelpattentasche *f* [Kurzform von Doppelpaspel-Pattentasche, eine paspelierte, eingeschnittene Tasche, deren Eingriff mit einer Patte überdeckt ist] *(präf)*; Doppelpaspel-Pattentasche *f* [doppelt paspeliert]
poche *f* **passepoilée à rabat** [abréviation de poche double passepoilée à rabat, une poche fendue double passepoilée avec un rabat qui peut se replier]; poche *f* double passepoilée à rabat
tasca *f* **a filetto ad aletta** [abbreviazione di tasca a doppio filetto ad aletta: una striscia sormonta e copre l'apertura tagliata della tasca con doppio filetto] *(pref.)*; tasca *f* a doppio filetto e a patta

527 **flared skirt** [the sweep of the skirt is greater than its waist girth]
ausgestellter Rock *m* [glockig ausgestellt, mit sehr weiter, sich windender Saumlinie]
jupe *f* **évasée** [une jupe qui s'évase légèrement de la taille vers le bas - voir également jupe cloche]
gonna *f* **svasata** [con una svasatura a campana a forma di tronco di cono]

528 **flat cap** [not to be confused with a cap worn in historical times - compare cloth cap] *(gener.)*
Tellermütze *f* [eine Stoffmütze]
béret *m* **plat** [rond, souple et plat, sans bord]
berretto *m* **piatto** [morbido senza visiera]

529 **flat-felled seam** [one edge of the previously stitched undersides is folded over the other, pressed flat and topstitched] *(pref.)*; simple fell seam
einfache Kappnaht *f* [nach dem Zusammennähen der zwei Teile wird einer der Nahtpartner nach eine Seite hin umgelegt und einseitig übergesteppt] *(präf)*; Einfachkappnaht *f*
couture *f* **rabattue simple** [ou plate]
cucitura *f* **ribattuta semplice** [o piatta]

530 **flat flounce**
glatter Volant *m*; flacher Volant *m* [nicht plissiert]
volant *m* **plat**
volant *m* **piatto**

531 **flip-flop** [a lightweight sandal consisting of a flat sole attached to the foot by straps between the big toe and the second toe]; thong sandal *(AE)*
Zehensandale *f* [die von einem Riemchen, das zwischen dem ersten und zweiten Zeh fixiert ist, gehalten wird] *(präf)*; Zehenpantolette *f*; Flip-Flop *m*; Flipflop *m*
tong *m* [une sandale très légère avec une ou deux brides fixées à une semelle] *(préf.)*; claquette *f* [le nom provient du bruit de la semelle plastique qui claque à chaque pas]
infradito *m* [calzatura aperta, in cui il piede è trattenuto da un listello che passa tra l'alluce e il secondo dito]

532 **floating** *adj* [that is floating free, e.g. sth. falling free from the shoulders]
hängend *adj* [von den Schultern aus frei hängend]; Hänge-
tombant *adj* [qui pend librement, par ex.: épaules tombantes - voir également tombée]
pendente *agg* [che cade libero a partire dalle spalle]

533 **floating petal skirt** [decorated with gores resembling petals] *(pref.)*; skirt with floating petal hem; skirt with floating petalled panels
Zipfelrock *m* **mit schwebenden Bahnen** [die Blütenblättern ähnlich aussehen]
jupe *f* **à pans avec bouts flottants**

gonna *f* **a falde con lembi flottanti**

534 **floor length** [a finished measurement for a length reaching to the floor]
Bodenlänge *f* [ein Fertigmaß]
longueur *f* **jusqu'au sol** [une mesure finie]
lunghezza *f* **al suolo** [una misura finita]

535 **flounce** [a gathered strip sewn around the hemline with the other edge free floating] *(pref.)*; falbala [a flounce for women's petticoats]
Volant *m* [horizontal aufgesetzter breiter Stoffstreifen/Besatz mit einem freien, welligen Saum - die Stoffrüsche ist auch ein schmaler Volant]
volant *m* [la bande cousue à un bord dont l'extrémité flottante retombe librement et forme une garniture, par ex.: jupe à volants] *(préf.)*; balayeuse *f* [les volants d'une robe qui balaient le sol]; falbala *m* [une bande plissée] *(obs.)*
volant *m invar.* [striscia di tessuto che presenta un bordo liscio e l'altro arricciato o una striscia pieghettata] *(pref.)*; falpalà *m* [volant largo che orna sottane]; frappa *f*; balza *f* [strisciata di diverso colore al fondo dell'abito]

536 **flounced skirt** [see also tiered flounced skirt]
Volantrock *m*
jupe *f* **à volants** [piqués ou froncés]
gonna *f* **a volant**

537 **fluted hem** [tiny hem, also with a picot edge, winding in a snakelike manner]
gewellter Saum *m* [der in Schlangenlinie verläuft]
ourlet *m* **ondulé** [qui fait des courbes]
orlo *m* **ondulato** [che fa una serie di piegoline e ondulazioni]; orlo *m* increspato

538 **fly-front fastener** [the buttons or zip are inserted under the placket of the trousers or skirt]; fly-front closing *(AE)*
verdeckter Schlitzverschluss *m* [mit Reißverschluss oder Knöpfen]
fermeture *f* **à patte recouvrée**
chiusura *f* **nascosta sotto una patta** [dell'allacciatura dei pantaloni]

539 **fly-front skirt** [the zip is concealed under a placket]
Rock *m* **mit verdeckter Reißverschlussleiste**
jupe *f* **avec la patte à glissière recouvrée**
gonna *f* **a patta con cerniera nascosta**

540 **fly with buttonholes** [in its lining facing]
Schlitz *m* **mit Knopflochleiste** *f* [ein mit Futter verstürzter Schlitzübertritt, der im Futterteil Knopflöcher eingeschlagen hat]; Schlitzübertritt *m* mit Knopflochpatte
braguette *f* **à patte de boutonnières**
allacciatura *f* **a patta d'asole**

541 **flying jacket** [a short leather jacket with a warmth lining]; flight jacket *(AE)*; aviator's jacket
Fliegerjacke *f* [ein Blouson mit seitlichen Blousonfalten, verdecktem Reißverschluss und Pelzkragen sowie mit einknöpfbarem Warmfutter] *(präf)*; Pilotenjacke *f*
blouson *m* **d'aviateur** [avec des pattes d'épaule, des poches plaquées et des bords côtes, style John Wayne]; bombardier *m* [un blouson chaud à col haut et fermé, confectionné en mouton retourné]
blusotto *m* **da aviatore** [corto in vita, simile al bomber]

542 **fob pocket** [a small welt pocket under the waistband of trousers for carrying a pocket watch]; fob watch pocket
Uhrtasche *f (präf)*; kleine Uhrzusatztasche *f* [die in einer größeren Tasche eingenäht ist]
poche montre *f* [une petite poche située sur le devant d'un gilet ou dans la ceinture d'un pantalon]
taschino *m* **da orologio** [sulla cintura dei pantaloni]

543 **fold-down casing** [the turned-down extension of a fabric on the waistband, forming a tunnel for a belt]
umgeschlagene Tunnelschlaufe *f* [zur Aufnahme eines Gürtels]
passant tunnel *m* **rabattu** [pour faire passer une ceinture de cuir]
passante *m* **a risvolto tunnel** [che fa passare una cintura di pelle]

544 **folded-up cuff** [the sleeve doubles back on itself]
umgeschlagene Manschette *f*; Umschlagmanschette *f* [auf sich selbst umgeschlagen]
poignet *m* **replié** [sur lui même] *(préf.)*; retroussis *m* [la partie retroussée d'un vêtement de façon permanente]
polsino *m* **ripiegato** [su sé stesso]

545 **football shoulder**
Boxerschulter *f* [breite wattierte Schulter]
épaules *fpl* **athlétiques** [à carrure épaulée élargie] *(préf.)*; épaules *fpl* à carrure épaulée [élargie]
spalle *fpl* **da pugile**

546 **footless tights** *pl*
Strumpfhose *f* **ohne Fuß**
collant *m* **sans pied**
collant *m invar.* **senza piede**

547 **footstrap trousers** *pl* [tapering towards the ankle, they have straps under the insteps, inside or outside the shoes]; stirrup pants *pl (AE)*
Steghose *f* [eine knöchellange sich stetig verjüngende, meistens mit elastischem Fußsteg versehene Keilhose] *(präf)*; Hose *f* mit Fußsteg
pantalon *m* **à sous-pied** [un pantalon fuseau] *(préf.)*; pantalon *m* à sous-talon; fuseaux *mpl* à sous-pied [affinés]
pantaloni *mpl* **a staffa sottopiede** [di linea affusolata]

548 **footwear that extends above the ankle** [e.g. boot and half-boot (ankle boot)]
hohes Schuhwerk *n* [reicht über den Knöchel hinaus, z. B. Stiefel und Halbstiefel bzw. Stiefelette]
chaussure *f* **montante** [plus haute que la cheville: bottine, boots, brodequin et ranger]
calzatura *f* **montante** [al di sopra della caviglia]

549 **form pressing** [shaping an item of clothing by pressing it while a form is inside it] *(pref.)*; shape pressing; press forming
Formbügeln *n* [an der Formbügelpresse, während das Innere des Kleidungsstücks ausgefüllt ist] *(präf)*; Dressieren *n* [Einbügeln der Schnitt-Teile durch Dehnen und Stauchen an bestimmten Positionen für eine bessere Passform]; Dressur *f*
mise *f* **en forme à la presse** [d'une pièce d'habillement]
formatura *f* **a pressa** [di un capo di vestiario]

550 **foulard scarf** [a scarf made of foulard, a lightweight, lustrous silk twill with a small pattern]; silk scarf
Seidenhalstuch *n* **aus Foulard** [einem leichten, klein gemusterten Kunstseidengewebe]; Foulardseidenhalstuch *n*; Kunstseidenhalstuch *n*; Seidentuch *n*
foulard *m* **de soie** [un léger fichu ou mouchoir carré de soie à petit dessin]
foulard *m* **di seta** [un quadrato leggero, stampato a piccoli motivi]

551 **frame pocket** [a patch pocket stitched all the way round]
Rahmentasche *f* [rundum abgesteppte, aufgesetzte Tasche]
poche *f* **à cadre** [appliquée et surpiquée tout autour]
tasca *f* **a telaio** [applicata e impuntita intorno]

552 **frayed out selvedge**; open selvedge
ausgefranste Gewebeleiste *f*
lisière *f* **effilochée** [d'un tissu]
cimosa *f* **sfilacciata** [di un tessuto]

553 **fraying braid** [this binding prevents the ravelling of the yarns of an unfinished edge]
Schutzborte *f* [gegen Ausfransen]
ganse *f* **de protection** [contre l'effilochement]
spighetta *f* **di protezione** [contro la sfilacciatura]

554 **French buttoning** [concealed under a placket, except for a visible collar button]
englischer Knopfverschluss *m* [eine Leiste verdeckt die Knöpfe, allein der Kragenknopf bleibt sichtbar]
boutonnage *m* **à l'anglaise** [une patte cache les boutons à l'exception du bouton de col qui reste visible]

abbottonatura *f* **all'inglese** [nascosta su una patta, eccetto il bottone alla base del collo che resta visibile]

555 **French cuff** [it doubles back on itself and is fastened with cufflinks]; double cuff
Doppelmanschette *f* [eine auf sich selbst umgeschlagene Manschette zum Schließen mit Manschettenknöpfen] *(präf)*; Umschlagmanschette *f*; französische Manschette *f*
poignet double *m* [une bande large attachée aux chemises d'homme qui se replit en deux sur elle-même et se ferme avec des boutons de manchette] *(préf.)*; poignet mousquetaire *m*
polsino *m* **doppio** [di una camicia, ripiegato su sé stesso, a bottoni gemelli] *(pref.)*; polso *m* alla moschettiera

556 **French knickers** *pl* [a woman's loose flared underpants with wide legs]; French panties *pl (AE)*
French Knickers *pl* [engl. Begriff für einen glockig weit geschnittenen, bis zur Taille reichenden, losen Damenschlüpfer]; glockiger Damenschlüpfer *m*
culotte cloche *f* **de femme**
mutandine *fpl* **knickers da donna** [locuzione inglese: mutandine con gamba a campana]

557 **French seam** [the previously stitched and trimmed seam is encased by folding the lightweight fabric over it and stitching it]
französische Naht *f* [über die erste Naht wird das leichte, meistens durchsichtige Material umgelegt und mit einer zweiten Naht abgesteppt - vgl. Kappnaht]
couture *f* **anglaise** [qui enferme une première couture dans une seconde par une nouvelle piqûre]
cucitura *f* **francese** [che chiude una prima cucitura con una seconda cucendola ancora una volta]

558 **frilled** *adj* [that has been gathered along one edge or provided with an ornamental edging]; frilly *adj*
rüschenförmig vernäht *adj*
ruché *adj* [qui est froncé au milieu ou sur un côté]
a effetto di ruche [che è increspato e cucito al centro o su un lato] *(pref.)*; a effetto arricciato di ruche

559 **fringe** [loose strands of thread fastened to a border ribbon and sewn to an edge, leaving them to hang loose]
Franse *f* [frei liegende Randverzierung, bestehend aus frei hängenden Garnen]
frange *f* [une étroite bande d'où pendent des fils séparés d'un côté servant à orner des bords]
frangia *f* [un nastro a fili, giochetti o nappine pendenti usato per sciarpe]

560 **frogged fastener** [ornamental cording or braid with a soft button passing through a loop]
Brandenburger Verschluss *m* [mit Knopflochverzierung, Litzenbesatz und ballartigem oder länglichem, durch eine Schleife gezogenen Knopf] *(präf)*; Brandenburgverschluss *m*
Brandebourg *m* [un ornement en soutache entourant un bouton d'olive ou un bouton en forme de balle qui s'engage dans une boutonnière à bride]; fermeture *f* Brandebourg
allacciatura *f* **con alamari** [attraverso un'asola viene fatto passare un bottone a olivetta o a botticella]

561 **front breast length** [measured from the pitch point of the neck-side/shoulder to the breast point]; front nipple length; neck side length to the nipple
Brusttiefe *f* [vom Halsansatz/Schulter bis zum Brustpunkt] *(präf)*; vordere Länge *f* bis zum Brustpunkt [vom Halsansatz/ Schulter gemessen]
longueur *f* **de devant jusqu'à la pointe du sein** [à partir de la naissance du cou] *(préf.)*; longueur *f* de devant jusqu'au mamelon
profondità *f* **collo-seno** [misurata dall'attaccatura del collo fino al seno]

562 **front edge** [the boundary line of the front border of a jacket or a coat] *(pref.)*; edge [abbr. of front edge, it also means a border in general]
Kante *f* [Kurzwort für vordere Kante bzw. der vordere Abschluss an Bekleidungsstücken aller Art] *(präf)*; vordere Kante *f*

bord *m* **de devant** [l'extrémité de devant d'une veste ou d'un manteau]
bordo *m* **davanti** [l'estremità del davanti di un capo di vestiario]

563 **front edge point of border**
spitzer Abstich *m* **der vorderen Kante** *(präf)*; Crochetspitze *f*
pointe *f* **du bord de devant**
punta *f* **del bordo del davanti**

564 **front edge seaming** *(pref.)*; seaming the lapel facing [joining it to the front]
Nähen *n* **der Reversbesatzkante**; Nähen *n* der Besetzenkante [zum Revers]
couture *f* **du parement d'un haut de revers** [l'action de coudre]; couture *f* du parement d'un revers [l'action de coudre]
cucitura *f* **per fissare la paramontura rimessa** [del risvolto - l'operazione del cucire]

565 **front fly lining** [of trouser zip]
Gegenfutter *n* **der Schlitzleiste** [Innenausstattung der Reißverschluss- oder Knopfleiste]
doublure *f* **de la contre-braguette d'une fermeture à glissière**
controfodera *f* **di una controfinta di cerniera**

566 **front insert** [of the bustier, girdle or corset, made of non-stretch material and designed for body shaping] *(pref.)*; front panel [of the corset]
Patte *f* [von Bustier oder Mieder - Verstärkung für eine bessere Körperstraffung] *(allg)*; Bustierpatte *f*; Bauchpatte *f* [auch für Formslips]
plastron *m* [de la gaine ou du bustier - un renfort abdominal pour effacer l'estomac ou le ventre]; plaque *f* de devant
panciera *f* [a guaina o a bustino - una fascia di tessuto per sostenere l'addome] *(pref.)*; pancera *f*

567 **front shoulder width** [the distance from shoulder point to shoulder point across the neckline at the centre front - compare shoulder width]; back width [including shoulders]
Breite *f* **von Schulter zu Schulter** [Rückenbreite einer Person oder eines Kleidungsstücks, einschließlich beider Schultern - vgl. Schulterbreite]
carrure *f* [largeur du dos d'une épaule à l'autre pour une personne ou un vêtement fini - voir également largeur d'une épaule]
larghezza *f* **delle spalle** [la larghezza della schiena + la larghezza delle spalle - vedi anche larghezza semispalle]

568 **front width** [a body measurement] *(pref.)*; front shoulder width [a body measurement]
Brustbreite *f* [das Körpermaß von Armansatz zu Armansatz, das über die stärkste Stelle der Brust gemessen wird und dem vorderen Teil des Brustumfangs entspricht - vgl. Brustumfang]
largeur *f* **de poitrine** [mesure de la largeur de la poitrine d'une épaule à l'autre - une mesure du corps]
larghezza *f* **del torace** [da una spalla all'altra - una misura del corpo]

569 **frontlet** [a headband worn round the head or across the forehead to keep hair in place] *(pref.)*; brow band [worn low on the forehead]
Stirnband *n* [zum Aufbinden oder zum Halten des Haares]
bandeau *m* **de front** [qui sert à retenir les cheveux]
frontale *m* [un bandeau che protegge la fronte]

570 **full cut** [for a fuller fit of the garment]
weiter Schnitt *m* [für einen bequemen Sitz der Bekleidung]
coupe *f* **ample** [une meilleure ampleur du vêtement le fait plus confortable]
taglio *m* **ampio** [piuttosto abbondante di un modello che permette piena libertà di movimento]

571 **full dress** [formal black clothes, worn irrespective of the time of day] *(gener.)*
Gesellschaftskleidung *f* [meistens eine schwarze Bekleidung für offizielle und festliche Anlässe] *(allg) (präf)*; Galakleidung *f* [dunkel] *(allg)*
habit *m* [de cérémonie foncé, par ex.: le frac] *(génér.) (préf.)*; costume *m* de cérémonie *(génér.)*; habits *mpl* de gala *(génér.)*; tenue *f* de cérémonie

indumenti *mpl* **da cerimonia** [di colore scuro] *(gener.)*

572 **full dress with grey striped trousers** [a man's formal civil attire, e.g. black tailcoat plus grey striped trousers or white tie and tails]
Festgewand *n* [für Herren - z. B. ein Bonner Anzug] *(präf)*; Festkleidung *f* für Herren; große Herrenfestkleidung *f (allg)*
grande tenue *f* [pour hommes - habillé en civil avec un soin particulier, par ex.: veste noire prolongée par une queue + pantalon rayé gris - opposée à petite tenue, c'est-à-dire extrêmement légère ou même en déshabillé]
gran tenuta *f* [da uomo - una tenuta civile, p.e. il frac alla francese nero + pantaloni rigati grigi]; tenuta *f* di gala [da cerimonia per feste e balli, anche militare]

573 **full-fashioned knit** [shaping the knit garment components by increasing or decreasing the number of stitches]
Fully-Fashion-Maschenware *f* [englischer Begriff: formgerechte Herstellung von Einzelteilen durch Stricken mit festen, endgültigen Kanten] *(präf)*; geminderte Maschenware *f*; formgestrickte Maschenware *f*
tricot *m* **proportionné** [un demi-produit de vêtement tricoté]
maglieria *f* **interamente sagomata** [teli in maglia modellati durante la tessitura] *(pref.)*; maglieria *f* diminuita [semilavorata]; maglieria *f* interamente proporzionata [semilavorata]

574 **full-height fur coat**
langer Pelzmantel *m*
manteau *m* **de fourrure long**
pelliccia *f* **intera**

575 **full lining** [that covers the inside of the garment, including all interior seams, and gives it a finished appearance]
Ganzabfütterung *f* [die Innenseite ist ganz von der Abfütterung abgedeckt]; Komplettabfütterung *f*
doublure *f* **entière** [tout l'intérieur du vêtement est recouvert]
fodera *f* **intera** [che riveste completamente l'interno di un capo di vestiario]

576 **full-piqué glove** [refers to the stitching: one edge is lapped over the other and stitched on the right side] *(pref.)*; full P.K. glove [abbr. of full-piqué glove]
Stepphandschuh *m* [nach dem Steppen bleibt ein Lederrand von außen her sichtbar] *(präf)*; Stepper *m* [Handschuh]
gant *m* **cousu au point noué** [l'un des bords est positionné visiblement sur l'autre pour être fixé par une surpiqûre au point noué]
guanto *m* **cucito a punto annodato**

577 **functional clothing** [designed for a special purpose, e.g. a functional jacket]; functional apparel *(AE)*
Funktionsbekleidung *f* [eine dem jeweiligen Zweck angepasste Bekleidung] *(präf)*; Smart Textiles *pl* [engl. Begriff für Textilien, die bestimmte Funktionen ausführen, z. B. Luftkammern aufblasen]
vêtements *mpl* **fonctionnels** [qui ont une fonction pratique, par ex.: vêtements fonctionnels pour les enfants]
indumenti *mpl* **funzionali** [con riferimento ad una o più funzioni dell'abbigliamento]

578 **functional underwear** [directs perspiration away from the body]
Funktionswäsche *f* [transportiert Feuchtigkeit vom Körper weg und hat somit eine wärmende und geruchshemmende Wirkung] *(präf)*; Base Layer *f* [engl. Begriff für Funktionswäsche]
sous-vêtements *mpl* **fonctionnels** [qui transportent la sueur à l'extérieur]
biancheria *f* **funzionale** [che trasporta il sudore all'esterno]

579 **funnel collar** [that stands away from the neck like a funnel]
Trichterkragen *m* [hoher, trichterförmiger Kragen]
col entonnoir *m* [un haut-col en forme d'entonnoir]
collo *m* **a imbuto** [un colletto alto e rigido che si allarga salendo]

580 **fur cap**
Pelzmütze *f*
bonnet *m* **de fourrure** [valorisant, par ex.: bonnet de castor]; bonnet *m* à poils [moins valorisant, par ex.: bonnet en poils de lapin]

berretto *m* **di pelliccia**

581 **fur coat** [made of real or artificial fur]
Pelz *m* [Kurzwort für Pelzmantel]; Pelzmantel *m* [aus echtem oder Kunstpelz]
fourrure *f* [abréviation de manteau de fourrure]; manteau *m* de fourrure
pelliccia *f* [forma abbreviata di cappotto di pelliccia con pelo morbido, molto lucente, p.e. pelliccia di volpe] *(pref.)*; cappotto *m* di pelliccia

582 **fur collar**
Pelzkragen *m*
col *m* **de fourrure**; parement *m* de fourrure [un revers de fourrure sur le collet, par ex.: tailleur à parements de fourrure]
bavero *m* **di pelliccia** [per i cappotti] *(pref.)*; colletto *m* di pelliccia

583 **fur jacket**
Pelzjacke *f*
veste *f* **en fourrure**
giacca *f* **di pelliccia**

584 **fur-lined coat** [may also be fur-trimmed] *(pref.)*; pelisse [French word for a full-length, heavy, fur-trimmed or fur coat, with or without a fur collar] *(obs.)*; pellice *(AE; obs.)*
pelzgefütterter Mantel *m (allg)*; Pelisse *n/f* [ein pelzgefütterter oder pelzverbrämter Mantel oder Umhang mit Armschlitzen und Kapuze] *(veralt.)*
manteau *m* **fourré** [garni de fourrure] *(génér.)*; pelisse *f* [pardessus d'homme ou manteau de femme doublé ou seulement garni de fourrure]
cappotto *m* **foderato in pelliccia**

585 **fur-lined glove**
Pelzhandschuh *m* [mit Pelz abgefüttert]
gant *m* **fourré**; gant *m* doublé de fourrure
guanto *m* **foderato di pelliccia**

586 **fur-trimmed coat**
pelzverbrämter Mantel *m (präf)*; Mantel *m* mit Pelzbesatz
manteau *m* **à bordure de fourrure**
cappotto *m* **guarnito con pelliccia** [adornato di pelliccia]

587 **fur trimming**
Pelzverbrämung *f (präf)*; Pelzbesatz *m*; Pelzgarnitur *f* [bestehend aus mehreren zusammengehörenden Teilen]
garniture *f* **de fourrure** [qui serve à garnir]
guarnitura *f* **di pelliccia** [accessori decorativi]

588 **furbelows** *pl* [derog.: useless, excessive trimming of a garment]; furbelow [a trimming on a garment such as a flounce or ruffle]
exzessive Verzierung *f* [einer großen Toilette]
falbalas *mpl* [au sens négatif: les ornements excessifs d'une toilette]; tralala *m* [luxe voyant cherché, par ex.: en grand tralala]
ornamenti *mpl* **eccessivi di un abito** [da donna]

589 **fusible** [reinforcing] tape *(pref.)*; heat sealable [reinforcing] tape
Fixierband *n* [ein aus schmelzbarer Fixiereinlage zugeschnittenes Verstärkungsband gegen Nahtausdehnung] *(präf)*; Siegelband *n* [Verstärkungsband]; Heißsiegelband *n* [Verstärkungsband]
ruban *m* **de renforçage thermocollable** [ou rendu adhésif par châleur]
nastro *m* **(di rinforzo) termoadesibile** [o termosaldabile]

G

590 **Gainsborough hat** [a woman's large broad-brimmed hat, such as was painted by Thomas Gainsborough]
Florentiner *m* [Damenstrohhut mit breiter, schwingender Krempe]; Florentiner Hut *m*
chapeau *m* **d'Italie** [un chapeau de paille féminin avec des bords très larges]
cappello *m* **fiorentino** [un cappello di paglia da donna con tese molto larghe e flottanti]

591 **gangster suit** [a double-breasted suit with wide shoulders, wide lapels and wide trousers]
Gangsteranzug *m* [Zweireiher mit breiten Schultern und breitem Revers sowie weiter Hose]

complet *m* **en style gangster** [avec double rangée de boutons et carrure épaulée]
completo *m* **alla gangster** [doppiopetto - con una doppia fila di bottoni - e a spalle larghe]

592 **gaping pocket** [the pocket-hole is wide open]
klaffende Tasche *f* [mit weit offenstehendem Tascheneingriff]
poche *f* **bâillée** [une poche entrouverte]
tasca *f* **spalancata** [più o meno aperta]

593 **garçonne style** [French term for boyish silhouette] *(pref.)*; boy-like fashion [masculine fashion for women]
Garçonnemode *f* [französischer Begriff: betont maskuline Kleidung für Frauen]
mode *f* **à la garçonne** [avec des allures de garçon]
moda *f* **alla garçonne** [locuzione francese: la moda femminile a imitazione dell'abbigliamento maschile]; moda *f* alla maschietta [disinvolta e spigliata]

594 **garment bodice** [the upper part of a dress between the shoulders and the waist, excluding the sleeves] *(gener.)*; apparel bodice *(AE)*; body of garment; bodice of garment
Bekleidungsoberteil *n* [von Damen- und Mädchenkleidung, das sich zwischen den Schultern und der Taille erstreckt, Ärmel ausgeschlossen] *(allg)*
haut *m* **de vêtement** [la partie d'en haut d'un vêtement pour femmes et filles qui va de la taille aux épaules, sans les manches et le col]
busto *m* **di un abito** [femminile - la parte superiore dell'abito compresa tra le spalle e la vita, maniche escluse]

595 **garment design** [compare fashion creation]; apparel design *(AE)*; dress design
Bekleidungsentwurf *m* [vgl. Modekreation]
création *f* **de vêtements** [voir également création de mode]
creazione *f* **dei modelli di abbigliamento** [vedi anche creazione di moda]; progettazione *f* del modello di abito

596 **garter (band)** [a circle of decorated elastic worn round the leg to keep a woman's stocking in position on the thigh]
Strumpfband *n* [rund geschlossenes breites Gummiband zum Festhalten von Damenstrümpfen am Oberschenkel]
jarretière *f* [une bande élastique circulaire destinée à maintenir un bas de femme au-dessus ou au-dessous du genou]
giarrettiera *f* [una fascia elastica circolare per reggere la calza da donna all'altezza della coscia]

597 **gather** *v* **a sleeve**
kräuseln *v* [einen Ärmel]
froncer *v* **la manche**
arricciare *v* **la manica**

598 **gathered** *adj* **(up)** [drawing up fullness, but for a greater drawing up of fullness ruffled or shirred is used]
eingekräuselt *adj* [mit viel Mehrweite verarbeitet]
froncé *adj* [fortement plissé pour resserrer l'ampleur]
arricciato *agg* [intenzionalmente molto increspato]

599 **gathered skirt** [with shirred panels attached to the waistband]
geraffter Rock *m* [die an einen Bund hingerafften Rockbahnen machen letztendlich den Rock schwingend]
jupe *f* **bouillonnée** [rendue bouffante par des rangs de fronces] *(préf.)*; jupe *f* froncée; jupe *f* à fronces
gonna *f* **arricciata** [all'estremità superiore sulla cucitura della cintura e lasciata libera in basso]

600 **gathering seam** [drawing together the fullness of the material]
Kräuselnaht *f* [während des Nähens wird Mehrweite über einen Nahtpartner eingeschoben]
couture *f* **froncée** [qui resserre l'ampleur supplémentaire]
cucitura *f* **arricciata** [costituita da piegoline morbide realizzate raccogliendo il tessuto con una cucitura] *(pref.)*; cucitura *f* increspata

601 **gauntlet** [a strong above-the-wrist glove with a close-fitting hand, covering the wrist and reaching to the lower part of

the arm, used in fencing or motorcycling - compare musketeer glove]
Stulpenhandschuh *m* [eng anliegender Handschuh mit einer den Unterarm teilweise bedeckenden Manschette - vgl. Musketierhandschuh] *(präf)*; Manschettenhandschuh *m*
gant *m* **à crispin** [voir également gant à la mousquetaire]
guanto *m* **a polso** [vedi anche guanto alla moschettiera]

602 **giant saddle stitch** [a large, heavy ornamental stitch in contrasting thread]
Riesensattlerstich *m (präf)*; großer Sattlerstich *m*
point sellier *m* **géant** [un point très gros en couleurs à grand contraste]
punto *m* **a sellaio gigante**; punto *m* grande a sellaio

603 **gimp buttonhole** [with a buttonhole gimp - an extra-heavy core yarn - inside the buttonhole to reinforce it]
Gimpenknopfloch *n* [das mit einer Gimpeneinlage bzw. mit einem Baumwollfaden, der mit Seide umsponnen ist, verstärkt ist]
boutonnière *f* **à cordonnet** [renforcée]
asola *f* **a cordonetto** [da rinforzare]

604 **girdle** [a boneless corset moulding the body from the lower torso to the thighs] *(pref.)*; pull-on girdle [pulled on over the hips]; hi-rise girdle [to above the waist]; roll-on girdle [without suspenders]
Hüftgürtel *m* [eine Unterwäsche, die sich von der Taille bis zum Oberschenkel erstreckt und dem Abflachen des Bauchs dient - kann auch mit Strumpfhaltern versehen sein] *(präf)*; Hüfthalter *m*; Leibhalter *m*
gaine *f* [le sous-vêtement sans baleines ni laçage destiné à galber les hanches et la taille et à aplatir le ventre de la femme] *(préf.)*; gaine *f* de maintien
guaina *f* [indumento intimo che modella il torso dal petto in giù]; busto *m* [la fascia elastica allacciata, fornita di stecche che modella l'addome e i fianchi] *(ant.)*

605 **girth** [the measurement around the body: the body measurement or the finished measurement] *(gener.)*; circumference
Umfang *m* [des Körpers - sowohl ein Körpermaß als auch ein Fertigmaß] *(allg)*
tour *m* [du corps: une des circonférences du corps, par ex.: mesurer le tour de la poitrine] *(génér.)*
circonferenza *f* [linea che misura la larghezza del corpo o di un capo di vestiario] *(pref.) (gener.)*; perimetro *m*; giro *m*

606 **glamour look** [bewitching, attractive and exciting]; glamor look *(AE)*
Glamourlook *m* [ein betörendes Aussehen]; betörende Aufmachung *f* [glamourös reicher Kleidungsstil in edler Optik]
style *m* **glamoureux** [fascinant et envoûtant]; style glam *m* [abréviation de glamoureux]; style glitter *m* [notion anglaise pour étincelant]
stile *m* **glamour** [di gran fascino ed eleganza - locuzione inglese]

607 **glen check** [pairs of small checks and large rectangles, e.g. the Glenurquhart check] *(pref.)*; glen plain; glen urquhart plain [check]; Prince of Wales check
Glencheck *m* [ein großflächiges Karomuster, auch Überkaromuster genannt] *(präf)*; Glencheckdessin *n*; Esterhazy-Karo *n*; Überkaro *n*; Principe di Galles [italienisches Wort für Überkaro]
carreau prince de Galles *m* [peut avoir des tons différents, mais la couleur est identique pour la chaîne et la trame] *(préf.)*; prince-de-Galles *m* [le carreau]
quadro *m* **principe di Galles** [formato da quadri piccoli ad armatura pied de poule, mentre il quadro centrale presenta un effetto di grisaglia]; principe di Galles *m*; Glen Urquhart check *m* [termine inglese]

608 **glengarry** [a boat-shaped, flat-sided cap pointed at the front and back and with two ribbons hanging down at the back - folded flat it looks like an overseas cap]
schottisches Käppi *n* [bootförmiges Käppi mit spitzen Enden und einem Paar hängender Bänder an der hinteren Spitze, das sich flach falten lässt]

calot *m* **écossais** [de forme allongée comme une coiffure militaire]
cappello *m* **a bustina scozzese** [che si può appiattire come una busta militare]

609 **glitter look** [shining brightly]
Glitzerlook *m* [ein funkelndes Aussehen]
aspect *m* **étincelant** [brillant]
aspetto *m* **scintillante** [brillante]

610 **glossy revers** [with a shiny, reflective surface, used on a black dinner jacket]
Glanzrevers *n* [einer Smokingjacke] *(präf)*; glänzendes Revers *n*; Spiegelrevers *n*
revers *m* **brillant** [d'un veston de smoking]
risvolto *m* **brillante** [di uno smoking jacket]

611 **glove** [a covering for the hand with separate fingers, protecting and keeping the hand warm]
Handschuh *m* [zum Schutz oder zum Warmhalten der Hand, der aus fünf Fingern, Ober- und Unterhand sowie Manschette besteht]
gant *m* [confectionné par un gantier, il épouse la forme de la main et des doigts - un gant est formé des doigts, de l'empaumure, d'un revers et d'une manchette]
guanto *m* [che veste la mano lasciando le dita separate l'una dall'altra]

612 **godet** [a triangular piece of fabric, wider at the bottom, to give added fullness and to form godet pleats]; gore [unusual term]
Godet *m* [dreieckiges, keilförmiges, längliches Stoffteil, das durch die sich selbst bildenden Glockenfalten eine schwingende Bewegung des Rockes hervorruft]
godet *m* [qui se forme en intercalant des soufflets au bas d'une jupe qui va ainsi en s'évasant, par ex. jupe à godets]
godet *m invar.* [il taglio trapezoidale in sbieco del tessuto che crea una svasatura a campana in una gonna godet o in un abito godet da donna]

613 **godet pleat** [these pleats hang in a series of rolls in a gored skirt] *(pref.)*; pipe-organ pleat
Godetfalte *f* [eine Falte, die sich beim Godetschnitt selbst bildet] *(präf)*; Glockenfalte *f*; Flarefalte *f* [die sich bei einem weit ausgestellten Rock selbst bildet]
pli godet *m* [un pli rond qui se forme de lui-même dans une pièce de vêtement à godet ou dans une étoffe taillée en biais en s'évasant vers le bas]; godet *m* [le pli qui se forme de lui même]
piega *f* **godet** [i tagli trapezoidali in sbieco del tessuto, le pieghe godet, creano delle svasature a campana nella gonna godet o nell'abito godet da donna]

614 **godet skirt** [with more fullness through the insertion of vertical triangular pieces of fabric into the skirt]
Godetrock *m* [ein Rock mit Godetfalten] *(präf)*; Rock *m* mit Godetfalten
jupe *f* **à godets** [confectionnée en intercalant des soufflets dans les encoches verticales au bas de la jupe - ainsi se forment de gros plis souples et sinueux qui tombent en s'évasant]
gonna *f* **a godet** [a più teli triangolari che sono montati con la base in basso]; gonna *f* godet

615 **gold lamé dress**
Goldlameekleid *n (präf)*; Goldlamékleid *n*
robe *f* **lamé or** *(préf.)*; robe *f* de lamé or
abito *m* **di lamé d'oro**

616 **golf pleat** [one or two lateral pleats at the back for more freedom of movement]
Golffalte *f* [zwei seitlich am Rücken angebrachte Bequemlichkeitsfalten, die an den Schultern beginnen und nach unten auslaufen] *(präf)*; Prevotfalte *f* [französischer Begriff für eine Golffaltenart]
pli *m* **de golf** [deux plis d'aisance dans le dos]
piega *f* **da golf** [due pieghe di comodità sul dorso]

617 **gored cap** [made of triangular sections]
Bahnenmütze *f* [aus dreieckigen Stoffstücken zusammengenäht]
bonnet *m* **à pans** [triangulaires]
berretto *m* **a teli** [triangolari]

618 **gored skirt** [usually made of six

trapezoidal sections called skirt gores] *(pref.)*; panelled skirt
Bahnenrock *m* [ein ausschwingender Rock aus sechs trapezförmig zugeschnittenen Bahnen]
jupe *f* **à lés** [une jupe à six panneaux en forme de trapèzes montés au niveau des pinces de la taille et prolongés entre les coutures verticales jusqu'au bas]
gonna *f* **a teli** [trapezoidali con la base maggiore in basso e la base minore in alto della gonna]

619 **grandad neckline** *(pref.)*; granddad neckline *(obs.)*; granddad neckline *(AE)*; grandfather neckline
Serafinoausschnitt *m* [kragenloser, runder Ausschnitt, dessen Öffnung mit 2-3 Knöpfen geschlossen wird]
encolure *f* **tunisienne** [ronde sans col avec une ouverture à 2-3 boutons pour passer la tête]
scollatura *f* **a serafino** [rotonda, senza collo, con una breve apertura chiusa da 2-3 piccoli bottoni]

620 **granny dress** [an ankle-length dress with a round neckline and high waistline, such as might have been worn by a grandmother] *(pref.)*; grannie dress
Omakleid *n* [ein Knöchel langes Kleid mit rundem Ausschnitt und hoher Taille]
robe grand-maman *f* [arrivant à la cheville et à taille haute]
abito *m* **per donna anziana** [lungo fino alla caviglia a vita alta]

621 **greatcoat** [a large, heavy, voluminous long overcoat, used especially by soldiers] *(pref.)*; topcoat [a heavy coat]; great cloak [a loose-fitting heavy overcoat for men or women]
Houppelande *f* [ein weites, mantelartiges, schweres Obergewand]; Schäfermantel *m*
houppelande *f* [un manteau long et lourd, qui a une coupe très ample, un col plat et des manches larges et évasées]; manteau *m* de berger
cappa *f* **pesante** [stile cappa da pecoraio]

622 **Greek border** [a border with a winding fret pattern of broken rectangles]
griechische Bordüre *f* [eine Borte mit Mäanderdessin]; griechische Borte *f*
bordure *f* **grecque** [une bordure à méandres]
bordatura *f* **greca** [con linea che si piega ad angolo retto] *(pref.)*; greca *f* [abbreviazione di bordatura greca]

623 **Gretchen neckline** [a low-cut round neckline gathered like that of a peasant blouse]
Gretchenausschnitt *m* [tief, rund und gekräuselt wie bei einer puffärmeligen, weißen Dirndlbluse]
encolure *f* **à la Gretchen** [profonde, ronde et froncée]
scollatura *f* **alla Gretchen** [profonda, rotonda e arricciata]

624 **Gretchen slip** [a loose-fitting item of underwear with shoulder straps, beginning above the bust]
Gretchengewand *n* [ein Unterkleid mit breiten Schulterträgern]
robe *f* **de dessous à la Gretchen** [une robe bustier droite qui se porte sous une robe suspendue aux épaules par bretelles larges]
sottoveste *f* **alla Gretchen** [un indumento intimo scollato sorretto da spalline larghe, indossato sotto l'abito da donna]

625 **grosgrain (ribbon)** [heavy ribbed ribbon with large cross-ribs, used for fastening] *(pref.)*; petersham [ribbon with a moiré effect, used for hats and skirt bands]
Ripsband *n* [zur Verstärkung, z. B. von Gürteln] *(präf)*; Gros-Grain-Band *n* [ein Querripsband]
gros-grain *m* [abréviation de ruban de gros-grain, une forte bande tissée à côtes verticales servant à renforcer la hausse d'une ceinture] *(préf.)*; ruban *m* de gros-grain; ruban *m* de taille
gros-grain *m* [locuzione francese: il nastro lavorato a coste verticali usato per rinforzare, p. e. gros-grain per cinture dei pantaloni] *(pref.)*; nastro *m* canneté

626 **guardsman coat pleat** [a centre box pleat at the back]
Guardscoatfalte *f* [englischer Begriff für eine Quetschfalte in der Rückenmitte]
pli *m* **de guardsman** [anglicisme pour un pli rond au milieu du dos]

piega *f* **alla guardsman** [locuzione inglese: una piega cannone centrale di dietro]

627 **guipure** [French word for the heavy openwork lace with large showy patterns connected by brides, used for blouses]
Gipüre *f* [französisches Wort für eine Klöppelspitze aus Gimpe für Blusen] *(präf)*; Guipure *f*
guipure *f* [une grosse dentelle en relief destinée aux blouses dont les motifs sont séparés par de grands vides]
guipure *f invar.* [voce francese: i motivi geometrici della trina che consistono in una serie di bastoncini separati da grandi spazi vuoti]

628 **gym suit** [item of activewear for physical education]
Turnanzug *m* [Activewear]
tenue *f* **de gymnastique** *(préf.)*; tenue *f* de sport
tuta *f* **da ginnastica** [a due pezzi usata da chi fa sport]

629 **gypsy blouse** [with a drawstring neckline and short or long full sleeves]
Zigeunerbluse *f* [mit schulterfreiem, gerafftem Ausschnitt, meist mit langem Ärmel]
blouse *f* **de gitane** [bouillonnée, à épaules dégagées]
blusa *f* **da zingara** [una blusa arricciata che lascia scoperte le spalle]

H

630 **hacking raglan pocket**
schräge Raglantasche *f*
poche raglan *f* **oblique**
tasca *f* **raglan obliqua**

631 **hair band** [a ribbon worn in the hair]; hair bow
Haarschleife *f* [als Kopfputz]
ruban *m* **qui retient les cheveux**
fiocco *m* **per capelli** [un nastro annodato con due capi opposti]

632 **half apron** [from the waistline downwards]
Taillenschürze *f* [hängt von der Taille nach unten]
tablier taille *m* [sans bavette, qui tombe sur le devant]
grembiule *m* **senza pettino** [che copre dalla vita in basso]

633 **half-belt made of two pieces** [worn at the back and extending halfway round] *(gener.)*; martingale belt made of two pieces
zweiteiliger Rückengurt *m* [im Bereich des Rückens von Seitennaht zu Seitennaht angebracht] *(allg)*; zweiteilige Martingale *f* [französisches Wort für Rückengurt]
martingale *f* **à deux pièces** [une demi-ceinture placée à la taille dans le dos d'un vêtement, souvent peu serrée et formée d'un ensemble de deux pattes]
martingala *f* **a due pezzi** [una cintura applicata sul dietro di un capo di vestiario all'altezza della vita]

634 **half-boot** [reaching up to the calf] *(pref.)*; demi-boot *(AE)*
Halbstiefel *m* [reicht bis zur Wade - vgl. hohes Schuhwerk]
demi-botte *f* [qui monte à mi-mollet - voir également chaussure montante]
mezzostivale *m* [che arriva fino al polpaccio - vedi anche calzatura montante]

635 **half-cup** [of bra]
Halbschale *f* [BH-Schale] *(präf)*; Halbcup *m* [BH-Halbschale]; Halbkörbchen *n* [BH-Halbkörbchen]
mi-bonnet *m* [d'un soutien-gorge]
mezzacoppa *f* [di un reggiseno]

636 **half lining** [a fabric layer for covering the front parts of a jacket or coat] *(pref.)*; French lining; shell lining; partial lining *(AE)*
Halbabfütterung *f* [teilweise abgefüttert, meistens nur die Vorderteile von Jacken und Mänteln] *(präf)*; französische Fütterung *f* [Halbabfütterung bei sportlichen Blazern]; Halbfutter *n*
doublure *f* **à mi-corps** *(préf.)*; demi-doublure *f*
mezzafodera *f* [la fodera a metà dei davanti di una giacca o di un cappotto] *(pref.)*; semifodera *f*; fodera *f* a metà

637 **half openwork knit** [with lacy effect]
Halbpetinetgestrick *n* [mit musterhaften Durchbrüchen]
tricot *m* **demi-ajouré** [l'étoffe tricotée]
maglieria *f* **a punto pizzo** [un tessuto lavorato a maglia con motivo discontinuo e forato]

638 **halter** [a narrow strap of cloth encircling the neck and fastening the dress behind it, leaving the shoulders and the back bare]
Nackenträger *m* [Trägerverlängerung um den Hals herum zum Halten eines Kleid- oder Blusenvorderteils unter Freistellung der Schultern und des Rückens] *(präf)*; Halter-
halter *m* [mot anglais: une bande autour du cou pour tenir le devant d'une robe ou d'un haut et laisser ainsi le dos nu]
halter *m* [voce inglese per una bretella di nuca nello stesso tessuto dell'abito da sera che permette di lasciare la schiena nuda]

639 **halter neckline** [a strap - called a halter - encircles the nape of the neck and supports the panel front of the dress] *(pref.)*; halter neck [abbr. of halter neckline]
Neckholderdekolleté *n* [das Vorderteil ist durch ein Nackenband gehalten, Schultern und Rücken bleiben frei] *(präf)*; Neckholder *m*; Sonnendekolleté *n*
encolure *f* **à dos nu** [le devant est soutenu par une bande autour du cou - le dos reste nu] *(préf.)*; décolleté *m* dans le dos
scollatura *f* **a bretella di nuca** [le spalle e la schiena restano scoperte]; scollatura *f* all'americana

640 **hand-sewn** *adj*; hand-stitched *adj*; stitched *adj* by hand
handgenäht *adj*; von Hand genäht *adj*
cousu *adj* **à la main**
cucito *agg* **a mano**

641 **handbag** [a small bag carried in the hand, predominantly by women and girls - compare bag]; purse *(AE)* [compare purse]
Handtasche *f* [eine in der Hand mitgeführte Damen- oder Mädchentasche - vgl. Tasche]
sac *m* **à main** [un sac pour femmes à poignée ou à brides - voir également sac]; pochette *f* [un petit sac à main féminin très plat sans poignée]; réticule *m* [sac à main de femme] *(obs.)*
borsa *f* [una borsa tenuta in mano - vedi anche borsa (femminile a mano)] *(gener.)*; borsetta *f* a mano [solo in versione femminile]

642 **handkerchief** [a square of cotton fabric for wiping the nose]; pocket handkerchief
Taschentuch *n* [zum Nasenputzen]
mouchoir *m* **de poche** [une pièce de tissu carrée servant à se moucher - voir également pochette]; mouchoir *m* [abréviation de mouchoir de poche]
fazzoletto *m* **da naso** [un quadrato di tessuto per soffiarsi il naso] *(pref.)*; fazzoletto *m* da tasca [vedi anche fazzoletto da taschino]

643 **handkerchief skirt** [the handkerchief hem has freely hanging panels ending in points]
Zipfelrock *m* **mit Taschentuchsaum** [der einen oder mehrere Zipfel bildet] *(präf)*; Taschentuchrock *m*
jupe *f* **à pans pointus** [c'est-à-dire à pans tombants qu'on laisse flotter librement]
gonna *f* **a lembi flottanti** [liberamente]

644 **handle** [for carrying a handbag or travelling bag]
Griff *m* [zum Halten einer Handtasche oder eines Koffers]
poignée *f* [de sac à main ou de valise pour être tenue avec la main serrée]
manico *m* [p.e. una borsa o una valigia provvista di manico]

645 **handmade** *adj* [made entirely by hand] *(pref.)*; hand *adj* [abbr. of handmade]
handgearbeitet *adj*; hand-; Hand-; von Hand gearbeitet; handgemacht *adj*; Handarbeits-
à la main *(préf.)*; fait *adj* à la main
a mano [forma abbreviata di lavorato a mano] *(pref.)*; lavorato *agg* a mano

646 **handseam** [the line along which two or more fabric layers are joined together]
Handnaht *f* [linienförmige Verbindung zwischen zwei Nähgutteilen]

couture *f* **à la main** [le résultat de l'action de coudre, l'endroit lui-même]
cucitura *f* **a mano** [il risultato dell'operazione di cucire, il luogo stesso dove passa la cucitura]

647 **hang** *v* **the dripping wet item** [on a hanger to dry without spinning]
tropfnass aufhängen *v* [zum Trocknen ohne jede Schleuderung]
étendre *v* **trempé** [une pièce de vêtement pour la faire sécher]
sciorinare *v* [mettere ad asciugare all'aria un capo di vestiario semiumido]

648 **hanging** [how a fabric drapes on the body after the item is sewn]
Faltenwurf *m* [Drapierung am fertigen Kleidungsstück]
draperie *f* [une disposition formant de grands plis dans une robe] *(préf.)*; disposition *f* de grands plis [dans un vêtement]; drapé *m* [ensemble des plis, par ex.: un beau drapé d'une robe]
drappeggio *m* [un gruppo di pieghe in un abito femminile che cade armoniosamente]

649 **hard hat** [not an item of protective covering, but an item of daily headwear such as a bowler hat]
steifer Hut *m (allg)*
chapeau *m* **rigide** *(génér.)*
cappello *m* **rigido** *(gener.)*

650 **hard-wearing** *adj* [that remains in good wearable condition for a long time]
strapazierfähig *adj* [tragebeständig]
résistant *adj* **à un usage intense** [qui résiste même en étant porté intensivement]
resistente *agg* **all'uso** [che può essere usato senza particolari riguardi, poiché è robusto e resistente all'usura]

651 **hat** [an item of headwear]
Hut *m* [eine Kopfbedeckung]
chapeau *m* [le couvre-chef opposé à bonnet et coiffe] *(préf.)*; coiffure *f*
cappello *m* [un copricapo con cupola e tesa]

652 **hat brim** [the rim of a hat] *(pref.)*; hat brim
Hutkrempe *f* [der Hutrand] *(präf)*; Krempe *f* [der Hutrand]
bord *m* **d'un chapeau** [qui entoure la calotte à sa base, par ex.: chapeau à larges bords, quoique le chapeau n'ait qu'un seul bord] *(préf.)*; passe *f* d'un chapeau
tesa *f* **di un cappello** [sporgente alla base della cupola] *(pref.)*; falda *f* del cappello; bordo *m* del cappello

653 **hat ornament**
Hutputz *m*; Hutaufputz *m* [Hutschmuck]
parure *f* **de chapeau**; garniture *f* de chapeau
parure *f invar.* **d'ornamento per cappelli**

654 **haute couture** [French term for high-style dressmaking as defined by the Chambre Syndicale Parisienne (CSCF)] *(pref.)*; couture [abbr. of haute couture]
Haute-Couture *f* [französischer Begriff für die Einzelanfertigungen in Maßarbeit in den von der Chambre Syndicale Parisienne (CSCF) anerkannten Modehäusern]
haute couture *f* [réalisée en France selon les conditions définies par l'arrêté du 6 avril 1945]
alta moda *f (pref.)*; haut couture *f* [voce fr.: alta moda]; couture *f* [voce fr.: abbreviazione di haut couture]; alta costura *f* [attività di sartoria ad alto livello]

655 **haute couture creation**
Haute-Couture-Kreation *f* [vgl. Haut-Couture]
création *f* **de modèles de haute couture**
creazione *f* **di alta moda** [proposta da una casa di moda importante]

656 **Hawaiian shirt** [a man's oversized shirt with side slits, short sleeves and flat lapel collar, printed with a brightly coloured floral design]; aloha shirt
Hawaiihemd *n* [ein weites Herrenhemd mit kurzem Arm, flachem Reverskragen, seitlichen Schlitzen sowie großraportiger Südseeblumen- und Palmen-Musterung]
chemise *f* **hawaiienne** [chemise large pour hommes avec de grands motifs de fleurs ou de palmiers et à pans fendus sur les côtés]

camicia *f* **hawaiana** [ampia, con spacchetti laterali sui fianchi]

657 **head measurement** [the girth of the head]; head circumference; head size
Kopfumfang *m* [rundherum gemessen] *(präf)*; Kopfgröße *f*
tour *m* **de tête** [une mesure du corps]
circonferenza *f* **della testa** [una misura del corpo] *(pref.)*; giro *m* della testa

658 **heart-shaped** *adj* [that looks like a heart]; en cœur *adj*; en coeur *adj*
Cœur- *(präf)*; herzförmig *adj*
en cœur [qui a la forme d'un cœur]
a cuore [che ha la forma di cuore]

659 **heat-set pleat** [a permanent pressed pleat]
Plisseefalte *f* [eine schmale, regelmäßig wiederholt, thermofixiert gepresste Falte]
pli *m* **plissé** [thermofixé]
piega *f* **di un plissé** [termofissata]

660 **heelless shoe** [that has no heel]
flacher Schuh *m* **ohne Absatz** *(präf)*; absatzloser Schuh *m*
chaussure *f* **sans talon**
scarpa *f* **senza tacco**

661 **hem** [the lower edge of a coat, dress, sleeve or skirt that has been folded over and stitched] *(gener.)*
Saum *m* [Abkürzung für Saumabschluss: der untere Abschluss von Ärmeln, Hosenbeinen und Kleidern] *(präf)*; Saumabschluss *m*
ourlet *m* [le repli du tissu sur l'envers du bas des vestes, des robes, des manches ou des jupes qui est maintenu par des points d'ourlet invisibles terminant un bord]; bord *m* ourlé
orlo *m* [la ripiegatura del tessuto al suo interno al fondo di una gonna, una manica o della gamba dei pantaloni - un orlo ripiegato e cucito]

662 **hem finishing**; hem trimming
Saumversäuberung *f* *(präf)*; Saumverarbeitung *f*
finition *f* **d'un ourlet**
rifinitura *f* **di un orlo**

663 **hem seam**
Saumnaht *f*
couture *f* **d'un ourlet**
cucitura *f* **di un orlo**

664 **hem turn-up** [of a clothing item]
Saumeinschlag *m* [der nach innen offenkantig eingeschlagene Teil eines unteren Randabschlusses - vgl. Saumeinschlagnaht am unteren Teil (eines Kleidungsstücks)]
rempli *m* **d'un ourlet** [voir également couture du rempli du bas]
ripiegatura *f* **di un orlo** [vedi anche attaccatura di una cucitura]

665 **hemline marker** [used for determining and marking the length of a skirt, dress or coat - compare hemline trimming] *(pref.)*; length measuring apparatus
Längenrunder *m* [ein Gerät, das zur Abrundung der Saumlinie eines Rockes, eines Kleides oder eines Mantels dient] *(präf)*; Saumkantenrunder *m* *(allg)*; Längenmessgerät *n*
arrondisseur *m* [un pied à coulisse qui sert à marquer l'arrondi de l'ourlet d'une jupe, d'une robe ou d'un manteau parallèlement au sol] *(préf.)*; appareil *m* de mesure de longueur
marcatore *m* **della lunghezza** [che marca la lunghezza uniforme della gonna, dell'abito o del cappotto] *(pref.)*; apparecchio *m* per misurare la lunghezza

666 **hemming** [turning and sewing down the border of a garment component] *(pref.)*; hem trimming
Säumen *n* [Saumverarbeitung des unteren Abschlusses, z. B. Säumen von Ärmeln oder Kleidern]
action *f* **de border** [une jupe, une robe ou un manteau d'un ourlet]
orlatura *f* [l'operazione di orlare - solo in italiano anche il materiale che serve per orlare]

667 **herringbone pattern** [a chevron pattern consisting of two rows which form inverted Vs]; chevron [consisting of two rows which form inverted Vs]
Fischgrätenmuster *n* [ein V-förmig zusammenlaufendes, lineares Muster] *(präf)*; Chevronmuster *n*

dessin *m* **à chevron** [à motif décoratif en V renversé, en zigzag]; chevron *m* [un dessin en V renversé]
disegno *m* **a spina di pesce** [i cui elementi si incontrano ad angolo, a due a due - un disegno spinato] *(pref.)*; disegno *m* spinato; chevron *m* [voce francese: disegno spinato]

668 **hidden buttoning**; concealed buttoning
verdeckter Knopfverschluss *m*
boutonnage *m* **en sous-patte non-apparent**
abbottonatura *f* **nascosta sotto una patta**

669 **high canvas shoe** [worn on city streets]
Tennisschuh *m* [mit hohem Schaft für den tagtäglichen Straßengebrauch, nicht der bis zum Knöchel reichende Tennisschuh zum Tennisspielen]
basket *f* [chaussure lacée en toile à tige haute d'usage urbain quotidien, par ex.: il porte des baskets] *(préf.)*; chaussure *f* de basket
scarpa *f* **da basket** [in tela, molto alta per proteggere la caviglia]

670 **high-closed blouse** [fitting high on the neck]
hochgeschlossene Bluse *f* [bis zum Hals geschlossen]
blouse *f* **montante** [qui s'étend jusqu'au cou]
blusa *f* **accollata** [chiusa fino al collo]

671 **high fashion** *adj* [compare fashionable]; top fashion *adj* [in the latest fashion]
topmodisch *adj* [vgl. modisch] *(präf)*; topaktuell *adj*; hochmodisch *adj*
à la dernière mode [par ex.: s'habiller à la dernière tendance de la mode - voir également à la mode]; dernier cri *m (fam.)*
all'ultima moda [vedi anche alla moda]

672 **high heel** [of a shoe]
hohe Absätze *mpl* [Schuhabsätze]
talons *mpl* **hauts** [de chaussures, par ex.: chaussure à talons hauts]
tacco *m* **alto** [di una scarpa]

673 **high-heeled** *adj* [that has a high raised heel on the sole of the shoe]
mit hohem Absatz; hochhackig *adj* [umgangssprachlich]
à talon haut [par ex.: chaussures à talons hauts ou chaussures à talons *(fam.)]*; à haut talon
a tacco alto [con un rialzo all'estremità posteriore delle scarpe]

674 **high-heeled shoe** [e.g. a pump with a high heel - compare pump with stiletto heel]
Stöckelschuh *m* [z. B. Pumps mit hohem Absatz - vgl. Stilettoschuh]
chaussure *f* **à talon haut** [voir également chaussure à talon aiguille]; escarpin *m* à talon haut [une chaussure féminine fine avec le coup-de-pied découvert et un talon haut]
scarpa *f* **con tacco alto** [ad es. scarpetta décolleté con tacco alto da donna - vedi anche scarpa con stiletto]

675 **high-necked neckline**
halsnaher Ausschnitt *m* [rund geschnitten, lehnt er sich dem Halsansatz unmittelbar an]
ras-du-cou *m* [l'abréviation d'une encolure ras du cou ronde ou montante qui s'arrête à la naissance du cou]; encolure *f* ras du cou [ronde]
girocollo *m* [la scollatura rotonda alla base del collo, allo stesso tempo una maglia con tale scollatura, p.e. maglietta girocollo] *(pref.)*; scollatura *f* rotonda accollata [chiusa fino al collo]

676 **high-waisted dress**; short-waisted dress
Kleid *n* **mit hoher Taille** [die über der natürlichen Taillelinie liegt]
robe *f* **à taille haute** [presque sous la poitrine]
abito *m* **a vita alta** [da donna]

677 **hip depth** [measured from the 7th cervical vertebra down to the hipbone]
Hüfttiefe *f* [vom siebten Halswirbel bis zur stärksten Stelle des Hüftumfangs]
profondeur *f* **des hanches** [de la 7ème vertèbre cervicale jusqu'au tour des hanches]
profondità *f* **dei fianchi** [dalla settima

vertebra cervicale fino alla circonferenza dei fianchi]

678 **hip-length sports jacket** [of heavy wool woven in blanket patterns, ending at the hip bone]; mackinaw jacket *(AE)*; mackinaw coat *(AE)* [really a hip-length sport jacket]
Stutzer *m* [ein hüft- oder oberschenkellanger Kurzmantel aus schwerem Wolltuch mit Plaidkaros] *(präf)*; Jägermantel *m*
mackinaw *m* [anglicisme pour une veste de chasseur]; manteau *m* de chasseur court; grande veste *f* de chasse
cappottino *m* **da caccia** [corto di lana]

679 **hip panties** *pl* [a woman's and girl's low-rise item of underwear, narrow on the hips, ending on the hip bone]
Hüftslip *m* [bis zum Hüftknochen reichend wird der Slip von Damen und Mädchen getragen]
slip *m* **jusqu'aux hanches** [de femme et de fille]
slip *m* **fino al fianco** [da donna]

680 **hip pocket** [of trousers/pants]
Gesäßtasche *f* [bei Herrenhose]; Hüfttasche *f* [bei Damenhosen]
poche *f* **arrière** [d'un pantalon]
tasca *f* **posteriore** [dei pantaloni]

681 **hipster skirt** [hanging from the hips below the natural waistline and fitting snugly around the hips]; hip-hugger skirt *(AE)* [usually held in place by a wide belt]
Hüftrock *m* [an der Hüfte hängend getragener Rock] *(präf)*; Hipskirt *m* [englisches Wort für Hüftrock]
hipskirt *m* [anglicisme: jupe à taille basse au-dessous de la taille naturelle]
hipskirt *m* [voce inglese: gonna a vita bassa sul punto dell'anca, sotto la vita naturale]

682 **hipsters** *pl* [low-slung trousers hugging the hipbones] *(pref.)*; hip-hugger pants *pl (AE)*; hip-huggers *pl (AE)*; low-rise trousers *pl*; low-slung pants *pl*
Hüfthose *f* [an der Hüfte hängend getragen macht ihr Bauchschnitt sie nabelfrei] *(präf)*; bauchfreie Hose *f*; Nabelhose *f*; Hipster *f* [englisches Wort für Hüfthose]
pantalon *m* **à taille basse** [qui découvre entièrement la taille d'une jeune femme]
pantaloni *mpl* **a vita bassa** [che lasciano scoperta la vita]

683 **his and hers look** [these clothes look alike, but are not interchangeable]
His-and-hers-Look *m* [englischer Begriff: die Kleidungsstücke sehen ähnlich aus, im Gegensatz zur Unisexmode sind sie jedoch nicht untereinander austauschbar]
style his and hers *m* [anglicisme: pour lui et pour elle, mais pas échangeable entre eux]
moda *f* **his and hers** [dall'inglese: lei e lui]; moda *f* per lei e lui

684 **hobble skirt** [a very narrowly tapered skirt, making walking very difficult]
Trippelrock *m* [der sehr enge Rockschnitt ermöglicht bloß eine Fortbewegung in Trippelschritten]
jupe *f* **entravée** [une jupe fendue et très étroite dans le bas ou la jupe d'une robe étroite qui entrave la marche] *(préf.)*; jupe *f* entravée, fendue
gonna *f* **molto stretta**

685 **hood** [a covering for the head and neck - compare detachable hood] *(pref.)*; cowl [large hood worn by monks]
Kapuze *f* [eine in einen Ausschnitt eingenähte oder an den Kragen angeknöpfte Kopfbedeckung, meistens aus dem gleichen Material zugeschnitten - vgl. abtrennbare Kapuze]
capuchon *m* [un bonnet fixé à l'encolure d'un manteau ou d'un blouson]; capuche *f* [un capuchon amovible - voir également capuche amovible]
cappuccio *m* [un copricapo conico fissato alla base del collo di un mantello - vedi anche cappuccio staccabile] *(pref.)*; cappuccetto *m* [dim. di cappuccio]

686 **hooded coat** [having a hood to cover the entire head]
Kapuzenmantel *m* [mit Haube]
manteau *m* **à capuchon**
cappotto *m* **con cappuccio**

687 **hooded pelerine**
Pelerine *f* **mit Kapuze**; Kapuzenpelerine *f*

pèlerine *f* **à capuchon**
pellegrina *f* **con cappuccio**

688 **hooded raincoat** [with a hood to cover the entire head]; hooded rainproof coat [a showerproof coat against rain]
Regenmantel *m* **mit Kapuze**; Kapuzenregenmantel *m*; regenfester Mantel *m* mit Kapuze [aus wasserdichtem Gewebe]
manteau *m* **de pluie à capuchon** [destiné à protéger de la pluie]; imperméable *m* à capuchon [un manteau de pluie imperméable]
cappotto *m* **da pioggia con cappuccio** [un indumento per ripararsi dalla pioggia]; impermeabile *m* con cappuccio [da indossare su altri capi]

689 **hooded sweatshirt**
Sweatshirt *n* **mit Kapuze**; Kapuzensweatshirt *n*
sweat-shirt *m* **à capuchon**
felpa *f* **a cappuccio**; sweat-shirt *m* a cappuccio

690 **hook fastener** [a waistband hook consisting of a hook and eye]; hook closure *(AE)*
Hakenverschluss *m* [bestehend aus Metallhaken und -öse, z. B. für Mieder]
fermeture *f* **à agrafe** [en faisant passer un petit crochet dans un anneau]
chiusura *f* **a gancio** [costituita da un gancio /uncino e un occhiello]

691 **hoop shirt** [with a hooped pattern]
Ringelshirt *n* [englischer Begriff für Querstreifen in Ringeloptik]
shirt *m* **annelé** [notion anglaise: une sorte de chemise à rayures horizontales]
tee-shirt *f* **anellata** [il disegno ha la forma di una successione di anelli]

692 **hoop sock** [with a hooped pattern]
Ringelsöckchen *n* [mit dünnen quer verlaufenden Streifen in Kontrastfarbe]; Ringelsocke *f*
socquette *f* **annelée** [à rayures horizontales]
calzino *m* **corto anellato** [con un disegno a forma di una successione di anelli]

693 **horseshoe jumper** [with a very low neckline shaped like a horseshoe at the front and back and with very large armholes]; horseshoe pinafore
Hufeisenchasuble *n* [französisches Wort für den Hufeisenausschnitt von Jumpern]
chasuble *f* **à encolure en fer à cheval**
scamiciato *m* **con scollatura a ferro di cavallo**

694 **hosiery** [generic term for stockings and socks - compare stockings] *(pref.)*; hose [refers to more transparent decorative hosiery - also a synonym for stockings]
Strumpfware *f* [Oberbegriff für grob oder fein gestrickte Fuß- und Beinkleidung - vgl. Strumpf]
bas *mpl* [articles chaussants - voir également bas (de femme)]
calzetteria *f* [insieme delle calze, dei calzini e degli articoli affini da donna, da uomo e da bambino - vedi anche calza]

695 **hostess dress** [worn at home by a woman who receives guests] *(pref.)*; hostess gown; hostess robe
Kaminkleid *n* [elegantes langes Kleid aus Waschsamt oder Samt, um jemanden zu Hause zu empfangen]
robe *f* **d'hôtesse** [longue, moins habillée pour recevoir chez soi] *(préf.)*; robe *f* de cheminée
abito *m* **elegante da casa** [vedi anche veste da casa]; abito hostess *m* [voce inglese: abito femminile elegante da casa]

696 **hot pants** *pl* [slang term for a woman's very brief, tight shorts worn on city streets and in the evening] *(pref.)*; brief shorts *pl*
Hotpants *pl* [kurze, enge Damenhose für tagsüber oder den Abend] *(präf)*; heiße Hose *f (veralt.)*
hot pant *m* [terme anglais pour un short étroit très court de femme]
hot pants *mpl* [locuzione inglese per pantaloncini aderenti e molto corti da donna]

697 **houndstooth** [a black and white check with pointed, notched corners like canine teeth, used as a pattern for suiting] *(pref.)*; hound's-tooth [check] *(AE)*; dogstooth check

Hahnentritt *m* [meistens schwarz/weiß klein kariertes Gewebemuster, dem Pepita ähnlich, jedoch kleiner]
pied-de-poule *m* [réalisé à base de petits carreaux qui forment une sorte de damier rappelant l'empreinte d'un pied de poule, par ex.: une étoffe pied-de-poule]
pied-de-poule *m* [francesismo: un disegno a riquadri piccoli bianchi e neri]

698 **housedress** [an inexpensive, washable dress for household chores]
Hauskleid *n* [ein zu Haushaltsarbeiten getragenes, waschbares Kleid]
robe *f* **d'intérieur** [lavable, que l'on porte pour faire les travaux d'intérieur]
veste *f* **da casa** [da lavoro]

699 **hunting cap** [an almost fluorescent orange cap with a peak, clearly visible from a long distance]
Jägerhut *m* [klassisch ein grüner Filzhut, heute mehr und mehr in grell leuchtender Signalfarbe, um bei der Jagd aufzufallen]
chapeau *m* **de chasse** [vert ou de couleur criante]
cappello *m* **alla cacciatora** [verde o in colore stridente]

700 **hunting jacket**; shooting jacket [in signal orange]
Jägerweste *f* [in grell leuchtender Signalfarbe, um bei der Jagd aufzufallen]
veste *f* **de chasse** [en couleur criarde]
giacca *f* **alla cacciatora** [in colore stridente - una giacca monopetto a cintura in vita che copre i fianchi, con taschini per il trasporto delle cartucce e una grossa tasca per la selvaggina]

701 **hunting suit** [for shooting or fox-hunting]
Jägeranzug *m* [Weidmannkleidung]
tenue *f* **de chasse**; habit *m* de chasse
tenuta *f* **alla cacciatora** [per andare a caccia]; vestito *m* alla cacciatora

702 **husky** [a quilted jacket] *(pref.)*; quilted husky jacket
Husky-Steppjacke *f (präf)*; Husky-Steppjanker *m* [die aus gestepptem Matelassé, das aus Oberstoff, Füllmaterial und Futterstoff besteht, gefertigt ist]
veston husky *m* [matelassé fait de deux tissus légers et doublés de ouatine, le tout étant relié par des piqûres]
husky *m* [il giaccone fatto in tessuto sintetico, imbottito e trapuntato a rombi che si chiude con bottoni a pressione]

I

703 **in shirtsleeves** [without a jacket]
hemdsärmelig *adj* [ohne Jacke]
en bras [sans veste]; en manches de chemise
senza giacca

704 **indoor clothing** [to be worn inside a building - compare loungewear]
Indoorkleidung *f* [im Innenbereich getragen]
vêtements *mpl* **d'intérieur**; vêtements *mpl* d'appartement
indumenti *mpl* **indossati all'interno** [dell'edificio]

705 **industrial prêt-à-porter** [French term for the series production of high-value styles in standard sizes designed by a fashion designer of haute couture, especially by a French couturier]
industriell hergestelltes Prêt-à-porter *n* [von einem Modeschöpfer entworfene und in Serie hergestellte Prêt-à-porter-Modelle]
prêt-à-porter *m* **industriel** [un modèle griffé plus haut de gamme conçu par un styliste et fabriqué industriellement]
prêt-à-porter *m invar.* **industriale** [locuzione francese: un modello disegnato da un noto designer, da un noto stilista o da una casa di moda e confezionato in serie]

706 **infants' fashion** [for young children from 1 to 6 years of age]
Kleinkindermode *f* [für Kinder zwischen 1 und 6 Jahren]
mode *f* **pour les jeunes enfants** [entre 1 et 6 années]
moda *f* **da bambino piccolo** [da 1 a 6 anni]

707 **infants' size** [a size of ready-to-wear

clothes for young children from 1 to 6 years of age]
Kleinkindergröße *f* [eine Konfektionsgröße für Kinder zwischen 1 und 6 Jahren]
taille *f* **pour les jeunes enfants** [une taille de confection pour enfants entre 1 et 6 ans]
taglia *f* **da bambino piccolo** [tra 1 e 6 anni - una taglia di confezione]

708 **informal wear** [*BE:* casual clothes worn at home or when relaxing, corresponding in *(AE)* to the dress code jacket and tie]
informelle Kleidung *f* [nach dem Dresscode "Sakko und Krawatte" zu gestalten]
vêtements *mpl* **informels** [correspondant au dresscode 'en costume-cravate'] *(préf.)*; habillement *m* informel
abbigliamento *m* **informale** [in Italia sinonimo di casual - vedi anche abbigliamento casual]

709 **inserted elastic** [used in casings] *(pref.)*; enclosed elastic
eingearbeitetes Gummiband *n* [durch einen Tunnel mit Hilfe eines Durchziehhakens durchgezogen] *(präf)*; verdeckter Gummizug *m*
élastique *m* **inséré** [par une coulisse à élastique - un ruban élastique]
elastico *m* **inserito** [attraverso una coulisse]

710 **insertion** [of an elastic cord - drawing it through a casing or some void]; drawing through [of an elastic cord]
Durchzug *m* [eines Gummibands]
insertion *f* [d'une bande élastique]
passaggio *m* [di un elastico attraverso un orlo]; infilatura *f* [di un elastico]

711 **inset pocket** [e.g. a flap, welt or bound pocket]
eingesetzte Tasche *f* [z. B. Paspeltasche, Leistentasche oder Pattentasche]
poche *f* **insérée** [par ex.: poche passepoilée, à patte gilet ou à rabat]
tasca *f* **inserita** [p.e. tasca a filetto, ad aletta o a patta]

712 **inside leg length of body** [from the crotch to the ankle - a body measurement]
Schritthöhe *f* **des Körpers** [Innenbeinlänge zwischen dem vom Rumpf begrenzten Schritt und dem Knöchel - ein Körpermaß]; Körperschritthöhe *f*
longueur *f* **de l'enjambée du corps** [mesurée de la partie interne de l'enjambée jusqu'à la cheville - une mesure du corps]; longueur *f* de l'entrejambe du corps; hauteur *f* de l'entrejambe du corps
lunghezza *f* **dell'inforcatura del corpo** [dall'inforcatura fino alla caviglia - una misura del corpo] *(pref.)*; lunghezza *f* interna della gamba

713 **inside lining**
Innenfutter *n*
doublure *f* **intérieure**
fodera *f* **interna**

714 **inside pocket** [in the lining on the inside of a jacket or coat]
Innentasche *f* [im Gegensatz zur Außentasche in die Innenausstattung eines Kleidungsstücks eingearbeitet]
poche *f* **intérieure** [réalisée sur la doublure de la pièce d'habillement] *(génér.)*; poche *f* journal [située à l'intérieur d'un pardessus]
tasca *f* **interna** [cucita all'interno dell'indumento]

715 **inside seam (of a glove)** [the edges are stitched together inside out using overcast stitches and then turned right side out]; inseam *(AE)* [of a glove]
Innennaht *f* **(eines Handschuhs)** [die nach außen gewendeten Kanten werden mit Überwendlichkettenstichen genäht und im Anschluss werden die Handschuhe gewendet]
couture *f* **intérieure** [d'un gant - effectuée sur les bords tournés à l'extérieur et retournés à la fin à l'intérieur]
cucitura *f* **interna** [di un guanto]

716 **insulated jacket** [quilted with fibrefill padding]
Thermojacke *f* [mit Polyester-Füllschuss gepolstert]
veste *f* **isolante** [à fibres de remplissage de polyester]
giacca *f* **isolante** [con imbottitura in fibre di poliestere]

717 **intermediate lining** [inserted between the lining and the outer fabric for added warmth]; interlining for added warmth
Zwischenfutter *n* [eine wärmende Schicht zwischen dem Futterstoff und dem Oberstoff]; wärmendes Zwischenfutter *n*
entre-doublure *f* [qui vient entre la doublure et le tissu de dessus pour rendre une pièce de vêtement plus chaude]
controfodera *f* [una tela che si trova fra il panno e la fodera] *(pref.)*; contraffodera *f*

718 **inverted pleat** [two pleats are folded parallel to each other into each side of the centre, looking on the reverse like a box pleat] *(pref.)*
Kellerfalte *f* [an der Innenseite stoßen die Faltenbrüche von zwei einseitigen Falten gegeneinander und bilden eine Springfalte - entgegengesetzt zur Quetschfalte]
pli *m* **creux** [deux plis couchés en sens contraire qui se rencontrent bord à bord sur l'endroit en formant entre eux un creux]
sfondo piega *m* [la doppia piega rovesciata all'interno formando una sorta di cannone invertito con il vuoto all'interno - il contrario del cannone] *(pref.)*; piega *f* interna doppia

719 **inverted-pleat skirt** [with pleats folded parallel to each other into each side of the centre, looking on the reverse like a box pleat]
Kellerfaltenrock *m* [mit Springfalte] *(präf)*; Rock *m* mit Kellerfalte
jupe *f* **à pli creux** [à deux plis couchés en sens contraire qui se rencontrent bord à bord sur l'endroit]
gonna *f* **a sfondo piega** [una sorta di cannone invertito con il vuoto all'interno]

720 **Irish tweed** [a soft, thick, rough-textured, mostly woollen cloth with a hairy surface and small spots of different colours, used for blazers - compare tweed]
irischer Tweed *m* [urspr. aus handgesponnenen Garnen in Irland für sportlich elegante Blazer handgewebt]
irish tweed *m* [notion anglaise: le tweed irlandais à chaîne blanche voilée par le camaïeu gris-brun ou noir de la trame]; tweed *m* irlandais
tweed *m* **irlandese** [voce inglese: un tessuto di lana di aspetto ruvido, a più colori, dell'Irlanda]

721 **iron** *v* [to make clothes smooth]; iron on *v*; press on *v*
bügeln *v* [glätten]; aufbügeln *v* [überglätten]
repasser *v* [rendre lisse et donner la forme voulu à une pièce d'habillement]
stirare *v* [passare con il ferro da stiro su un capo di vestiario]; dare *v* una stirata [p.e. dare una stirata ai pantaloni]

722 **iron out** *v* **the creases**
ausbügeln *v* [die Knitterfalten]
enlever *v* **les froissures au fer**
eliminare *v* **le sgualciture da stiratura**

723 **ironing by hand**; hand pressing
Handbügeln *n* [mit dem Bügeleisen]
repassage *m* **au fer à la main**
stiratura *f* **a mano** [con ferro da stiro]

724 **ironing cloth** [a dampened piece of cloth laid between the iron and the fabric when]; press cloth
Bügeltuch *n* [zum Zwischenlegen zwischen Bügeleisen und Bekleidung]
drap *m* **de repassage**
telo *m* **da stiro** [un pezzo di tela usato singolarmente] *(pref.)*; panno *m* da stiro [un pezzo di tessuto per stirare]

725 **ironing dummy** [of a tailor]
Bügelbüste *f* [liegende Schneidereibüste zum Bügeln]
buste *m* **de repassage** [de tailleur]
busto *m* **da stiro** [da sartoria]

726 **ironing pad** [of a tailor]
Bügelkissen *n* [Schneidereiutensil]
coussin *m* **de repassage** [de tailleur]
cuscinetto *m* **da stiro** [da sartoria]

727 **ironing shine** [an imperfection produced on the fabric by defective ironing] *(pref.)*; shine [produced by defective ironing]
Bügelglanz *m* [Glanzstelle, die durch zu hohe Bügeltemperatur verursacht wird] *(präf)*; Glanzstelle *f* [Bügelfehler]; verbügelte Stelle *f*

lustre *m* **de repassage** [causé sur le tissu par un repassage trop chaud]
lucido *m* **da stiratura** [una imperfezione dovuta alla stiratura]

J

728 **jabot** [a loose decorative frill, pinned at the base of the neck] *(pref.)*; frill [a lace ruffle with one edge left loose, used on a cuff or a hem]; frilling [a ruffle of gathered muslin]
Jabot *n* [lose Spitzenrüsche an Hemden oder Blusen, auch aus Volants herstellbar] *(präf)*; Spitzenrüsche *f* [an das Hemdvorderteil jabotartig angebracht]
jabot *m* [la parure flottante plissée ou froncée fixée à la base d'un col ou d'une encolure qui s'étale sur la poitrine] *(préf.)*; parure *f* plissée [le rabat de dentelle fixé sur le devant d'une chemise]
jabot *m* [di camicia o di blusa che consiste in un ornamento fine, pieghettato o ricamato, cucito alla base di un collo]

729 **jacket** [an outer garment that covers the upper body, worn over a shirt either indoors or outdoors - not a suit jacket]
Jacke *f* [eine Indoor- oder Outdoorjacke für Frauen und Männer - nicht darunter fallen Jackett und Sakko] *(präf)*; Jakko *m* [eine Kombination aus leichter Jacke und Sakko]
veste *f* [le vêtement arrivant aux hanches porté sur une chemise ou sur un gilet, sous un manteau ou dans la maison - la veste d'un complet s'appelle veston et celle d'un tailleur jaquette]
giacca *f* [un indumento che copre la parte superiore del corpo e si indossa sopra una camicia o una maglia] *(pref.)*; casacca *f* [giacca di taglio diritto]

730 **jacket lapel**
Jackenrevers *n (allg)*; Sakkorevers *n*
revers *m* **d'une veste**
risvolto *m* **di una giacca**

731 **jacket with one button**
Einknopfsakko *m*
veston *m* **à un bouton**
giacca *f* **a un bottone** [provvista di un bottone]

732 **jacquard stocking** [with a jacquard pattern]
Jacquardstrumpf *m* [mit Jacquardbemusterung]
bas *m* **jacquard** [à dessin jacquard]
calza *f* **jacquard** [a disegno jacquard]

733 **Jamaica shorts** *pl* [shorter than Bermudas]
Jamaikashorts *pl* [kürzer als die Bermuda-Shorts]
short Jamaïque *m* [plus court que le bermuda]
shorts *mpl* **alla giamaicana** [più corti dei bermuda]

734 **jeans** *pl* [abbr. of blue jeans, hard-wearing trousers/pants made of denim] *(pref.)*; blue jeans *pl*; dungarees *(AE) pl*
Jeans *f* [eine Denimhose mit ofenrohrförmigem Bein, Hinterhosensattel und genieteten Taschen - vgl. Nietenhose] *(präf)*
blue-jean *m* [un pantalon en grosse toile bleue] *(préf.)*; jean *m* [abréviation de blue-jean]; blue-jeans *mpl (rar)*
blue jeans *mpl* [calzoni lunghi, aderenti di denim di colore azzurro - una tela ruvida e resistente] *(pref.)*; jeans *mpl*

735 **jeans back strap** [at the jeans cinch back]; jeans back tab; back strap of jeans; back tab of jeans
Rückenlasche *f* **von Jeans** [zur Weiteregulierung der Taille]
tirant *m* **de réglage de la taille au milieu du dos d'un blue-jean**
tirante *m* **di regolazione di dietro per blue jeans**

736 **jeans jacket** [with metal buttons]
Jeansjacke *f* [mit Metallknöpfen]
blouson *m* **en jean** [avec des boutons métalliques et, deux poches poitrine plaquées, le dos est taillé en trois morceaux]
blusotto *m* **di blue jeans** [a bottoni metallici]

737 **jeanswear** [casual clothes: jacket

and hard-wearing trousers made of denim, worn for work or leisure]
Jeanswear *f* [zwangslose Jeanskleidung und einschlägige Accessoires] *(präf)*; Jeanskleidung *f*
jeanswear *m* [anglicisme pour le jean et ses dérivés en denim]; vêtements *mpl* en jeans
jeanswear *m* [locuzione inglese: tutti i capi realizzati in denim]; abbigliamento *m* di jeans

738 **jogging shoe** [covering the ankle]; running shoe [usually spiked]; track shoe
Joggingschuh *m* [mit hohem Schaft]
joggeur *m* [les chaussures destinées au running et non la personne qui pratique le jogging]
scarpetta *f* **da jogging** [che protegge la caviglia]

739 **jogging suit** [a loose two-piece sweat suit (zip jacket plus trousers) - compare sweatsuit]; sweatsuit for jogging; sweats *pl* *(AE)* [informal abbr. of sweatsuit for jogging]
Jogginganzug *m* [bequemer Sportanzug sowohl als Activewear, als auch als Sportswear im Einsatz - vgl. Trainingsanzug]
jogging *m* [le survêtement de sport que l'on porte pendant l'exercice - voir également training] *(préf.)*; survêtement *m* de jogging
tuta *f* **da jogging** [di felpa in un solo pezzo per allenamento e per proteggersi dal freddo - vedi anche tuta sportiva]

740 **jogging trousers** *pl* [with an elasticized waistband]; jogging pants *pl* *(AE)*
Jogginghose *f* [eine lange Hose mit Gummizug]
culotte *f* **de jogging** [à ceinture élastique]
pantaloni *mpl* **da jogging** [lunghi, con elastico in vita]

741 **Juliet sleeve** [a long fitted sleeve with a puffed top]
Juliaärmel *m* [ein langer Puffärmel]
manche Juliette *f* [une longue manche bouffante]
manica *f* **alla Iulia** [una lunga manica a sbuffo]

742 **jumper** [a sleeveless garment worn by women and children over another - the combined noun is always formed by placing a word before the word jumper', e.g. bib jumper] *(gener.)*
Chasuble *n* [eine ärmellose Überbekleidung - vgl. Hufeisenchasuble] *(allg)*
chasuble *f* [un vêtement sans manches que l'on enfile sur un autre - voir également chasuble à encolure en fer à cheval] *(génér.)*
scamiciato *m* [un abito da donna e da bambino in un pezzo da portare su una camicetta o una maglia - vedi anche scamiciato con scollatura a ferro di cavallo] *(gener.)*

743 **jumper** [a woman's or child's woollen, usually belted, knitted, collarless pinafore dress - sleeveless if worn over a sleeved blouse]; sweater *(AE)* [a woman's belted sweater]
Jumper *m* [hüftlanges, schoppend zusammengehaltenes, pulloverähnliches Damenkleidungsstück]
jumper *m* [un pull pour femme vague en laine ou en coton qui s'enfile par la tête]
jumper *m* [un sweater largo e lungo da donna che si indossa sopra una camicia o maglia]

K

744 **Kabyle shawl** [worn by the women of a group of Algerian Berber peoples]
Kabylenumhängetuch *n* [wird von algerischen Berberfrauen getragen] *(präf)*; Kabylenschal *m*
châle kabyle *m* [d'Algérie]
scialle *m* **Cabila** [dell'Algeria]

745 **Kaftan** [a woman's long, loose robe with an embroidered slit neckline, worn as evening dress or at home]; caftan [fashion term]
Kaftan *m* [langes, weites, vorn offenes Gewand mit seitlich eingesetzten Keilen für Damenabendmode]
caftan *m* [le vêtement féminin long et vague

avec encolure à fente pour les soirées ou la plage] *(préf.)*; cafetan *m*
caffettano *m* [lunga e svasata veste femminile in tessuto a righe verticali a maniche lunghe con o senza cappuccio] *(pref.)*; caffetano *m*; cafetano *m*; caftan *m*

746 **kangaroo pocket** [a large pocket on the centre front of a garment with two openings accessible from both sides]
Kängurutasche *f* [eine große, auf den Vorderteil der Bekleidung mittig aufgesetzte Tasche mit beidseitigem Eingriff - vgl. Kängurutasche (für Reisen)]
poche kangourou *f* [placée sur le devant du vêtement au niveau de l'abdomen et ayant, deux ouvertures]
tasca *f* **marsupio** [grande, a due aperture applicata centralmente]

747 **Kelly bag** [handbag carried by Grace Kelly]
Kellytasche *f* [nach Grace Kelly benannt]
sac Kelly *m* [désigné ainsi d'après Grace Kelly]
borsa *f* **Kelly** [con cinturini che trattengono la patta di chiusura e una serratura di metallo provvista di lucchetto]

748 **kepi** [a French high-crowned flat cap with a horizontal peak at the front and sometimes a havelock at the back, e.g. worn without a havelock by Charles de Gaulle] *(milit.)*
Schirmmütze *f* [wie von Charles de Gaulle getragen, auch mit Sonnenschutz hinten möglich - vgl. Käppi (längliche Uniformmütze)] *(milit)*
képi *m* [la casquette rigide munie d'une visière, à fond plat et surélevée portée en France par les officiers et sous-officiers] *(milit.)*
chepì *m invar.* [un copricapo cilindrico rigido con visiera francese] *(pref.) (milit.)*; képi *m* *(milit.)*; cheppì *m* *(milit.) (ant.)*

749 **kerchief** [abbr. of headkerchief: a square piece of fabric folded into a triangle and worn as a head covering - compare scarf]; headkerchief *(obs.)*; babushka; headscarf [instead of a hat]
Kopftuch *n* [Kopfbedeckung für Frauen - vgl. Tuch]
carré *m* **de tête** [un morceau carré de tissu imprimé plié en diagonal et porté comme foulard ou fichu - voir également foulard]; mouchoir *m* de tête; fanchon *m* de tête [fichu de forme triangulaire avec la pointe à l'arrière]
foulard *m* **da testa** [voce francese per un fazzoletto da testa - vedi anche foulard] *(pref.)*; fazzoletto *m* da testa

750 **keyhole buttonhole** [with an enlarged, round, fan-shaped eyelet to receive the button stem]; eyelet buttonhole
Augenknopfloch *n* [mit einer Knopflochrundung für den Knopfstiel und einem Riegel am anderen Ende]
boutonnière *f* **à œillet** [pour contenir la queue du bouton] *(préf.)*; tige *f* du bouton; boutonnière *f* à trou de serrure
asola *f* **a occhiello** [per il gambo del bottone, come un buco della chiave]; asola *f* a buco della chiave

751 **keyhole neckline** [a high neckline with a cut-out keyhole at the front]; tear drop neckline
Tropfenausschnitt *m* [ein tiefer Ausschnitt in Schlüssellochform] *(präf)*; tränenförmiger Ausschnitt *m*
encolure *f* **en goutte** [en forme de trou de serrure]
scollatura *f* **a goccia** [cioè a forma di goccia chiusa all'estremità]

752 **kick-pleat** [a flat or knife pleat at the centre back of a narrow skirt which makes walking easier - compare comfort pleat] *(pref.)*; walking pleat
Gehfalte *f* [hinten oder seitlich angebracht, erleichtert sie das Laufen in einem sehr engen Rock - vgl. Bequemlichkeitsfalte]; Gehschlitz *m*
pli *m* **d'aisance** [pour faciliter la marche dans une jupe très étroite - voir également pli d'aisance (pour plus de commodité)]
piega *f* **per camminare** [in una gonna molto attillata - vedi anche piega di comodità]

753 **kimono** [nowadays a loose, straight-cut housedress with wide sleeves and an obi-styled sash]
Kimono *m* [heute ein gerade geschnittener, gewickelter Hausmantel mit breitem Umschlag und Gürtel]

kimono *m* [le peignoir de soie léger roulé autour du corps d'inspiration japonaise]
chimono *m* [vestaglia con ampie maniche, incrociata e tenuta da una larga fascia alla vita] *(pref.)*; kimono *m*

754 **kimono sleeve** [Japanese term: cut in one piece together with the front and back of an item of clothing]; mandarin sleeve
Kimonoärmel *m* [japanischer Begriff: ein am Vorderteil und am Rücken angeschnittener, rechtwinklig angesetzter, breiter Ärmel]
manche kimono *f* [notion japonais: une manche qui n'est pas rapportée, mais taillée d'une seule pièce avec le corps de la robe ou du manteau]
manica *f* **a chimono** [voce giapponese: una manica ampia tagliata in un solo pezzo con l'abito stesso e senza cucitura alle spalle]

755 **kitchen apron**
Küchenschürze *f*
tablier *m* **de cuisine**
grembiule *m* **da cucina**

756 **knapsack** [a small rucksack made of a heavy canvas fabric for hikers and soldiers, carried on the back] *(obs.)*; rucksack [carried by walkers and soldiers]
Rucksack *m* [ein Wanderrucksack oder zu militärischen Zwecken gefertigt] *(allg)*; Wanderrucksack *m*
havresac *m* [la version montagnarde du sac à dos du fantassin porté à l'aide de bretelles] *(préf.)*; sac *m* à dos montagnard; sac *m* à dos *(milit.)*; sac *m* de soldat *(milit.)*; sac *m* d'alpiniste
zaino *m* [da alpinista o militare]

757 **knee-high hose** [of nylon - women's hose finished at the top with elastic and worn with trousers] *(pref.)*; pop-sock [fine knee-high hose]
Feinkniestrumpf *m* [ein Damenkniestrumpf]
chaussette *f* **haute fine de nylon** [arrivant jusqu'au genou - des chaussettes pour femmes]
gambaletto *m* **di nylon fine** [la calza da donna che termina sotto il ginocchio e si indossa sotto i pantaloni]

758 **knee length** [body and finished measurements - compare over-the-knee length]
Knielänge *f* [Körper- und Fertigmaß - vgl. Über-dem-Knie-Länge]
longueur *f* **jusqu'au genou** [voir également longueur au-dessus du genou]
lunghezza *f* **fino al ginocchio** [vedi anche lunghezza fino sopra al ginocchio]; lunghezza *f* al ginocchio

759 **knee-length skirt** [reaching to the top of the knee]
knielanger Rock *m* [endet kurz über dem Knie]
jupe *f* **au genou** [descendant jusqu'au-dessus du genou]
gonna *f* **al ginocchio** [lunga fin sopra il ginocchio]

760 **knee stocking** [woman's]; knee sock [man's]; knee-high sock *(AE)* [woman's sock that ends below the knee]; (knee-length) sock or stocking
Kniestrumpf *m* [reicht bis unter das Knie]
chaussette *f* **haute** [jusqu'au-dessous du genou]
calzettone *m* [che arriva fin sotto al ginocchio] *(pref.)*; calza *f* a gamba lunga; gambaletto *m*

761 **knife pleat** [pressed pleats with sharp edges, all going in the same direction]
Messerfalte *f* [Falten mit messerscharf hochstehenden Kanten, die alle in die gleiche Richtung zeigen] *(präf)*; flache Falte *f*; einseitige Falte *f*
pli couteau *m* [avec une simple pliure pressée formant une série de plis dans le même sens]
piega *f* **coltello** [una serie di pieghe direzionate nello stesso senso]

762 **knit coat** [a woman's summer coat]
Strickmantel *m* [ein Damensommermantel]
manteau *m* **tricoté** [un manteau d'été de femme]
cappotto *m* **a maglia** [leggero, da donna]

763 **knit dress**

Strickkleid *n*
robe *f* **tricotée**
abito *m* **a maglia**

764 **knit hood** [convertible from a cap to a hood, it covers the head and the nape of neck, exposing only the face]; convertible knit hood
Schlupfmütze *f* [eine Mütze, die von Strickmütze in Schlupfmütze umwandelbar ist und den ganzen Kopf sowie den Nacken derart bedecken kann, dass nur das Gesicht frei bleibt]; umwandelbare Schlupfmütze *f*
passe-montagne *m* **(transformable)** [une coiffure de tricot qui enveloppe la tête et le cou ne laissant à nu que le milieu du visage - elle peut se replier en formant un bonnet]
passamontagna *m invar.* **(trasformabile)** [un copricapo a maglia di lana aderente alla testa che lascia libera una fessura per la faccia]

765 **knit shirt** [the classic cotton-knit shirt] *(pref.)*; cotton-knit shirt
Trikothemd *n* [meistens ein Schlupfhemd]
chemise *f* **à mailles** *(préf.)*; chemise *f* tricotée
camicia *f* **a maglia**

766 **knit underwear** *(pref.)*; tricot underwear
Strickunterwäsche *f (präf)*; Trikotunterwäsche *f*
sous-vêtements *mpl* **de tricot**; lingerie *f* de tricot
maglia *f* **intima** [un indumento a maglia indossato a diretto contatto con la pelle] *(pref.)*; biancheria *f* intima a maglia; indumento *m* intimo di tricot

767 **knit vest** [an item of outerwear - compare 'cardigan' and 'blazer sweater'] *(gener.)*
Strickjacke *f* [vgl. Cardigan] *(allg)*
veste *f* **de tricot** [voir également cardigan] *(génér.)*
giacca *f* **a maglia** [vedi anche cardigan] *(gener.)*

768 **knitted cap**
Strickmütze *f (allg)*; Pudelmütze *f* [eine Wollstrickmütze, die über die Ohren gezogen werden kann]
bonnet *m* **tricoté**
berretto *m* **a maglia**

769 **knitted fabric** [cloth made by interlocking series of loops of one or more yarns]
Trikot *m/n* [maschinengestrickter oder gewirkter Stoff (Meterware) - vgl. Trikot (Kleidungsstück)] *(präf)*; Trikotage *f* [Meterware - vgl. Trikotage (Bekleidungsteil)]; Gewirk *n* [Wirkware]
tricot *m* [terme générique des tissus tricotés - voir également vêtements en tricot]; tissu *m* à mailles; tissu *m* tricoté
maglia *f* [forma abbreviata di tessuto a maglia]; tessuto *m* a maglia [lavorato a maglia]; tricot *m*

770 **knitted hood with knit neck**
Strickkapuze *f* **mit Nackenschutz**; Strickmütze *f* mit Nackenschutz
cagoule *f* **tricotée** [un capuchon de laine pointu très adhérent à la tête qui recouvre aussi la nuque]
cagoule *f* **a copricollo lavorata a maglia** [locuzione francese: il cappuccio a maglia aderente alla testa che copre anche il collo]

771 **knitted pyjamas** *pl* [with rib knits]; knitted pajamas *pl (AE)*
Trikotschlafanzug *m* [mit Ripprändern]; Trikotpyjama *m/n*
polojama *m* [à bord côtes au ras du cou, au poignet et à la cheville] *(préf.)*; pyjama *m* tricoté
pologiama *m* [a bordi a coste]; pigiama *m* a maglia

772 **knitwear** [the collective noun for knitted garments] *(pref.)*; knits *pl* [knitted clothing items]; knit piece goods *pl*; knitted garments
Trikot *n* [ein Kleidungsstück, insbesondere ein Oberteil für Mannschaftssportler] *(präf)*; Strickzeug *n* [umgangssprachlich]; Trikotagen *fpl* [Bekleidungsteile aus Trikot - vgl. Trikotagen (Meterware)]
vêtements *mpl* **en tricot** [n'importe quel vêtement tricoté] *(préf.)*; tricot *m* [voir également tricot (terme générique)]; maille *f (obs.)*; lainage *m* tricoté [un pull-over ou

un gilet en laine tricotée]; laine *f* [un pullover ou un gilet tricoté] *(fam.)*
maglia *f* [un capo a maglia per proteggere il busto, a diretto contatto con la pelle o indossato sopra altri capi di vestiario] *(pref.)*; tricot *m* [voce francese: un vestito a maglia]; vestito *m* a maglia

L

773 **label** [a slip of paper attached to the outside of a garment, or a piece of fabric stitched inside a garment] *(gener.)*; tag [a label attached to a garment, e.g. a price tag]
Etikett *n* [aus Karton, z. B. ein Preisetikett, das leicht entfernbar von außen an die Ware angebracht wird] *(allg)*
étiquette *f* [de carton fixée à l'extérieur d'un produit]; vignette *f* [tissée et fixée à l'intérieur d'un produit]; label *m* de marchandise [à marque apposé pour certifier les conditions de travail]
cartellino *m* [un'etichetta applicata o legata all'esterno, facilmente asportabile] *(pref.)*; etichetta *f* [di tessuto cucita internamente al capo per indicare la composizione o un cartellino esterno]

774 **labelling of washing instructions**; labelling of laundering instructions *(AE)*
Waschanleitungsetikettierung *f*
étiquetage *m* **des instructions de lavage**
etichettatura *f* **delle istruzioni di lavaggio** [con acqua]

775 **lace** [a round cord or a string used for fastening two opposite edges of garments, which have eyelet holes, by drawing them together]
Schnur *f* [zum Verschnüren von zwei gegenüberliegenden Teilen einer Kleidung, die mit Ösen versehen sind]
lacet *m* [un cordon étroit rond qu'on passe par des œillets pour serrer une pièce d'habillement]
laccio *m* [un cordoncino sottile a sezione rotonda per allacciare o legare tra loro due parti di un capo provviste di occhielli]; laccetto *m* [dim. di laccio]

776 **lace bib collar** [the lace collar extends square over the top of the blouse and around the neck]; plastron collar
Betrügerchenkragen *m* **aus Spitzenstoff** [ein auf eine Bluse aufgenähter Brusteinsatz (= Betrügerchen), der auch um den Hals herum als Kragen fungiert]
col plastron *m* **en dentelle** [fixe, recouvrant la poitrine d'un corsage]
collo *m* **plastron di pizzo** [un plastron di blusa]

777 **lace blouse**
Spitzenbluse *f*
blouse *f* **en dentelle**
blusa *f* **di pizzo**

778 **lace cuff**; manchette [French word for a wrist ruffle made of lace] *(hist.)*
Spitzenmanschette *f* [als Zierde an den Ärmelsaum angebracht]
manchette *f* **de dentelle** [pour orner le bas d'une manche]
polsino *m* **di pizzo** [applicato al fondo della manica]

779 **lace entredeux** [French term for a straight band of lace to be set into a seam or inserted between two rows of ruffle or fabric] *(pref.)*; lace inset
Spitzeneinsatz *m* [zum Einarbeiten zwischen zwei Nähten oder in einen Ausschnitt]
entredeux *m* **de dentelle** [une bande de dentelle par incrustation] *(génér.)*; incrustation *f* de dentelle [une garniture de dentelle entre deux coutures]
entre-deux *m invar.* **di pizzo** [voce francese per una banda di merletto da inserire tra due lembi di tessuto] *(pref.)*; tramezzo *m* [un entre-deux]; inserto *m* di pizzo [inserito tramite due cuciture]

780 **lace fastening with hooks**
Verschnüren *n* **mittels Haken**
laçage *m* **à crochets**
allacciatura *f* **con ganci**

781 **lace handkerchief** [with a lace border]
Spitzentaschentuch *n* [mit Spitzenbordüre]
mouchoir *m* **de poche en dentelle** [garni de dentelle sur la bordure]

fazzoletto *m* **da tasca di pizzo** [a bordatura di pizzo]

782 lace hem
Spitzensaum *m*
ourlet *m* **de dentelle**
orlo *m* **di pizzo**

783 lace jabot [buttoned or attached]
Spitzenjabot *m* [aufgeknöpft oder aufgearbeitet]
jabot *m* **en dentelle** [attaché par boutons ou fixé]
jabot *m* **di pizzo** [attaccato con bottoni o fissato]

784 lace panties *pl*
Spitzenhöschen *n*
culotte *f* **en dentelle**
slip *m* **di pizzo** [mutandine femminili molto corte e sgambate]

785 lace ruching
Spitzenrüsche *f*
ruche *f* **de dentelle**
ruche *f* **di pizzo**

786 lace-trimmed panties *pl*
Höschen *n* **mit Spitzengarnitur**; spitzenverziertes Höschen *n*
culotte *f* **à garniture en dentelle**; culotte *f* à dentelle
slip *m* **con i pizzi**; slip *m* a pizzo

787 lace-up shoe; lace-ups *pl* [lace-up shoes]
Schnürschuh *m (präf)*; Schnürer *m (rar)*
chaussure *f* **lacée** *(préf.)*; soulier *m* lacé
scarpa *f* **stringata** [con allacciatura a stringhe incrociate attraverso i fori]; scarpa *f* con stringhe

788 laced ankle boot [with a laced-up front] *(pref.)*; lace-up ankle boot
Schnürstiefelette *f* [vorne durchgeschnürt]
bottine *f* **à lacet** [chaussures montantes, étroites et lacées qui arrivent au-dessus de la cheville] *(préf.)*; soulier *m* montant à lacet
stivaletto *m* **stringato** [allacciato a stringhe incrociate o parallele]

789 laced belt [with a laced-up front - a wide belt fastened tightly around the waist]; cinch belt [with laced up front] *(AE)*
Schnürgürtel *m* [ein breiter, meistens vorne geschnürter Gürtel]
ceinture *f* **lacée devant** [une ceinture large]
cintura *f* **allacciata di fronte** [una larga cintura allacciata per trattenere e stringere un capo di vestiario alla vita]

790 laced corselet [a tight-fitting, waist-length item of outerwear with a lace fastening at the front, covering the trunk and worn over a blouse]; peasant bodice [with laced up front]
Schnürleibchen *n* [taillenkurzes, vorne durchgeschnürtes Damenoberteil, das über einer Bluse getragen wird]
corselet *m* **lacé** [sur le devant - un vêtement de dessus porté sur une blouse]
busto *m* **allacciato** [davanti - un indumento esterno femminile indossato sulla blusa di un costume regionale]

791 lacing cord [e.g. for the laced closing of a corselet] *(pref.)*; cord [for lacing]
Schnürschnur *f* [zum Schnüren mittels Ösen, z. B. Schnürschnur für ein Leibchen]
cordelette *f* **de laçage** [par ex.: cordelette de laçage pour un corselet lacé devant]
cordoncino *m* **da allacciare** [p.e. per un busto che le donne portano sulla blusa dei costumi regionali]

792 ladder-proof hose [not liable to ladder]; run resistant hose *(AE)*; run resist hose *(AE)* [abbr. of run resistant hose]
laufmaschenfester Strumpf *m* [es bilden sich im Strumpf keine Laufmaschen mehr] *(präf)*; maschenfester Strumpf *m*
bas *m* **indémaillable** [dont les mailles ne filent pas]
calza *f* **indemagliabile** [che non si smaglia]

793 ladies' tailor *(pref.)*; dressmaker [a man making women's clothes]
Damenschneider *m* [ein Schneider, der für Damen schneidermeisterlich bzw. schneiderhandwerklich verarbeitete Mäntel und Tailleurs fertigt]
tailleur-couturier *m* [l'artisan ou l'ouvrier qui fait des vêtements sur mesure pour les

femmes et des accessoires féminins] *(préf.)*; tailleur *m* pour les dames
sarto *m* **da donna** [un sarto che confeziona vestiti con taglio maschile per donne]

794 **lambskin lining** [with the wool left on]
Lammfellfutter *n* [mit der Wolle daran]
doublure *f* **de peau d'agneau** [lainée]
fodera *f* **di pelliccia d'agnello** [a pelo]

795 **lamé dress** [made of lamé fabric containing gold or silver threads]
Lameekleid *n* [mit eingewobenen glänzenden Fäden] *(präf)*; Lamékleid *n*
robe *f* **lamé** [à fils brillants, par ex.: robe lamé or] *(préf.)*; robe *f* de lamé
abito *m* **di lamé** [con fibre di materiale metallico, metallizzato o simile]

796 **lampas** [an expensive patterned silk fabric similar to satin damask]
Lampas *m* [ein Seidendamastgewebe mit großem, erhabenem Muster - vgl. Lampassen]
lampas *m* [un tissu de soie ou damas de grands dessins en relief]
lampasso *m* [un tessuto di seta a grandi disegni su fondo scuro, possibile anche con fili d'oro o d'argento]

797 **lantern sleeve** [that balloons out halfway along the length, between wrist and elbow]
Laternenärmel *m* [mit der größten Weite halbwegs der Ärmellänge]
manche lanterne *f* [ample au coude]
manica *f* **a lanterna** [ampia al gomito]

798 **lapel** [one of the two parts of the front section of a jacket, coat or blouse which are turned back or folded over, excluding the collar] *(gener.)*; revers [wider lapel of a jacket or coat]
Revers *n* [der umgelegte Bereich des Fassons zwischen der Spiegelnaht und dem Auslauf, ohne den umgelegten Kragen dazuzurechnen]
revers *m* [chacune des deux parties du col ou de l'encolure d'une veste rabattue sur la poitrine qui laisse voir l'envers ornemental du tissu - voir également revers d'un pantalon]
risvolto *m* [la parte del davanti della giacca o del cappotto che viene rovesciata all'infuori] *(pref.)*; revers *m* [il risvolto del collo]

799 **lapel break** [the place where the lapel turns - compare collar break] *(pref.)*; lapel crease *(AE)*; lapel turning
Reversbruch *m* [jener Teil des rollenden Fassonbruchs, der sich zwischen der Spiegelnaht und dem Fassonauslauf eines Sakkos befindet - vgl. Kragenbruch] *(präf)*; Klappenbruch *m*; Bruch *m* des Revers
cassure *f* **du revers** [d'une jaquette ou d'un manteau où le revers se replie sur lui-même - voir également cassure du col]
spezzatura *f* **del risvolto** [di una giacca o di un cappotto che si ottiene spezzando il risvolto - vedi anche spezzatura del collo]

800 **lapel collar** [forming a revers]; revers collar; jacket collar [of a man's suit jacket]
Reverskragen *m* [ein dem Sakko- oder Kostümkragen ähnlich gestalteter Hemd- oder Blusenkragen] *(präf)*; Sakkokragen *m*
col *m* **à revers** [qui ressemble au col à revers d'une veste]; col veston *m*
collo *m* **a revers** [costituito da colletto e da revers come quelli delle giacche maschili] *(pref.)*; collo *m* sportivo; collo *m* da uomo; bavero *m* di giacca [o di cappotto]

801 **lapel end** [where the lapel break line ends]
Fassonauslauf *m* [der Übergang des Revers in die vordere Kante]
fin *m* **du revers** [le point avec lequel s'arrête le revers]
fine *f* **del risvolto** [la parte terminale del risvolto]

802 **large size bar tack** [at the end of a vent, in order to reinforce and decorate it]
Großriegel *m* [ein Nahtriegel mit Fadenverwahrung am Nahtende mit größerer Riegelbreite und -länge zum Stabilisieren von Tascheneingriffen oder Schlitzen]
bride *f* **d'arrêt grand-format** [servant à renforcer l'extrémité d'une couture, d'une fente ou d'une boutonnière]
gran travetta *f* [la cucitura molto corta a

punti diritti per fermare una cucitura di tasche, di spacchi o di asole]

803 **layered** *adj* [several items are worn one on top of the other]
Lagen- [Kleidungsstücke unterschiedlicher Länge werden übereinander getragen] *(präf)*; Schichten-
à couches [superposées]
a strati sovrapposti; a strati [forma abbreviata di a strati sovrapposti]

804 **leather belt** [encircling the waist, for fastening trousers/pants]
Ledergürtel *m* [zum Festzurren und Festhalten einer Hose]
ceinture *f* **de cuir** [une bande de cuir servant à serrer la taille d'une pièce de vêtement]
cintura *f* **di pelle** [una striscia di pelle per trattenere e stringere un capo di vestiario alla vita]

805 **leather blouson** [a short, loose jacket, gathered together at the waist for a bloused effect]
Lederblouson *n/m* [eine an den Hüften eng anliegende, jedoch darüber ballonartig gebauschte Bundjacke]
blouson *m* **de cuir** [une veste de sport courte et ample resserrée à la taille ou aux hanches]
blusotto *m* **di pelle** [un giubbotto leggero, corto in vita a forma leggermente blusante] *(pref.)*; giubbotto *m* leggero di pelle

806 **leather button** [round - compare toggle (fastener)]
Lederknopf *m* [rund, mit Leder überzogen]
bouton *m* **de cuir** [rond]; bouton *m* recouvert de cuir
bottone *m* **di pelle** [rotondo]; bottone *m* ricoperto di pelle

807 **leather glove**
Lederhandschuh *m*
gant *m* **de cuir**
guanto *m* **di pelle**

808 **leather look** [of natural or simulated leather, used to tailor coats, jackets and trousers]
Lederlook *m* [von Echtleder oder Lederimitat zu Bekleidung verarbeitet]
optique *f* **de cuir** [des vêtements de cuir faits de cuir artificiel ou naturel]
moda *f* **di pelle** [abbigliamento di pelle naturale o di fintapelle]

809 **leather sole** [forming the lower part of a shoe]; underleather
Ledersohle *f* [eine Schuhsohle]
semelle *f* **de cuir** [la partie inférieure en cuir d'une chaussure]
suola *f* **di cuoio** [a contatto col terreno]

810 **leathers** *pl* [clothes made from leather, e.g. a leather jacket] *(pref.)*; leather clothing
Lederbekleidung *f*; Lederkleidung *f*
vêtements *mpl* **de cuir**
indumenti *mpl* **di pelle**

811 **leg-of-mutton sleeve** [a tight-fitting sleeve covering the arm from the wrist to the elbow and ballooning out from the elbow to the shoulder]
Keulenärmel *m* [weist am oberen Ende des Ärmels eine Keulenform auf] *(präf)*; Schinkenärmel *m* [ein etwas wuchtigerer Keulenärmel]
manche gigot *f* [une manche ample et bouffante, mais resserrée du coude au poignet similaire à l'os de gigot]
manica *f* **a prosciutto** [gonfiata dal gomito alla spalla e aderente dal gomito al polso] *(pref.)*; manica *f* a gigot [locuzione francese: a forma di prosciutto]

812 **leg pocket** [of trousers]; trouser leg pocket
Beintasche *f* [seitlich an den Hosenbeinen angesetzte Tasche mit Patte und Klettverschluss] *(präf)*; Hosenbeintasche *f*
poche *f* **à rabat sur la jambe** [d'un pantalon]
tasca *f* **ad aletta sulla gamba** [dei pantaloni]

813 **leggings** *pl* [a woman's ankle-length knitted trousers that fit skin-tight over the legs]; leggins *pl (AE)*
Leggins *pl* [fußlose Strumpfhose in blickdichter Ausführung] *(präf)*; Leggings *pl*; Striggings *pl* [Leggins mit Strukturmusterung]

leggins *fpl* [un bas-culotte épais sans pied]; leggings *pl*
pantacollant *m invar.* [pantaloni femminili elasticizzati e aderentissimi alla gamba] *(pref.)*; caleçon *m* [francesismo: pantaloni di maglia aderenti]; pantacalza *m* o *f* [spec. *pl*: pantacalze]

814 **leisure suit** [an informal suit that has a sporty jacket similar to a shirt, with more buttons and single cuffs]
Freizeitanzug *m* **mit hemdartiger Jacke** [zwanglos, lässig und ungezwungen]
complet *m* **de loisir avec une veste en style de chemise** [pour faire qqch. de façon plus pratique]
completo *m* **per il tempo libero con una giacca a taglio di camicia da uomo**

815 **leisure trousers** *pl* [casual in style]; leisure pants *pl (AE)*
Freizeithose *f* [zwanglos, lässig und ungezwungen]
pantalon *m* **de loisir** [pour faire qqch. de façon plus pratique]
pantaloni *mpl* **per il tempo libero**

816 **leisurewear fashion** [casual in style]
Freizeitmode *f* [zwanglos, lässig und ungezwungen]
mode *f* **de loisir** [pour faire qqch. de façon plus pratique]
moda *f* **per il tempo libero** [abbigliamento semplice ad aspetto sportivo per il tempo libero e per il viaggio]

817 **length measurements** *pl* [the finished measurements and the body measurements]
Längenmaße *npl* [die Fertig- und Körpermaße]
mesures *fpl* **en longueur** [les mesures finies et les mesures du corps]
misure *fpl* **di lunghezza** [le misure di lunghezza finite e del corpo]

818 **length of back** [measured in the middle, from the 7th cervical vertebra down to waist level]
Rückenlänge *f* [vom siebten Halswirbel bis zur Taille, mittig gemessen]
longueur *f* **du dos** [du milieu de la 7ème cervicale jusqu'à la taille]
lunghezza *f* **della schiena** [dalla settima vertebra cervicale fino alla vita] *(pref.)*; lunghezza *f* posteriore alla vita

819 **lengthening** [of a garment component, making it longer than it was]
Verlängern *n* [unüblicher Begriff, z. B. ein Kleidungsteil länger machen bzw. den Saum um einige Zentimeter heruntersetzen - vgl. länger machen]
rallongement *m* [d'une pièce d'habillement, par ex.: le rallongement des manches]
allungamento *m* [della lunghezza di un capo di vestiario, p.e. allungamento delle maniche - allungatura e la parte che si aggiunge]

820 **leotard** [a form-fitting one-piece knitted body, ending in brief panties, worn by gymnasts and dancers] *(pref.)*; body shorts *pl* [tight-fitting leotards with a knit shirt]
Leotard *n* [Einteiler-Pulloverhöschen für Aktivsportler und Balletttrainingsbekleidung für Tänzer]
léotard *m* [un maillot d'acrobate, d'athlète ou de danseur recouvrant tout le corps du cou aux pieds] *(préf.)*; justaucorps *m* [le collant d'une seule pièce pour la danse et certains sports]
léotard *m* [francesismo: tuta sgambata]; tutina *f* [un body sgambato e elasticizzato per la danza] *(pref.)*

821 **letting out** [of a seam to make a clothing item larger]
Auslassen *n* [der Naht, um ein Kleidungsstück weiter zu machen]
relâchement *m* [de la couture en vue d'élargissement d'une pièce d'habillement]
allentamento *m* [della cucitura allo scopo di allargare un capo]

822 **liberty of movement** [in clothes]
Bewegungsfreiheit *f* [in einer Bekleidung]
liberté *f* **de mouvement** [dans un vêtement] *(préf.)*; liberté *f* d'action [dans un vêtement]
libertà *f* **di movimento** [nell'abbigliamento]

823 **light clothing**; light apparel *(AE)*
Leichtbekleidung *f* [vgl. Sommerbekleidung]; Legerbekleidung *f*

[aus dem Französischen für eine leichte Bekleidung]; leichte Bekleidung *f (fam.)*
vêtements *mpl* **légers** [voir également vêtements d'été]
indumenti *mpl* **leggeri**

824 **line** *v* [a piece of clothing on the inside with a lining]; line up *v*
abfüttern *v* [Innenfutter in ganze Kleidungsstücke oder Futterteile in Teile davon, z. B. in eine Taschenpatte, einarbeiten] *(präf)*; füttern *v*
doubler *v* [garnir l'intérieur d'un vêtement avec une doublure]; garnir *v* avec une doublure; mettre *v* une doublure
foderare *v* [rivestire un capo di vestiario di fodera]

825 **line** *v* **with fur**
mit Pelz abfüttern *v*
doubler *v* **de fourrure**; fourrer *v*
foderare *v* **di pelliccia**

826 **lined** *adj* [with a lining]
abgefüttert *adj* [mit einem Futter versehen]
doublé *adj* [qui est garni d'une doublure, par ex. gant doublé]
foderato *agg* [che è provvisto di una fodera, p.e. guanto foderato]

827 **lined coat**
abgefütterter Mantel *m*
manteau *m* **doublé**
cappotto *m* **foderato**

828 **lined skirt** [which doesn't adhere to the body]
abgefütterter Rock *m* [damit dieser nicht mehr an den Körper anhaftet] *(präf)*; Futterrock *m*
jupe *f* **doublée** [qui n'adhère pas au corps] *(préf.)*; jupe-doublure *f* [jupe à doublure]
gonna *f* **foderata** [che non aderisce al corpo]

829 **linen** [body linen such as shirts and undergarments] *(pref.)*; body linen; smalls *pl (obs.)*
Wäsche *f* [Oberbegriff für Wäsche, Miederwaren und Nachtwäsche] *(präf) (allg)*; Leibwäsche *f* [Synonym für Wäsche]
linge *m* [de corps et de maison - terme général]
biancheria *f* [insieme degli indumenti intimi (mutande, sottovesti) e da notte indossati sulla pelle sotto l'abbigliamento esterno]

830 **lingerie look** [like the look of women's underwear, but used for daywear, e.g. a chemise dress]
Lingerie-Look *m* [von Tageskleidung, die mit Unterwäscheelementen versehen ist]; Wäschelook *m* [von sommerlichen Kleidungsstücken wie Kleidern und Shirts]
look *m* **de lingerie** [un style vestimentaire pour les vêtements de jour issu de l'image donnée par les éléments de la lingerie]
look *m* **di lingeria** [uno stile di abbigliamento da giorno con elementi di lingeria]

831 **lingerie style** [of women's overgarments]
Lingerie-Mode *f* [Damenoberbekleidung im Unterwäschestil]
style lingerie *m* [vêtements de dessus féminins qui ressemblent à de la lingerie]
moda-lingeria *f* [capi di vestiario femminile di stile lingeria]

832 **lining** [a layer made of fabric, pile fabric, fur or felt, used to cover the inside surfaces of clothes - compare inside lining] *(pref.)*; liner [a lining made of man-made fibres]
Futter *n* [innenseitige Stoffschicht einer abgefütterten Oberbekleidung - vgl. Innenfutter] *(präf) (allg)*; Leibfutter *n* [Abfütterung von Anzügen und Mänteln]
doublure *f* [la garniture de la surface intérieure d'un vêtement - voir également doublure intérieure]
fodera *f* [un rivestimento interno leggero di un capo di vestiario - vedi anche fodera interna] *(pref.)*; foderatura *f* [tutte le parti della fodera di un capo di vestiario]

833 **lining** [the process of covering the inside surfaces of clothes or gloves]; lining up
Abfüttern *n* [Einarbeitung des Innenfutters in ganze Kleidungsstücke und von Futterteilen, z. B. Abfüttern einer Taschenpatte] *(präf)*; Füttern *n* [fehlerhafter Terminus]
doublage *m* [l'action de doubler un vêtement]

foderatura *f* [l'operazione di rivestire internamente un capo di vestiario]

834 **little black dress** [classic, semiformal evening dress] *(pref.)*; L.B.D. *(AE)* [abbr. for little black dress]; basic dress [simple-cut black dress]
kleines Schwarzes *n* [das kleine Schwarze - ein schlichtes, kurzes, halbformelles Gesellschaftskleid]
petite robe *f* **noire** [la petite robe noire de Coco Chanel pour les occasions semi-formelles]
abito *m* **nero da sera** [femminile da mezza sera]

835 **lock stitch seam** [with interlocked threads within the fabric] *(gener.)*
Steppnaht *f* [eine Ziernaht mit sichtbarem Einfach- oder Doppelsteppstich] *(allg)*
couture *f* **au point noué** [un fil inférieur et un ou plusieurs fils supérieurs s'entrecroisent dans l'épaisseur à coudre - une couture d'ornement] *(génér.)*
cucitura *f* **a punto annodato** *(gener.)*

836 **loden (coat)** [a coat made of a heavy green woollen cloth with natural water repellence]
Loden *m* [ein strapazierfähiger, meist grüner Mantel aus Lodenstoff, auch als Jacke oder Trachtenkleidung im Handel] *(präf)*; Lodenmantel *m*
loden *m* [le manteau impérmeable traditionnel autrichien à poile couché vert naturel]
loden *m* [il cappotto di tessuto verde foresta dal pelo schiacciato e impermeabile, robusto e resistente all'usura]

837 **loden with laid pile** [a coating fabric with natural water repellence, made of olive-green coarse wool]
Strichloden *m* [strapazierfähiges, dichtes, grünes oder braunes Wollgewebe mit in eine Richtung flach gebürsteter Flordecke]
loden *m* **à poil couché** [un tissu de laine serré à poil couché et imperméable pour faire des manteaux]
loden *m* **a pelo coricato** [un tessuto a pelo lungo, follato, garzato e spazzolato, molto schiacciato per cappotti]

838 **logo** [a printed design, symbol or name of a fashion designer or manufacturer] *(pref.)*; griffe [French term for the name of a fashion designer or fashion house]
Logo *m* [Firmenzeichen oder Signet eines Modedesigners] *(präf)*; Namenbezeichnung *f* [eines Modedesigners oder eines Modehauses]
griffe *f* [la marque d'un couturier ou d'une maison de couture avec laquelle les modèles sont marqués]
griffe *f* [voce francese: la firma o il marchio di un noto designer, di un noto stilista o di una casa di moda]

839 **long briefs** *pl* **for men**
Herrenlongslip *m* [englischer Begriff für eine kurze Unterhose ohne Beinausschnitt]; Longslip *m* [Herren-]
slip *m* **long d'homme** [pas échancré sur les cuisses]
slip *m* **lungo da uomo** [non sgambato]

840 **long evening dress**; long evening robe [more elegant than a long evening dress]
langes Abendkleid *n*; lange Abendrobe *f* [eleganter als ein Abendkleid]; großes Abendkleid *n* [lang]
robe *f* **du soir longue** *(préf.)*; robe *f* de soirée longue; robe *f* de dîner longue
abito *m* **lungo da sera** [da donna]

841 **long jacket** [reaching to mid-thigh]
Long Jackett *n* [engl. Bezeichnung für ein bis zur Oberschenkelmitte oder noch länger reichendes Outdoorjackett] *(präf)*; Longjacke *f* [Synonym von Long Jackett]
veste *f* **longue** [qui s'arrête à mi-cuisse]
giacca *f* **lunga** [che si estende a mezza gamba]

842 **long-leg pantie girdle** [a light elastic panty that moulds a woman's lower torso and legs - compare pantie girdle]; long-leg panty-girdle *(AE)*
Langbeinpanty *f* [Miederhose mit die Oberschenkel formenden Beinen - vgl. Miederhose]; Langbeinhose *f* [Unterwäsche]; Longlinehose *f* [englischer Begriff für formendes Wäscheunterteil]
gaine-culotte *f* **à jambes longues** [légère et formant une culotte à jambes longues

très moulante destinée aux femmes - voir également gaine-culotte]
panciera *f* **a gambe lunghe** [che modella il corpo della donna dalla vita in giù]

843 **long sleeve** *(pref.)*; full sleeve
langer Ärmel *m (präf)*; Langarm *m*; langer Arm *m*
manche *f* **longue**
manica *f* **lunga**

844 **long sleeve pullover** [1/1 sleeve]; long sleeve pull-on *(AE)*
Longarmpullover *m* [Modebegriff für 1/1-Arm]; Langarmpullover *m*
pull-over *m* **à manches longues** [une manche 1/1]
pullover *m* **a manica lunga** [una manica 1/1]

845 **long-sleeved** *adj* [that has long sleeves]
langärmelig *adj*; Langarm-; Longarm- [englisches Synonym für Langarm-]; mit langem Ärmel; mit langem Arm [umgangssprachlich und in der Handelssprache]
à manches longues [jusqu'au poignet]
a maniche lunghe [provvisto di maniche lunghe]

846 **long-waisted** *adj* [with the waistline positioned below the natural one]; low-rise *adj (AE)*; long-torso *adj* [with the waistline positioned at the widest part of the hips]; low-slung *adj (AE)*
mit niedriger Taille *(präf)*; Hüft- [mit tief aufsitzender Taille]
à taille basse [par ex.: pantalon ou jupe (à) taille basse]
a vita bassa [p.e. pantaloni a vita bassa da donna]; lungo *agg* di vita [p.e. abito lungo di vita da donna]

847 **longuette length** [French term for a radically longer length than is traditional, reaching to between knee and ankle]
Longuettelänge *f* [französischer Begriff für eine Länge, die zwischen dem Knie und dem Knöchel endet]
longueur longuette *f* [qui s'arrête entre le genou et la cheville]
longuette *f* [voce francese: lunghezza di una gonna tra il ginocchio e il piede o appena fin sotto il ginocchio] *(pref.)*; lunghezza *f* longuette [locuzione francese]

848 **loop buttonhole** [with a loop attached in a seam and extending beyond the edge of a garment - compare button loop]
Schlingenknopfloch *n*
boutonnière *f* **à bride**
asola *f* **a cordoncino** [realizzata con un cordoncino volante che accoglie il bottone] *(pref.)*; asola *f* a occhiello [a cordoncino]

849 **looping seam** [knitting]
Kettelnaht *f* [zum flach vernähen der Ränder zweier Maschenflächen]
couture *f* **de remmaillage** [tricotage]
cucitura *f* **di rimaglio** [una lavorazione a maglia] *(pref.)*; cucitura *f* a cappio

850 **loose-fitting dress** [not fitting tightly to the body]
locker fallendes Kleid *n*
robe *f* **floue** [une robe très ample de forme floue]
abito *m* **lento** [ampio]

851 **loose-fitting look** [a ladylike look]
Floulook *m* [aus dem Französischem: ein femininer Look, der mit Hilfe von zarten, durchsichtigen und locker flatternden Kleidern gebildet wird]; femininer Look *m*
aspect *m* **flou** [des vêtements souples et amples, par ex.: robes et ensembles à aspect flou, qui s'opposent à l'aspect tailleur]
stile *m* **a linea morbida** [uno stile di abbigliamento]; look *m* ad aspetto flou [dalla linea morbida]

852 **Lord Byron shirt** [with a long pointed collar, worn open, and full sleeves that widen towards the hands]; poet's sleeve shirt
Künstlerhemd *n* [mit offen getragenem, spitzem Kragen sowie zur Hand hin sich erweiterndem Ärmel]
chemise *f* **de poète**
camicia *f* **da poeta**; camicia *f* alla poeta

853 **lounging robe** [a woman's long robe, worn at home while relaxing]

langes Hauskleid *n* [zur Entspannung und zum Wohlfühlen zu Hause - vgl. Hauskleid]
robe *f* **d'intérieur longue** [pour la détente]
veste *f* **lunga** [da casa aperta sul davanti] *(gener.)*; vestaglietta *f* [vestito femminile da casa aperto sul davanti]

854 **low lace-ups** *pl* [low lace-up shoes, e.g. Oxford and Derby]
flacher Schnürschuh *m* [z. B. geschnürter Halbschuh]
chaussure *f* **basse lacée** [par ex.: Richelieu, derby]
scarpa *f* **stringata con tacco basso** [p.e. francesina con mascherina allacciata - una scarpa femminile]

855 **low neckline** [a low-cut neckline]; deep neckline
tiefer Ausschnitt *m* [vgl. Dekolleté]
encolure *f* **profonde** [qui est largement échancrée]
scollatura *f* **profonda**

856 **low-rise dress** [with the waistline positioned below the natural one]
Kleid *n* **mit tiefer Taille** [die unter der natürlichen Taillelinie liegt]
robe *f* **à taille basse** [positionnée sur les hanches]
abito *m* **a vita bassa** [da donna]

857 **low shoe** [a low-cut shoe with a very low heel or heelless - compare heelless shoe] *(gener.)*; low-cut shoe; flat-heeled shoe; flatties *pl*; flats *pl* [shoes]
Halbschuh *m* [mit niedrigem Absatz] *(allg)*; flacher Schuh *m* [Oberbegriff für Schuhe mit niedrigem oder ohne Absatz]
soulier *m* **bas** [à talon plat ou sans talon enveloppant le pied jusqu'à la cheville - voir également soulier sans talon]
scarpa *f* **bassa** [a tacco basso o senza tacco - vedi anche scarpa senza tacco] *(pref.)*; scarpa *f* piatta

858 **lumberjack shirt** [warm heavy shirt with a pattern of large checks]; lumberman shirt *(AE)*
Holzfällerhemd *n* [dick, mit mittelgroßen Karos in frischen Farben]
chemise *f* **de bûcheron**; chemise *f* de trappeur
camicia *f* **lumberjack** [dall'inglese: una camicia canadese in tessuto pesante a scacchi grandi rossi e neri]

859 **lumberjacket** [a warm hip-length, bloused jacket with a rib-knitted waistband and cuffs, fastening up to the neck] *(pref.)*; lumberjack [jacket] *(AE)*
Lumberjack *m* [eine taillenlange, blusige Bundjacke mit Ärmelbündchen und gestricktem Abschlussbund] *(präf)*; Lumber *m* [englische Kurzform von Lumberjack]; Holzfällerjacke *f*
veste *f* **de bûcheron** [en toile imperméabilisée longue jusqu'à la taille]
giaccone *m* **da boscaiolo**

M

860 **macfarlane** [sleeveless overcoat with separate short cape with side slits for accessing the pockets in the inner clothing]; Inverness cape [a man's long sleeveless overcloak with a removable cape]
Havelock *m* [ein kurzer oder langer ärmelloser Herrenpelerinenmantel für den täglichen Gebrauch]
macfarlane *m* [anglicisme pour un manteau large sans manche, mais pourvu d'ouvertures pour les bras et d'une cape sur les épaules]
macfarlane *f* [voce inglese: un cappotto a pellegrina e a piccola cappa senza maniche]

861 **machine seam** [the line along which two or more fabric layers are joined together]
Maschinennaht *f* [linienförmige Verbindung zwischen zwei Nähgutteilen]
couture *f* **à la machine** [le résultat de l'action de coudre, l'endroit même]
cucitura *f* **a macchina** [il risultato dell'operazione di cucire, il luogo stesso dove passa la cucitura]

862 **machine sewing** [for fastening, attaching or joining] *(gener.)*; machine stitching [for joining items of clothing by a series of stitches]
Nähen *n* **an der Maschine**

couture *f* **à la machine** [l'action de coudre]; couture machine *f* [l'action de coudre]
cucitura *f* **a macchina** [l'operazione del cucire]

863 **Mackintosh coat** [a loose-fit rainproof coat] *(pref.)*; mac(k) [abbr. for Mackintosh coat]; Mackintosh *(AE)*; rubber coat
Mackintosh *m* [ein wasser- und luftdichter Gummiregenmantel] *(präf)*; gummierter Regenmantel *m*; Gummimantel *m* [aus gummiertem Gewebe]
imperméable *m* **caoutchouté** [un manteau de pluie enduit en caoutchouc pour protéger de la pluie]; mackintosh *m* [anglicisme: à l'origine un waterproof mackintosh]
impermeabile *m* **gommato** [a pellicola gommata trasferita]

864 **magnet neckline** [in the shape of a magnet]
Magnetausschnitt *m* [in Magnetform bzw. parallel verlaufende seitliche Ränder]
encolure *f* **en aimant** [en forme d'aimant décoratif]
scollatura *f* **a magnete** [a forma di magnete]

865 **maillot** [a woman's one-piece backless swimsuit] *(pref.)*; woman's bathing dress *(gener.)*; woman's swimsuit *(AE)*
einteiliger Damenbadeanzug *m* [meist rückenfrei]
maillot *m* **de bain à une pièce de femme** [à dos nu] *(préf.)*; costume *m* de bain féminin [à une pièce]; nageur *m*
costume *m* **da bagno intero a schiena nuda femminile** *(pref.)*; costume *m* intero a schiena nuda femminile [forma abbreviata di costume da bagno intero a schiena nuda]

866 **making to measure** [in the clothing industry, making items of clothing to fit a customer's measurements - compare tailoring]; making-to-measure *(AE)*
Maßkonfektion *f* [in Einzelbestellung in der Bekleidungsindustrie hergestellte Fertigkleidung, meistens Anzüge, die unter Berücksichtigung individueller Maßabweichungen des Kunden im Werk gefertigt werden - vgl. Maßfertigen]
confection *f* **sur mesure** [l'action de confectionner des pièces individuelles, plus souvent des complets, dans l'industrie à partir de mesures individuelles - voir également confection sur mesure (de vêtements)]
confezione *f* **su misura** [l'azione di confezionare un capo dall'industria di abbigliamento sulla base delle misure di un cliente - vedi anche sartoria su misura]

867 **man-tailored** *adj* [that has been tailored for women by a tailor, e.g. a man-tailored coat for a woman, made similarly to a man's coat]
Damenschneider- [ein vom Herrenschneider für Damen gefertigtes Kleidungsstück, z. B. ein Damenschneiderkostüm]
fait *adj* **pour femmes par un tailleur pour hommes** [d'après la technique d'un tailleur pour hommes, par ex.: un manteau féminin fait par un tailleur]
fatto *agg* **per donne da un sarto** [in una sartoria da uomo - p.e. un cappotto da donna fatto da un sarto]

868 **mannequin** [a person wearing and displaying new styles in fashion shows by wearing them] *(pref.)*; model [mannequin]; manikin *(AE)*; fit model [mannequin of a sample size in order to test a garment fit]
Model *n* [Vorführdame oder -mann bei Defilees] *(präf)*; Mannequin *n* [Vorführdame - der Vorführmann heißt Model] *(veralt.)*
mannequin *m/f* **(de défilé)** [une femme ou un homme qui présente une collection - voir également dressman] *(préf.)*; cabine *f* [l'ensemble des mannequins d'une maison de mode dirigés par le chef de cabine]
modella *f* **(da sfilata)** [l'indossatrice della sfilata di modelli]; modello *m* [l'indossatore della sfilata di moda]

869 **man's bathrobe** *(pref.)*; man's bathing wrap
Herrenbademantel *m*
sortie de bain *f* **pour hommes**
accappatoio *m* **da bagno da uomo**

870 **man's handbag** [in shoulder bag style]; manbag *(AE)*
Herrentasche *f* [eine Schultertaschenart]
sac *m* **d'homme** [style sac à bandoulière à rabat]
borsello *m* **da uomo** [un borsello a tracolla]

871 **man's sock** [a calf-length sock]; man's calf-length sock [ending above the ankle]; half-hose sock [the standard sock for men which reaches halfway between ankle and knee]; pop socks *pl* [calf-length nylon stockings worn with trousers/pants]
Herrensocke *f* [wadenlang, mit elastischem Rand oder zum Tragen mit Sockenhalter] *(präf)*; wadenlange Socke *f* [Herrensocke]; Langsocke *f* [Herrensocke]
chaussette *f* **d'homme** [couvrant le pied et la cheville jusqu'au mollet] *(préf.)*; demi-bas *m* d'homme [qui ne monte qu'à mi-jambe]; chaussette *f* montante d'homme; mi-chaussette *f* d'homme [s'arrête à mi-mollet]; chaussette *f* mi-longue d'homme
calza *f* **a gamba corta da uomo** [fino all'inizio del polpaccio]; calzino *m* lungo da uomo [fino all'inizio del polpaccio]; calza *f* semilunga da uomo; calzino *m* al polpaccio da uomo

872 **man's suit** [consisting of a jacket and trousers/pants, sometimes with an added waistcoat]
Herrenanzug *m* [besteht aus Sakko und eventuell Weste sowie Hose] *(präf)*; zweiteiliger Herrenanzug *m*; dreiteiliger Herrenanzug *m*
complet *m* **masculin** [en deux ou trois pièces: une veste, un pantalon et un gilet] *(préf.)*; costume *m* masculin [plutôt un ensemble blazer et pantalon dépareillés]; complet-veston *m* (masculin)
completo *m* **da uomo** [costituito da pantaloni con giacca e talvolta da un gilè] *(pref.)*; abito *m* da uomo [termine meno usuale]

873 **man's suspenders** *pl* [elastic fastenings for holding up socks] *(obs.)*; man's garters *pl (AE) (obs.)*; sock suspenders *pl (obs.)*
Sockenhalter *m* [mit Straps für halblange Herrensocken] *(präf) (veralt.)*; Strapssockenhalter *m*
fixe-chaussette *m* [un support-chaussette pour maintenir les chaussettes mi-longues des hommes - *pl*: des fixe-chaussettes] *(préf.) (obs.)*; jarretelle *f (obs.)*; support-chaussette *m (obs.)*
giarrettiera *f* **da uomo** [per trattenere la calza da uomo all'altezza del polpaccio] *(ant.)*

874 **manufacture** *v* [ready-to-wear clothing]
konfektionieren *v* [in der Herstellung von Fertigkleidung]
confectionner *v* [faire des vêtements en série]
confezionare *v* [eseguire lavori di sartoria, p.e. confezionare un indumento]

875 **Mao jacket** [a simple, straight front-buttoned jacket with a high-standing collar buttoned at the side]
Maojacke *f* [einreihige, hochgeschlossene dunkle Jacke mit seitlich knöpfbarem Stehbundkragen und vier aufgesetzten Taschen]
veste Mao *f* [avec un col officier boutonné sur le côté, style Mao]
giacca *f* **alla Mao** [con collo a listino alla coreana provvista di tasche applicate]

876 **marine look** [inspired by naval uniforms]; sailor look; navy look *(AE)*
Marinelook *m* [in blau oder weiß mit Streifen- oder Ringeldessin, Goldknöpfen und Seefahrtssymbolen, z. B. Anker - vgl. Jachtmode]; Matrosenlook *m*; Navylook *m* [englisches Wort für Marinelook]
look *m* **à la marinière** [un style vestimentaire à la marinière]; style *m* à la marinière
look *m* **alla marinara** [uno stile di abbigliamento]; stile *m* alla marinara

877 **marinière** [French word for mariner's collar - compare sailor collar]; mariner's collar
Marinière *f* [französisches Wort für eine Kragen- und Ausschnittsgestaltung mit zweireihigem Ausschnitt - vgl. Matrosenkragen]
col marinière *m* [voir également col de marin]; marinière *m* [abréviation de col marinière]
collo *m* **marinière** [voce francese: un collo

da marinaio - vedi anche colletto alla marinara]; collo *m* da marinaio

878 **martingale belt** [extending only halfway round at the back of a garment]; half-belt [at the back of a garment]
Rückengurt *m* [loser, ein- oder zweiteiliger Ziergurt mit Knöpfen] *(allg) (präf)*; Martingale *f* [französisches Wort für Rückengurt]
martingale *f* [une ceinture placée dans le dos d'un vêtement au niveau de la taille, destinée à retenir le volume du dos du vêtement] *(génér.)*
martingala *f* [una cintura applicata sul dietro di un capo di vestiario all'altezza della vita - un ornamento]

879 **mary jane (slipper)** [a low-heeled slipper with a single buttoned strap over the instep, worn by girls and women] *(pref.)*; Mary Jane [slipper]
Spangenschuh *m* [der Damenschuh mit Knopfverschluss am Riemchen]
soulier *m* **à la bébé** [pour femmes] *(préf.)*; soulier *m* à bride [et à bouton pour femmes]
scarpetta *f* **alla bebé** [piatta con cinturino fermato da un bottone - una scarpetta femminile]

880 **matching checks** [which look attractive together]
passende Karos *npl* [zueinander harmonisch stimmend]
carreaux *mpl* **assortis** [harmonieusement]
quadri *mpl* **assortiti** [armoniosamente]

881 **matchstick-pleated skirt** [with very fine, heat-set irregular pleats]
Streichholzplisseerock *m*; Rock *m* mit Streichholzplissee [mit einem sehr feinen, unregelmäßigen Dauerplissee]
jupe *f* **à plissé allumettes**
gonna *f* **con plissé a fiammiferi** [con pieghe irregolari molto sottili]

882 **material mix** [a combination of different types of material]
Materialmix *m* [Kombination verschiedener Materialarten] *(präf)*; Materialpatch *n* [englische Bezeichnung für Materialmix]
mixture *f* **des matériaux** [en combinaison]
mischia *f* **di materiali** [due o più, in combinazione]

883 **maternity dress** [with more fullness at the front, suitable for a pregnant woman]
Umstandskleid *n* [ein loses, gerade fallendes Kleid mit Erweiterungsmöglichkeiten für Schwangere]
robe *f* **de grossesse** [pour futures mamans] *(préf.)*; robe *f* de maternité
abito *m* **prémaman** [di taglio molto ampio per future mamme]

884 **maternity fashion** [garments suitable for a pregnant woman]
Schwangerschaftsmode *f* [dem herrschenden Geschmack entsprechende Kleidung für Schwangere]; Storchmode *f* [für Schwangere]
mode *f* **de grossesse** [pour futures mamans]
moda *f* **prémaman** [adatta alle gestanti] *(pref.)*; moda *f* pré-maman

885 **maternity trousers** *pl* [with a broad elastic waistband, worn by pregnant women]; maternity pants *pl (AE)*
Umstandshose *f* [mit breitem elastischem Bund, meist gestrickt, für Schwangere]
pantalon *m* **de grossesse** [pour futures mamans]
pantaloni *mpl* **prémaman** [per future mamme]

886 **maxi-skirt** [an ankle-length skirt for the daytime, often a full skirt]
Maxirock *m* [knöchellang] *(präf)*; Maxi *m* [Kurzform für Maxirock: ein knöchellanger Rock]
maxijupe *f* [longue jusqu'à la cheville]
maxigonna *f* [lunga fino alla caviglia]

887 **medium-high shoe heel** [for a woman's shoe, with a square base, especially comfortable for walking]; military shoe heel *(AE)* [medium-high heel with a broad base, used on women's walking shoes]
Trotteurabsatz *m* [mittelhoher und relativ breiter Damenschuhabsatz, zum Laufen besonders bequem]

talon trotteur *m* [large et assez bas pour les chaussures de ville]; talon *m* bottier [moyen et large, similaire au talon de botte d'hommes]
tacco *m* **trotteur** [voce francese: un tacco medio alto di una scarpa da donna]

888 **mending patch** [for repairing a hole in a piece of clothing]
Reparaturflicken *m* [ein Stück Gewebe zum Flicken - vgl. Ausbessern]
pièce *f* **à raccommoder** [sur des vêtements]
toppa *f* **da rammendo** [di un abbigliamento] *(pref.)*; pezzo *m* di stoffa da rammendo

889 **men's fashion**
Herrenmode *f*
mode *f* **masculine**
moda *f* **maschile**

890 **men's outfit store**; haberdashery *(AE)* [store selling menswear and accessories]; world of men's fashion
Herrenmodenladen *m* [für exklusive modische Herrenartikel]
magasin *m* **de mode masculine** *(préf.)*; boutique *f* de mode masculine
negozio *m* **di articoli da uomo** [il locale] *(pref.)*; mondo *m* della moda maschile

891 **men's tailor**
Herrenschneider *m* [der unter Anwendung der Techniken der Herrenschneiderei auch für Damen arbeitet]
tailleur *m* **pour hommes**
sarto *m* **da uomo**

892 **men's underclothes** *pl (pref.)*; men's underwear; men's linen
Herrenunterwäsche *f (präf)*; Herrenwäsche *f*
lingerie *f* **pour hommes** *(préf.)*; lingerie *f* masculine; sous-vêtements *mpl* masculins; dessous *m* masculin
biancheria *f* **da uomo** [intima] *(pref.)*; biancheria *f* personale da uomo; indumenti *mpl* intimi da uomo; lingeria *f* da uomo [adattamento dal francese]

893 **menswear look** [women's dresses using men's suiting fabrics, mixing them or using oversizes] *(pref.)*; men's wear look
maskuliner Look *m* [von Damenbekleidung aus Herrenstoff oder in Übergrößen] *(präf)*; Männerlook *m*
look *m* **masculin** [un style vestimentaire féminin en utilisant des tissus pour hommes ou de très grandes tailles]
look *m* **maschile** [uno stile di abbigliamento femminile che utilizza stoffe maschili o taglie extra grandi]

894 **mermaid skirt** [a long, very fitted, slim skirt]
Meerjungfraurock *m* [sehr schlank geschnittener Rock]
jupe *f* **d'ondine** [très ajustée]
gonna *f* **a sirena** [molto attillata]

895 **Merry Widow** [strapless bra and short girdle in one, with hose supporters]
leichtes schulterfreies Korsett *n* [das nur einen Teil der Hüfte bedeckt und mit Strumpfbändern versehen ist]
corset *m* **léger à épaules dégagées**
corsetto *m* **leggero che lascia scoperte le spalle**

896 **metal belt buckle loop** [attached near the belt buckle and designed to hold the end of the belt]
Gürtelschnallenring *m* [ein neben der Gürtelschnalle fest angebrachter Gürtelring aus Metall zum Festhalten des Gürtelendes]
passant *m* **métallique d'une boucle** [l'anneau plat de métal fixé à une ceinture de cuir à côté de la boucle] *(préf.)*; bride *f* métallique de ceinture
anello *m* **metallico di una fibbia** [fissato sulla cintura vicino alla fibbia]

897 **microlength** [exaggeratedly short, ending at the upper thigh and just covering the behind]
Mikrolänge *f* [endet knapp über dem Schritt] *(präf)*; Polänge *f* [umgangssprachlich]; Pomanschettenlänge *f* [umgangssprachlich]
microlongueur *f* [qui s'arrête au ras de la culotte, par ex. microlongueur d'une jupe]; longueur *f* micro
microlunghezza *f (pref.)*; lunghezza *f* micro

898 **micromini skirt** [the shortest mini

skirt]; microskirt [just covering the behind]; micro skirt *(AE)*
Mikromini *n* [kürzester, knapp unter den Schritt reichender Rock, kürzer als der Minirock] *(präf)*; Mikrominirock *m*; Mikrorock *m*; Pomanschette *f* [umgangssprachlich]
microminijupe *f* [qui s'arrête au ras de la culotte, plus courte qu'une minijupe]; microjupe *f*
microminigonna *f* [a microlunghezza più corta di una minigonna]; microgonna *f*

899 **mid-arm-length glove**
halblanger Handschuh *m* [kürzer als ein ellbogenlanger Handschuh]
gant *m* **mi-long** [qui s'arrête entre le poignet et le coude]
guanto *m* **semilungo** [che copre in parte l'avambraccio]

900 **mid-calf-length skirt** [reaching halfway down the calf]
wadenlanger Rock *m*
jupe *f* **à mi-mollet** [qui s'arrête à mi-mollet]
gonna *f* **al polpaccio** [lunga fino al polpaccio]

901 **middy blouse** [any loose, slip-on fashion blouse with a sailor collar - compare slipover middy blouse]; sailor top [a woman's blouse resembling a type worn by sailors]; nautical blouse *(AE)* [woman's]; middy [abbr. of middy blouse]; sailor blouse
Matrosenbluse *f* [eine Damenbluse, die am Rücken einen Matrosenkragen bildet und an der Brust in eine gebundene Krawatte endet - vgl. Matrosenschlupfbluse] *(präf)*; Schlupfbluse *f* mit Matrosenkragen
marinière *f* [abréviation d'une blouse longue et très ample de femme à col de marin sans ouverture sur le devant qui s'enfile par la tête - voir également maillot de marin à enfiler par la tête] *(préf.)*; blouse *f* marinière; blouse *f* de marin [vrai]
blusa *f* **da marinaio** [blusa da donna alla marinara]

902 **midi-coat** [of calf-length or longer]; midi coat *(AE)*
Midimantel *m* [reicht mindestens bis zur Wadenmitte oder länger]
manteau midi *m* [avec la longueur à mollet]
midicappotto *m* [con lunghezza a metà polpaccio]

903 **midiskirt** [a mid-calf or calf-length skirt]; midi skirt *(AE)*
Midirock *m* [bis zur Mitte der Wade reichend]
midijupe *f* [qui arrive au mollet]
midigonna *f* [con lunghezza a metà polpaccio]

904 **midriff dress** [with an elastic cord inserted at the waistline, producing a cinched waist]
Midriffkleid *n* [mit Gummizug in der Taille]
robe midriff *f* [anglicisme: avec une bande élastique insérée à la taille par une coulisse]
abito *m* **midriff** [voce inglese: con elastico inserito in vita attraverso una coulisse]

905 **military clothing** *(milit.)*
Bekleidung *f* **für die Streitkräfte**; Militärkleidung *f* *(rar)*
vêtements *mpl* **militaires** *(milit.)*
indumenti *mpl* **militari** *(milit.)*

906 **military jacket** [both fashion term and real military coat]
Armyjacke *f* [ein Modebegriff]; Waffenrock *m* *(milit)*
vareuse *f* **militaire** [une veste à caractère militaire - notion de mode]
caban *m* **militare** [giaccone doppiopetto di taglio diritto a tasche a toppa chiusa, da bottoni in ottone] *(pref.)*; giacca *f* militare [pesante] *(milit.)*

907 **military look** [inspired by elements of military uniforms like stiff collar, epaulettes and brass buttons]; army look *(AE)*
Militarylook *m* [eines nach Uniformvorbildern gestalteten Outfits, meist kakifarben] *(präf)*; Armylook *m* [engl. Wort für Uniformstil]; Uniformstil *m* [nach Uniformvorbildern, jedoch strenger als Militarylook]
look *m* **militaire** [un style vestimentaire inspiré d'éléments des uniformes militaires]
look *m* **militare** [uno stile di abbigliamento alla foggia militare]

908 **milky washed** *adj* [e.g. milky washed denim]
milchig gewaschen *adj* [eine zum Weiß hin tendierende Bleichung von Denim]
lavé laiteux *adj* [par ex.: un denim lavé laiteux]
lavato *agg* **lattescente** [p.e. un denim sbiancato e lavato lattescente]

909 **mill-washed denim** [that has been prewashed to make it fade in the wash and look casual]; millwashed denim *(AE)*
Mill-washed-Denim *m* [englischer Begriff: vorgewaschen, um ein getragenes Aussehen zu verleihen]
denim *m* **délavé** [qui semble être déjà porté]
denim *m* **délavé** [voce francese: dilavato, con effetto usato]; denim *m* dilavato

910 **minidress** [with a very short skirt reaching to mid-thigh or well above the knee]
Minikleid *n* [reicht höchstens bis zur Oberschenkelmitte oder kürzer] *(präf)*; Mini *n* [umgangssprachliche Kurzform von Minikleid - vgl. Mini für Minirock]
minirobe *f* [qui s'arrête à mi-cuisse] *(préf.)*; mini-robe *f*
miniabito *m* [molto corto, a mezza gamba o a lunghezza molto sopra il ginocchio]

911 **minimal bra** [made of light nude-coloured fabric with no wires or padding]; natural bra; nude bra
Minimalbüstenhalter *m* [naturnah, hautfarben, ohne Bügel oder Pölsterchen]
soutien-gorge *m* **minime** [de couleur naturelle sans armature]
reggiseno *m* **minimo** [al naturale]

912 **miniskirt** [a very short skirt reaching to mid-thigh or well above the knee]; mini-jupe [French word meaning miniskirt]; mini skirt *(AE)*
Minirock *m*; Mini *m* [Kurzform für Minirock - vgl. Mini *n* für Minikleid]
minijupe *f* [qui s'arrête à mi-cuisse - voir également jupette] *(préf.)*; jupe *f* mini
minigonna *f* [che lascia scoperta la gamba molto sopra i ginocchi - vedi anche lady minigonna]

913 **mitten** [with a separate thumb and a single compartment for all four fingers together, used for winter or sporting wear] *(pref.)*; mitt [abbr. for mitten]; fingerless mittens *pl*
Fausthandschuh *m* [ein Winter- oder Sporthandschuh mit einem von den anderen vier vereinten Fingern getrenntem Daumen] *(präf)*; Fäustling *m*
moufle *f* [le gant fourré enveloppant les quatre doigts ensemble et le pouce séparément]; mitaine *f* [région.]
muffola *f* [un guanto a sacchetto che ha il pollice diviso e tutte le altre dita unite] *(pref.)*; manopola *f* [forma abbreviata di guanto a manopola]; guanto *m* a manopola

914 **mock collar** [a single, unfolded fabric band collar, not reaching far up the neck - not a real collar] *(pref.)*; mock turtleneck collar [knitted]; chimney collar [longer]
Schornsteinkragen *m* [ein einfacher, nicht umgeschlagener Kragen aus Gewebe]; Kraterkragen *m*
col cheminée *m* [un col haut et étroit en tissu qui ne se replie pas sur lui-même]
collo *m* **a cratere** [un collo alto di tessuto a forma di tronco di cono]

915 **mock pocket** [with a flap suggesting a real pocket underneath, but without a pocket opening] *(pref.)*; false pocket
falsche Tasche *f* [besteht aus einer Patte ohne Tascheneingriff]; imitierte Tasche *f*
fausse poche *f* [imitation d'une poche à patte sans ouverture]
tasca *f* **finta** [il lembo di tessuto che simula una tasca senza avere un'apertura]

916 **mock seam** [e.g. a seam sewn into a circular-knitted item of hose to give the appearance of a black line up the back]
Scheinnaht *f* [die sich hinten an den Damenstrümpfen befindet]; imitierte Naht *f*
fausse couture *f* [imitation d'une couture derrière un bas de nylon]
finta cucitura *f* [simulata al rovescio di una calza di nailon] *(pref.)*; cucitura *f* finta

917 **mock turtleneck sweater** [with a single unfolded knit band, which reaches higher up the neck than a simple mock

collar, but not as high as a turtleneck sweater]
Sweater *m* **mit Bandkragen** [nicht so hoch wie ein umgeschlagener Schildkrötenkragen]; Bandkragensweater *m*
pull-over *m* **à col cheminée**
sweater *m* **con collo a cratere** [alto, ma non come un collo alla ciclista, costato alla base che salendo si restringe a forma di un tronco di cono]

918 **modellist** [the person who creates the first fashion model from the original design]; modelist(e) *(AE)*
Modelleur *m* [französisches Wort: Person, die über alle Zwischenphasen eine Modellskizze ins Erstmodell umsetzt]
modéliste *m* [la personne qui effectue les étapes entre le croquis et le prototype d'un vêtement] *(préf.)*; modelliste *m (obs.)*
modellista *m/f* [chi trasforma l'idea stilistica in esemplari originali in carta per la realizzazione di un modello]

919 **modesty piece** [a fill-in to reduce the neckline of a low-cut dress and to cover the cleavage]; modesty [abbr. of modesty piece]
Modestie *f* [ein Einsatz zur Verringerung des Ausschnitts - vgl. Brusteinsatz]
modestie *f* [abréviation de foulard de modestie, c'est-à-dire une pièce d'étoffe ou de dentelle destinée à voiler un décolleté trop dégagé] *(préf.)*; foulard *m* de modestie; empiècement *m* de décolleté
modestia *f* [uno sparato di scollatura]; sparato *m* di scollatura

920 **money bag** [worn around the neck]
Brustbeutel *m* [um den Hals gehängt getragen]
bourse *f* **portée sur la poitrine**
borsellino *m* **appeso al collo**

921 **monk's collar** [fashion term: the roll-collar of a wrap-over-front bodice] *(pref.)*; Capuchin collar
Mönchskragen *m* [ein Rollkragen (Modebegriff) - vgl. Kragen mit Rollkapuze]
col *m* **monacal** [notion de mode: un col roulé]
collo *m* **monacale** [termine di moda: un collo arrotolato su sé stesso]

922 **monk's hood**
Mönchskapuze *f* [sehr weit fallend und locker zugeschnitten]
capuchon *m* **de moines**
cappuccio *m* **monacale**

923 **monobrand boutique** [selling articles by a single maker]
Einzelmarkenboutique *f* [verkauft die Luxusware eines einzigen Markenherstellers] *(präf)*; Markenboutique *f* [verkauft die Luxusware mehrerer Markenhersteller]
boutique *f* **monogriffe** [qui vend des produits de luxe sous la griffe d'un seul fabricant]
boutique *f* **monogriffe** [un negozio in cui si vendono indumenti di lusso di un solo stilista] *(pref.)*; boutique *f* monomarca

924 **Montgomery coat** [a short duffel coat with a hood, a loose yoke and a toggle fastener]
Montgomerymantel *m* [kurzer Dufflecoat mit Kapuze, losem Sattel und Knebelverschluss] *(präf)*; Monty *m* [Abkürzung von Montgomerymantel]
manteau Montgomery *m* [un manteau sport à mi-cuisses à capuche]
cappotto *m* **Montgomery** [un giaccone sportivo a tre quarti da inverno con cappuccio]

925 **moon boot** [a thick, warm padded boot made of cloth]
Moonboot *m* [voluminöser Schneestiefel, der mit matelassiertem Nylon oder Kunstpelz bezogen ist]
après-ski *m* [abréviation de bottillon après-ski, par ex.: mettre des après-ski]; bottillon *m* d'après-ski *m* [que l'on chausse lorsqu'on ne skie pas]
stivale *m* **doposcì** [morbido, caldo e protettivo] *(pref.)*; doposcì *m* [forma abbreviata di stivale doposcì, p.e. un paio di doposcì]

926 **morning coat** [a one-button black or grey coat with tails, cut away at the front, worn as part of morning dress] *(pref.)*; cutaway coat; cutaway *(AE)*

Cutaway *m* [ein gebogen geschnittener Herrenschoßrock] *(präf)*; Cut *m* [Kurzform von Cutaway]
jaquette *f* **de cérémonie à basques arrondies** [le plus souvent foncée]
giacca *f* **a coda arrotondata** [scura]

927 **mother-of-pearl button** [with the inside of the shells of shellfish outwards - its bright iridescent colours seem to change]
Perlmuttknopf *m* [aus Meeres- und Flussmuscheln gedreht, weist dieser Knopf den irisierenden Effekt schillernder Regenbogenfarben auf]
bouton *m* **de nacre** [avec des reflets irisés] *(préf.)*; bouton *m* nacré
bottone *m* **di madreperla** [con riflessi iridescenti della conchiglia di molluschi]

928 **mountaineering jacket** [for climbing mountains as a sport]
Bergsteigerjacke *f* [eine Sportkleidung]
veste *f* **de montagne** [une tenue de sport]
giaccone *m* **da montagna** [una tenuta sportiva]

929 **mourning band** [an armlet of black ribbon] *(pref.)*; mourning knot *(AE)* [armlet]; black ribbon; black armband; crepe *(AE)* [black ribbon for mourning]; mourning ribbon *(AE)* [worn on a hat]
Trauerflor *m* [rund um den Ärmel oder am Revers angebracht]
crêpe *m* **de deuil** [porté en brassard ou au revers d'une veste en signe de deuil] *(préf.)*; cravate *f* noire [en signe de deuil]
fascia *f* **nera al braccio** [da lutto]; bottone *m* nero all'occhiello; crespo *m* da lutto *(gener.)*

930 **mourning dress** [no longer worn on an everyday basis] *(obs.)*
Trauerkleid *n* [wird im Alltag nicht mehr getragen, sondern ein einfaches dunkles Kleid] *(veralt.)*
robe *f* **de deuil** [portée en signe de deuil]
abito *m* **da lutto** [femminile indossato in segno di lutto]

931 **mourning veil** [a black, semi-sheer veil worn under or over a hat at funerals]; weepers *pl (obs.)*
Trauerschleier *m* [nur die Frau in Tieftrauer trägt noch beim Begräbnis einen Schleier]
voile *m* **de deuil** [un morceau de crêpe noir porté en signe de deuil]
velo *m* **da lutto** [nero, indossato in segno di lutto]

932 **mouton doré coat** [a woman's fur coat made from the lamb's woolly sheared fur, dyed brown]
Mouton-doré-Mantel *m* [französisches Wort für einen Pelzmantel, der aus geschorenem, braun gefärbtem und auf der Pelzseite veredeltem Lammpelz hergestellt ist]
manteau *m* **en mouton doré** [en mouton lainé rasé et à poil teint]
cappotto *m* **di montone doré**

933 **mouton-furred** *adj* [lined with mouton fur]; lined *adj* with mouton
mit Lammpelz gefüttert *adj* [innen mit Lammpelz ausgestattet]
doublé *adj* **de mouton** [qui est garni d'une fourrure de mouton]
foderato *agg* **di montone** [che è provvisto di una fodera di montone]

934 **muff pocket** [with two opposite side openings positioned at the centre front of an item of clothing]; hand warmer pouch pocket
Mufftasche *f* [eine auf das Vorderteil eines Kleidungsstücks mittig aufgenähte Tasche mit zwei muffartigen, seitlichen Eingriffen]
poche manchon *f* [ouverte aux deux extrémités]
tasca *f* **a manicotto** [aperta alle due estremità]

935 **muffler** [a long white silk scarf covering part of the face and the neck with visible hanging ends, used for men's evening wear]; man's white scarf
Cachenez *n* [französisches Wort für ein von Herren zur Gesellschaftskleidung nach außen getragenes langes, weißes Seidentuch]; langes weißes Seidenhalstuch *n*
cache-nez *m* [une longue écharpe blanche pour hommes portée lors d'une soirée]
sciarpa *f* [una lunga fascia bianca di seta indossata sul vestito da sera da uomini]

936 **mule** [a woman's high-heeled, backless slipper with a vamp, for wearing indoors]
hochhackiger Pantoffel *m* [ein Damenhauspantoffel aus Leder] *(präf)*; Mule *f* [englisches Wort für hinten offene Damenhauspantoffeln mit hohen Absätzen]
mule *f* **à talon haut** [la pantoufle légère d'intérieur laissant l'arrière du pied découvert, peut être portée aussi comme chaussure d'été]; pantoufle *f* à talon haut
pantofola *f* **a tacco alto** [la calzatura leggera femminile da casa in panno o pelle morbida a tacco alto]

937 **multiple seam**
Mehrfachnaht *f*
couture *f* **multiple**
cucitura *f* **multipla**

938 **multiway pocket** [with several openings]; multipocket
Mehrwegtasche *f* [mit mehreren Eingriffen oder auch mit verschiedenartigen Verschlüssen]
poche multiple *f* [à plusieurs ouvertures]
tasca *f* **multipla** [una tasca a multiple aperture - il termine multitasche indica anche un capo di abbigliamento con molte tasche]

939 **muscle shirt** [for muscular, athletic men]
Muskelshirt *n* [für einen Muskelmann]
teeshirt *m* **pour un homme très musclé et fier de son corps**
tee-shirt *f* **per un uomo muscoloso**

940 **mushroom-pleated skirt** [with very fine, heat-set pleats]
Pilzplisseerock *m*; Rock *m* mit Pilzplissee
jupe *f* **à plissé champignon**
gonna *f* **a plissé a fungo**; gonna *f* a pieghettatura a fungo

941 **musketeer collar** [a woman's turned-down collar with pointed ends, similar to a petal collar but larger]; mousquetaire collar *(AE)*
Musketierkragen *m* [sehr großer, passenähnlicher Damenkragen, meistens mit spitzen Enden]
col *m* **mousquetaire** [un grand col rabattu aux extrémités pointues écartées destiné aux femmes]
collo *m* **alla moschettiera** [un collo esteso in larghezza a punte molto appuntite]

942 **musketeer cuff** [a wide flaring cuff or flaring top - compare gauntlet of glove]; mousquetaire cuff *(AE)*
Musketiermanschette *f* [eine weit ausladende Manschette]
manchette *f* **mousquetaire**
polso *m* **alla moschettiera** [allargato progressivamente]

943 **musketeer glove** [a long glove with a long loose wrist or worn crushed up to the elbow] *(gener.)*; mousquetaire glove *(AE)*; musketeer gauntlet; mousquetaire gauntlet
Musketierhandschuh *m* [mit weit ausladender Manschette] *(präf)*; Mousquetaire *m* [französisches Wort für einen bis zu 16 Knopf langen Damenhandschuh mit geknöpftem Schlitz]
gant *m* **à la mousquetaire** [un gant à large crispin évasé destiné à protéger le poignet] *(préf.)*; mousquetaire *m* [abréviation de gant à la mousquetaire]
guanto *m* **alla moschettiera** [allargato fino al gomito] *(pref.)*; guanto *m* alla scudiero

N

944 **Nappa glove** [made of Nappa leather]
Nappahandschuh *m* [Kurzwort für Nappalederhandschuh] *(präf)*; Nappalederhandschuh *m*
gant *m* **de nappa** [fait de cuir de nappa]
guanto *m* **di nappa** [fatto di pelle nappa]

945 **Nappa jacket** [made of Nappa leather]; Nappa leather jacket
Nappajacke *f (präf)*; Nappalederjacke *f*
blouson *m* **de nappa** *(préf.)*; veste *f* de (cuir) nappa
giacca *f* **di nappa** [di pelle nappa]

946 **narrow knife pleat** [a single-part razor-sharp erected pleat]

Messerplissee *n* [ein einseitiges Stehplissee mit messerscharf hochstehenden Kanten]
plissé couteau *m* [à pli debout affilé]
plissé *m* **a coltello** [a piega sollevata]

947 **narrow shoulder**
schmale Schulter *f*
épaule *f* **étroite**
spalla *f* **stretta**

948 **natural fur jacket** [as opposed to an artificial fur jacket]; real fur jacket
echte Pelzjacke *f* [im Gegensatz zu einer Kunstpelzjacke]
veste *f* **en fourrure véritable**
giacca *f* **di pelliccia vera**

949 **natural shoulder** [follows the shoulder line without any padding] *(pref.)*; unpadded shoulder; natural shoulder line
natürliche Schulterlinie *f* [einfach der natürlichen Schulterform folgend, ohne jeden Schulterpolster]
ligne *f* **de l'épaule naturelle** [sans épaulette]
linea *f* **naturale della spalla** [senza spallina]

950 **natural waistline** [at the narrowest part of the torso]
natürliche Taillenlinie *f* [der anatomischen Taillenlinie entsprechend]
ligne *f* **de la taille naturelle** [correspondant au rétrécissement du torse]
linea *f* **naturale della vita** [nella parte incavata del corpo]

951 **navel opening** [for displaying the navel]
Nabelausschnitt *m* [dient der Zurschaustellung des Nabels]
fenêtre *f* **à ombilic** [une ouverture pour étaler l'ombilic]
apertura *f* **a ombelico** [che lascia nudo l'ombelico]

952 **neck circumference** [a body measurement]; neck girth
Halsumfang *m* [ein Körpermaß]
tour *m* **de cou** [une mesure du corps qui correspond à l'encolure sans serrer le mètre du couturier en laissant l'aisance souhaitée - ne pas confondre avec un ruban, une fourrure ou un bijou porté autour du cou]
circonferenza *f* **del collo** [una misura del corpo] *(pref.)*; girocollo *m* [la circonferenza del collo del corpo o la sua misura]

953 **neck halter** [a strap encircling the nape of the neck and supporting the high panel front of a dress]; neckholder *(AE)*; halter [abbr. of neck halter]
Neckholder *m* [ein Nackenbandträger]; Nackenbandträger *m*
bande *f* **autour du cou** [pour tenir une robe à dos nu]; neckholder *m* [mot anglais: bande autour du cou pour tenir une robe à dos nu]
bretella *f* **di nuca** [che lascia le spalle e la schiena scoperte] *(gener.)*; bretella *f* all'americana

954 **neck-hole** [the opening for the neck in an item of clothing, but also the space between the collar and the back of the neck - compare neckline]
Halsloch *n* [eine für den Hals bestimmte Öffnung, in die der Kragen eingenäht oder derer Rand ohne Kragen versäubert wird - vgl. Ausschnitt] *(präf)*; Halsring *m* [kann auch versäubert sein]
ouverture *f* **du col** [voir également encolure]
apertura *f* **del collo** [vedi anche scollatura]

955 **neckcloth** [for men: worn round the neck] *(gener.)*; blue billy [blue neckcloth with white polka dots]; dog collar scarf [going twice around the neck, with the ends knotted at the front]
Einlegetuch *n* [für Herren zum Tragen im Inneren eines offenen Hemdkragens - vgl. Ascotbinde] *(allg)*; Herreneinlegetuch *n* *(allg)*; Herrenhalstuch *n*
cache-col *m* [une petite écharpe masculine nouée à l'intérieur d'un col] *(préf.) (génér.)*; écharpe *f* [par ex.: écharpe de laine - voir également écharpe (une large bande)]
cache col *m* [locuzione francese per una sciarpa leggera da uomo che si avvolge intorno al collo e si porta dentro la camicia]

956 **neckline** [the finished edge of the neck-hole or its contour - compare neck-hole]
Ausschnitt *m* [Kurzform für Halsausschnitt, d. h. ein versäubertes oder mit Futter

verstürztes Halsloch - vgl. Halsloch] *(präf)*; Halsausschnitt *m*; Halsabschluss *m*
encolure *f* [une ouverture échancrée autour du cou par où on passe la tête - voir également ouverture du col]
scollatura *f* [un'apertura rifinita intorno al collo, sul petto o sulla schiena di un abito da donna, p.e. scollatura rotonda - vedi anche apertura del collo] *(pref.)*; scollo *m*

957 **neckscarf** [a neck covering - compare comforter] *(pref.)*; neckerchief [worn as a neck covering]; neck-handkerchief; neckscarf *(AE)*
Halstuch *n* [viereckiges Gewebestück, um den Hals zu bedecken - vgl. Schal]
foulard *m* **de cou** [la pièce d'étoffe carrée dont la femme se couvre le cou - voir également cache-nez (une longue écharpe)] *(préf.)*; cache-cou *m*
fazzoletto *m* **da collo** [da portare ripiegato a triangolo intorno al collo - vedi anche sciarpa (una lunga fascia)]

958 **needle** [a sewing needle or sewing machine needle]
Nadel *f* [Nähnadel und Nähmaschinennadel]
aiguille *f* [l'aiguille à coudre, à broder ou de machine à coudre]
ago *m* [p.e. ago da cucire a mano e da macchina]

959 **needle thread** [of a sewing machine - feeds in from the top] *(pref.)*; upper-thread [of a sewing machine]
Nadelfaden *m* [an der Nähmaschine - beim Doppelkettenstich verläuft er durch das Nadelöhr] *(präf)*; Oberfaden *m* [an der Nähmaschine beim Doppelsteppstich]
fil *m* **de l'aiguille** [d'une machine à coudre - le fil qui sort de l'aiguille]
filo *m* **dell'ago** [di una macchina per cucire]

960 **needlepoint work** [decorative embroidery on scrim, worked by gros point or petit point] *(pref.)*
Nadelarbeit *f* [eine Handarbeit]
ouvrage *m* **à l'aiguille** [fait à la main, par ex.: dentelle à l'aiguille]
lavoro *m* **ad ago** [una lavorazione a mano]

961 **needlework** [making clothing items by sewing or making embroidered decorations that are sewn by hand]; needlecraft [the art or skill involved in needlework]
Handarbeit *f* [durch Nähen oder Sticken gemacht]
ouvrages *mpl* **des dames** [des travaux manuels de broderie ou de couture]
lavoro *m* **a mano** [il risultato dell'attività]; lavoro *m* manuale

962 **Nehru suit** [a straight, slightly fitted, simple suit with a stand-up collar and concealed front buttoning]
Nehruanzug *m* [einfacher, glatt geschnittener Einreiheranzug mit hohem Kragen und unsichtbarem Verschluss]
costume Nehru *m* [costume avec une longue veste droite à une rangée, à fermeture invisible et à haut col avec les pointes arrondies et un pantalon commode]
completo *m* **alla Nehru** [che consiste in una lunga giacca monopetto semplice, tagliata diritta, a colo guru alto a punte arrotondate e in pantaloni comodi]

963 **net** [a knotted net with square meshes, e.g. a hairnet]
Netz *n* [ein durchbrochenes Flächengebilde zum Einsatz als Fanggerät oder Haarnetz] *(allg)*
filet *m* [un réseau à grands jours pour retenir qqch., par ex. filet à cheveux]
rete *f* [oggetto costituito da un intreccio aperto di fili con motivi geometrici vuoti, p.e. rete per i capelli]

964 **net pocket bag**
Netztaschenbeutel *m*
sac *m* **en filet d'une poche**
sacchetto *m* **a rete di una tasca**

965 **neutrals** *pl* [unobtrusive colours that are not bright and not strong]
Neutrals *pl* [englisches Wort für unauffällige, leicht anpassbare Farben] *(präf)*; Noncolours *pl* [englisches Wort für nicht eindeutig zu einer Farbfamilie zuzuordnende Farben]
couleurs *fpl* **neutres** [couleurs peu frappantes qui n'attirent pas l'attention des hommes]; tons *mpl* neutres; coloris *mpl* neutres
colori *mpl* **neutri** [non vivaci di un disegno]

966 **nightclothes** *pl* [worn in bed - compare nightdress] *(pref.)*; sleepwear [store term for sleeping garments or informal clothing worn in the evening]; nightwear [store term]
Nachtwäsche *f* [Oberbegriff sämtlicher Wäschestücke, die zum Schlafen getragen werden - vgl. Nachthemd]
vêtements *mpl* **de nuit** [que l'on met pour se coucher - voir également robe de nuit]
indumenti *mpl* **da notte** [che si indossano durante la notte - vedi anche camicia da notte]

967 **nightdress** [worn especially by women and children] *(pref.)*; night-robe *(AE)*; nightgown; nightie [for women and girls]; robe de nuit [French term for a nightdress]; sleeper [a sleeping suit for a small child]
Nachthemd *n* [klassisches langes Damenschlafkleid, auch von Mädchen getragen] *(präf)*; Damennachthemd *n*
robe *f* **de nuit** [portée seulement par les femmes pour se coucher]
camicia *f* **da notte** [veste lunga e leggera, prevalentemente di uso femminile, per andare a letto]

968 **nightshirt** [a long, loose shirt worn in bed, especially by men and boys]; nightshift *(AE)* [worn by women and men];
Nachthemd *n* [für Herren und Kinder - vgl. Nachthemd für Damen] *(allg)*
chemise *f* **de nuit** [pour femmes, hommes et enfants, qui se porte à même la peau] *(génér.)*
camicia *f* **da notte** [vedi anche camicia da notte (veste lunga e leggera)] *(gener.)*

969 **no-bra look** [wearing nothing under see-through items]
Ohne-BH-Look *m* [nichts unter durchsichtigen Blusen tragen]; Nacktlook *m*
style *m* **sans soutien-gorge** [sous une blouse transparente]
moda *f* **senza reggiseno** [indossando una blusa o un abito da sera trasparente]

970 **non-separable zip fastener** [opens in one direction only - compare separable zip fastener]; nonseparable zipper *(AE)*
unteilbarer Reißverschluss *m* [öffnet sich nur in eine Richtung, was dem Normalfall entspricht - vgl. teilbarer Reißverschluss]
fermeture *f* **à glissière non-séparable** [le cas normal - voir également fermeture à glissière séparable]
cerniera *f* **non separabile** [- vedi anche cerniera separabile]

971 **non-slip** *adj* [that is made to prevent slipping, e.g. prevents the fabric from sliding and creating distortions] *(pref.)*; antislip *adj (AE)*
rutschfest *adj* [eine rutschfeste Gewebeoberfläche kann von Bedeutung sein, z. B. beim Sturz eines Skiläufers]; schiebefest *adj* [verhindert eine Verschiebung von Gewebefäden an der Nahtstelle]
antiglisse [par ex.: vêtements antiglisse de ski pour éviter de glisser en cas de chute]
antisdrucciolo *agg* [che non fa scivolare, p.e. tessuto antisdrucciolo usato per le tute da sci] *(gener.)*; antisdrucciolevole *agg*

972 **notch (angle)** [the angle formed between a collar and a revers - compare collar notch]
Abstich *m* [nicht zum Verwechseln mit einem Kantenabstich - vgl. Kragenabstich]
cran *m* [l'angle à la rencontre du revers avec le col - voir également cran du col]
cran *m* [l'angolo di unione del revers con il collo - vedi anche cran del collo]

973 **notched collar** [with a notch cut out where the lapel joins the collar]
angeschnittener Kragen *m* [mit einem Abstich zwischen Revers und Kragen] *(präf)*; Abstichkragen *m*
col *m* **cranté** [entre le revers et le col] *(préf.)*; col *m* à crans; col *m* à cran ouvert
collo *m* **a cran aperto** [l'angolo di unione di un collo con un rever] *(pref.)*; collo *m* intagliato a cran aperto

974 **notched lapel** [with a notch cut out from the fabric at the meeting point of lapel and collar] *(pref.)*; notched revers
fallendes Crochet *n* [die Spiegelnaht verläuft geradlinig geneigt vom Fassonbruch zur Reverskante] *(präf)*; fallendes Revers *n*

revers *m* **ouvert** [c'est-à-dire le revers à cran ouvert]; revers *m* à cran ouvert
risvolto *m* **aperto** [cioè a cran aperto] *(pref.)*; revers *m* aperto; risvolto *m* a cran aperto

975 **nude** *adj* [that is flesh-coloured] *(pref.)*; skin-coloured *adj*; flesh-coloured *adj*
Nude- [englisches Wort für hautfarben allg. sowie für eine Eigenschaft hochtransparenter Feinstrümpfe] *(präf)*; hautfarben *adj*
nude *adj* [anglicisme: ayant la couleur de la peau] *(préf.)*; de couleur peau
nude *agg* [voce inglese che si riferisce al colore della pelle] *(pref.)*; di colore della pelle

976 **nude look** [sheer transparent dresses that produce a nude effect]
Nacktlook *m* [mittels durchsichtiger Kleider erzielt]; nackte Mode *f* [mode à la Grecque: enganliegend, durchsichtig, seitlich hochgeschlitzt]; Mode *f* à la Grecque [französischer Begriff für nackte Mode mit fast durchsichtigen Chemisen]
style *m* **nu** [avec des vêtements transparents]; mode *f* à la Grecque
nude-look *m invar.* [locuzione inglese: che lascia trasparire o vedere parti del corpo, in particolare il seno]

977 **nun's gimp** [a white neckerchief draped around the head and falling over the neck and chest, worn by nuns - compare gimp] *(pref.)*; nun's guimp; nun's gymp
Nonnenbrustkragen *m* [eine weiße Kopfbedeckung, die auch das Kinn und die Brust einer Nonne bedeckt]
guimpe *f* **de nonne** [une pièce de toile blanche avec laquelle les nonnes couvrent le cou et la gorge]
velo *m* **da petto da monaca** [fatto di tela bianca]

O

978 **obi** [a wide, stiffened Japanese sash, made of brocade and worn around the waist]
Obi *m/n* [breiter, steifer japanischer Kimonogürtel aus Brokat] *(präf)*; Kimonogürtel *m/n*
obi *m* [la ceinture de kimono] *(préf.)*; ceinture *f* de kimono
obi *m* [voce giapponese: la lunga cintura di seta di kimono che si allaccia sulla schiena in un grande nodo] *(pref.)*; cintura *f* di kimono

979 **off-the-face hat** [with a turned-up brim]
Hut *m* **mit hochgeschlagener Krempe** [oder mit aufgeschlagener Krempe] *(präf)*; Aufschlaghut *m* [mit hochgeschlagener Krempe]
chapeau *m* **à bords relevés** [bien que le chapeau n'ait qu'un seul bord - contraire: chapeau à bords baissés] *(préf.)*; chapeau *m* à bord relevé
cappello *m* **a tese risvoltate** *(pref.)*; cappello *m* a tesa risvoltata

980 **off the neckline** [a low, curved, deep-cut neckline at the front or back that does not hug the neck - can also extend to the shoulders]
halsferner Ausschnitt *m* [wesentlich weiter als der natürliche Halsumfang es passformtechnisch erfordern würde]
encolure *f* **dégagée** [qui s'écarte de la base du cou]
scollatura *f* **distante** [una scollatura lontana dal collo]

981 **off the shoulder dress** [leaving the shoulders bare]; off-the-shoulder dress *(AE)*
schulterfreies Kleid *n* [die Schultern bleiben bis zum Schultergelenk unbedeckt]
robe *f* **à épaules nues** [dégagées]; robe *f* à épaules dégagées
abito *m* **a spalla nuda** [che lascia scoperte le spalle]; abito *m* che lascia scoperte le spalle

982 **off the shoulder neckline** [a low neckline around the upper parts of arms and shoulders, leaving the shoulders bare]; off-the-shoulder neckline *(AE)*
schulterfreier Ausschnitt *m* [bis zum Schultergelenk frei]

encolure *f* **à épaules nues** [dégagées]; encolure *f* à épaules dégagées
scollatura *f* **a spalla nuda** [l'abito da donna si sorregge sopra il seno, le spalle restano scoperte]

983 **oilskin** [a jacket with a waterproof finish, worn by sailors and fishermen]
Öljacke *f (präf)*; Wachstuchjacke *f (veralt.)*
veste *f* **cirée** [enduite de cire, de vernis ou de vinyle pour l'imperméabiliser] *(préf.)*; ciré *m* [abréviation de veste cirée]
cerata *f* [forma abbreviata di giaccone cerato o casacca cerata per proteggersi dall'acqua] *(pref.)*; casacca *f* cerata; casacca *f* oleata

984 **oilskin** [coat with a waterproof finish]; slicker [coat] *(AE)* [a yellow oilskin coat worn by fishermen and children]
Ölhaut *f* [ein Wettermantel] *(präf)*; Ölzeug *n* [umgangssprachlich für einen Wettermantel]; Regenhaut *f (allg)*; Wachstuchzeug *n (veralt.)*
manteau *m* **ciré** [un vêtement de pluie enduit de cire, de vernis ou de vinyle] *(préf.)*; ciré *m* [abréviation de manteau ciré]
cerata *f* **lunga** [una giacca o mantella con cappuccio impermeabile da marinai]; casacca *f* oleata lunga; casacca *f* cerata lunga

985 **old-fashioned clothes** *pl* [of an earlier period]; old-fashioned apparel *(AE)*
altmodische Bekleidung *f* [modisch überholt]
vêtements *mpl* **démodés** [passés de mode]
indumenti *mpl* **passati di moda** *(pref.)*; abbigliamento *m* fuori moda

986 **one-piece** [a garment consisting of a single item of clothing - compare all-in-one *adj*]
Einteiler *m (allg)* [Bekleidungsstück aus einem Teil - vgl. Ganz-]
une-pièce *m* [la pièce de vêtement qui consiste en une seule pièce - voir également entier]
monopezzo *m invar.* [un capo di vestiario costituito da un solo pezzo - vedi anche intero]; capo *m* d'un pezzo

987 **one-piece dress**
einteiliges Kleid *n*; Einteilerkleid *n*
robe *f* **à une pièce**
abito *m* **da un pezzo (femminile)**; veste *f* da un pezzo [vestito da un pezzo femminile, p.e. veste lunga fino ai piedi] *(gener.)*

988 **one-shoulder backpack** [a utilitarian bag carried over one shoulder]
Schulterrucksack *m* [über eine Schulter geworfen, ist für den täglichen Gebrauch bestimmt]
sac *m* **à dos d'épaule** [passant seulement sur une seule épaule]
zainetto *m* **a spalla** [da portare su una sola spalla]

989 **one-sided pleat** [superposed and sometimes lightly pressed]
Liegefalte *f* [übereinander liegend, leicht gebügelt oder auch nicht]
pli *m* **plat** [couché d'un seul côté de la pliure et légèrement repassé];
piega *f* **piatta** [ripiegata su un lato]

990 **one-size** [no range of sizes is available] *(pref.)*; no size; one-size-fits-all
Eine Größe *f* [es ist kein Größensortiment vorhanden]
taille *f* **unique** [un produit sans tailles] *(préf.)*; sans tailles
una sola taglia *f* [un modello senza assortimento di taglie]; taglia *f* unica

991 **open dart** [stitched and left open]
offener Abnäher *m* [am Anfang abgesteppt und dann offen gelassen]
pince *f* **ouverte** [par ex.: pince ouverte d'un pantalon]
ripresa *f* **aperta** [cucita all'inizio e poi lasciata libera] *(gener.)*; pince *f* aperta [p.e. pince aperta dei pantaloni]

992 **open-end(ed) yarn**
OE-Rotorgarn *n* [mittels OE-Rotorspinnen hergestellt, wobei OE = Open End oder Offen-End-] *(präf)*; Offen-End-Garn *n* [ein mittels OE-Rotorspinnen hergestelltes OE-Garn]
fil *m* **à fibre libérée**; fil OE *m* [anglicisme: OE = open end]
filo *m* **a capo libero**; filo *m* OE [dall'inglese:

OE = Open End, cioè fatto di fibre a capo libero]

993 **opposé** *adj* [French word for opposed colours that contrast strongly]
opposé *adj* [französisches Wort: z. B. in Opposéfarben, im Gegensatz zu Ton in Ton liegt bei den Opposéfarben ein harter Kontrast vor]
opposé *adj* [qui fait contraste, par ex.: les couleurs opposées font un contraste dur]
opposé *agg* [voce francese: a contrasto, p.e. colori a contrasto forte]; opposto *agg* [a contrasto]

994 **ornamental belt** [a decorative belt]
Ziergurt *m* [ein schmückender Gurt] *(präf)*; Schmuckgurt *m*
ceinture *f* **ornementale** [décoratif]
cintura *f* **ornamentale** [una striscia ornamentale per trattenere e stringere un capo di vestiario alla vita]

995 **ornamental cuff** [turned up on the sleeve]
zierende Stulpe *f* [zierendes Stoffteil am Ärmelsaum aus dem gleichen oder einem kontrastierenden Stoff]; zierender Ärmelaufschlag *m*
parement *m* **ornemental** [le revers sur la manche d'une jaquette de femme ou d'une robe replié sur la manche et non sur lui-même]; revers *m* de manche orné *(génér.)*
risvolto *m* **ornamentale di una manica** [che viene ripiegato sulla manica all'esterno]

996 **ornamental shirt stud** [with an ornamental round knob projecting from the surface, used to fasten a shirt front] *(pref.)*; ornamental shirt-pin [for fastening a shirt at the throat]
Ziersteckknopf *m* [für festliche Hemden]
clou *m* **ornemental** [pour la fermeture du devant d'une chemise]
borchia *f* **ornamentale** [piccolo disco per chiudere il davantino di camicia]

997 **ornamental tuck** [stitched from the right side, used for decoration]
Zierbiese *f* [parallele Biesen auf der Schauseite des Materials, die zur Verzierung von Blusen und Kleidern dienen]
nervure *f* **ornementale** [plusieurs nervures parallèles sur l'endroit d'un tissu]
nervatura *f* **ornamentale** [sul diritto di un tessuto]

998 **out of fashion** [e.g. go out of fashion] *(pref.)*; unfashionable *adj*; passé [de mode] *(AE)* [French term for out of fashion]
überholt *adj* [modemäßig]; out [englisches Wort für überholt]
passé *adj* [de mode - démodé]
out *agg* [locuzione inglese: caduto in disuso] *(pref.)*; passato *agg* [di moda]; fuori moda

999 **outdoor clothing** [clothes worn outside, e.g. coats and hats] *(pref.)*; outdoor things *pl*; outerwear [generic term for clothes worn outside]; outdoor apparel *(AE)*
Outdoorkleidung *f* [zum Tragen im Freien]
vêtements *mpl* **de marche** *(préf.)*; vêtements *mpl* d'extérieur; vêtements *mpl* de plein air
abbigliamento *m* **outdoor** [voce inglese: da portare fuori, all'aperto] *(pref.)*; abbigliamento *m* da portare all'aperto

1000 **outer fabric** [the outer layer of a clothing item] *(pref.)*; face fabric; top fabric; shell fabric *(AE)*
Oberstoff *m* [die nach außen getragene Stofflage eines Kleidungsstücks]
tissu *m* **de dessus** *(préf.)*; couche *f* extérieure du tissu [d'un vêtement]
tessuto *m* **esterno** [di un capo di vestiario]

1001 **outerwear fabric** [used for clothes worn outside over other clothes - unusual term]
Oberbekleidungsstoff *m* [jeder Stoff, der zur Herstellung einer im Freien oder im Innenbereich über der Unterwäsche getragenen Bekleidung zum Einsatz kommt]
tissu *m* **pour les vêtements de dessus** [qui sont portés sur les sous-vêtements à l'intérieur ou à l'extérieur selon l'usage]
tessuto *m* **per indumenti esterni**; tessuto *m* per abbigliamento esterno

1002 **outfit** [a complete garment

assembly, including accessories, or a set of garments to be worn together] *(gener.)*
Outfit *n* [eine komplette Kleidungszusammenstellung, einschl. Accessoires] *(präf)*; Dress *m* [Outfit]
tenue *f* [l'ensemble des accessoires et des vêtements]; habit *m* [au singulier désigne l'ensemble des pièces d'habillement constituant une tenue]; habits *mpl* [au pluriel désigne l'ensemble des vêtements, par ex. habits du dimanche]
tenuta *f* [l'insieme dell'abbigliamento e degli accessori che servono a completare l'aspetto di una tenuta] *(pref.)*; modo *m* di vestirsi

1003 **outseam** [stitched on the right side of sports gloves with rope stitches, leaving the leather edges exposed] *(pref.)*; round seam; glove outseam
Laschnaht *f* [eine externe, grobstichige Sporthandschuhnaht, bei der die Lederkanten offen sichtbar bleiben]; Handschuhlaschnaht *f*
couture *f* **de côté lasch à bords visibles** [d'un gant]; couture *f* lasch [du gant - terme allemand]
cucitura *f* **lasch** [del guanto - locuzione tedesca: a punti di cucitura che lascia visibili i bordi]

1004 **outside-leg-length of trousers/ pants** [measured from the waistline, without the waistband, down to the hem]
Seitenlänge *f* **des Hosenbeines** [von der Taille bis zur Fußsohle ohne Bund] *(präf)*; Maß *n* für die Hosenbeinlänge
longueur *f* **de côté de la jambe d'un pantalon** [la longueur extérieure mesurée de la taille sans ceinture jusqu'à la plante du pied - une mesure finie] *(préf.)*; longueur *f* latérale de la jambe d'un pantalon
lunghezza *f* **esterna della gamba di un pantalone** [misurata dalla vita senza cintura alla pianta/caviglia] *(pref.)*; lunghezza *f* laterale della gamba di un pantalone

1005 **outsize clothes** *pl* [larger than the usual sizes, above the standard]
übergroße Bekleidung *f* [eine Größe, die über die Standardmaße hinaus geht]
vêtements *mpl* **de très grandes tailles**
abbigliamento *m* **taglie forti**

1006 **oval neckline** [egg-shaped]
ovaler Ausschnitt *m* [eiförmig]
encolure *f* **ovale**
scollatura *f* **ovale**

1007 **over-the-knee length** [the garment reaches to above the knee - compare knee length]; overknee-length
Über-dem-Knie-Länge *f* [vgl. Knielänge]
longueur *f* **au-dessus du genou** [voir également longueur jusqu'au genou]
lunghezza *f* **fino sopra al ginocchio** [vedi anche lunghezza fino al ginocchio]

1008 **over-the-knee sock** [reaching to above the knee, with an elastic top]; overknees *pl* [abbr. for over-the-knee sock]; stringgins *pl* [longer than overknees]
Overknees *pl* [englisches Wort für einen über das Knie reichenden Strumpf]; Über-dem-Knie-Strumpf *m*; Striggins *pl* [englisches Wort für Strümpfe, die länger als die Overknees sind]
bas-cuissarde *m* [montant un peu au-dessus du genou]
overknees *pl* [una calza fin sopra il ginocchio]; calza *f* fin sopra il ginocchio

1009 **overalls** *pl* [a woman's one-piece cotton garment with pockets, flaps and belt]; woman's jumpsuit; woman's overalls *pl*
Overall *m* [Modebegriff für einen einteiligen Damen- und Mädchenanzug aus Baumwolle - vgl. Overall (einteiliger Arbeitsanzug)]; Kombination *f* [eine einteilige Damenhemdhose - Modebegriff]
combinaison pantalon *f* [un vêtement de dessus féminin d'une seule pièce pour le loisir] *(préf.)*; salopette *f* (de femme) [pantalon à bavette et à bretelles]
overall *m* **(femminile)** [locuzione inglese per una tuta sportiva alla moda]; tuta *f* [un capo in un solo pezzo da donna]; salopette *f invar.* [pantaloni con pettorina e bretelle da donna]

1010 **overblouse** [worn over a skirt rather than tucked inside a skirt or trousers]
Overblouse *f* [aus dem Englischen für eine

über einem Pulli getragene legere, durchgeknöpfte Bluse]
blouse survêt *f* [qui se porte au-dessus d'un pull-over]
soprabblusa *f* [che si indossa sopra un pullover]

1011 **overboot** [worn over another shoe]
Überstiefel *m* [über einem Schuh getragen]
botte *f* **couvre-chaussure**
stivale *m* **soprascarpa**

1012 **overcoat** [heavier than a topcoat, it is suitable for wearing over ordinary clothing in very cold weather] *(pref.)*; outer coat; pardessus [French word for a fitted overcoat]; topcoat; greatcoat *(milit.)*
Wintermantel *m* [aus schwerem Wollstoff zum Tragen über anderer Kleidung]
manteau *m* **de laine** [d'hiver porté par les hommes et les femmes, chez les hommes on dit plutôt pardessus]; pardessus *m* de laine [exclusivement masculin]; capote *f* de laine [un grand manteau]
paltò *m invar.* [un soprabito invernale di lana] *(pref.)*; cappotto *m* pesante

1013 **overdress** [worn over a pullover, shirt or another dress]; over dress
Overdress *m* [englisches Wort für ein Kleid, das über einem Pullover, einem Shirt oder einem anderen Kleid getragen wird]
overdress *m* [anglicisme pour un vêtement porté au-dessus d'un autre]
overdress *m* [voce inglese per un abbigliamento portato sopra un altro]

1014 **overedge seam** [for finishing a raw edge, preventing ravelling - compare trimming seam]; overcast seam *(AE)*
Umstechnaht *f* [eine Versäuberungsnahtart, die Nähgutkanten gegen Ausfransen absichert - vgl. Versäuberungsnaht] *(präf)*
couture *f* **à surfil** [pour prévenir l'effilochement - voir également couture de finition du bord] *(préf.)*; couture *f* à surjet
cucitura *f* **a sopraffilo** [effettuata ai bordi di un tessuto per evitare la sfilacciatura del bordo di tessuto - vedi anche cucitura di rifinitura]; cucitura *f* a sopraggitto

1015 **overedging of raw edges** [by trimming them with overcast stitches to prevent ravelling] *(gener.)*; casting *(AE)*; whipping [with short overcast stitches on raw edges]
Versäubern *n* **von Rohkanten** [zur Absicherung der Schnittkanten gewebter Ober- und Futterstoffe gegen Ausfransen - vgl. Umstechen] *(allg)*
couture *f* **des bords à point de surjet** [contre l'effilochement - l'action de coudre] *(génér.)*; surfilage *m* d'un bord brut; surjet *m* d'un bord brut
cucitura *f* **dei bordi tagliati a sopraggitto** [con punti molto fitti per evitare la sfilacciatura] *(gener.) (pref.)*; sopraffilo *m* di un bordo tagliato [bruto]; sopraggitto *m* di un bordo tagliato [bruto]

1016 **overelbow-length evening glove** [long-length evening glove]; opera glove *(AE)*
überlanger Abendhandschuh *m* [die Länge reicht über den Ellbogen hinaus]
gant *m* **vénitien du soir** [prolongé au-dessus du coude]
guanto *m* **lungo da sera** [che può arrivare fin sopra il gomito]

1017 **overknee** *adj* [that reaches to above the knee]; above-the-knee *adj* [the length at which the lower hem of women's outerwear ends]
Über-dem-Knie- [eine Kleid- und Rocklänge]; kniefrei *adj* [Saumlänge in der Damenoberbekleidung, die über dem Knie endet, z. B. kniefreie Mode]
au-dessus du genou [s'arrêtant au-dessus du genou]
sopra il ginocchio [che lascia scoperti i ginocchi]; fino sopra il ginocchio

1018 **overlap** [the piece of fabric that lies over the underlap of a trouser fly] *(pref.)*; overlay [of the vent of a shirtsleeve]
Übertritt *m* [die obenliegende Kante bei Vorderen Kanten oder Hosenschlitzen, die über dem Untertritt liegt]
gorge *f* **supérieure** [de la braguette d'un pantalon]; pont *m* supérieur
sopraffinta *f* [la giuntura esterna dell'allacciatura dei pantaloni]

1019 **overseam** [of a glove - the glove edges are stitched on the right side of the

glove with overcast stitches without turning them inside out]
Überwendlichnaht *f* [zum Handschuhnähen auf der rechten Seite, ohne den Handschuh zu wenden]
couture *f* **à point de surjet** [pour coudre un gant]
cucitura *f* **a sopraggitto** [per cucire un guanto]

1020 **overseas cap** [a flat folding army cap] *(pref.)*; army cap *(milit.)*; forage cap *(milit.)*; garrison cap *(milit.)*
Käppi *n* [eine längliche, zusammenklappbare Uniformmütze] *(milit)*; Feldmütze *f (allg) (milit)*; Schiffchen *n* [militärische Kopfbedeckung] *(milit)*
calot *m* **militaire** [une coiffure pliable de forme allongée] *(milit.)*
cappello *m* **a bustina** [piccolo e pieghevole come una busta] *(pref.) (milit.)*; bustina *f* militare *(milit.)*

1021 **oversize** [size of ready-to-wear clothes exceeding the standard size] *(gener.)*
Übergröße *f* [eine Konfektionsgröße, die außerhalb der Konfektionsnormalgrößen liegt] *(allg)*
taille forte *f* [une très grande taille de confection au delà des tailles courantes]
taglia *f* **forte** [misura per persone robuste - una taglia di confezione]

1022 **overskirt** [worn visibly over another skirt]
Überrock *m* [ein zu einem anderen Rock lose oder fest angenähter und darüber sichtbar getragener Rock]
jupe *f* **de dessus** [portée de façon visible sur une autre jupe]
sopragonna *f* [indossata a vista sopra un'altra gonna]

1023 **Oxford shoe** [a man's low-cut shoe, laced over the instep] *(pref.)*; Oxfords *pl* [abbr. for a man's Oxford shoes]
geschnürter Halbschuh *m* [ein Herrenschnürschuh] *(präf)*; Schnürhalbschuh *m*
soulier *m* **plat à lacet** [d'homme] *(préf.)*; richelieu *f* [abréviation de chaussure richelieu basse à lacet, en analogie avec les chaussures ecclésiastiques]; chaussure richelieu *f* [basse]
scarpa *f* **bassa allacciata** [da uomo]

P

1024 **padded bra** [a soft layer of material makes it larger and changes its shape, making the breasts appear bigger]
gepolsterter Büstenhalter *m* [Busen wird optisch vergrößert]
soutien-gorge *m* **préformé** [à bonnets renforcés de mousse]
reggiseno *m* **preformato** [a coppe imbottite]

1025 **padded shoulder** [a soft layer makes the shoulder larger and changes its shape]; built-up shoulder [more padded than a simple padded shoulder]
Polsterschulter *f* [erhöht und ändert die Schulterlinie]; gepolsterte Schulter *f*; betonte Schulter *f* [unterschiedlicher Form, die durch Polsterung erreicht wird]
épaule *f* **rembourrée** [qui fait l'épaule plus large ou plus haute]; épaule *f* remontée
spalla *f* **imbottita** [sollevata e larga]

1026 **pageboy panties** *pl (pref.)*; page panties *pl (AE)*
Pagenschlüpfer *m* [enganliegende Damenunterhose mit mittelkurzem Beinansatz]
culotte *f* **à la page**
pantaloncini *mpl* **alla paggio**

1027 **pagoda shoulder** [like the projecting roof of a pagoda]
Pagodenschulter *f* [erhöht sich nach außen hin wie bei einem Pagodendach]
épaule *f* **à la pagode** [semblable au toit d'une pagode]
spalla *f* **a pagoda** [simile al tetto di una pagoda]

1028 **pailletted** *adj* [ornamented with paillettes, spangled]; sequined *adj* [ornamented with sequins]; with paillettes; with sequins
paillettenbesetzt *adj*; Pailletten-; paillettenverziert *adj*

pailleté *adj* [orné de paillettes, par ex.: blouse pailletée] *(préf.)*; à paillettes
a paillette [p.e. un vestito ornato di paillette a scopo decorativo]

1029 **painter's beret** [a very big black Basque beret]
Künstlerbarett *n* [riesengroße, zur Seite hin schief sitzende, schwarze Baskenmütze]
faluche *f* **de peintre** [le grand béret de velours noir, ample et souple porté aussi par des étudiants en droit]
berretto *m* **da pittore** [un grande berretto basco morbido, nero, portato per lo più inclinato di lato]

1030 **paisley scarf**
Paisleytuch *n*
carré *m* **paisley**
foulard *m* **paisley**

1031 **palazzo trousers** *pl* [elegant, wide pants for the evening - if less elegant, then used for street wear or lounging]; palazzo pants *pl (AE)*
Palazzohose *f* [eine elegante, überweite bodenlange Hose]
pantalon-jupe *m* **du soir** [la grande ampleur des jambes donne l'apparence d'une jupe longue jusqu'au sol - voir également jupe-culotte]
pigiama *m* **palazzo** [pantaloni da sera a gamba molto larga in morbida seta da donna]; pantaloni *mpl* Palazzo

1032 **paletot** [a double-breasted short, loose outdoor coat, overcoat or cloak]
Paletot *m* [kurzer, antaillierter zweireihiger Stadtmantel mit steigendem Fasson - kann auch mit Samtkragen ausgestattet sein]
paletot *m* [croisé, moins long que le pardessus - paletot s'emploie souvent pour les enfants et manteau pour les adultes]
paletot *m invar.* [voce francese: un cappotto corto doppiopetto con collo di velluto]

1033 **panel** [inserted lengthwise in a skirt or dress, often of a different colour, e.g. a panel of a princess dress] *(pref.)*; panes *pl* [vertical strips fastened to a clothing item with spaces between them]
Bahn *f* [eines Bekleidungsteils, z. B. Bahnenrock - keine vollständige Übereinstimmung in anderen Sprachen] *(präf)*; Gewebebahn *f* [zugeschnitten]
lé *m* [une pièce de tissu cousue entre deux coutures verticales, par ex.: jupe de six lés] *(préf.)*; panneau *m* [une pièce de tissu assemblée et cousue pour faire un vêtement, par ex.: les panneaux d'une jupe]
telo *m* [di un abito o di una gonna - un pezzo di tessuto cucito insieme ad altri, p.e. gonna a teli] *(pref.)*; pannello *m* [un pezzo di tessuto cucito su un solo lato per allargare o stringere un capo di vestiario]

1034 **pantalettes** *pl* [underpants with long, straight legs and sometimes ruffles, for women and girls]; pantalong [women's underpants with knee-length legs]
Normalbeinschlüpfer *m* [eine Damenunterhose mit längerem Beinansatz als bei Pagenschlüpfer] *(präf)*; Schlüpfer *m* mit langem Beinansatz; Pantalong *m* [knielanger Damenschlüpfer mit Spitzenabschluss]
pantalette *f* **longue** [sous-vêtement culotte jusqu'au genou, éventuellement à volant en dentelle, pour femmes et filles] *(préf.)*; pantalon *m* [un sous-vêtement de femme]
mutandine *fpl* **lunghe** [fino al ginocchio, eventualmente a volant di pizzo da donna]

1035 **pantie girdle** [a woman's light hip- to mid-thigh-length pantie with a crotch like that of pants, used to mould the lower torso and the legs - compare long-leg pantie girdle] *(gener.)*; panty-girdle *(AE)*
Miederhose *f* [ein den Bauch abflachendes Miederunterteil aus Elastanmaschenware - vgl. Langbeinpanty] *(allg) (präf)*; Panty *f* [Miederhose aus Elastangewebe]
gaine-culotte *f* [culotte gainante pour femme en maille pour maintenir le ventre, parfois boutonnée à l'entrejambe - voir également gaine-culotte à jambes longues]; panty *m* [mot anglais: gaine-culotte extensible, très moulante sans armature]
panciera *f* **a mutande** [da donna che modella il corpo dalla vita in giù]

1036 **pantie leg** [a leg of a woman's or girl's short-legged item of underwear]
Schlüpferbein *n* [einer Damenunterhose]

jambe *f* **d'une culotte de femme** [un sous-vêtement féminin à jambe courte]
gamba *f* **delle mutandine da donna** [un indumento intimo a gamba corta da donna]

1037 **pantilette** [French word for an undergarment moulding the torso]
Unterkleid *n* **mit Höschen** [eine elastische Kombination zur leichten Korrektur der Silhouette]
combinaison *f* **de maintien pour femmes** [réunissant en une seule pièce un combiné et une culotte]
sottoveste *f* **elastica a mutandine**

1038 **pants** *pl* [underpants for men and boys - compare briefs]; underpants *pl*; drawers *pl* [men's and boys' long or short cotton underpants, replaced by camiknickers] *(obs.)*
Unterhose *f* [lange oder kurze Herren- und Knabenunterwäsche] *(allg)*; Herrenunterhose *f*
caleçon *m* [d'homme - un sous-vêtement masculin, le plus souvent à jambes courtes]
mutande *fpl* [p.e. mutande da uomo] *(pref.)*; mutanda *f* [un indumento intimo da uomo e da donna *(raro, spec. pl: mutande)* - vedi anche mutandina]

1039 **paper bag pocket** [in the shape of a triangle]; bag pocket
Tütentasche *f* [in ein Kleidungsteil eingearbeiteter Beutel, der die Form einer dreieckigen Papiertüte aufweist]
poche cornet *f* [en forme de cornet de papier]
tasca *f* **sacchetto** [a forma di sacchetto di carta]

1040 **paper bag waistband trousers** *pl* [creating a stand-up ruffle like a crumpled-up paper bag below the top edge of the trousers]; paper bag waistband pants *pl (AE)*
Papiertütenbundhose *f* [weist über dem Bund eine papiertütenartige Überwerfung auf]
pantalon *m* **à ceinture cornet** [la ceinture a la forme d'un cornet de papier ramassé]
pantaloni *mpl* **a cintura a sacchetto** [a forma di sacchetto di carta]

1041 **parament** [cuff turned up on a sleeve]
Stulpe *f* [Auf- oder Umschlag eines Ärmelsaumes] *(allg)*
parement *m* [le revers de la manche d'une robe qui est replié sur la manche et non sur lui-même]
risvolto *m* [della manica - parte che viene ripiegata fuori della manica]

1042 **parasol skirt** [with many gores stitched together like a parasol]
Sonnenschirmrock *m* [mit vielen trapezförmig zugeschnittenen Bahnen, die wie ein Sonnenschirm zusammengenäht sind]
jupe parasol *f* [à plusieurs pans trapézoïdaux cousus en forme de parasol]
gonna *f* **a parasole** [a teli trapezoidali cuciti a forma di parasole]

1043 **partner fabrics** *pl* [fabrics with the same design but of different colours]
Partnerstoffe *mpl* [zwei oder mehrere aufeinander abgestimmte Stoffe, z. B. mit dem gleichen Muster, jedoch in unterschiedlichen Farben]
tissus *mpl* **partenaires** [à dessins identiques, mais de couleurs différentes]
tessuti *mpl* **partner** [due o più tessuti con lo stesso disegno, ma di colori diversi]

1044 **partner look** [his and hers matching clothing items in the same style]
Partnerlook *m* [im Stil zusammenpassende Kleidungsteile für Sie und Ihn] *(präf)*; Partnerset *n*
style partenaire *m* [des vêtements pour lui et pour elle du même style]
stile *m* **partner** [indumenti per lei e lui di stile simile]

1045 **party clothes**; going-out apparel *(AE)*
Ausgehkleidung *f* [zu bestimmten Anlässen getragen - keine Tageskleidung] *(präf)*; Anlasskleidung *f*
tenue *f* **de sortie** *(préf.)*; vêtements *mpl* de sortie; vêtements *mpl* de ville
abbigliamento *m* **da passeggio**

1046 **pashmina (shawl)** [Kashmir term for a fine cashmere-like stole with a wool

fineness between 10 and 25 µm]; pashmina [stole]
Paschmina *m* [leichte Stola aus 70 % Paschminawolle und 30 % Seide - vgl. Kaschmirschal] *(präf)*; Paschminaschal *m*; Paschminastola *f*
pashmina *m* [abréviation d'étole de pashmina faite d'une variété de laine cachemire très fine et chaude qui est souple et soyeuse] *(préf.)*; étole *f* de pashmina
pashmina *f* [forma abbreviata di sciarpa di pashmina, fatta di una lana fine di straordinaria finezza e leggerezza, simile a quella ricavata dalle capre del Kashmir]; sciarpa *f* di pashmina; scialle *m* di pashmina

1047 **passing** [the extended part of overlapping garment components] *(gener.)*
Verlängerung *f* [länger als der andere Teil]
dépassant *m* [une partie superposée plus longue que l'autre] *(préf.)*; gorge *f*; pont *m*
sorpasso *m* [una parte di tessuto sormontata più lunga dell'altra] *(gener.)*

1048 **patch pocket** [a square or rounded pocket sewn onto the outside of an item of clothing] *(pref.)*; sewn-on pocket
aufgesetzte Tasche *f* [an die Außenseite eines Kleidungsstücks aufgenäht]
poche *f* **plaquée** [rapportée sur la face apparente d'une pièce de vêtement]
tasca *f* **applicata** [cucita esternamente sul dritto di un abbigliamento] *(pref.)*; tasca *f* a toppa

1049 **patent leather shoe** [lacquered]
Lackschuh *m* [Abkürzung von Lacklederschuh] *(präf)*; Lacklederschuh *m*
soulier vernis *m* *(préf.)*; soulier *m* de cuir vernis
scarpa *f* **di vernice** [con verniciatura lucida e brillante per lo più nera] *(pref.)*; scarpa *f* di pelle verniciata

1050 **pattern paper** [marked for making, copying or transferring designs]
Patronenpapier *n*; Schnittmusterpapier *n*
papier *m* **à patrons**
carta *f* **per cartamodelli** [una carta quadrettata]

1051 **pattern shears** *pl*
Schnittmusterschere *f*
ciseaux *mpl* **de coupeur** [pour couper les patrons]
forbici *fpl* **per ritagliare i cartamodelli**

1052 **pea jacket** [a hip-length, double-breasted navy-blue overcoat made of coarse woollen cloth, worn especially by sailors] *(pref.)*; pilot jacket [nautical]; vareuse
Peacoat *m* [englisches Wort für einen kurzen, zweireihigen groben Wollmantel mit Reverskragen, meistens in blauer Farbe]; Matrosenjacke *f*; Seemannsjacke *f*
caban *m* **de marin court** [une veste de sport peu habillée et assez ample en étoffe de laine grossière rappelant la vareuse bleue des officiers] *(préf.)*; caban *m* de marin [paletot sport court et droit en drap marine ou beige à double boutonnage]
caban *m* **corto da marinaio** [di colore azzurro]; caban *m* azzurro corto alla marinara; giaccone *m* azzurro doppiopetto, corto e pesante alla marinara

1053 **peaked cap** [a cap with an eyeshade]; cloth cap [a peaked flat cap] *(pref.)*; flat cap [with peak]; visored cap *(AE)*; cap [abbr. of peaked cap]
Schirmmütze *f* [eine Mütze mit Schild] *(allg)* *(präf)*; Kappe *f* mit Schirm
casquette *f* **à visière** [une coiffure munie d'une visière rigide rapportée] *(préf.)*; casquette *f* [abréviation d'une coiffure à visière] *(génér.)*
berretto *m* **con visiera**

1054 **peaked lapel** [the V-shaped part of a revers between the lapel and the collar] *(pref.)*; step lapel
steigendes Revers *n* [mit gebrochener Spiegelnaht, die zuerst nach unten neigt, um danach wieder anzusteigen und eine Reversspitze zu bilden] *(präf)*; Zweireiherrevers *n*; steigendes Crochet *n*
revers *m* **à cran aigu** *(préf.)*; revers *m* à pointe; revers *m* à cran serré
risvolto *m* **a punta ascendente** *(pref.)*; risvolto *m* a lancia; risvolto *m* a cran chiuso

1055 **peignoir** [French word for a loose trimmed dressing gown made in sheer fabric for the boudoir - compare bathrobe] *(pref.)*; negligée [French word for a lighter, more delicate loose robe]
Negligee *n* [zarter Überwurf für den Morgen] *(präf)*; Negligé *n*; Négligé *n*
déshabillé *m* [porté dans l'intimité et au moment de la toilette]; négligé *m* [la tenue légère des femmes dans l'intimité, moins luxueux que le déshabillé]
négligé *m* [voce francese: una vestaglietta femminile leggera, sottile per fare toilette] *(pref.)*

1056 **peignoir set** [a peignoir plus a matching nightgown]
Morgenrockgarnitur *f* **mit passendem Nachthemd** [für Damen]
parure *f* **de nuit** [une chemise de nuit et un déshabillé]
parure *f* **da notte** [una camicia da notte + una vestaglia femminile da casa]

1057 **pelerine collar** [compare coachman collar]
Pelerinenkragen *m* [bis zum Ellbogen oder zur Taille reichender, somit den Ärmel bedeckender Capekragen - vgl. Kutscherkragen] *(präf)*; Capekragen *m*
col pèlerine *m* [voir également col cape]
collo *m* **a pellegrina** [vedi anche collo a cappa]

1058 **pencil skirt** [falling in a straight line from the hips to the hem]; cigarette skirt; cigaret skirt *(AE)*
Zigarettenrock *m* [ergibt eine beinahe gerade Silhouette]
jupe *f* **à cigarette** [toute droite]
gonna *f* **a sigaretta** [a linea diritta]

1059 **pencil stripe** [thin vertical stripes with wider light background stripes in between, used to make shirting]
Nadelstreifen *m* [dunkle, dünne Streifen auf hellem Grund, insbesondere für Hemdenstoffe im Einsatz - vgl. Nadelstreifen (sehr feine)]
rayure baguette *f* [lignes foncées et très fines sur fond clair, par ex.: pour chemises]
riga *f* **bastoncino** [di camicia] *(pref.)*; bastoncino *m* [una riga di camicia]

1060 **peplum dress** [with a short circular-cut piece of fabric extending below the waistline]
Schoßkleid *n* [mit angesetztem Schößchen, das die Hüften bedeckt]
robe *f* **à basques**
abito *m* **a baschina**

1061 **pepper-and-salt design** [speckled, created by interweaving dark and light threads] *(pref.)*; salt-and-pepper design
Pfeffer-und-Salz-Muster *n* [schwarz/weiß gesprenkeltes Muster, das durch Zusammenweben von dunklen und hellen Fäden entsteht]
dessin *m* **poivre et sel** [qui ressemble à un mélange de poivre et de sel]
disegno *m* **a sale e pepe** [a filati chiari e scuri che ricorda la mescolanza del pepe con il sale]

1062 **Persian coat** [made from the coarse, wiry fleece of the lambs of karakul sheep] *(pref.)*; karakul coat; caracul lamb coat
Persianermantel *m* [aus dem lockigen Karakulschafpelz hergestellt] *(präf)*; Persianer *m* [Kurzform für Persianermantel]; Karakulmantel *m*
manteau *m* **d'astrakan** [fait avec de la fourrure d'agneau caracul à poils bouclés]
pelliccia *f* **di persiano** [fatta di pelliccia di agnelli karakul o caracul]

1063 **petal dress** [the hem with petal-like rounded sections looks like a flower petal]; handkerchief dress [with handkerchief points at the hem]
Zipfelkleid *n* [mit dreieckigem Zipfelsaum, der wie ein Blütenblatt gestaltet ist]; Kleid *n* mit Blütenblattsaum
robe *f* **à bouts** [comme les pétales d'une fleur]
abito *m* **a lembi** [flottanti, simile ai petali]; abito *m* a petali; vestito *m* a lembi [flottanti]

1064 **petal skirt** [with a petal bottom]; skirt with handkerchief points [with a zigzag hem with deep V-points]
Zipfelrock *m* [mit dreieckigem Zipfelsaum, der wie ein Blütenblatt gestaltet ist]; Blütenblattrock *m*
jupe *f* **à bouts** [à pétales flottants]

gonna *f* **a lembi** [flottanti]; gonna *f* a petali

1065 **Peter Pan collar** [flat, round white collar with rounded ends for women and children]
Bubikragen *m* [kleiner, runder, weißer Kragen mit Stehblende für Damen und Kinder]; Peter-Pan-Kragen *m*; Claudine-Kragen *m*
col Claudine *m* [un petit col rond] *(préf.)*; col Peter Pan *m*
collo *m* **alla Claudia** [un collo rotondo, piatto e largo, a volte inamidato] *(pref.)*; collo *m* alla Peter Pan

1066 **petticoat** [French word for a stiffened, lace-trimmed, flounced underskirt starting at the waist, or a skirt with a bodice] *(pref.)*; stiffened petticoat; waist-slip [a waist petticoat]
Petticoat *m* [englisches Wort für einen steifen, bauschigen, mit Spitze gezierten Taillenunterrock, der zur Erhöhung der Rockfülle meist mit mehrstufigen Volants versehen ist] *(präf)*; gestärkter Petticoat *m*
jupon *m* **bouffant** [un sous-vêtement empesé monté sur une bande coulissée qui gonfle une jupe]
sottogonna *f* **a sbuffo** [inamidata e semirigida per tenere una gonna gonfia e sollevata]

1067 **pettipants** *pl* [dress-length briefs with ruffles and trimmings and some petticoat functions] *(pref.)*; mini-pettipants *pl* [mini-length pettipants]
Pettipantschlüpfer *m* [mit Spitzen verziert und einer Länge bis zum Kleidsaum]
petit-pant *m* [une culotte de femme - un sous-vêtement - qui couvre le bas du tronc et les jambes jusqu'au bas de la robe]
petit-pant *m* [locuzione francese: mutandine a volant di pizzo lunghe fino all'orlo dell'abito da donna]

1068 **picot border** [a row of small decorative loops worked in lace along a border selvedge, creating an ornamental edging]; pearl border
Picotbordüre *f* [mit einer Serie von kleinen dekorativen Zähnen oder Schlingen am Rand, den so genannten Rattenzähnen]
bordure picot *f* [à petites dents aiguës sur le bord, par ex.: lingerie à bordure picot]
bordatura *f* **a pippiolini** [palline utilizzate in un lavoro di maglia o di ricamo lungo la bordatura]

1069 **picots** *pl* [a row of small loops on the edge of a piece of lace or woven along a ribbon edge]; pearl
Rattenzähne *mpl* [Picotmaschen am Rand einer Spitze oder den Bandrand entlang gewebt] *(präf)*; Picotmaschen *fpl* [am Rand einer Spitze]
picots *mpl* [des petites dents aiguës sur le bord d'une dentelle ou d'un passement]
pippiolini *mpl* [ornamento a forma di piccoli denti su un bordo di pizzo o lungo un nastro]

1070 **pieced** *adj* [that has been joined together from pieces of fabric]
gestückelt *adj* [zusammengeflickt oder aus Stücken zusammengesetzt]
en morceaux [assemblé avec plusieurs morceaux]
rappezzato *agg* [mettendo pezzi di tessuto insieme]

1071 **pigtail ribbon** [worn by schoolgirls in the plaits in their hair]
Zopfband *n* [zum Einflechten in die und zum Festbinden der Zöpfe von Schulmädchen] *(präf)*; Zopfschlaufe *f*
ruban *m* **de tresse** [pour retenir les tresses]
banda *f* **di treccia** [per l'acconciatura femminile]

1072 **pile collar**
Polstoffkragen *m*
col *m* **à poil**
collo *m* **a pelo**

1073 **pilgrim collar**
Pilgerkragen *m*
col pèlerin *m*
collo *m* **alla pellegrino**

1074 **pilling-free** *adj* [that does not form small tangles of fibres or surface nubs]
pillingfrei *adj* [bildet keine Knötchen an der Oberfläche von Textilien bei Reibung] *(präf)*; fusselfrei *adj*
sans boules [qui ne forme plus de boules

sous l'effet du frottement]; qui ne forme plus de boules [sous l'effet du frottement]
senza pallottoline [che non crea pallottoline sulla superficie di maglie o di tessuti]

1075 **pinafore blouse**; jumper blouse *(AE)* [a slip-on blouse]
Jumperbluse *f* [am Saum schoppend zusammengehalten]
blouse jumper *f* [sans manches conçue pour être portée sur un tricot]
blusa *f* **jumper** [senza maniche da indossare su una maglia]

1076 **pinked edge** [finished by pinking to prevent ravelling]
gezackter Rand *m* [gegen Ausfransen der Schnittkante mit einer Zackenschere ausgezackt]
bord *m* **dentelé** [à crans contre l'effilochement, par ex. les bords dentelés de deux pièces que l'on veut réunir]
bordo *m* **dentellato** [per evitare la sfilacciatura del bordo di un tessuto tagliato]

1077 **pinstripe** [very narrow, smooth white stripes on an even dark background, used for business suits] *(pref.)*; hairline stripe *(AE)* [smooth]
Nadelstreifen *mpl* [sehr feine, weiße Längsstreifen auf dunklem Grund - vgl. Kreidestreifen und Nadelstreifen (dunkle)] *(präf)*; Bänkernadelstreifen *m*; Milleraies *pl*; Minimalstreifen *m*
milleraie *m invar.* [rayures très fines blanches, par ex.: imprimé milleraie - voir également rayure craie]
millerighe *m invar.* [fitte, sottilissime righe parallele su un fondo scuro]

1078 **pinstriped suit** [with very narrow, smooth white stripes on a blue or dark even background]
Nadelstreifenanzug *m* [mit sehr feinen, weißen Längsstreifen auf dunklem Grund]
complet *m* **à mille-raies** [à rayures très fines]
gessato *m* [abbreviazione di completo in gessato da uomo] *(pref.)*; completo *m* a righe gessate [da uomo]; completo *m* in gessato [da uomo]

1079 **piped hemline of dress**
Paspelsaum *m* **eines Kleides**; paspelierter Kleidersaum *m*
ourlet *m* **passepoilé au bas d'une robe**
ribattitura *f* **a filetto al fondo di un abito (femminile)**

1080 **piped slit** [at the front]; piped vent [at the back]
Paspelschlitz *m*; paspelierter Schlitz *m*
fente *f* **passepoilée** *(préf.)*; taillade *f* passepoilée [dans le tissu de dessus pour laisser voir la doublure ou un vêtement de dessous, par ex.: manche à taillade passepoilée]
spacco *m* **a filetto**

1081 **piping seam**; piped seam
Paspelnaht *f* [zur Abgrenzung und zur Versäuberung von Kanten, Säumen und Eingriffen]
couture *f* **d'un passepoil**
cucitura *f* **di un filetto**

1082 **pitch point** [e.g. of seam]
Ansatz *m* [Stelle für einen Beginn, z. B. Nahtansatz bzw. Nahtanfang: erster Nadeleinstich einer Naht]
point *m* **de naissance** [de la couture - le point de commencement d'une couture]
attaccatura *f* [il punto nel quale un componente si attacca ad un altro, ad esempio l'attaccatura della cucitura]

1083 **placé design** [French term for placed in a certain position on a T-shirt, shirt or jacket]; placed design [a positioned design]
platziertes Dessin *n* [auf ein Konfektionsteil positioniert aufgedrucktes Motivdruckdessin] *(präf)*; Wide-Space-Dessin *n* [engl. Begriff: in das Druckbild platziert]; abgepasstes Dessin *n*
dessin *m* **placé** [positionné] *(préf.)*; motif *m* placé
disegno *m* **piazzato** *(pref.)*; motivo *m* piazzato

1084 **placket** [a flap of fabric covering a finished slit, or under such an opening, sewn onto neckline slits, pockets or trousers/pants which need a fastening to secure them]
Leiste *f* [verstürzter oder mit Futter

verarbeiteter Stoffstreifen zum Verdecken von Öffnungen, z. B. Hosenschlitzleiste sowie - verdeckte Leiste einer Jacke]
patte *f* [la bande de tissu destinée à cacher une ouverture ou à maintenir bord à bord deux parties d'un vêtement] *(préf.)*; pont *m*
patta *f* [la striscia di tessuto che nasconde un'apertura, p.e. patta della tasca - un risvolto esterno] *(pref.)*; finta *f* [il lembo che nasconde un'abbottonatura di giacca o occhielli]

1085 **placket collar** [made from a straight-cut fabric strip]
Blendenkragen *m* [weist einen gerade geschnittenen Gewebestreifen auf]
col *m* **à patte** [qui consiste en une bande de tissu]
collo *m* **a finta** [costituito da una striscia di tessuto]

1086 **plaid check** [with a right-angled, cross-striped, coloured pattern]
Plaidkaro *n* [mit schottischem klanspezifischem großkariertem Karomuster]
carreau *m* **de couverture** [à bandes de couleur perpendiculaires]
quadro *m* **di coperta** [quadri grandi, colorati]; quadro *m* plaid

1087 **plain bottom trousers** *pl (pref.)*; plain trousers *pl*; cuffless trousers *pl*; plain bottom pants *(AE)*
Hose *f* **ohne Umschlag** [d. h. mit glattem Hosenbeinsaum]
pantalon *m* **à bas droit** [à jambe de pantalon à bas droit]
pantaloni *mpl* **a fondo diritto** [senza risvolto] *(pref.)*; pantaloni *mpl* senza risvolto

1088 **plain front** [the front of the trousers or skirt has no pleats at the waistband] *(pref.)*; flat front [of trousers] *(AE)*; plain forepart [of trousers]; flat forepart [of trousers] *(AE)*; plain topside [of trousers]; flat topside [of trousers] *(AE)*
bundfaltenlos *adj* [ohne eine in der Vorderhose oder dem Vorderrock eingeschlagene Bundfalte]; glatt *adj* [glatte Vorderhose oder glatte Hose - keine Bundfalte]; Flatfront- [z. B. Flatfronthose]; ohne Bundfalte
sans pli(s) de ceinture [sur le devant du pantalon]
senza pieghe di cintura [sul davanti dei pantaloni]; senza piega di cintura

1089 **plain front trousers** *pl* [dart-fitted trousers, but without pleats at the waistband] *(pref.)*; flat front trousers *pl (AE)*; plain front pants *pl (AE)*
glatte Hose *f* [mit Abnähern, jedoch ohne Bundfalten] *(präf)*; Hose *f* ohne Bundfalten; bundfaltenlose Hose *f*; Flatfront-Hose *f* [englischer Begriff für eine Hose ohne Bundfalten]
pantalon *m* **(à pinces) sans plis de ceinture**
pantaloni *mpl* **(a riprese) senza pince**

1090 **plain seam to be pressed open** [simple flat seam stitched on the wrong side of the fabric]
Ausbügelnaht *f* [einfache, links genähte, flache Verbindungsnaht zum Auseinanderbügeln] *(präf)*
couture *f* **plate que l'on doit ouvrir au fer à repasser** [une couture plate d'assemblage non spécialisée]
cucitura *f* **piatta da aprire con ferro da stiro** [una cucitura piatta abituale di assemblaggio]

1091 **plaited braid** [made by interlacing strands of cords with metallic threads, used for edging or trimming uniforms and liveries]
Tresse *f* [eine gewebte oder geflochtene leonische bzw. metallisch glänzende Litzenart, die besonders für Uniformrandverzierung (Besatz) und Rangabzeichen eingesetzt wird]
tresse *f* [un galon tissé plat ou un cordon de fils entrelacés plat qui sert à border ou à décorer les uniformes]
treccia *f* [un ornamento o un cordoncino intrecciati e dorati per uniformi] *(pref.)*; torciglione *m*

1092 **plastron** [a sewn-on ornamental front on a blouse or the bodice of a dress - compare dicky]
Plastron *m/n* [ein- oder aufgenähter Brusteinsatz an Blusen und Kleidern - vgl. entfernbarer Brusteinsatz, Betrügerchenkragen und Plastron (für

Herren)]; Brusteinsatz *m*; Brüstlein *n*; Brustlatz *m*
plastron *m* [fixe recouvrant la poitrine d'un corsage - voir également plastron amovible]
plastron *m invar.* [un davantino non staccabile di un abito da donna - vedi anche plastron staccabile]; coprisparato *m* [non staccabile]

1093 **platform shoe** [a woman's shoe with a very thick, flat outer and mid-sole in one]
Plateauschuh *m* [Damenschuh mit extrem dicker, flach gestalteter Sohle]
chaussure *f* **plateforme** [à semelle compensée pour femmes] *(préf.)*; chaussure *f* à semelle plateforme
zatterone *m* [calzatura femminile con suola piatta molto alta]; scarpa *f* colla zeppa [una suola piatta molto alta]

1094 **playsuit** [worn by children for playing in - not a woman's beach attire]; playwear [fashion business term for children's casual clothing]
Spielanzug *m (präf)*; Spielkleidung *f (allg)*
vêtements *mpl* **de jeu** [d'un enfant en bas âge]
vestito *m* **da gioco** [da bambini]

1095 **pleat** [a permanent fold in cloth, stitched down at the top or side of the fold to hold it in place] *(pref.)*; plait *(obs.)*
Falte *f* [rollende oder fest eingebügelte Zweifachbiegung unterschiedlicher Tiefe in einem Gewebe] *(allg)*
pli *m* [la partie du tissu repliée sur elle-même et maintenue par une couture - il sert aussi à contrôler l'ampleur]
piega *f* [la parte del tessuto ripiegata su sé stessa - stirata o no - per dare più ampiezza] *(pref.)*; piegatura *f* [la piega stessa]

1096 **pleated** *adj* [that has many narrow pleats]; plissé *adj*
plissiert *adj* [mit einem Plissee versehen]; Plissee-
plissé *adj* [qui forme des petits plis] *(génér.)*
plissettato *agg* [che è pieghettato formando una serie di piccole pieghe ravvicinate] *(pref.)*; plissé *agg*

1097 **pleated flounce** [gathered in regular pleats and sewn at the upper edge - compare plissé flounce]
Faltenvolant *m* [ein Volantstreifen mit einseitig eingearbeiteten bzw. festgenähten Falten - vgl. plissierter Volant]
volant *m* **à plis** [avec un arrangement de plis cousus d'un côté - voir également volant plissé]
volant *m* **pieghettato** [con una serie di pieghe ravvicinate cucite su un lato - vedi anche volant plissettato]

1098 **pleated front trousers** *pl* **with a crease down the trousers** [with one or more waistband pleats at the front and crease lines on the legs] *(pref.)*; pleated-front pants *pl (AE)*
Bundfaltenhose *f* **mit Bügelfalte** [hat eine oder mehrere Bundfalten, wobei die erste Bundfalte sich in eine Bügelfalte verlängert] *(präf)*; Hose *f* mit Bundfalten und Bügelfalte
pantalon *m* **à plis de ceinture et à plis repassés** [pantalon à pinces]
pantaloni *mpl* **a pieghe di cintura e a piega stirata** [pantaloni a riprese]

1099 **pleated pocket** [with inside or outside pleats]
Faltentasche *f* [mit Innen- oder Außenfalten]
poche *f* **à pli(s)** [à pli(s) situé(s) en dedans ou tourné(s) vers l'extérieur]
tasca *f* **a piega** [a pieghe interne o esterne]

1100 **pleated shirt front**
plissierte Hemdbrust *f*
devant *m* **plissé d'une chemise** *(préf.)*; plastron *m* plissé d'une chemise
sparato *m* **plissettato di una camicia** [un petto inamidato della camicia]; plastron *m* plissettato di una camicia

1101 **pleated skirt** [not a plissé skirt - with narrow wrinkle-finished pleats]
Faltenrock *m* [mit der Weite in große Falten gelegt und am Bund fixiert - kein Plisseerock]
jupe *f* **à plis** [grands]
gonna *f* **a pieghe** [ampia, trattenuta in vita e libera sul fondo]

1102 **pleated skirt with shoulder straps**
Trägerfaltenrock *m* [ein von Trägern gehaltener Faltenrock]
jupe *f* **à plis et à bretelles**
gonna *f* **a pieghe e a bretelle**

1103 **plimsoll** [a light, simple canvas shoe with a rubber sole]; gym shoe [activewear]
Turnschuh *m* [leichter Schuh mit Gummisohle]
chaussure *f* **de gymnastique**
scarpetta *f* **da ginnastica** [leggera]

1104 **plissé flounce** [having the regular pleats narrower than a pleated flounce - compare pleated flounce]
plissierter Volant *m* [ein Volantstreifen mit einseitig eingearbeiteten schmalen Falten - vgl. Faltenvolant]
volant *m* **plissé** [avec un arrangement de petits plis cousu d'un côté - voir également volant à plis]
volant *m* **plissettato** [con una serie di piccole pieghe ravvicinate cucite su un lato - vedi anche volant pieghettato]

1105 **plissé skirt** [seamed, heat-set or created by the weave]; skirt with narrow pleats
Plisseerock *m* [mit dauerhaften Falten, die durch Naht, Thermofixieren oder besondere Gewebebindung gelegt worden sind]
jupe *f* **plissée** [à plis permanents] *(préf.)*; jupe *f* à plissé
gonna *f* **plissé** [locuzione francese: una gonna plissettata con una serie di pieghe fitte, ben segnate]; gonna *f* plissettata

1106 **plunging décolleté** [down to the waist]; low-plunged décolleté [the neckline extends below the waist]; plunging neckline; plunge neckline
tiefes Dekolleté *n* [bis zur Taille]
décolleté *m* **profond** [jusqu'à la taille]
décolleté *m* **profondo** [che termina in mezzo al seno o più profondo]

1107 **pochette bag** [like an envelope: flat and without a handle]
Pochette *f* [französisches Wort für eine flache, grifflose Etuitasche]; Etuitasche *f*
sac pochette *m* [un sac à main très plat sans poignée]
pochette *f* [voce francese: una borsa piatta senza manico da sera da portare in mano] *(pref.)*; borsetta *f* [una borsa femminile]

1108 **pocket** [a pouch sewn into or onto a garment for carrying small articles] *(gener.)*; placket [a pocket in a skirt]
Tasche *f* [Innen- oder Außengewandtasche zum Mitführen kleinerer Gegenstände]
poche *f* [une partie d'un vêtement composée d'une fente et un sac de toile à l'intérieur ou une pièce de tissu cousue sur la face apparente ou non du vêtement]
tasca *f* [un sacchetto cucito all'interno o applicato all'esterno di un capo d'abbigliamento]

1109 **pocket bag** [the container of the pocket] *(pref.)*; pocket sack
Taschenbeutel *m* [ein im Kleidungsteil als Verlängerung des Tascheneingriffs eingearbeitetes Behältnis zum Mitführen kleinerer Gegenstände]
sac *m* **d'une poche** *(préf.)*; fond *m* d'une poche [le sac]
sacchetto *m* **di una tasca**; fondo *m* di una tasca

1110 **pocket flap** [a separate hanging piece of fabric covering a pocket opening] *(pref.)*; turndown flap [of a regular or mock pocket]; flap of pocket
Taschenpatte *f* [über der Öffnung einer regulären Tasche eingenäht oder eine blinde Tasche nachahmend] *(präf)*; Taschenklappe *f* *(veralt.)*
rabat *m* **de la poche** [pièce rectangulaire de tissu fixée à la partie supérieure de l'ouverture d'une poche sur laquelle elle retombe]
aletta *f* **della tasca** [pezzo di tessuto applicato separatamente sul lato superiore dell'apertura della tasca] *(pref.)*; patta *f* della tasca; pattina *f* della tasca; pattella *f* della tasca

1111 **pocket-hole** [an opening in an item of clothing to give access to a pocket] *(pref.)*; pocket opening; pocket mouth; placket-hole of pocket
Tascheneingriff *m* [die Öffnung einer

Tasche, die den Zugriff zum Taschenbeutel überhaupt ermöglicht]
ouverture *f* **d'une poche** [la fente de la poche qui permet l'accès]
apertura *f* **di una tasca**

1112 **point bar tack** [binding the seam end]
Punktriegel *m* [zur Fadenverwahrung am Nahtende]
point *m* **d'arrêt** [destiné à arrêter et à bloquer une couture]
travetta *f* **puntuale** [che ferma una cucitura]

1113 **pointed collar** [a shirt or blouse collar with pointed ends]
Kragen *m* **mit spitzen Enden** [auseinander- oder zusammenliegend, fest- oder zusammengeknöpft]
col *m* **à pointes** [qui a des extrémités en pointe]
collo *m* **a punte** [che ha le estremità appuntite]

1114 **pointed neckline**
spitzer Ausschnitt *m*
encolure *f* **en pointe**
scollatura *f* **a punta**

1115 **polo collar** [turndown collar with a buttoned placket, used on sportswear - previously, a man's white starched collar] *(pref.)*; polo neck [a high roll-collar fitting closely on the neck]
Polokragen *m* [mit einer kurzen Knopfleiste, die in einen einteiligen Auslegekragen übergeht]
col polo *m* [rabattu à trois boutons s'enfilant par la tête]
collo *m* **di una maglietta polo** [un collo piatto a punte risvoltato con apertura a tre bottoni, p.e. colletto della maglietta polo]

1116 **polo shirt** [an item of knitted cotton sportswear with short sleeves and a polo neck (buttoned placket neckline and collar)] *(pref.)*; polo-necked shirt
Poloshirt *n* [kurzärmeliges Baumwollschlupfhemd mit kurzer Knopfleiste, drei Knöpfen und Auslegekragen] *(präf)*; Polohemd *n*; Lacostehemd *n* [Markenhemd mit dem Krokodil als Markenzeichen]
chemise *f* **à encolure polo** [avec trois boutons et qui s'enfile par la tête - une chemise de coton en maille] *(préf.)*; chemise polo *f*; polo *m* [abréviation de chemise polo]
camicia *f* **polo** [maglietta di cotone a maniche corte con apertura a tre bottoni, in versione invernale a maniche lunghe] *(pref.)*; polo *f* [forma abbreviata di camicia polo]; maglietta *f* polo

1117 **poodle skirt** [a full circle skirt made by cutting a semicircle out of a piece of fabric folded lengthwise] *(pref.)*; circle skirt; circular skirt
Tellerrock *m* [ein weit schwingender, kreisförmig geschnittener Rock]
jupe *f* **à coupe circulaire**
gonna *f* **a ruota** [molto ampia e ondeggiante, tagliata circolarmente] *(pref.)*; gonna *f* a ombrello

1118 **poor look** [shrunken black and grey clothing in an unflattering style]
Poorlook *m* [klassische, jedoch unkleidsame Moderichtung in Schwarz- und Grautönen]
poor-look *m* [anglicisme: tous les vêtements sont noirs et gris en étant désavantageux pour les hommes]
poor-look *m* [locuzione inglese per indumenti semplici neri e grigi]

1119 **pouch** [a small bag made of soft, shirred material with a strap and zip or a drawstring closure]
Beuteltasche *f* [eine aus weichem, zusammenziehbarem Material hergestellte Handtasche]; Beutel *m* [Abkürzung von Beuteltasche]
bourse *f* **à cordon** [un petit sac fermé par un cordon pour mettre des objets très petits, mais aussi de l'argent]
borsa *f* [di piccole dimensioni chiusa con un cordoncino]

1120 **poult de soie** [French word for a plain-weave silk taffeta with prominent horizontal ribs] *(pref.)*; pou de soie; faille taffeta
Poult de soie *m* [französischer Begriff für einen nicht glänzenden schweren Seidenrips mit ausgeprägten Rippen]
pou-de-soie *m* [le taffetas de soie uni et

épais à côtes transversales apparentes sans lustre] *(préf.)*; pou de soie *m*; poult-de-soie *m*
poult-de-soie *m* [locuzione francese: un taffettà di seta grossa a coste non lucide]

1121 **prairie look** [long calico dresses with two-gored skirts and high neckline]
Prärielook *m* [zum Einsatz kommen hochgeschlossene Präriekleider mit Volantsaum]
look *m* **de prairie** [par ex.: robe de prairie montante, c'est-à-dire qui s'étend vers le haut et dont le bas est formé d'un volant plissé]
look *m* **di prairie** [dall'inglese: abbigliamento che imita il genere western, cioè un abito a volant accollato da donna]

1122 **pram set** [worn by a baby]; cradle set
Babygarnitur *f (präf)*; Wiegengarnitur *f* [für Babys]
parure *f* **de bébé**; parure *f* de berceau
parure *f* **da culla** [da neonato]

1123 **press stud** [a fastener consisting of a stud with a short shank and a socket with a smal hole with a ring spring] *(pref.)*; press-button; snap *(AE)*; popper [a press stud]
Druckknopf *m* [Patentknopf mit Feder- und Kugelteil - vgl. Druckknopffederteil] *(präf)*; Patentknopf *m*
bouton-pression *m* [qui se ferme sous pression] *(préf.)*; bouton *m* à pression; pression *m* [abréviation de bouton-pression]
bottone *m* **automatico** [due elementi si incastrano a pressione]; automatico *m* [abbreviazione di bottone automatico]; bottone *m* a pressione

1124 **press stud cuff**; cuff with a press stud
Manschette *f* **mit Druckknopf** *(präf)*; Sportmanschette *f* mit Druckknopf
poignet *m* **à bouton-pression**
polso *m* **con bottone a pressione**

1125 **press stud fastening**; snap fastening *(AE)*
Verschließen *n* **mittels Druckknopf** *(präf)*; Druckknopfverschließung *f*
boutonnage *m* **à pression** [avec des boutons-pression]
abbottonatura *f* **a pressione** [tramite bottoni a pressione]

1126 **pressed inverted pleat** *(pref.)*; ironed inverted pleat
gebügelte Kellerfalte *f*
pli *m* **creux repassé**
sfondo piega *m* **stirato**

1127 **pressing** [subjecting the cloth to heat and pressure in a clothes press in order to remove undesired creases or to introduce desired creases]
Pressbügeln *n* [von Bekleidungsstücken, um Knitter zu entfernen]; Bügelpressen *n*
repassage *m* **à la presse** *(préf.)*; pressage *m*
stiratura *f* **a pressa** [effettuata con l'utilizzo della temperatura, della pressione e del vapore]

1128 **prêt-à-porter** [French term for high-value styles designed by a designer of haute couture, especially by a French couturier, and made in limited numbers]
Prêt-à-porter *n* [französischer Begriff für hochwertige, in beschränkter Anzahl hergestellte Modelle eines Modeschöpfers] *(präf)*; Boutique-Mode *f* [in beschränkter Anzahl hergestellte Modelle]
prêt-à-porter *m* [P.A.P.: un modèle griffé plutôt haut de gamme, conçu par un styliste] *(génér.)*; prêt-à-porter création *f* [plus prestigieux]
prêt-à-porter *m invar.* [locuzione francese: un modello disegnato da un noto designer, un noto stilista o una casa di moda e confezionato in serie limitata] *(pref.)*; alta moda *f* [attività in serie limitata su modelli di sartoria]

1129 **prewashed** *adj* [giving a garment a casual look]
vorgewaschen *adj* [verleiht einem Kleidungsstück einen Legerkleidungscharakter, ohne bei späterer Haushaltswäsche Farb- und Dimensionsänderung hervorzurufen]; prewashed *adj* [englisches Wort für vorgewaschen]
prélavé *adj* [qui est lavé avant la confection]

lavato *agg* [sottoposto al lavaggio prima o dopo la confezione]

1130 **princess dress** [a fitted dress consisting of continuous vertical panels, with no seam at the waistline] *(pref.)*; fourreau dress [French term for princess dress]
Prinzesskleid *n* [ein eng anliegendes Kleid ohne Taillennaht, bestehend aus Längsbahnen]
robe princesse *f* [moulante non coupée à la taille] *(préf.)*; robe *f* galbée par des découpes princesse
abito *m* **princesse** [termine francese: abito da donna tagliato in un solo pezzo senza cucitura in vita]

1131 **princess waistline** [a fitted waistline without the usual waistline seam]
Prinzesstaille *f* [körpernah und ohne Taillennaht geschnitten]
ligne *f* **de la taille princesse** [à lés longitudinaux près du corps et non coupés à la taille]
taglia *f* **princesse** [attillata, a teli longitudinali senza cucitura in vita]

1132 **principal dimensions** *pl* **of the body** [body measurements]
Hauptkörpermaße *npl* [die Rund- und Längsmaße eines Körpers - Körpermaße] *(präf)*; Hauptmaße *npl* eines Körpers
dimensions *fpl* **principales** [du corps - mesures du corps]
dimensioni *fpl* **principali** [del corpo - misure del corpo]

1133 **printed tie** [that has been printed with a design]
Krawatte *f* **mit Druckdessin** [im Gegensatz zu uni]
cravate *f* **à dessin imprimé**
cravatta *f* **stampata a disegno**

1134 **protection pad** [material used to pad and give a rounded effect to certain parts of clothing items] *(pref.)*; crash pad
Schutzpolsterung *f* [ein gepolsterter Schutz, z. B. von Ellbogen, Knie oder Schulter] *(präf)*; Schutzpolster *n*; Sturzpolster *n*; Schutzpads *pl* [aus dem Englischen]; Sturzpads *pl* [zum Schutz vor Stürzen]
rembourrage *m* **protecteur** [un coussinet protecteur]; coussinet *m* protecteur [un petit coussin de protection, par ex.: coussinet de coude]
imbottitura *f* **di protezione** [la parte imbottita, che protegge, p.e. un cuscinetto di protezione]; cuscinetto *m* di protezione [la parte imbottita, p.e. cuscinetto da ginocchio]

1135 **psychedelic** *adj* [in luminous, vivid colours and with irregular patterns, imitating the effect of hallucinogenic drugs]
psychedelisch *adj* [helle, leuchtende Farben unregelmäßiger Designs zur Nachahmung im Textilbereich eines euphorischen, tranceartigen Gemütszustands]
psychédélique *adj* [à dessins irréguliers en couleurs brillantes et qui évoque des visions de l'état psychédélique]
psichedelico *agg* [un abbigliamento con colori eccitanti]

1136 **puff sleeve** [a usually short sleeve, gathered into the armhole and the cuff, wider in the middle] *(pref.)*; puffed sleeve; bagpipe sleeve [a full-length puff sleeve]
Puffärmel *m* [der mit einem Bündchen oder Gummizug zusammengefasste, stark gebauschte, meist kurze Ärmel]
manche *f* **bouffante** [une manche ample, plate à la tête de la manche et froncée - moins large que la manche ballon, elle peut être aussi une manche longue]
manica *f* **sbuffante** [ampia in mezzo e arricciata alla spalla e al polso]; manica *f* a sbuffo

1137 **puffed collarette** [French word for a flounce or ruching with puffed gathers, inside or outside a woman's neckline, or a woman's ornamental standing collar with puffs] *(hist.)*
Halskrause *f* [mit dicken, aufgeblähten Krausen] *(hist.)*
collerette *f* **à bouillons** [à grosses fronces gonflées] *(hist.)*; collerette *f* bouillonnée *(hist.)*
collaretto *m* **increspato à bouillons** [francesismo: ad arricciature gonfiate in rilievo] *(st.)*

1138 **pullover** [a long-sleeved knitted or warp-knitted sweater that must be pulled on over the head - compare sweater]; pull-on *(AE)*
Pullover *m* [gestrickt oder gewirkt, mit langem Arm, zum Schlupfen bestimmt - vgl. Sweater]; Pulli *m* [umgangssprachlich für einen leichten, langärmeligen Pullover]
pull-over *m* [mot anglais: un tricot à longues manches que l'on enfile par la tête - voir également sweat]; pull *m* [abréviation de pull-over léger - le terme a remplacé le mot chandail]
pullover *m* [la maglia a manica lunga di medio peso che s'infila dalla testa da portare sopra una camicia - vedi anche sweater] *(pref.)*; maglione *m* [un pullover pesante a maniche lunghe, p.e. maglione da sci]

1139 **pullover bra** [without seams, which would be visible if worn under a thin pullover]
Pulli-Büstenhalter *m* [ohne Nähte, die durch einen leichten Pulli in Erscheinung treten würden]
pull soutien-gorge *m*
reggiseno *m* **da pullover**

1140 **pump with stiletto heel** [a woman's shoe with a narrow, set-back, very high heel fitted with a round metal tip]
Stilettoschuh *m* [italienischer Begriff: Damenschuh mit sehr feinem, geschweift spitzem und hohem Schuhabsatz] *(präf)*; Stöckelschuh *m* mit Stilettoabsatz; Damenschuh *m* mit Stilettoabsatz
chaussure *f* **à talon aiguille** [fin et haut à cambrure très marquée pour les femmes, par ex.: chaussures à talons aiguilles]
scarpa *f* **con stiletto** [alto, spesso e molto sottile da donna - si dice portare uno stiletto]; scarpetta *f* con tacco a spillo

1141 **pure look** [fashion with simple forms]
puristische Mode *f* [mit betont schlichten, klaren Formen]; saubere Linienführung *f* [eines Modells]
look *m* **sobre et soigné** [un style vestimentaire]; look *m* pur
look *m* **chiaro** [uno stile di abbigliamento a linea pura] *(pref.)*; look *m* puro

1142 **puritan collar** [a large, flat, round turndown collar]
Tellerkragen *m* [ein großer, runder, flacher Kragen] *(präf)*; Puritanerkragen *m*
col puritain *m* [un grand col rond rabattu, qui est replié sur lui-même]
collo *m* **alla puritano** [un collo grande e rotondo risvoltato su sé stesso]

1143 **purse** [a small pouch for carrying coins in a handbag - compare purse *(AE)*]; porte-monnaie [French word for a change pouch]; change purse *(AE)*
Portmonee *n* [ein Geldtäschchen] *(präf)*; Portemonnaie *n*; Geldbörse *f*; Börse *f* *(veralt.)*
porte-monnaie *m* [petit sac où l'on met les pièces de monnaie]
portamonete *m invar.* [una custodia tascabile in cui si tengono monete e banconote]

1144 **push-up bikini** [raises the breasts]
Push-up-Bikini *m* [englisches Wort für einen Bikini mit Hebebüstenhalter]
bikini *m* **à soutien-gorge éleveur**; bikini *m* à soutien-gorge push-up
bikini *m* **a reggiseno push-up** [che sostiene il seno]

1145 **put on** *v* [a hat]
aufsetzen *v* [den Hut aufsetzen]
coiffer *v* [par ex.: on coiffe un chapeau] *(préf.)*; couvrir *v* [remettre le chapeau après l'avoir enlevé]
mettersi *v rifl* [il cappello]

1146 **put on** *v* **(one's gloves)** [opposite: take off *v*]
Handschuhe überstreifen *v* [im Gegensatz zu abstreifen]
ganter *v* [mettre des gants - contraire: déganter]
calzare *v* **guanti**; infilare *v* guanti; mettere *v* guanti

1147 **pyjamas** *pl* [an item of loose-fitting two-piece sleepwear (trousers plus jacket), worn as nightwear and beachwear]; pajamas *pl (AE)*; p.j.s. *(AE)* [abbr. of pajamas]
Schlafanzug *m* [zweiteilige Nachtwäsche - ein Begriff, der meistens in der Damenmode verwendet wird]; Pyjama *m*

[zweiteilige Nachtwäsche - ein Begriff, der meistens in der Herrenmode verwendet wird]
pyjama *m* [un léger vêtement de nuit ample en deux pièces: veste chemise et pantalon à taille coulissée]
pigiama *m* [costituito da una giacca e pantaloni che si indossano per dormire]

1148 **pyramid seam** [at the front of an item of clothing with a point at the neckline]
Pyramidennaht *f* [zwei vom Ausschnitt eines Kleides aus bis hin zu den Hüften verlaufende Schnittlinien, die eine Pyramidenform ergeben]
couture *f* **pyramidale** [avec l'extrémité pointue à l'encolure]
cucitura *f* **piramidale** [con l'estremità assottigliata al girocollo]

Q

1149 **quilted anorak** [made of three layers stitched together, the middle layer being a wadding or filling layer]
Steppanorak *m* [bestehend aus drei Lagen, davon eine wärmende Lage in der Mitte] *(präf)*; gesteppter Anorak *m*; Stepper *m* [Kurzform für gesteppten Anorak]
anorak *m* **matelassé** [une pièce de confection de vêtement chaud, ouatée et reliée par des piqûres]
anorak *m* **trapuntato** [con una imbottitura di ovatta o di lana inserita tra due tessuti]

1150 **quilted coat** [with a diamond-shaped pattern]
Steppmantel *m* [ein Kälte isolierender Daunenmantel mit Rautenmuster]
manteau *m* **matelassé** [à doudoune thermoisolante]
cappotto *m* **trapuntato** [che è capace di realizzare un isolamento termico]

1151 **quilted dressing gown** [with a diamond-shaped pattern]; quilted bathrobe *(AE)*
Steppmorgenmantel *m* [mit Rautenmuster, einem Steppmuster] *(präf)*; gesteppter Morgenmantel *m*
douillette *f* **en matelassé** [une robe de chambre matelassée chaude] *(préf.)*; robe *f* de chambre matelassée
vestaglia *f* **trapuntata** [calda da casa]

1152 **quilted lining** [a warmth lining]
Steppfutter *n* [ein wärmend wirkender Futterstoff, der aus mehreren durchgesteppten Lagen besteht] *(präf)*; abgestepptes Futter *n*
doublure *f* **matelassée** [à points noués, par ex.: un manteau garni d'une doublure matelassée]; doublure *f* faite en matelassée
fodera *f* **trapuntata** [a punti annodati, p.e. fodera trapuntata di un cappotto]

1153 **quilted lounging jacket** [with a diamond-shaped pattern]
Stepphausjacke *f* [mit Rautenmuster, einem Steppmuster]
veste *f* **d'intérieur matelassée** [à losanges]
giacca *f* **da casa matelassé** [a losanghe]

R

1154 **ra-ra skirt** [short, frilly skirt worn by college cheerleaders]; cheerleader skirt
Rah-Rah-Rock *n* [englischer Begriff für einen Cheerleaderrock]; Cheerleaderrock *m*
jupe *f* **ra-ra** [notion anglaise: la jupe de cheerleader]; ra-ra-jupe *f*
ra-ra-skirt *f* [locuzione inglese: gonna di cheerleader]; gonna *f* ra-ra

1155 **racer's shirt**; Henley shirt *(AE)*; racer [shirt with a T-shaped back to allow freedom of movement in competitive racing]
Rennfahrertrikot *n*
maillot *m* **de coureur**
maglia *f* **da corridore**

1156 **raglan** [a loose coat with slit pockets and raglan sleeves with sloping edges running up to the neckline - no shoulder seam]
Raglan *m* [ein lockerer Mantel mit schrägen Taschen und einem Schulterteil des

Ärmels, das mit angeschnitten ist und schräg in das Halsloch verläuft]
raglan *m* [un pardessus ample dont l'emmanchure remonte jusqu'à l'encolure]
raglan *m* [un soprabito a manica con una breve attaccatura alla base del collo]

1157 **raglan sleeve** [slants up to the neckline from the front and back of the underarm]
Raglanärmel *m* [das Schulterteil des Ärmels ist mit angeschnitten und verläuft schräg in das Halsloch]
manche raglan *f* [montée sur une emmanchure américaine, elle emboîte l'épaule et se prolonge sur le devant et le dos]
manica *f* **a raglan** [cucita radialmente con breve attaccatura alla base del collo]; manica *f* alla raglan

1158 **rain bonnet** [a plastic fold-up bonnet worn against the rain] *(AE)*; porch
Regenhaube *f* [ein zusammenfaltbarer Kopfschutz aus Kunststofffolie gegen Regen]
bonnet *m* **de pluie** [en plastique et pliant pour protéger les cheveux]
cuffia *f* **da pioggia** [pieghevole]

1159 **raincoat** *(gener.)*; rainproof coat [a showerproof coat against the rain]
Regenmantel *m (allg)*; regenfester Mantel *m* [aus wasserdichtem Gewebe]
manteau *m* **de pluie** *(génér.)*; manteau *m* imperméable [en tissu imperméabilisé destiné à protéger de la pluie]; imperméable *m* [abrév. pour manteau imperméable]; imper *m* [appellation familière d'imperméable] *(fam.)*
cappotto *m* **da pioggia** [un indumento per ripararsi dalla pioggia]; impermeabile *m*

1160 **raised design** [with a pronounced raised effect on the surface]; raised pattern
Reliefmuster *n* [mit deutlich erhabenerer Struktur als die von Façonné]
dessin *m* **en relief** [saillie sur la surface d'un tissu]
disegno *m* **in rilievo** [che sporge dalla superficie del tessuto]

1161 **rat's tail braid** [a tubular silk braid used for trimming]; rat-tail braid
Rattenschwanzschnur *f* [eine Schnurbesatzart zur Verzierung]
queue *f* **de rat** [une gansette ornementale]
coda *f* **di topo** [un cordoncino per rifiniture: per decorazione]

1162 **reaching the middle of the knee**
kniekehlenlang *adj*; bis zur Kniekehle [ein Längenmaß]
jusqu'au creux du genou [descendant jusqu'au milieu du genou]; au creux du genou; qui s'arrêt au creux du genou
lungo *agg* **fino al mezzo ginocchio** [lungo fino al mezzo ginocchio]; al mezzo ginocchio

1163 **ready-to-wear clothes** *pl* [mass-produced in average sizes] *(pref.)*; off the peg clothes *pl*; off-the-rack apparel *(AE)*; store apparel *(AE)*; ready-made clothes *pl* *(obs.)*
Konfektionskleidung *f* [industriell angefertigte Kleidung in Standardgrößen]; Konfektion *f* [die Kleidung, nicht der Fertigungsprozess]
vêtements *mpl* **de confection** [de qualité inférieure au prêt-à-porter]
indumenti *mpl* **di confezione** [prodotti industrialmente, che si contrappongono alla confezione su misura]; confezioni *fpl* pronte

1164 **receding front edge** [of a jacket]
fliehender Abstich *m* **der vorderen Kante** [eines Sakkos]
bord *m* **de devant fuyant** [d'une veste]
bordo *m* **ritirato del davanti** [di una giacca]

1165 **reception clothes** *pl* [for gala occasions]
Empfangskleidung *f* [eine Galakleidung]
vêtements *mpl* **de réception** [par ex.: habits pour la réception d'un chef d'État]; habits *mpl* de réception
abbigliamento *m* **da ricevimento** [p.e. abbigliamento per il ricevimento di un capo di stato]

1166 **rectangular neckline** [with two or four right angles]
Sabrinaausschnitt *m* [ein rechteckiger

Ausschnitt] *(präf)*; eckiger Ausschnitt *m* *(allg)*; rechteckiger Ausschnitt *m*
encolure *f* **rectangulaire** [en forme de rectangle]
scollatura *f* **Sabrina** [una scollatura rettangolare] *(pref.)*; scollatura *f* rettangolare

1167 **redingote (coat)** [nowadays a woman's long double-breasted coat with flaps, collar and cuffs in a contrasting colour - earlier, a man's double-breasted greatcoat]
Gehrock *m* [ein langer zweireihiger Damenmantel mit Patten, Manschetten und Kragen in Kontrastfarbe]
redingote *f* [un long manteau pour femmes dont les manchettes, les pattes et le col sont de couleurs contrastées]
redingote *f invar.* [dall'inglese riding coat: un lungo cappotto a polsi con alette e collo in colore contrastante]

1168 **reefer coat** [a man's heavy, thigh-length, double-breasted, close-fitting (reefing) coat]
Seemannsmantel *m* [warmer, meistens zweireihiger, schlank geschnittener Herrenmantel]
caban *m* **de marin long** [un long manteau près du corps en grosse étoffe]
caban *m* **lungo da marinaio** [un cappotto lungo, pesante e aderente]

1169 **reefer jacket** [double-breasted woollen knit jacket]
Strickreefer [englischer Begriff für eine zweireihige Wollstrickjacke]
veste *f* **de tricot croisée** [en laine]
giacchetta *f* **doppiopetto a maglia** [di lana]

1170 **regular fit** [of the waist]
normaler Taillenschnitt *m (präf)*; Regular fit *m* [englischer Begriff für die klassische Taillenpassform, insbesondere von Jeans]
cintrage *m* **normal** [de la taille]
taglio *m* **normale della vita**

1171 **regular size** [a size of ready-to-wear clothes within the ordinary size range]
Normalgröße *f* [eine Konfektionsgröße, deren Maße und Proportionen dem durchschnittlichen Körper entsprechen - vgl. Standardgröße] *(präf)*; geläufige Größe *f* [geläufige Konfektionsgröße]
taille *f* **normale** [une taille de confection]
taglia *f* **regolare** [la taglia standardizzata corrente]; taglia *f* normale [di abbigliamento]

1172 **reinforced hose toe** [or stocking toe - reinforced hosiery with an extra yarn in the toe]
verstärkte Strumpfspitze *f* [mit einem zusätzlichen Faden gegen Abnutzung der Spitze verstärkt]
bout *m* **de la chaussette renforcé** [avec un fil additionnel] *(préf.)*; pointe *f* renforcée de bas
punta *f* **rinforzata della calza** [con un filo addizionale]

1173 **reinforced trouser seat** [a double seat]; double seat of trousers; reinforced pants seat *(AE)*
verstärkter Hosenboden *m*
fond *m* **renforcé d'un pantalon** [sur lequel repose le postérieur quand un homme est assis]
fondo *m* **rinforzato dei pantaloni** [nella parte posteriore - il dietro dei calzoni]

1174 **reinforcement of stocking toe**
Strumpfspitzenverstärkung *f*
renfort *m* **de la pointe d'un bas**
rinforzo *m* **della punta di una calza**

1175 **relief figured fabric** [e.g. figured velvet with a design in relief] *(pref.)*; relief patterned fabric; fabric with textured design
reliefartig gemustertes Gewebe *n* [weist eine aus der Oberfläche hervorstehende plastische Struktur mit Reliefwirkung auf]
tissu *m* **façonné et décoré de motifs en relief** *(préf.)*; façonné *m* [abréviation de tissu façonné en présentant des motifs tissés en relief]; tissu *m* à motifs en relief
tessuto *m* **operato** [in cui l'incrocio dei fili produce effetti decorativi in rilievo] *(pref.)*; tessuto *m* a disegno in rilievo; façonné *m* [voce francese: tessuto operato]

1176 **remodel** *v* [to modify a style]
abändern *v* [ein Modell umgestalten]
modifier *v* [un modèle sans en affecter

l'essence]; remodeler *v* [retravailler la forme d'un modèle]
modificare *v* [un modello senza toccare l'essenziale]

1177 **removable collar stay** [inserted into a pocket under the collar]; removal stay [abbr. of removable collar stay]
entfernbares Kragenstäbchen *n* [aus einer Tasche an der Kragenunterseite herausnehmbar]
baleine *f* **de col amovible** [à partir d'une poche intérieure du col]
stecca *f* **di balena staccabile per colli** [posizionata nella taschina interiore del collo]

1178 **removable lining** [generic term for an unbuttonable or zip-in lining inserted into an item of clothing]
austrennbares Futter *n* [Oberbegriff für Ausknöpffutter mit Knöpfen und Ausreißfutter mit Reiß- oder Klettverschluss, z. B. austrennbares Steppfutter]
doublure *f* **amovible** [qu'on peut détacher, enlever ou mettre, par ex.: doublure amovible d'un manteau]; doublure *f* détachable
fodera *f* **staccabile** [che si può separare da un cappotto]

1179 **reticule** [a woman's small handbag with a cord threaded through its neck and tied around the wrist] *(pref.)*; ridicule *(obs.)*
Schnurbeutel *m* [eine längliche, mit einer Schnur zusammenziehbare Handtasche, die an derselben Schnur getragen werden kann] *(veralt.)*
réticule *m* [un petit sac à main de forme oblongue ou arrondie en cuir ou en tissu porté à la main par un lien qui sert également à nouer le sac] *(obs.)*
borsa *f* **a cordoncino** [un contenitore da donna che si porta in mano] *(obs.)*

1180 **retro look** [when fashions from the past are updated to a current look] *(pref.)*; revival [of a style from past]; retro style look
Retrolook *m* [eine an den Stil vergangener Epochen anknüpfende Moderichtung] *(präf)*; Nostalgielook *m*; Revival *n* [Wiederbelebung einer früheren Moderichtung]
look rétro *m* [un style vestimentaire à nostalgie du passé qui signifie un retour en arrière] *(préf.)*; look néo *m*; look *m* nostalgique
look *m* **rétro** [uno stile di abbigliamento ispirato al passato]; look *m* nostalgico

1181 **reverse of a dress** [the turn-up in the length of a dress]; turn-up of a dress [in its length]
Kleideraufschlag *m* [in der Länge]
bas *m* **relevé d'une robe**; revers *m* du bas d'une robe
risvolto *m* **del fondo di un abito (femminile)**

1182 **reverse tongue**
Überfalllasche *f* [überfallend]
languette *f* **de revers**
linguetta *f* **portalucchetto** [il lucchetto è una barretta metallica diritta o piegata a U]

1183 **reversible clothes** *pl* [that can be worn on both sides, because they are faced on both sides]; reversible apparel *(AE)*
Wendekleidung *f* [beidseitig tragbare Bekleidung] *(präf)*; Reversible *n* [englisches Wort für beidseitig tragbares Bekleidungssteil]; beidseitig tragbare Bekleidung *f*
vêtements *mpl* **réversibles** [utilisés des deux côtés] *(préf.)*; vêtements *mpl* à double face
indumenti *mpl* **double-face** [locuzione inglese: abbigliamento reversibile] *(pref.)*; abbigliamento *m* reversibile [p.e. un soprabito reversibile]

1184 **reversible wearable** *adj* [that can be worn on both sides, being faced on both sides]
beidseitig tragbar *adj* [das gewendet werden kann]
réversible *adj* [qui est utilisable des deux côtés]
indossabile *agg* **da ambedue le parti**

1185 **rib cuffed sleeve** [with a knitted cuff]
Strickbündchenärmel *m* [im Gegensatz zum Bündchenärmel, dessen Bündchen

aus gleichem Oberstoff gefertigt wird]; Ärmel *m* mit Strickbündchen
manche *f* **à bord côtes** [tricoté]
manica *f* **con polso a coste** [a maglia]

1186 **ribbed pullover**; rib pullover *(AE)*
Rippenpullover *m* [mit rippenartig erhöhten Maschenstäbchen]; Rippenpulli *m* [leichter Rippenpullover]
pull-over *m* **à côtes**; pull *m* à côtes [un pull-over léger]
pullover *m* **a coste**

1187 **ribbon leading** [through eyelets or short cuts]
Banddurchzug *m* [Führung eines Bandes oder einer Kordel durch Einschnitte oder kleine Löcher]
trou-trou *m* [série de petits trous alignés s'apparentant aux œillets qui servent à faire passer un ruban ou une cordelière - Plural: les trou-trous]
passanastro *m* [una striscia con piccoli tagli per consentire il passaggio di un nastro]

1188 **rickrack ruffle** [trimming in zigzag form]; rickrack frill
Zickzackrüsche *f* [zur Verzierung]
ruche *f* **en zigzag** [d'ornement]
ruche *f* **a zig-zag** [d'ornamento]

1189 **riding bubble trousers** *pl* [reaching to below the knee - see also woman's riding breeches]
Reithose *f* **mit abstehendem Ballon** [das Hosenbein liegt an der Wade und unter dem Knie an, seitlich in Oberschenkelhöhe jedoch ist es mit einem abstehenden Ballon versehen]
culotte *f* **de cheval à ballon** [pantalon qui arrive au-dessous du genou et dont les jambes s'élargissent en un bouffant latéral]
calzoni *mpl* **da equitazione a palloncino** [lunghi fin sotto il ginocchio]

1190 **ring buckle** [with two rings on the end of the belt]; cinch buckle *(AE)*
Ringschnalle *f* [mit zwei Ringen am Gürtelende]; Ringverschluss *m*
boucle *f* **à anneaux** [une boucle à deux anneaux qui sert à fermer les ceintures]
fibbia *f* **ad anelli** [a due anelli per cinture]

1191 **ring collar** [a stand away band collar that circles the neck halfway to the shoulder seam] *(pref.)*; moat collar; wedding band collar
Ringkragen *m* [zwischen Hals und Schulternaht halsfern positioniert]
col boule *m* [le col est maintenu replié sur lui-même ce qui lui donne un aspect gonflé]
collo *m* **ad anello** [un collo circolare tagliato a doppio e rivoltato nel senso della lunghezza]

1192 **rio panties** *pl* [low-rise, short-fitting underpants, narrow on the hips, for women and girls - compare bikini panties]
Rioslip *m* [mit Nabel- und hohem Beinausschnitt, der die Backen unbedeckt lässt - ein Damenslip]
slip *m* **brésilien** [échancré sur les cuisses qui découvre entièrement la taille - un minislip échancré]
brasiliano *m* [uno slip a gamba francese, cioè molto sgambato che lascia scoperta la vita e la natica - vedi anche minislip a gamba alla francese da donna] *(pref.)*; slip *m* Rio

1193 **rising neckline** [transforming it into a collar]
steigender Ausschnitt *m* [der in einen nicht angesetzten Kragen übergeht]
encolure *f* **montante** [avec prolongement vers le haut qui forme un col non-rapporté]
scollatura *f* **montante** [con estensione fino al collo]

1194 **rivet trousers** *pl*; rivet pants *pl (AE)*
Nietenhose *f* [die zur Verstärkung von Ecken oder Taschen mit Nieten versehen ist]
pantalon *m* **à rivets** [pour assembler et renforcer les éléments, par ex.: poches de jeans à rivets]
pantaloni *mpl* **a rivetti** [alle tasche]

1195 **robe** [a woman's ceremonial garment, usually long - not to be confused with a woman's informal item of clothing] *(gener.)*; robe de style [French term for a woman's long dress with a tight bodice and a bouffant skirt]
Robe *f* [kostbares, meistens langes Kleid für besondere Anlässe]

robe *f* **somptueuse** [une robe coûteuse, le plus souvent longue destinée à être portée lors de certaines réceptions et cérémonies]
abito *m* **lungo ed elegante** [da donna]; vestito *m* lungo elegante [da donna]

1196 **robe with train** [a magnificent long dress with a trailing section that is drawn along on the ground, used for formal occasions - compare dress with train]
Schleppenrobe *f* [prächtiger als ein Schleppenkleid - vgl. Schleppenkleid] *(präf)*; Robe *f* mit Schleppe; Abendrobe *f* mit Schleppe
robe *f* **somptueuse à traîne** [voir également robe à traîne]; robe *f* somptueuse à queue; robe *f* somptueuse traînant par terre
abito *m* **sontuoso con lo strascico** [da donna - vedi anche abito con lo strascico]

1197 **roll-collar** [a medium-high, rib-knitted collar, turned over once or twice, not to be confused with a rolled collar, which is the opposite of a flat collar] *(pref.)*; roll-neck collar
Rollkragen *m* [mittelhoher, zylinderförmiger Strickkragen, der mindestens einmal umgeschlagen bzw. gerollt wird]; Hörnchenkragen *m* [schmaler Trikotkragen, der nach vorne rollend in eine Hörnchenform übergeht]
col *m* **roulé** [en mailles, mais un col de chemise en tissu n'est jamais roulé - voir également col boule]
collo *m* **dolcevita** [un collo di maglione alto aderente e ripiegato su sé stesso]

1198 **roll-neck pullover** [a fairly heavy one]; roll-neck [abbr. of a fairly heavy roll-neck pullover (or sweater) with a collar like this]
Rollkragenpullover *m* [mit hohem und leicht umgeschlagenem Kragen]
pull-over *m* **à col roulé et rabattu** [haut et légèrement roulé]
pullover *m* **a collo dolcevita** [alto e appena ripiegato su sé stesso]

1199 **roll-neck pullover** [a lightweight one]; roll-neck [abbr. of a lightweight roll-neck pullover or sweater with a rolled collar]
Rolli *m* [ein leichter Rollkragenpullover mit hohem, mindestens einmal umgeschlagenem bzw. gerolltem Kragen]
pull *m* **à col roulant** [un pull-over léger à col roulant haut, roulé léger]
dolcevita *m* [un maglione dal collo alto ripiegato su sé stesso - si chiama anche collo dolcevita]

1200 **roll-up hood** [can be rolled up into the collar]; roll-up cowl
Rollkapuze *f* [in einen Kragen eingerollt]; eingerollte Kapuze *f*
capuchon *m* **enroulé** [dans un col]
cappuccio *m* **arrotolato** [sul collo, che può essere rialzato e fungere così da copricapo]

1201 **roll-up sleeve** [an elbow-length sleeve without a cuff and with a simple hem, designed to be rolled up or folded at least twice - after rolling it becomes a rolled-up sleeve]
Krempelärmel *m* [mit einer knöpfbaren Lasche versehen, kann der Ärmel zu einem Halbarm verwandelt werden - nach dem Hochkrempeln hat man einen hochgekrempelten Ärmel] *(präf)*; Rollärmel *m* [zum Hochkrempeln vorgesehen]
manche *f* **à rouler** [après le roulage elle s'appelle manche retroussée]; manche *f* roulée
manica *f* **da arrotolare** [dopo l'arrotolamento si definisce manica rimboccata]

1202 **rolled-up sleeve** [compare roll-up sleeve]
hochgekrempelter Ärmel *m* [vgl. Krempelärmel]
manche *f* **retroussée** [voir également manche à rouler]
manica *f* **rimboccata** [vedi anche manica da arrotolare]

1203 **round end collar**; collar with rounded ends
Kragen *m* **mit abgerundeten Enden** *(präf)*; französischer Kragen *m*; abgerundeter Kragen *m*
col *m* **à bouts arrondis** [à pointes arrondies]
collo *m* **alla francese** [a punte arrotondate]

(pref.); collo *m* a punte arrotondate [alle due estremità]

1204 **round-necked cardigan** [without a collar]
Cardigan *m* **mit rundem Ausschnitt** [kragenlos]
cardigan *m* **à encolure ronde** [sans col]
cardigan *m* **a scollatura rotonda** [senza collo]

1205 **round neckline** *(gener.)*; jewel neckline [a woman's high, round neckline as a background for jewellery]
runder Ausschnitt *m (präf)*; Rundhals *m*
encolure *f* **ronde**
scollatura *f* **rotonda** [a semicerchio]

1206 **rounded collar ends** *(pref.)*; rounded collar points
abgerundeter Kragenschenkel *m (präf)*; abgerundete Kragenecke *f*
bout *m* **arrondi d'un col** [l'extrémité 'pointue' d'un col est arrondie] *(préf.)*; pointe *f* arrondie d'un col
punta *f* **arrotondata di un collo** *(pref.)*; estremità *f* arrotondata di un collo

1207 **rubber band** [a simple band worn above or below the knee to hold up a stocking - compare garter (band)]; elastic band [an accessory - compare elastic band by metre]
einfaches Strumpfband *n* [einfaches rundes Gummiband zum Halten von Strümpfen - vgl. Strumpfband] *(präf)*; Gummibund *m* [ein in den Umschlagbund einer Socke eingezogenes Gummiband - hinterlässt eine Gummidruckspur]
bande *f* **élastique pour les bas** [une bande élastique simple destinée à fixer les bas des hommes ou des femmes au-dessus ou en-dessous du genou - voir également jarretière]
elastico *m* **per calze** [anello di gomma semplice per reggere le calze - vedi anche giarrettiera] *(pref.)*; fascia *f* elastica per calze [che cinge la coscia]

1208 **ruche** [a frill made by gathering or pleating a straight-cut strip of fabric or lace and stitching it in the centre, so that it ruffles on both sides] *(pref.)*; ruching [a trimming made of ruches]
Rüsche *f* [ein in der Mitte gekräuselter, gereihter, eingezogener oder gefältelter, gerade geschnittener Stoff- oder Spitzenbesatz - ist die Stoffrüsche breit, so wird sie zu Volant]
ruche *f* [la bande étroite d'étoffe ou de dentelle plissée ou froncée au milieu] *(préf.)*; ruché *m*; rucher *m* [ensemble des ruches]; bouillonné *m* [bande ornementale dont les bords sont froncés pour l'application]
ruche *f* [la striscia ornamentale di tessuto o di pizzo increspata, ripresa al centro da una cucitura] *(pref.)*; frappa *f*; gala *f*

1209 **ruching blouse** [decorated with ruches]; ruffle blouse *(AE)*; frilly blouse; frilled blouse
Rüschenbluse *f* [mit gereihten, gefältelten oder plissierten Stoffrüschen oder mit Rüschenspitzen verziert]
blouse *f* **à ruches** [à bandes étroites d'étoffe ou de dentelle plissée ou froncée qui se trouvent au milieu ou sur un bord]
blusa *f* **a ruche** [a una o più strisce ornamentali di tessuto o di pizzo increspato, riprese da una cucitura al centro o ad un lato]

1210 **ruching collar** [a collar with a trimming made of ruches]; ruche collar
Rüschenkragen *m* [mit Stoff- oder Spitzenbesatz]
col *m* **ruché** [un col à bande étroite d'étoffe ou de dentelle qui est plissée ou froncée au milieu ou sur un bord]; col *m* de ruche
collo *m* **a ruche** [locuzione francese: collo a frappa] *(pref.)*; collo *m* a frappa

1211 **ruffle** [a strip of fabric or lace gathered along one edge to create an open frill with a series of small folds]
Krause *f* [eine Serie von kleinen Fältchen an einer Seite des Gewebes zum Einsatz als Hals- oder Handkrause, heute noch in der Volks- und Amtstracht gerne getragen] *(präf)*; Fraise *f* [fr. Begriff für Krause]
froncis *m* [l'ensemble des fronces (une suite de plis) utilisé à la confection d'une collerette à fronces]
arricciatura *f* [l'effetto del processo di raccogliere una serie di piccole piegoline morbide, usato per fare collaretti arricciati] *(pref.)*; increspatura *f*

1212 **ruffled flounce**; ruffle flounce *(AE)*
Kräuselvolant *m*; gekräuselter Volant *m*
volant *m* **froncé**
volant *m* **arricciato**

1213 **rustic look** [with the typical look of the clothes of country people]
rustikaler Look *m* [in Nachahmung der ländlichen Kleidung]; rustikale Mode *f*
style *m* **rustique** [simple et peu raffiné]; aspect *m* rustique
moda *f* **rustica** [che imita quella campagnola] *(pref.)*; aspetto *m* rustico

S

1214 **sack-back** [a full back hanging free from the neckband] *(pref.)*; full back
Sackrücken *m* [gerade geschnittener, fallender Rücken] *(präf)*; gerade fallender Rücken *m* [einteilig]
dos-sac *m* [coupé droit - il ne comporte ni couture à la taille ni ceinture]
dietro *m* **a sacchetto** [a linea diritta dalle spalle fino all'orlo, senza evidenziare la vita]

1215 **sack dress** [a full, loose-fitting, unwaisted chemise dress, tapering slightly to below the knees]
Hängerkleid *n* [taillenlos weit sitzend] *(präf)*; Sackkleid *n*
robe sac *f* [elle ne comporte ni couture à la taille ni ceinture]
abito *m* **a sacchetto** [di linea diritta]; abito *m* a linea dritta [da donna]

1216 **sack jacket** [a straight, loose-fitting, unwaisted hanging jacket] *(pref.)*; stroller jacket *(AE)* [a semiformal, loose, straight jacket without a waistline]
Hängerjacke *f* [eine nicht taillierte, weit sitzende Jacke] *(präf)*; weit sitzende Jacke *f*; Sackjacke *f*
veste *f* **à ligne sac** [qui n'a pas de taille]
giacca *f* **a sacchetto** [con la stessa ampiezza dalle spalle fino all'orlo] *(pref.)*; giacca *f* a linea diritta

1217 **sack style** [straight-cut, loose-fitting and without a waistline] *(pref.)*; loose shape [of clothes]; sack line
Sacklinie *f* [nicht tailliert bzw. weit sitzend wie ein Sack] *(präf)*; Sackform *f*
ligne sac *f* [ne comporte ni couture à la taille ni ceinture]
linea *f* **a sacchetto** [a taglio diritto dalle spalle fino al ginocchio senza evidenziare la vita]

1218 **saddle kimono** [with saddle kimono sleeves]
Passenkimono *m* [mit angeschnittenen Oberteilpassenärmeln]
kimono *m* **avec manches à empiècement** [la manche n'est pas rapportée, mais taillée d'une seule pièce avec le corps du manteau]
kimono *m* **con maniche a sprone** [la manica ampia è tagliata in un solo pezzo con l'abito]

1219 **safari bag** [a small, double-handled, zipped bag with small outside pockets]
Safaritasche *f* [Handtasche mit Reißverschlüssen und aufgesetzten Außentaschen]
sac *m* **saharien** [un sac à main zippé à poches extérieures]
borsa *f* **sahariana** [una borsa a mano con cerniere e tasche esteriori]

1220 **safari jacket** [single-breasted, lightweight cotton jacket with four large bellows pockets, worn with or without a belt] *(pref.)*; bush jacket [heavier than a safari jacket]
Safarijacke *f* [eine sandfarbene, gegürtete Jacke mit Schulterklappen und aufgesetzten Taschen] *(präf)*; Sahariennejacke *f* [französischer Begriff für eine einfachere Safarijacke]
veste *f* **saharienne** [une chemise-veste de couleur sable à manches courtes ou longues, à ceinture à boucle et à quatre poches à soufflet plaquées] *(préf.)*; saharienne *f*
giacca *f* **sahariana** [cachi con spalline, tasche applicate, maniche corte o lunghe e cintura nello stesso tessuto]; sahariana *f*

1221 **safari pocket** [with side pleats and

an additional centre box pleat or a centre inverted pleat - compare bellows pocket]
Safaritasche *f* [mit aufspringenden seitlichen Falten und einer mittleren Kellerfalte]
poche *f* **saharienne** [poche à soufflet plaquée]
tasca *f* **sahariana** [applicata con sfondo piega]

1222 **safety seam** [stitched with safety stitches]
Sicherheitsnaht *f* [zur Absicherung von Nähgutkanten - vgl. Versäuberungsnaht] *(präf)*; Safetynaht *f* [überwiegend für Berufskleidung und elastisches Gewebe im Einsatz]
couture *f* **de sûreté** [pour consolider un bord] *(préf.)*; couture *f* à points de couture et surjet simultanés [de sûreté]
cucitura *f* **di sicurezza** [per rinforzare un bordo] *(pref.)*; cucitura *f* a punto di sicurezza

1223 **sailor collar** [a deep-cut, braid-brimmed square white collar which falls down the back, tapering in a V-neck to a point at the front]; marinière (collar) [French term for sailor collar]
Matrosenkragen *m* [ein schulterbreiter Kragen, der vorne in eine Krawatte überläuft]; Marinièrekragen *m* [französischer Begriff: kleiner Schlupfkragen]; Sailorkragen *m* [engl. Bezeichnung für einen Rollkragen mit Reißverschluss]
col *m* **de marin** [grand col rayé avec un carré dans le dos et ouvert sur le devant, prolongé par un revers effilé]
colletto *m* **alla marinara** [un ampio rettangolo azzurro listato di bianco che ricade sul dietro]

1224 **sailor dress** [with middy blouse or sailor collar]
Matrosenkleid *n* [mit einem Matrosenkragen am Rücken]
robe *f* **marinière** [à col de marin sans ouverture sur le devant qui s'enfile par la tête]; robe *f* à la marinière
abito *m* **alla marinara** [da donna - una nozione di moda - vedi anche divisa da marinaio]

1225 **sailor suit** [French and British: an ordinary sailor's uniform - see child's sailor suit]
Matrosenanzug *m* [eines echten Matrosen - vgl. Kindermatrosenanzug]
costume *m* **de marin** [c'est-à-dire un costume de vrai marin]; costume *m* marinière
divisa *f* **da marinaio** [un autentico marinaio - vedi anche marinara]

1226 **sailor waistcoat**
Matrosenweste *f*
gilet *m* **de marin**
gilè *m* **da marinaio**

1227 **sandal** [consisting of an openwork upper or a sole held by straps, used for daywear and evening wear]
Sandale *f* [Schuhwerk mit offenem Oberteil bzw. die Sohle wird am Fuß mit Bändchen festgehalten]
sandale *f* [la chaussure composée d'une semelle et de lanières ou de bandes de cuir parallèles ou entrecroisées]; sandalette *f* [toujours à talon bas]
sandalo *m* [la calzatura leggera con tallone libero e la suola fermata da strisce, provvista di un cinturino sulla parte posteriore]

1228 **sari** [a 5-to-7-yard-long piece of fabric is wrapped around the waist with one end thrown over the shoulder, worn over blouses and panties] *(pref.)*; saree
Sari *m* [um den Körper und über eine Schulter gewickeltes Gewebestück, wozu noch eine Bluse und ein Unterrock getragen werden]
sari *m* [une pièce de tissu drapée, ajustée sans couture, roulée autour du corps et passée sur l'épaule]
sari *m invar.* [una lunga pezza di stoffa che si porta drappeggiata intorno al corpo lasciando libera una spalla]

1229 **sarong** [long shoulder-free tropical wraparound dress, also adapted for summer fashion]
Sarongkleid *n* [ein gewickeltes, schulterfreies drapiertes Kleid]
robe sarong *f* [roulée autour du corps qui laisse les épaules libres]

abito *m* **sarong** [ripiegato su sé stesso che lascia le spalle libere]

1230 **sarouel** [wide oriental trousers fastened below the knee]; Turkish trousers *pl*; Turkish pants *pl (AE)*
Sarouel *f* [eine rockartig weite, orientalische Hose mit tief hängendem Schritt und Bündchenabschluss unter dem Knie - gehört im Westen zur Damenmode]; Türkenhose *f*
sarouel *m* [un pantalon à entrejambe bas] *(préf.)*; saroual *m*; pantalon *m* à la turque
sàroual *m* [pantaloni ampi a cavallo basso con una serie di pieghe intorno ai fianchi]; pantaloni *mpl* alla turca [a cavallo basso tagliati all'altezza del ginocchio]; pantaloni *mpl* da odalisca; sarouel *m*

1231 **sash** [a wide piece of fabric tied in a bow around the waist - compare 'shoulder sash' and 'waist sash'] *(pref.)*; scarf [a sash - compare scarf (a piece of fabric)]; self sash [a tied, self-covered belt]
Schärpe *f* [ein um die Hüften herum gewickeltes breites Band] *(präf)*; Echarpe *f* *(allg)*
écharpe *f* [une large bande d'étoffe portée nouée autour de la taille]
fusciacca *f* [una lunga fascia che si avvolge attorno alla vita] *(pref.)*; sciarpa *f* [la lunga fascia che si porta intorno al collo o gettata sulle spalle]

1232 **satin lapel**
Satinrevers *n*
revers *m* **de satin**
risvolto *m* **di satin**

1233 **satin stripe** [on trouser leg - one or two narrow stripes down each side of the dinner, full dress or uniform trousers] *(pref.)*; pant stripe *(AE)*; trouser stripe *(gener.)*
Lampassen *pl* [ein breiter, seitlich an die Frack- oder Uniformhose angenähter Satinstreifen - vgl. Kultstreifen] *(präf)*; Satinstreifen *m*; Galon *m* [seitlicher Hosenbesatzstreifen - vgl. Galon (Schnurverzierung)]
baguette *f* **de satin** [une rayure de satin cousue sur le côté de la jambe de pantalon] *(préf.)*; galon *m* de soie [sur les jambes de pantalon de smoking ou d'uniforme]; rayure *f* de satin
baguette *f* **di satin** [locuzione fr.: ornamento lineare di satin applicato lateralmente sui pantaloni]; pistagna *f* [un filetto di satin di colore contrastante che si applica all'estremità dei pantaloni militari]

1234 **saw-toothed hem** [with pointed edges]
Sägezahnsaum *m* [mit großen Rattenzähnen versehen]
ourlet *m* **dentelé** [avec des dents]
orlo *m* **dentellato** [provvisto di dentellatura]

1235 **scalloped button placket** [with a series of curves simulating a shell - an ornamental placket]
ausgebogte Knopfleiste *f* [weist die Form von Barmer Bögen auf]; festonierte Knopfleiste *f* [ist mit Festons versehen]
bande *f* **festonnée de boutons** [en forme de dents arrondies ou de guirlande de feuilles utilisés comme bordure d'ornement]
finta *f* **festonata a bottoni** [che imita alla sua estremità curvature, denti o un andamento a smerli]

1236 **scalloped neckline** [with a series of curves representing shells - an ornamental neckline]
festonierter Ausschnitt *m* [kammmuschelartig gestaltet]; ausgebogter Ausschnitt *m*
encolure *f* **festonnée** [ornée de festons en forme de dents arrondies pour décorer la bordure]; encolure *f* à festons
scollatura *f* **festonata** [addobbata con festoni con un andamento a smerli alla sua estremità] *(pref.)*; scollatura *f* a festoni [lavorata a festoni]

1237 **scarf** [a piece of fabric worn around the neck, over the head or over the shoulders - compare sash] *(pref.)*; neckwear [generic term for items worn around the neck]
Tuch *n* [Kopf-, Hals- oder Schultertuch - vgl. Schärpe] *(allg)*
foulard *m* [un morceau de tissu en foulard plié en triangle, par ex.: foulard carré - voir également écharpe] *(génér.)*; carré *m* [une

pièce de tissu carrée pliée en diagonale, qu'on porte comme foulard]
foulard *m* [voce fr.: il grande fazzoletto quadrato leggero, di seta o non, piegato a triangolo da testa o indossato intorno al collo - vedi anche fusciacca] *(gener.)*; fazzoletto *m* [da collo o da testa]

1238 **scoop neck** [a deep curved neckline extending out to the shoulders, usually cut low at the front, but also possible at the back] *(pref.)*; scoop neckline *(AE)*; U-neckline *(AE)*
U-Ausschnitt *m* [ein tiefer, breiter, U-förmiger Ausschnitt, der bis zu den Schultern reicht oder ein Trägerausschnitt]
encolure maillot *f* [profonde en U découpée jusqu'aux épaules]; encolure *f* en U
scollatura *f* **a canottiera** [rotonda, accentuata in ampiezza e profondità, libera fino alle spalle]; scollatura *f* a U

1239 **scorch mark** [ironing damage caused by the pressing iron being at too high a temperature - an ironing mark]
versengte Stelle *f* [z. B. durch Bügeln mit zu heißem Bügeleisen]
marque *f* **de roussissement** [en brûlant légèrement un endroit du tissu] *(préf.)*; zone *f* roussie
marca *f* **di strinatura** [p.e. strinare la camicia stirandola con ferro troppo caldo]

1240 **Scottish checks** *pl* [forming a plaid pattern]; scottish checks *pl (AE)*
Schottenkaro *n* [ein großes Plaidkaro]
carreau *m* **écossais** [distinctif des clans écossais]
quadro *m* **scozzese** [che racchiude uno spazio quadrangolare, p.e. quadri scozzesi sovrapposti di colori contrastanti]

1241 **scroop (of certain linings)** [the rustling sound of some manufactured fibre linings]
Frou-Frou *m/n* [ein durch spröden Futterstoff erzeugtes Rauschen bestimmter Futterstoffe]
froufrou *m* [qui fait un bruit par le frottement de certains tissus]
fruscio *m* [rumore prodotto dai vestiti o dalla fodera]

1242 **seam** [the line along which two or more fabric layers are joined together]
Naht *f* [linienförmige Verbindung zwischen zwei Nähgutteilen] *(präf)*; Nähnaht *f* [eine genähte Naht, um den Begriff Nähnaht von der Schweißnaht abgrenzen zu können]; genähte Naht *f* [besser: Naht]
couture *f* [la ligne d'assemblage des deux pièces de tissu exécutée avec une aiguille et du fil - l'endroit même]
cucitura *f* [la linea di congiungimento di due parti di tessuto servendosi dell'ago e del filo, allo stesso tempo il luogo dove passa questa linea di punti]

1243 **seam bar tacking** *(pref.)*; stay stitching [binding a seam]
Nahtverriegeln *n* [mehrmalige Absicherung der Naht gegen Lösen der Nähfadenverschlingung]; Nahtverriegelung *f*
arrêt *m* **d'une couture** [action réalisée afin que les coutures ne se défassent]
fermo *m* **della cucitura** [l'operazione che ferma la cucitura di tasche, di aperture o di occhielli con una travetta]

1244 **seam durability** [ability to withstand wear, decay and degradation]
Nahthaltbarkeit *f* [Beibehaltung der Nahtqualität unter Beanspruchung]
durabilité *f* **de la couture** [une couture qui dure longtemps même si elle est beaucoup utilisée]
durabilità *f invar.* **della cucitura** [una cucitura resistente all'uso prolungato]

1245 **seam let-out** [letting out the seam]; seam enlarging
Nahterweiterung *f* **durch Auslassen**
élargissement *m* **en déplaçant la couture** [par ex.: élargissement d'une jupe vers le bas]
allargamento *m* **per spostamento di una cucitura** [ampliamento]

1246 **seam pitch point** [the point at which stitching begins]
Nahtansatz *m* [die Stelle, wo eine Naht angesetzt wird]

point *m* **de commencement d'une couture**
attaccatura *f* **di una cucitura** [il punto di inizio nel quale un componente si attacca ad un altro]

1247 **seam safety** [no seam breaking even in hard-wearing conditions - the seam stays in good condition for a long time]
Nahtsicherheit *f* [gegen Nahtbruch bei extremer Tragebeanspruchung]
sûreté *f* **d'une couture** [que la couture ne se défasse pas complètement en cassant]
sicurezza *f* **di una cucitura** [una cucitura resistente]

1248 **seam strength** [durability in use, determined by the resistance to a pulling force - compare seam durability] *(pref.)*; seam resistance
Nahtfestigkeit *f* [Haltbarkeit der Naht bei den Beanspruchungen, die beim Tragen und der Pflege entstehen - vgl. Nahthaltbarkeit]
résistance *f* **d'une couture** [quand elle est fortement utilisée - voir également durabilité de la couture]
resistenza *f* **di una cucitura** [all'uso prolungato - vedi anche durabilità della cucitura]

1249 **seam turn-back** [extra material over the seam allowance]
Nahteinschlag *m* [über die normale Nahtzugabe hinaus]
rempli *m* **d'une couture** [le dépassant supplémentaire à l'envers d'une couture] *(préf.)*; tolérance *f* d'une couture [le rempli]
ripiegatura *f* **di una cucitura** [aggiunta di cucitura]

1250 **seam undulation** [an imperfection]
Nahtwelligkeit *f* [eine Nähstörung: wellenförmige Aufwerfungen der Naht]
ondulation *f* **d'une couture** [un défaut]
ondulazione *f* **di una cucitura** [un difetto]

1251 **seamed hose** [fully fashioned hose with black line up the back]; seamed stockings *pl*
Strumpf *m* **mit Naht** [an der Rückseite]
bas *m* **à couture** [derrière la jambe]
calza *f* **con cucitura** [sul dietro]

1252 **seamed tights** *pl* [with a dark line up to back]; seamed pantyhose *(AE)*
Strumpfhose *f* **mit Naht** [an der Rückseite]
collant *m* **à couture** [derrière la jambe]
collant *m invar.* **con cucitura** [sul dietro]

1253 **seaming** [forming a seam to join two pieces of fabric together or to sew sth. on or up]; sewing [followed by a noun]; stitching [used for edge-finishing and ornamental stitching - compare topstitching] *(gener.)*
Nähen *n* [zur Verbindung von Nahtpartnern] *(präf)*; Steppen *n* [Alternative zum Begriff Nähen, wenn es nicht um Zusammennähen geht - vgl. Absteppen] *(allg)*
couture *f* **(d'assemblage)** [l'action de coudre pour l'assemblage des composants d'une pièce d'habillement] *(préf.)*; couture *f* de [montage - l'action de coudre]; piqûre *f* [dans autre but que de former un assemblage - voir également surpiqûre] *(génér.)*
cucitura *f* **(d'assemblaggio)** [l'operazione per congiungere due parti di tessuto - vedi anche impuntura] *(pref.)*

1254 **seamless hose** [as opposed to seamed hose - compare seamed hose]; seamless hosiery *(gener.)*
nahtloser Strumpf *m* [vgl. Strumpf mit Naht]
bas *m* **sans couture** [voir également bas à couture]
calza *f* **senza cucitura** [vedi anche calza con cucitura]

1255 **seat circumference of men and boys** [a body measurement]; seat girth of men and boys
Gesäßumfang *m* **bei Herren und Knaben** [ein Körpermaß]
tour *m* **du fond (du corps) de l'homme et du garçon** [une mesure du corps]
circonferenza *f* **del fondoschiena** [cioè della parte posteriore del corpo dell'uomo - una misura del corpo]

1256 **seat girth of a man's trousers** [a finished measurement]
Gesäßweite *f* **einer Hose** [ein Fertigmaß]

ampleur *f* **au niveau du fond d'un pantalon** [le fond est la partie d'un pantalon sur laquelle repose le postérieur - une mesure finie]
ampiezza *f* **del fondo dei pantaloni** [o del dietro dei pantaloni - una misura finita] *(pref.)*; ampiezza *f* del dietro dei pantaloni

1257 **seat girth of women and girls** [a body measurement]; hip circumference of women and girls; hip measurement of women and girls *(gener.)*; hip girth of women and girls
Hüftumfang *m* **bei Damen und Mädchen** [tatsächlich ein Gesäßkörpermaß, bloß spricht man im Deutschen bei Damen und Mädchen nicht von der Gesäßpartie - vgl. Gesäßumfang bei Herren]
tour *m* **de bassin** [le tour du fond du corps d'une femme et d'une fille mesuré à l'endroit le plus fort des hanches - une mesure du corps] *(préf.)*; tour *m* de hanches [par ex.: avoir un tour de hanches de 85 cm]
circonferenza *f* **del bacino** [nel punto di maggiore ampiezza dei fianchi di una donna - una misura del corpo] *(gener.)* *(pref.)*; circonferenza *f* dei fianchi; giro *m* del bacino

1258 **seat girth of women's trousers and skirt**
Hüftweite *f* **einer Hose oder eines Rocks** [Hosen- oder Rockfertigmaß bei Frauen]
ampleur *f* **au niveau du fond d'un pantalon ou d'une jupe chez les femmes**
ampiezza *f* **del dietro dei pantaloni femminili o di una gonna**

1259 **see-through blouse** [a very thin blouse, worn without underwear, through which the body is clearly visible]
durchsichtige Bluse *f* [auch ohne Unterwäsche getragen, ermöglicht sie eine klare Sicht auf das, was sich darunter befindet]
blouse *f* **transparente** [très fine et vaporeuse pour qu'on puisse voir au travers]
blusa *f* **trasparente** [con un grado di trasparenza che lascia intravedere parte del corpo]

1260 **see-through look** [the trend towards a greater acceptance of nudity]
Transparentlook *m* [mit durchsichtigem Oberteil]
look *m* **transparent** [un style vestimentaire qui permet de distinguer nettement le corps en-dessous]
look *m* **trasparente** [uno stile di abbigliamento con un grado di trasparenza che lascia distinguere i contorni del corpo]

1261 **semi-peaked lapel**
halbsteigendes Revers *n*
revers *m* **à demi cran aigu**
risvolto *m* **a punta semiascendente**

1262 **semi-transparent** *adj*
halbdurchsichtig *adj*
semi-transparente *adj*; semi-opaque *adj*
semitrasparente *agg* [parzialmente trasparente]

1263 **semiformal wear** [a jacket and tie for men and any dress in a fairly elaborate style for women]; semiformal suit *(AE)* [a tuxedo for men and a dressy suit for women]
halbformelle Bekleidung *f* [Jackett und Krawatte für den Herren und Cocktailkleid oder Hosenanzug für die Dame]
vêtements *mpl* **demi-formels** [qui concerne la tenue vestimentaire recommandée 'presque formel']
abbigliamento *m* **semiformale** [serio, ma non troppo elegante]

1264 **separable zip fastener** [with an assembly at the bottom for re-engaging the zip - compare non-separable zip fastener]; separable zipper *(AE)*
teilbarer Reißverschluss *m* [der in beide Richtungen öffnet - vgl. unteilbarer Reißverschluss]
fermeture *f* **à glissière séparable** [voir également fermeture à glissière non-séparable]
cerniera *f* **separabile** [vedi anche cerniera non separabile]

1265 **serape** [a Mexican shoulder blanket worn as a loose sleeveless cloak] *(pref.)*; sarape; zarape
Sarape *f* [einfacher mexikanischer

Überwurf ohne Ärmel] *(präf)*; mexikanischer Überwurf *m*
sarape *m* [la mantille mexicaine sans manches fendue devant]
sarape *m* [il mantello messicano senza maniche]

1266 **set** [of matching items of clothing that belong together, e.g. an outfit of clothes]; parure [French word for a set of matching clothing items and the jewellery belonging with them]
Garnitur *f* [von Kleidungsteilen: ein Satz zusammengehöriger Kleidungssteile, Juwelen inklusive - vgl. Garnitur von Zierteilen]
parure *f* [assortie aux vêtements - l'ensemble des vêtements et des bijoux d'une dame, par ex.: la parure d'une femme assortie à une belle tenue]
parure *f* [capi di vestiario o gioielli destinati a essere usati insieme, p.e. parure di seta cioè un completo di biancheria intima di seta]

1267 **set-in sleeve** [any sleeve set into an armhole and stitched - the opposite term is kimono sleeve]; inset sleeve [already set in, but not yet stitched]
eingesetzter Ärmel *m* [ein Schneiderärmel, jedoch in weiterem Sinne jeder Ärmel, der in ein Armloch eingesetzt ist oder wird - das Gegenteilige ist ein Kimonoärmel]
manche *f* **montée** [qui s'oppose à la manche à même et à la manche kimono] *(préf.)*; manche *f* à l'emmanchure
manica *f* **attaccata** [contrario: la manica a chimono]

1268 **set-in waistline** [a horizontal panel of fabric is fitted between the top and the skirt of a dress]
eingesetzte Taille *f* [zwischen dem oberen Teil und dem Rockteil eines Kleides eingenäht]
taille *f* **montée** [entre le haut et la jupe d'une robe]
vita *f* **applicata** [tra il corpino e la gonna di un abito da donna]

1269 **sew** *v* [in order to fasten, join together or attach sth.] *(pref.)*; stitch *v* [fasten, attach or decorate with stitches]
nähen *v* [um zwei Nahtpartner zusammenzufügen, zu befestigen oder etwas zu verzieren] *(präf)*; steppen *v* [fachsprachliche Alternative zu nähen] *(rar)*
coudre *v* [réunir deux pièces de tissu au moyen d'un fil à la main ou à la machine - par opposition à découdre]; piquer *v* [coudre exclusivement à la machine]
cucire *v* [unire fra loro due o più pezzi di tessuto o di cuoio con ago e filo, p.e. cucire un abito] *(gener.)*; attaccare *v* [p.e. attaccare la manica ad un abito]

1270 **sew-in collar stay** [attached to the interlining of a collar or to the undercollar] *(pref.)*; permanent collar stay
eingenähtes Kragenstäbchen *n* [in den Unterkragen festgenäht]
baleine *f* **de col permanente** [cousue à l'intérieur du dessous de col]
stecca *f* **di balena permanente** [cucita nel sottocollo per irridigire il colletto]

1271 **sewing needle**
Nähnadel *f*
aiguille *f* **à coudre**
ago *m* **da cucire**

1272 **sewing ply yarn** [better: ply yarn]
Nähzwirn *m* [besser: Zwirn]
retors *m* [le fil à coudre fort]
ritorto *m* [un filato ottenuto con la ritorcitura di più fili]

1273 **sewing stitch** [one up-and-down movement of a threaded needle in and out of a piece of fabric which is being sewn, used to make a seam] *(pref.)*; stitch [abbr. for sewing stitch]
Nähstich *m* [Element einer Fadenlegung]; Stich *m* [Abkürzung von Nähstich]
point *m* **de couture** [l'élément composant d'un assemblage ou le chemin suivi par un fil en traversant une épaisseur de tissu entre deux piqûres d'aiguille]
punto *m* **di cucito** [l'unità di annodatura della cucitura formata dal filo teso tra due fori successivi fatti dall'ago]

1274 **shank** *v* [a button stem]
umwickeln *v* [einen Knopfstiel]
guiper *v* [la queue du bouton en entourant un fil autour de la queue]; enrouler *v*

avvolgere *v* [il gambo del bottone girando il filo attorno al gambo]

1275 **shank button** [a button with a short, stem-like wire or plastic loop - called a shank - on the back. Some of these buttons are covered with fabric - compare 'thread shank of button' and 'ring button']
Stielknopf *m* [mit ringförmigem Metall- oder Plastikstiel an der Rückseite, woran der Knopf angenäht wird]
bouton *m* **à queue annulaire** [bouton à queue de forme ronde, en plastique ou en métal]
bottone *m* **a gambo anellato** [plastico o metallico]

1276 **shark collar** [a flat, simple or double cutaway collar with pointed ends that are wider apart than with a Kent collar]
Haifischkragen *m* [ein Hemdkragen mit weiter auseinander stehenden Spitzen als das beim Kentkragen der Fall ist] *(präf)*; breiter Haifischkragen *m* [Damenausschlagkragen]
col requin *m* [un col de chemise à pointes, les pointes sont plus espacées dans un col Kent]
collo *m* **a pescecane** [un collo di camicia con punte meno distanti tra loro rispetto al collo Kent]

1277 **shawl** [a square wrap, folded into a triangle and frequently fringed, larger than a scarf, worn by women over their head or shoulders]
Schultertuch *n* [dreieckig gefaltet und mit Fransen versehen, bedeckt es die Schultern von Frauen] *(präf)*; Umhängetuch *n*; Schal *m (allg)*
châle *m* [une grande pièce d'étoffe en triangle couvrant les épaules de la femme]
scialle *m* [un indumento femminile triangolare ornato di frangia che si porta sulle spalle sopra i vestiti] *(pref.)*; sciallo *m* [regionale]; foulard *m* di spalle

1278 **shawl collar** [cut in one piece it forms a continuous line around the back and down the front without lapel notches - compare shawl lapel] *(pref.)*; angled shawl collar [squarecut angled at the waistline]
Schalkragen *m* [die zwei Teile verlaufen von der rückwendigen Naht des Kragens über das Fasson bis zum Fassonauslauf in einem Stück - vgl. Schalfasson]
col châle *m* [qui prolonge les revers sans couture et ressemble ainsi à une écharpe ou à un col croisé à revers arrondis - voir également revers châle]
collo *m* **a scialle** [che forma una linea continua senza cran dal dietro al davanti - vedi anche risvolto sciallato] *(pref.)*; collo *m* sciallato

1279 **shawl lapel** [the collar and the lapel form a continuous line around the back and down the front without any lapel notches - compare shawl collar]; shawl revers
Schalfasson *n* [Revers und Oberkragen sind in einem Stück nahtlos verbunden - vgl. Schalkragen]
revers châle *m* [qui prolonge le col par un revers sans couture et ressemble ainsi à une écharpe - voir également col châle]
risvolto *m* **sciallato** [che forma una linea continua senza cran dal dietro al davanti - vedi anche collo a scialle]; risvolto *m* a scialle

1280 **shearling jacket** [made of sheepskin with the wool attached and with the sueded flesh side on the outside] *(pref.)*; sheepskin jacket
Lammfelljacke *f* [die mit der Wollseite nach innen und der geschliffenen Fleischseite nach außen getragen wird]
canadienne *f* [une veste longue ou un manteau à longueur trois-quarts en peau de mouton retournée et suédée à l'extérieur - l'original]; canadienne *f* doublée de mouton
canadese *m* [un giaccone foderato in pelle di montone a collo in similpelle] *(pref.)*; canadienne *m/f* [voce francese per la giacca canadese]; giacca *f* canadese; shearling *m* [voce inglese: un giaccone di pelle di montone]

1281 **sheath coat** [a long, close-fitting, figure-hugging coat with a slit at one side]
Etuimantel *m* [sehr schmal geschnitten, mit Seitenschlitzen versehen] *(präf)*; Futteralmantel *m*
manteau fourreau *m* [très étroit, non ceinturé et moulant de sorte qu'il épouse les formes de la femme]

cappotto *m* **fourreau** [locuzione francese: aderente sia al busto che nella parte inferiore]

1282 **sheath skirt** [cut slim with inverted pleats or slits at one or both sides]
Etuirock *m* [sehr schmal geschnitten und mit einem oder zwei Seitenschlitzen versehen, lässt dieser Rock die Figur hervortreten] *(präf)*; Futteralrock *m*
jupe fourreau *f* [jupe moulante très resserrée avec une ou deux fentes sur le côté qui épouse les formes du corps]
gonna *f* **fourreau** [francesismo: una gonna stretta e aderente a sfondo piega laterale]

1283 **sheer hose** [fine translucent hose] *(pref.)*; ultra sheer hose [exceptionally fine translucent hose]
hauchdünner Damenstrumpf *m (präf)*; hauchdünner Feinstrumpf *m* [für Damen]
bas *m* **très fin de femme** [arachnéen]
calza *f* **molto sottile da donna**

1284 **shift** [a woman's simple, loose-fitting, unwaisted dress that hangs from the shoulders, with diagonal upward darts on both sides]
Shiftkleid *n* [ein gerade fallendes, nicht tailliertes Kleid, das von den Schultern herabhängt und ohne oder mit Gürtel getragen wird]
robe shift *f* [anglicisme: robe à ligne droite qui tombe des épaules]
abito *m* **shift** [locuzione inglese: abito con linea diritta da donna che cade dalle spalle]

1285 **shiny look** [the look of bright clothing, but not the polished surface of some trouser seats that have had the nap worn off]
Shinylook *m* [englisches Wort für eine glänzende Bekleidung, z. B. der Shinylook eines Lüsteranzugs]
look *m* **éclatant** [des vêtements lustre]
look *m* **luccicante** [indumenti lucidi e scintillanti]

1286 **shirred shoulder** [creating fullness and a decorative effect]
Raffschulter *f* [zusammengezogen dient sie als Verzierung]
épaule *f* **froncée** [à deux ou plusieurs files en bouillons]
spalla *f* **increspata** [a due o più serie di piegoline morbide]

1287 **shirring** [making three or more rows of gathers by means of parallel seams, giving fullness to sleeves or skirts] *(pref.)*; gauging
Kräuseln *n* [mit drei oder mehreren Stichreihen]; Raffen *n*
bouillonnage *m* [l'action de rendre les plis bouffants par 3-4 rangs de fronces]
arricciatura *f* [l'azione di raccogliere 3-4 serie di piegoline morbide sulla cucitura]

1288 **shirt** [a more tailored upper garment than a blouse, it covers the upper part of a man's or boy's body and is worn under a jacket]
Hemd *n* [Kurzform von Oberhemd, das den Oberkörper und die Arme bedeckt und insbesondere von Herren und Knaben getragen wird] *(präf) (allg)*; Oberhemd *n* [klassisches Herrenhemd - besser: Hemd]
chemise *f* [un vêtement léger couvrant le torse et les bras, porté souvent sur la peau - en générale une chemise à col tenant]
camicia *f* [un indumento leggero, abbottonato, con colletto e maniche] *(pref.)*

1289 **shirt-jac** [a button-through shirt with side slits and big pockets, worn outside the trousers as a jacket or open over another knit shirt]; shirt-jacket *(chiefly AE)*; overshirt *(AE)*
Overshirt *n* [englisches Wort für ein weit geschnittenes Hemd mit großen Taschen und Schulterpassen, das über einem Trikot auch offen getragen wird]; Hemdjacke *f* [mit Hemdenschnitt; wird anstelle einer leichten Jacke getragen]
chemise-veste *f* [qui sert de veste] *(préf.)*; overshirt *m* [anglicisme pour une veste-chemise portée au-dessus du pantalon ou d'un teeshirt]
giacca *f* **a camicia** [che fa le veci di una giacca leggera indossata su una maglietta o sui pantaloni] *(pref.)*; overshirt *m* [giacca a camicia]

1290 **shirt pullover** [a light pullover resembling a shirt or a tee-shirt]

Shirtpulli *m* [englischer Begriff für einen leichten Pulli mit T-Shirtschnitt]
pull-over *m* **en style de chemise ou de teeshirt**
pullover *m* **a stile di camicia o di tee-shirt**

1291 **shirt size** [compare collar size]
Hemdgröße *f* [vgl. Kragenweite]
mesure *f* **d'une chemise** [mieux: taille du col de chemise, c'est-à-dire la largeur donnée au col de la chemise - voir également taille de cols]
misura *f* **di una camicia** [vedi anche misura del collo]

1292 **shirt tail** [the lower, free-floating, rounded part of a shirt, reaching to below the waist]; shirt tails *pl*
Hemdschoß *m* [der flatternde Unterteil des Hemdes]
pan *m* **d'une chemise** [la partie inférieure des chemises d'hommes qu'on laisse flotter librement]; basques *fpl* de chemise [les deux pans de chemise]; bannière *f*
falda *f* **di una camicia** [il lembo inferiore della camicia]; baschina *f* della camicia [i due dettagli inferiori di una camicia dal punto vita al fianco]

1293 **shirt with applied waistband** [made of the same fabric]
Shirt *n* **mit angesetztem Bund** [aus dem gleichen Stoff]
teeshirt *m* **à ceinture rapportée** [fait de même tissu]
tee-shirt *f* **a cintura attaccata** [fatta dello stesso tessuto]

1294 **shirt yoke** [consisting of a front yoke and a back yoke] *(gener.)*; split yoke [cut as two pieces and seamed - if cut as a single piece, it is tuck-stitched at the centre back]
Hemdsattel *m* [bestehend aus Rückensattel und Vorderteilsattel]; Hemdpasse *f*
empiècement *m* **d'une chemise** [composé d'un empiècement de dos et d'un empiècement de devant]
sprone *m* **di una camicia** [costituito da una parte di fronte e una di dietro]

1295 **shirtwaist** *(orig. AE)* [a shirt blouse cut similarly to a man's shirt] *(pref.)*; waist shirt; shirt blouse
Hemdbluse *f* [mit Klappenkragen, einem Herrenhemd nachempfunden]; Chemisierhemd *n*; Chemisier *n* [Kurzform für Chemisierhemd]
chemisier *m* [un corsage de femme fermé devant avec un col d'homme et des poignets - le terme s'emploie aussi souvent pour la blouse de femme]; chemise *f* de femme
camicia *f* **chemisier** [una camicia da donna che ricorda una camicia da uomo]; camicetta *f*

1296 **shirtwaist sleeve** [flat at the sleeve head and gathered at the cuff]
Chemisierärmel *m* [flach an der Ärmelkugel und gekräuselt an der Manschette]
manche chemisier *f* [plate à la tête de la manche et légèrement froncée au poignet]
manica *f* **alla chemisier** [che è piatta alla tromba di manica e arricciata al polsino]

1297 **shoe** [a foot covering which does not reach above the ankl]
Schuh *m* [kurze Fußbekleidung, die bis zum Knöchel reicht]
soulier *m* [toutes les chaussures basses qui ne montent pas plus haut que la cheville, sans les chaussures utilisées à l'intérieur]
scarpa *f* [una calzatura che veste e protegge il piede senza prolungarsi oltre la caviglia, si dice un paio di scarpe] *(pref.)*; scarpetta *f* [una scarpa bassa e leggera elegante]

1298 **shoe buckle** [for fastening or simply as an ornament]
Schuhschnalle *f* [zum Schließen oder als Verzierung]
boucle *f* **de soulier** [qui sert à tendre une courroie pour fermer ou orner le soulier]
fibbia *f* **da scarpa** [un fermaglio che serve a chiudere o ad ornare la scarpa]

1299 **shoe heel** [the raised part of the sole of a shoe that elevates it at the back - it may be low, medium or high]; heel of a shoe
Schuhabsatz *m* [erhöht die Rückseite des Schuhs] *(präf)*; Absatz *m* [ein Schuhabsatz]
talon *m* **d'une chaussure** [le support rigide

et saillant plus ou moins haut sous le talon du pied qui exhausse le derrière de la chaussure]
tacco *m* **di una scarpa** [l'elemento che rialza l'estremità posteriore della calzatura su cui poggia il calcagno]

1300 **shoe size** [e.g. size 40]
Schuhgröße *f* [z. B. Schuhgröße 40]
pointure *f* **de chaussures** [le nombre qui indique la taille des chaussures, par ex.: pointure 40]
numero *m* **di scarpe** [p.e. scarpe numero 40]

1301 **shoestring bustier** [with very narrow straps]
Spaghettibustier *m* [mit Spaghettiträgern]
bustier *m* **à spaghetti** [à bretelles spaghetti très étroites qui passent sur les épaules]
bustier *m* **con bretelle sottili**

1302 **short size** [with the same waistband size - a size of ready-to-wear clothes]
kurze Größe *f* [bei gleicher Bundweite - eine Konfektionsgröße] *(präf)*; Kurzgröße *f* [für untersetzte Personen bzw. Personen von gedrungener Gestalt]
taille *f* **courte** [pour la même taille de la ceinture - une taille de confection] *(préf.)*; courte taille *f*
taglia *f* **corta** [una taglia di confezione] *(pref.)*

1303 **short skirt** [compare miniskirt]
Röckchen *n* [kurzer Rock - vgl. Minirock]
jupette *f* [ne couvrant que le haut des cuisses, par ex.: jupette de tennis - voir également minijupe] *(préf.)*; petite jupe *f* [une jupe très courte]
gonnella *f* [una gonna corta - vedi anche minigonna]

1304 **short-sleeved blouse**
Bluse *f* **mit kurzem Arm**; Kurzarmbluse *f*
blouse *f* **à manches courtes** *(préf.)*; chemisette *f* [une blouse droite à manches courtes] *(obs.)*
blusa *f* **a maniche corte**

1305 **short waist** [the high waist of a dress]; high-rise waist *(AE)* [higher than the normal waistline] *(pref.)*; hi-rise waist *(AE)*
hohe Taille *f* [höher gelegen als die natürliche Taille]
taille *f* **haute** [située plus haute que la ligne de la taille naturelle]
vita *f* **alta** [spostata più in alto rispetto alla linea naturale della vita]

1306 **shorts** *pl* [an item of sportswear or a casual item] *(gener.)*
Shorts *pl* [englisches Wort für eine kurze sportliche Hose (Sportswear)] *(allg)*
short *m* [notion anglaise: une culotte de sport courte arrivant jusqu'à mi-cuisse] *(génér.)* *(préf.)*; cuissettes *fpl* [en Suisse]
shorts *mpl* [dall'inglese: pantaloncini corti sportivi da donna e da uomo] *(gener.)*

1307 **shorts dress** [a dress and short-length trousers in one]; trouser dress [with full-length trousers]; pantdress [one-piece garment with a divided skirt or pants in place of skirt]; pantgown *(AE)* [full length]
Hosenkleid *n* [im Unterteil wie eine Hose zugeschnitten]
robe culotte *f* [le bas est taillé comme un pantalon avec deux jambes séparées]
abito *m* **pantalone** [femminile che unisce il corpetto e i pantaloni in un solo pezzo]

1308 **shorty** [a mini-length, one-piece gown]; shortie [a mini-length one-piece gown]
Shorty *n* [Kleidchen mit angenähten Shorts]
shorty *m* [une robe avec un short]
shorty *m* [un abitino a shorts]

1309 **shoulder** [of the body or of an item of clothing]
Schulter *f* [des Körpers oder die Schulterpartie eines Bekleidungsstücks]
épaule *f* [du corps ou d'une partie de vêtement qui recouvre l'épaule du corps]
spalla *f* [del corpo o la parte dell'indumento che copre la spalla]

1310 **shoulder bag** [a woman's bag with a long strap, carried over one shoulder] *(gener.)*; bandolier bag [a woman's shoulder bag]; bandoleer bag; sling bag
Schultertasche *f* [mit langem Träger]; Umhängetasche *f* [mit kürzerem Träger als der einer Damenschultertasche]; Bandeliertasche *f* [vom frz. Begriff bandoulière herrührend]

sac *m* **à bandoulière** [de femme qui comporte une bande suspendue à l'épaule]; sac *m* en bandoulière
borsa *f* **a tracolla** [da donna con una lunga cinghia che lascia libere le mani] *(pref.)*; sacca *f* a tracolla [da donna]; tracolla *f* [abbreviazione di sacca a tracolla da donna]

1311 **shoulder collar** [covering the shoulders] *(pref.)*; big collar [covering the shoulders]
Schulterkragen *m* [der auch die Schultern bedeckt]
grand collet *m* [un col de grandes dimensions couvrant les épaules]
colletto *m* **grande** [come una cappa piccola]

1312 **shoulder pad** [a shaped or three-sided pad sewn into the shoulder to support, raise or extend the shoulder line, producing the desired shoulder silhouette, e.g. a broad shoulder]
Schulterpolster *n* [ein mit Futtermull bezogenes Formstück aus PUR oder aus Watte zur Abrundung der Schulter]
épaulette *f* [un rembourrage à demi-cercle cousu à l'intérieur de l'épaule] *(préf.)*; padding *m* d'épaule [anglicisme pour rembourrage]; rembourrage *m* d'épaule; cigarette *f* [bourrelet d'ouatine pour soutenir la tête de manche]; coussinet *m* d'épaule
spallina *f* [una imbottitura usata per rialzare le spalle di giacche e di abiti - vedi anche spallina (la larga striscia)] *(pref.)*; cuscinetto *m* per sostenere la spalla

1313 **shoulder strap of skirt** [parallel or crossed straps] *(pref.)*; suspender strap of skirt
Rockträger *m* [parallel verlaufend oder gekreuzt]
bretelles *fpl* **de jupe** [parallèles ou croisées]
bretelle *fpl* **di gonna** [le bretelle possono scendere parallele o incrociarsi]

1314 **shoulder width** [of a single shoulder - compare front shoulder width]
Schulterbreite *f* [zwischen Halsansatz und Armkugel bzw. einer einzigen Schulter, das entsprechende Fertigmaß heißt Schulternahtlänge - vgl. Breite von Schulter zu Schulter]
largeur *f* **d'une épaule** [voir également carrure]
larghezza *f* **semispalle** [la larghezza di una sola spalla - vedi anche larghezza delle spalle]

1315 **shrink** [a waist-length, sleeveless pull-on worn over another item - the pull-on looks as if shrunk by washing]; débardeur pull-on [French term for shrink]
Débardeurpullover *m* [franz. Wort für einen kurzen, ärmellosen, kastenförmigen Pullover, der über einer Bluse oder einem Hemd getragen wird] *(präf)*; Débardeur-Trägerpulli *m*
débardeur *m* [un pull à bretelles avec des entournures très dégagées sans manches porté sur un autre vêtement]; pull débardeur *m*
canottiera *f* [la versione esterna della canottiera estiva portata su un altro capo di vestiario] *(pref.)*; pullover *m* débardeur [locuzione francese per canottiera]; canotta *f*

1316 **Sicilian cap** [a cloth cap]
sizilianische Mütze *f* [eine Stoffmütze]
béret *m* **sicilien** [un béret de tissu]
coppola *f* [siciliana - un berretto di panno nero con visiera, diffuso in Sicilia]

1317 **side** [of an item of clothing]
Seite *f* [eines Kleidungsstücks]
côté *m* [partie latérale d'une pièce d'habillement qui est à gauche ou à droite]
fianco *m* [ciascuna delle parti laterali di un capo di vestiario]

1318 **side hook fastener**; side hook fastening
seitlicher Hakenverschluss *m*
fermeture *f* **par crochets sur le côté**
allacciatura *f* **laterale a ganci**

1319 **side panel** [of a clothing item, sewn together with other panels, e.g. the side gore of a skirt] *(gener.)*; side bodies *pl* [joined to the centre back of a coat]
Seitenbahn *f* [eines Bekleidungsstücks zwischen zwei Nähten bzw. zwischen anderen zwei Bahnen, z. B. Seitenbahn eines Rockes]

lé *m* **de côté** [d'une pièce d'habillement - une pièce de tissu cousue de côté entre deux coutures verticales, par ex.: lé de côté d'une jupe]
telo *m* **laterale** [di un capo di vestiario - un pezzo di tessuto cucito tra altri due pezzi, p.e. telo laterale di una gonna]

1320 **side patch pocket**
aufgesetzte Seitentasche *f*
poche *f* **de côté plaquée** [c'est-à-dire cousue sur la face apparente du tissu]
tasca *f* **applicata lateralmente**

1321 **side peplum** [the side extension of a dress, jacket or tunic, hanging free from the hips below the waistline]
Seitenschößchen *n* [hängt von der Taille aus frei über den Hüften]
basque *f* **de côté (dégagée)** [un pan rapporté à la taille d'une robe qui retombe en forme de petite jupe sur les hanches]
baschina *f* **laterale** [dell'abito da donna, lasciata libera dal punto vita al fianco]

1322 **side-pleated skirt** [the pleats may or may not be softly pressed]
Plisseerock *m* **mit Liegefalten** [die auch leicht gepresst sein können]
jupe *f* **plissée à plis couchés d'un seul côté** [repassés ou non]
gonna *f* **plissettata con pieghe piatte** [stirate o no]

1323 **side-slit jacket**
seitlich geschlitzte Jacke *f*
veste *f* **à fentes sur les côtés**
giacca *f* **a spacchi laterali**

1324 **side-slit suit jacket**
seitlich geschlitzter Sakko *m*
veston *m* **à fentes sur les côtés**
giacca *f* **di completo a spacchi laterali**

1325 **side vent** [inserted in the side seam for better freedom of movement]
Seitenschlitz *m* [in die Seitennaht eingearbeitet, um mehr Bewegungsfreiheit zu schaffen]
fente *f* **de côté** [dans le prolongement de la couture de côté droite ou gauche pour plus de liberté de mouvement] *(préf.)*; fente *f* latérale; ouverture *f* latérale
spacco *m* **laterale** [realizzato nella cucitura laterale per più libertà di movimento]

1326 **silk revers**
Seidenrevers *m*
revers *m* **de soie**
risvolto *m* **di seta**

1327 **silk stocking** [e.g. a pair of silk stockings]
Seidenstrumpf *m* [hochwertiger Qualität]
bas *m* **de soie féminin** [un article chaussant]
calza *f* **di seta da donna** [una calza sottile]

1328 **silk veil**
Seidenschleier *m*
voile *m* **de soie**
velo *m* **di seta**

1329 **silver lamé dress**
Silberlameekleid *n*
robe *f* **lamé argent** *(préf.)*; robe *f* de lamé argent
abito *m* **di lamé d'argento**

1330 **single-breasted** *adj* [with one row of buttons that fasten in the middle - compare double-breasted *adj*] *(pref.)*; S.B. *(AE)*
einreihig *adj* [vgl. zweireihig] *(präf)*; 3-Knopf-, 2-Knopf- oder 1-Knopf- [z. B. Einknopfsakko]
droit *adj* [à boutonnage simple, qui s'oppose à croisé - voir également croisé] *(préf.)*; à une rangée; à boutonnage simple
monopetto *agg* [ad una sola fila di bottoni - vedi anche doppiopetto]

1331 **single-breasted jacket** [not a component of a suit]
einreihige Jacke *f* [eine einreihig geschlossene Jacke]
veste *f* **droite** [à boutonnage simple - une pièce détachée, pas une veste de complet]; veste *f* à boutonnage simple [pièce détachée de vêtement]
giacca *f* **monopetto** [con un'unica fila di bottoni per chiudere i due petti che costituiscono i davanti] *(pref.)*; monopetto *m* [abbreviazione di giacca monopetto]; giacca *f* a un petto

1332 **single buttoning** [with one row of

buttons] *(pref.)*; single-breasted buttoning; single-breasted fastening [with a single row of buttons]; single-breasted closing *(AE)*
Einknopfverschluss *m* [z. B. ein Einknopfsakko] *(präf)*; einreihiger Verschluss *m* [besser: einreihig]
boutonnage *m* **simple** [qui s'oppose au boutonnage croisé]; boutonnage *m* droit; fermeture *f* à boutonnage simple; fermeture *f* droite
abbottonatura *f* **monopetto** [ad una sola fila di bottoni senza i davanti sovrapposti] *(pref.)*; chiusura *f* monopetto [con un'unica fila di bottoni]

1333 **single knit** [a plain knitted fabric made using only one set of needles] *(pref.)*; single jersey [simple jersey]
Singlejersey *m* [RL-Strick- und Kulierware für Unterwäsche und T-Shirts] *(präf)*; einfacher Jersey *m*
tricot jersey *m* **simple** [l'étoffe tricotée à mailles particulièrement solides]; jersey *m* simple
maglia *f* **rasata** [un tessuto a maglia semplice a due facce distinte]; tessuto *m* a maglia jersey semplice; jersey *m* semplice

1334 **single part** [of an item of clothing]
Einzelteil *n* [ein Bekleidungseinzelteil] *(allg)*; Bekleidungseinzelteil *n*
élément *m* **seul** [d'un habillement]
pezzo *m* **singolo** [di un abbigliamento]

1335 **singlet knit top** [close-fitting, sleeveless knit top] *(pref.)*; singlet [close-fitting, sleeveless garment worn instead of a shirt or vest] *(gener.)*
Stricktop *n* [ärmelloses Damenoberteil]
haut *m* **tricoté** [sans manches destiné aux femmes]
maglietta *f* **senza maniche** [una versione esterna da donna]

1336 **sink-stitch** *v* [similar to hand-stitch]
durchnähen *v* [ergibt bestimmte Ähnlichkeit mit einer Handnaht]
contre-pointer *v* [couture des deux côtés qui ressemble à une couture à la main]
cucire *v* **attraverso** [due o tre strati di tessuto - cucitura simile ad una cucitura a mano]

1337 **size** [of clothes - conforms to the standard measurements in which garments are made] *(pref.)*; garment size
Größe *f* [Bekleidungsgröße] *(präf)*; Bekleidungsgröße *f*
taille *f* [des vêtements confectionnés, c'est-à-dire l'ensemble des dimensions d'un vêtement] *(génér.)*; taille mannequin *f* [conforme aux proportions du mannequin type]
taglia *f* [la misura del capo di vestiario confezionato, p.e. giacca di taglia 48] *(pref.)*; misura *f* di abbigliamento [p.e. misura di abito]

1338 **size standards** *pl* [the proportional increase and decrease of measurements for each size] *(pref.)*; sizing standards *pl* [the basic dimensions of a firm's garment]
Sprungbetrag *m* [die Maßdifferenz von Größe zu Größe] *(präf)*; Sprungwert *m*
norme *f* **de taille** [l'agrandissement d'une taille à une autre]
norma *f* **di taglia** [la differenza proporzionale tra una taglia e l'altra]

1339 **ski boot** [an ankle-high boot made of moulded plastic with a thick sole, to which the skis are attachedby clamps]
Skistiefel *m* [über den Knöchel reichend ist er für die Skibindung vorbereitet]
chaussure *f* **pour le ski** [montante, rigide s'adaptant aux fixations des skis]
scarpone *m* **da sci** [alto, rigido, dotato di ganci e di sporgenze da fissaggio]; scarpa *f* da sci

1340 **ski cap** [with a peak and ear flaps]
Skimütze *f* [mit Schirm und Ohrenklappen]
casquette *f* **pour le ski** [à visière et à rabat]; casquette *f* norvégienne de ski [à rabat]
berretto *m* **da sci** [a visiera e con paraorecchi ad aletta per proteggere le orecchie dal freddo]

1341 **ski jacket** [with zip]; zip ski jacket; zipper ski jacket *(AE)*; ski anorak
Skianorak *m* [meistens mit Reißverschluss]
anorak *m* **pour le ski** [se fermant devant le plus souvent par une fermeture à glissière]
anorak *m* **da sci** [a cerniera]

1342 **ski suit**
Skianzug *m*

combinaison *f* **pour le ski**
tuta *f* **da sci**

1343 **ski trousers** *pl* [with tapering legs and stirrups under the feet *(obs.)* or ample at the bottom of the legs to allow them to be pulled on over the boots]; ski pants *pl (AE)*
Skihose *f* [mit einem elastischen Saumbund, um die Hosenbeine über den Stiefelschaft ziehen zu können]; Skikeilhose *f* mit Fußsteg [eine zum Saum hin sich verjüngende Hose mit Fußsohlensteg] *(veralt.)*
pantalon *m* **pour le ski** [à bas large et à élastique au bas de la jambe du pantalon que l'on porte à l'extérieur des bottes] *(préf.)*; pantaski *m*
pantaloni *mpl* **da sci** [con il fondo della gamba largo ed elastico, portato fuori dallo stivale]

1344 **skin toleration** [well tolerated by the skin]
Hautverträglichkeit *f* [hautsympathische Eigenschaft, d. h. Allergien und Hautreizungen werden vermieden]
propriété *f* **antiallergique** [qqch. compatible avec la peau] *(préf.)*; compatibilité *f* avec la peau
proprietà *f* **antiallergica** [che evita manifestazioni allergiche] *(pref.)*; compatibilità *f* con la pelle [che non irrita la pelle]

1345 **skintight dress** [a very close-fitting garment] *(pref.)*; skin-tight dress *(AE)*; hugging dress [which hugs the figure]
hautnahes Kleid *n* [in enger Berührung mit dem Körper]
robe *f* **moulante** [qui épouse la forme du corps]
abito *m* **aderente** [al corpo da donna]

1346 **skirt** [an item of clothing or a part of it that hangs below the waistline] *(pref.)*; jupe [French word for skirt]
Rock *m* [bedeckt den Körper von der Taille nach unten]
jupe *f* [une pièce de vêtement qui recouvre les hanches et les jambes en partant de la taille - s'opposant au haut, elle est le bas d'une robe]
gonna *f* [l'indumento che copre il corpo femminile dalla cintura in giù]

1347 **skirt gore** [a wedge-shaped or trapezoidal-shaped section of a skirt, wider at the hem than at top, that creates fullness - compare godet]
Rockbahn *f* [konisch verlaufendes Schnittteil eines Rockes, der am Saum breiter ist - vgl. Godet] *(präf)*; Bahn *f* eines Rockes
lé *m* **d'une jupe** [une partie verticale de la jupe, par ex.: jupe de six lés - voir également godet] *(préf.)*; panneau *m* d'une jupe [un panneau conique]
telo *m* **di una gonna** [un pezzo trapezoidale con la base maggiore in basso e la base minore in alto, p.e. gonna a teli - vedi anche godet]

1348 **skirt hemline marker** [a length marker for determining and marking the length of a skirt]
Rocklängenrunder *m* [dient zur Ermittlung der vom Boden gleich weit entfernten Saumlinie bzw. zur Rundung des Saumes eines Rockes] *(präf)*; Rocksaumrunder *m*
arrondisseur *m* **du bas d'une jupe** [appareil marqueur du bas d'une jupe parallèle à la distance du sol]
apparecchio *m* **per arrotondare la linea dell'orlo di una gonna**

1349 **skirt peplum** [hanging at the back of the skirt below the waistline]
Rockschößchen *n* [hängt auf der Rückseite und bedeckt die Hüften]
basque *f* **d'une jupe** [un pan rapporté à la taille et qui pend jusqu'aux hanches]
baschina *f* **di una gonna** [una falda che ricopre i fianchi di una gonna]

1350 **skirt seat** [the part of a skirt on which a woman sits] *(pref.)*; skirt back
Hüftweite *f* **eines Rockes** [bei Mädchen- und Damenoberbekleidung spricht man im Deutschen nicht von Gesäßpartie, sondern von Hüftweite] *(präf)*; hinteres Rockteil *n*
dos *m* **d'une jupe** [la partie de derrière d'une jupe qui couvre le 'dos']
dietro *m* **di una gonna** [la parte posteriore della gonna che copre il sedere]

1351 **skirt width** [better: skirt waistband measurement]
Rockweite *f* [besser: Rockbundweite]
ampleur *f* **d'une jupe**
ampiezza *f* **di una gonna**

1352 **skirt with narrow pleats** [seamed, heat-set or created by the weave]
Plisseerock *m* [mit dauerhaften Falten, die durch Naht, Thermofixieren oder besondere Gewebebindung gelegt worden sind]
jupe *f* **plissée** [à plis permanents] *(préf.)*; jupe *f* à plissé
gonna *f* **plissé** [locuzione francese: una gonna plissettata con una serie di pieghe fitte, ben segnate]; gonna *f* plissettata

1353 **skiwear** *(gener.)*; ski clothing *(AE)* [ski trousers and ski suit]
Skikleidung *f* [Oberbegriff - es ist jedoch empfehlenswert, eher die einzelnen Bekleidungsteile zu nennen]
vêtements *mpl* **pour le ski** [l'ensemble des pièces de vêtement pour faire du ski]
completo *m* **da sci** [l'insieme di capi di abbigliamento necessari per lo sci]

1354 **slacks** *pl* [loose- and straight-cut, wide casual trousers, used for leisure activities]
Slacks *pl* [englisches Wort: eine gerade geschnittene, bequeme weite Freizeithose] *(präf)*; bequeme Hose *f* [gerade und weit geschnitten]
slacks *mpl* [anglicisme: pantalon de sport à jambes droites larges très confortable]
slacks *mpl* [dall'inglese: pantaloni lunghi a gamba diritta e ampia]

1355 **slash neckline** [allowing the garment to be pulled on over the head]
Schlupfausschnitt *m* [ohne Knopfleiste - dient zum Anziehen über den Kopf]
encolure *f* **par où on passe la tête** [une encolure à enfiler par la tête]; encolure *f* à enfiler par la tête
scollatura *f* **da passaggio** [per permettere il passaggio della testa]

1356 **sleep shirt** [a short nightdress for young people]
Schlafshirt *n* [jugendliches, oberschenkellanges Nachthemd]; Sleepshirt *n* [englisches Wort für Schlafshirt]
shirt *m* **de nuit** [notion anglaise: une courte chemise de nuit pour les jeunes]
camicia *f* **corta da notte** [giovanile]

1357 **sleeve** [the part of an item of clothing which wholly or partially covers a person's arm]
Ärmel *m* [ein den Arm bedeckendes Kleidungsteil] *(präf)*; Arm *m* [im Handel und umgangssprachlich für Ärmel]
manche *f* [la partie montée à l'emmanchure couvrant le bras jusqu'au poignet ou jusqu'au coude]
manica *f* [la parte che copre il braccio] *(pref.)*; manichina *f* [dim. di manica]; manichetta *f* [dim. di manica]

1358 **sleeve gathering** [fixing the rows of sleeve gathers by seaming the sleeve to the cuff]
Ärmelkräuselung *f* [Kräuselung des Ärmelsaumes beim Zusammennähen mit einem Bündchen oder einem Umschlag] *(präf)*; Ärmelbündchenkräuselung *f*; Ärmelmanschettenkräuselung *f* [das Ergebnis der Kräuselung am Ärmel]
bouillonnage *m* **de la manche** [fixant une série de plis, rendue bouffante par des rangs de fronces, à la manchette]
arricciatura *f* **della manica** [una serie di ondulazioni o di piegoline morbide fissate al polso]

1359 **sleeve head** [the sleeve top] *(pref.)*; sleeve cap *(AE)*; sleeve top; head of sleeve
Ärmelkugel *f* [das halbkreisförmige Teil des Oberärmels, das in das obere Teil des Armlochs eingenäht wird]
tête *f* **de la manche** [l'extrémité supérieure du dessus de la manche]
tromba *f* **della manica** [la parte superiore della soprammanica] *(pref.)*; tromba *f* manica; cuffia *f* della manica

1360 **sleeve hem turn-up**
Ärmelsaumeinschlag *m*
rempli *m* **du bas d'une manche**
ripiegatura *f* **del fondo di una manica**

1361 **sleeve set-in** [in the armhole]
Ärmeleinsetzen *n* [sowohl von glatten Ärmeln wie Blusenärmeln als auch von

Ärmeln mit unterschiedlichen Nahtlängen wie Sakkoärmeln] *(präf)*; Ärmeleinnähen *n*
montage *m* **de la manche** [dans l'emmanchure]; adaptation *f* de la manche [à l'emmanchure]
montaggio *m* **della manica** [nel giromanica]

1362 **sleeve strap** [for fastening a sleeve or changing the fit of its hem]
Ärmelgurt *m* [ein Rundgurt mit Schnallenverschluss]
ceinture *f* **de réglage d'une manche**
cinturino *m* **regolabile di una manica** [una striscia sul fondo della manica che si ferma con fibbia]

1363 **sleeve tab** [an adjustable tab extension with buttonhole for changing the fit of the sleeve hem] *(pref.)*
Ärmelriegel *m* [eine Stofflasche mit Knopfloch zur Weitenregelung] *(präf)*; Ärmelabschluss *m*
tirant *m* **d'une manche** [à boutonnière de réglage] *(préf.)*; tirant *m* de réglage d'une manche
tirante *m* **di una manica** [una striscia di tessuto al fondo della manica che si chiude con un bottone o una fibbia] *(pref.)*; linguetta *f* di una manica; tirante *m* di regolazione di una manica

1364 **sleeve with turned-back cuff** [the sleeve is cut longer and turned up to form a cuff]
Aufschlagärmel *m* *(präf)*; Stulpenärmel *m*
manche *f* **à revers** [rabattue à l'extérieur sur la manche elle-même]
manica *f* **con risvolto** [l'orlo viene rivoltato all'esterno]

1365 **sleeveless** *adj* *(pref.)*; no-sleeved *adj*
ärmellos *adj* [ohne Ärmel] *(präf)*; ohne Ärmel
sans manches [les manches manquent]
senza maniche [privo di maniche]

1366 **sleeveless pullover** [a man's V-necked pullover without buttons] *(gener.)*; shell *(AE)* [a woman's sleeveless pullover]; slipover [a sleeveless, V-necked pullover that is slipped on]
Pullunder *m* [taillenkurzer, ärmelloser Pullover mit einem zum Schlupfen bestimmten V-Ausschnitt - vgl. Pullover] *(präf)*; Westover *m* [etwas länger als ein Pullunder kann er gelegentlich auch die Funktion einer Weste erfüllen]
pull *m* **sans manches** [à encolure en pointe]
pullover *m* **senza maniche** [con scollatura a v]

1367 **sliding clip of zip** [it interlocks the parallel rows of teeth by having a throat, a mouth and a pull tab pulled over them] *(pref.)*; sliding cam; slider; zip slider; sliding tab
Reißverschluss-Gleitkopf *m* *(präf)*; Reißverschlussschieber *m*; Reißverschlussschloss *n*; Reißverschlussschlitten *m*; Schlitten *m* des Reißverschlusses; Schieber *m* des Reißverschlusses; Gleitkopf *m* des Reißverschlusses; Schloss *m* des Reißverschlusses
curseur *m* **d'une fermeture à glissière** [à tirette]
cursore *m* **di una cerniera** [che blocca le due serie di dentini]

1368 **slightly waisted** *adj* [that has been slightly tightened at the waist]
leicht tailliert *adj* [leger auf die Taille gearbeitet]
légèrement cintré *adj* [qui est légèrement étroit au niveau de la taille]
leggermente sciancrato *agg* [che segue leggermente la linea della vita]

1369 **slim fit** *adj* [that has been cut-fit to produce slimness]; semi-fit *adj* [shaped, but not too closely fitted to the body]
antailliert *adj* [der natürlichen Taillenlinie nachempfunden, jedoch nur leicht tailliert]; Slim-fit-
demi-cintré *adj* [qui est semi moulant au niveau de la taille, par ex.: veste demi-cintrée]; à la demi-taille; demi-ajusté *adj*
segnato *agg* **in vita** [leggermente aderente in vita]

1370 **slim size** [of clothes - a size of ready-to-wear clothes]; slim size [of apparel] *(AE)*
schlanke Größe *f* [eine Konfektionsgröße]
taille *f* **svelte** [du vêtement correspondant à une taille cambrée d'une femme - une taille de confection]

taglia *f* **slanciata** [dell'abbigliamento - una taglia di confezione]

1371 **slip** [a loose-fitting item of underwear with straps, beginning above the bust and worn in the past with all types of dress - compare slip (for transparent dresses)] *(obs.)*; underslip *(obs.)*
Unterkleid *n* [das unterhalb eines nicht durchsichtigen Kleides getragen wird. Heute nimmt seine Verbreitung zu Gunsten der durchgehenden Fütterung des Kleides immer mehr ab - vgl. Unterkleid (meist mit Fond-de-Robe-)] *(veralt.)*; Unterrock *m* mit Trägern
combinaison *f* **de dame** [une robe bustier droite maintenue aux épaules par d'étroites bretelles et qui se porte sous une robe - voir également fond de robe] *(obs.)*; combinaison jupon *f*; chemise *f* de jour féminine *(obs.)*
sottoveste *f* [femminile - un indumento intimo scollato senza maniche a spalline sottili e regolabili, indossato sotto un abito da donna - vedi anche sottoveste (femminile indossata sotto un abito trasparente)] *(ant.)*

1372 **slip** [for transparent dresses: a light item of underwear with shoulder straps, worn with transparent dresses - compare slip (a loose-fitting item of underwear) and slip (an underskirt)]
Unterkleid *n* [meist mit Fond-de-Robe-Trägern, das zu durchsichtigen Kleidern getragen wird - vgl. Unterkleid (das unterhalb eines nicht durchsichtigen)]
fond *m* **de robe** [porté sous une robe transparente pour couvrir le sous-vêtement et qui se prolonge par de larges bretelles non réglables - voir également combinaison de dame] *(préf.)*; fourreau *m* [fond de robe collant pour robes transparentes]
sottoveste *f* [femminile - indossata sotto un abito trasparente: un indumento intimo scollato senza maniche a spalline non regolabili - vedi anche sottoveste (femminile - un indumento intimo)]

1373 **slipover blouse** [with a slash neckline or polo neck] *(pref.)*; slip-on blouse *(AE)*
Schlupfbluse *f* [über den Kopf angezogen] *(präf)*; Sliponbluse *f*
blouse *f* **à enfiler par la tête** [un corsage à encolure de passage que l'on enfile par la tête]; blouse *f* slipon
blusa *f* **da infilare** [a scollatura di passaggio che si sfila da sopra la testa]; blusa *f* slipon

1374 **slipover dress** [must be pulled on over the head] *(pref.)*; throw-over dress; slip-on dress *(AE)*
Schlupfkleid *n* [ohne Knopfleiste, das einfach über den Kopf gezogen wird] *(präf)*; Sliponkleid *n*
robe *f* **à enfiler** [en la passant par la tête] *(préf.)*; tunique *f* [robe d'intérieur]; robe slipon *f* [ou slip on]
abito *m* **da infilare** [da donna che si sfila da sopra la testa] *(pref.)*; tunica *f* da infilare; abito *m* slipon [voce inglese: da infilare]

1375 **slipover middy blouse** [slipped on over the head - a loose-fitting blouse with a large sailor collar] *(pref.)*; slipover sailor top [a blouse]; slip-on middy blouse *(AE)*
Matrosenschlupfbluse *f* [mit breitem Kragen, die über den Kopf angezogen wird]
maillot *m* **de marin à enfiler par la tête** [de couleur blanche à rayures bleues] *(préf.)*; blouse *f* de marin à enfiler par la tête [de couleur blanche à rayures bleues]
blusa *f* **da marinaio** [che si infila da sopra la testa]

1376 **slipper** [for indoor wear]; indoor shoe [worn inside a building] *(gener.)*
Hausschuh *m*; Innenraumschuh *m* [im Innenbereich getragen] *(rar)*
chausson *m* [une chaussure souple d'intérieur]
scarpa *f* **da interno** [usata indoor]; pianella *f*

1377 **slipper** [a light slip-on (easily slipped on) shoe with a low heel or heelless, worn outdoors]; loafer [a slip-on shoe like a moccasin with a slotted strap, worn outdoors]
Slipper *m* [Outdoorschlupfschuh mit niedrigem oder ohne Absatz]; Schlupfschuh *m*
slipper *m* [mot anglais pour une chaussure de ville à talon plat ou sans talon]

scarpa *f* [bassa da città, con tacco o senza, che si calza con facilità]

1378 **slipper** [a light, loose, comfortable shoe for men and women, worn indoors] *(gener.)*; pantofle [a woman's light, high-heeled bedroom slipper]
Pantoffel *m* [flacher, offener oder geschlossener, sehr bequemer Schlupfschuh aus Stoff oder Leder für zu Hause] *(präf)*; flacher Schlupfschuh *m*
pantoufle *f* [la chaussure légère d'intérieur basse sans tige ni talon pour se mettre en pantoufles à la maison]
pantofola *f* [la calzatura da casa in panno o in pelle morbida, comoda, con suola flessibile]

1379 **slit** [a narrow opening at the front of a garment, horizontal or vertical, to facilitate entry into the garment]; vent [a narrow opening at the bottom of the back of an item of clothing]; opening *(gener.)*
Schlitz *m* [eine lange, schmale Öffnung an einem Saum, bestehend aus aneinanderstoßenden oder sich überlappenden Stoffteilen, die für mehr Bewegungsfreiheit sorgt oder zum Anziehen über den Kopf dient]
fente *f* [une longue ouverture étroite qui permet de s'habiller plus facilement ou la marche dans une jupe étroite] *(préf.)*; taillade *f* [pour mettre facilement un vêtement]; crevé *m* [fente aux manches qui laisse apercevoir la doublure]
spacco *m* [un'apertura nella parte bassa di un capo di abbigliamento per maggiore ampiezza o per agevolare il passo] *(pref.)*; apertura *f* [fenditura funzionale]; intaglio *m*

1380 **slit skirt** [with a walking slit at the front] *(pref.)*; vented skirt [with a walking slit at the back]
geschlitzter Rock *m* [mit vorderem, hinterem oder seitlichem Gehschlitz] *(präf)*; Schlitzrock *m*
jupe *f* **à fente** [avec un pli d'aisance pour faciliter la marche dans une jupe très étroite] *(préf.)*; jupe *f* fendue
gonna *f* **a spacco** [con piega per camminare in una gonna molto attillata]

1381 **slit to facilitate entry** [when putting on or taking off a garment - a longitudinal opening placed at the back or side of a garment]
Ankleideschlitz *m* [zur Erleichterung des An- und Ausziehens einer Kleidung]
fente *f* **pour mettre facilement une pièce d'habillement**
spacco *m* **per indossare più facilmente un capo** [o per rendere più agevoli i movimenti]

1382 **small size** [S]; small [S]
kleine Größe *f* [S]
petite taille *f* [S]
taglia *f* **piccola** [S]

1383 **smock** [a loose-fitting garment for protecting clothes while working] *(gener.)*
Kittel *m* [ein loses Übergewand zum Überziehen über die Straßenbekleidung, um sie bei der Arbeit zu schonen] *(allg)*
blouse *f* [de travail - un vêtement de travail porté par-dessus un vêtement de ville pour le protéger] *(génér.)*; sarrau *m* [un vêtement de travail court porté par-dessus les autres]
camice *m* [da lavoro - una tunica per proteggere l'abito] *(gener.)*; camiciotto *m* [un corto abito da lavoro fatto di tessuto resistente] *(gener.)*

1384 **smocked blouse** [with firm ornamental rows of stitching that maintain the fullness of the blouse]
gesmokte Bluse *f* [weist gestickte und gebündelte Stofffältchen auf]
blouse *f* **à points smockés** [avec des motifs ornementaux en fronces très serrées]
blusa *f* **a punti smock** [che servono a fissare le pieghe e a decorare il capo]

1385 **smoking spencer** [a tight-fitting smoking jacket ending above the hips and without a tail]
Smokingspenzer *m* [schoßlose, eng anliegende, kurze Smokingjacke]
spencer *m* **de smoking** [une veste courte et étroite à revers sans basques]
spencer *m* **di smoking** [una giacca attillata, corta in vita e senza coda di smoking]

1386 **snow boot** [a thick, waterproof, warm padded boot made of cloth]
Schneestiefel *m* [voluminös, aus

wasserfestem, matelassiertem Nylon hergestellt]
botte *f* **de neige** [volumineuse et rembourrée en tissu enduit imperméable] *(préf.)*; snow-boot *m* [anglicisme pour botte de neige, mais aussi une chaussure en caoutchouc qu'on met par-dessus des chaussures]
stivale *m* **da neve** [morbido, caldo e protettivo]

1387 **snowcoat** [a short winter coat]; short snowcoat
Schneemantel *m* [ein kurzer Wintermantel]; kurzer Schneemantel *m*
capote *f* **de neige** [un court manteau d'hiver, d'abord à capuchon]
cappotto *m* **da neve** [un cappotto corto]

1388 **sock** [this knitted foot covering ends at the ankle or above and is generally shorter than a stocking]; stocking *(AE)* [in fact a sock]
Socke *f* [knöchel- bis wadenkurz]
chaussette *f* [terminée à la cheville ou au mollet] *(génér.)*
calzino *m* [calza corta fino alla caviglia o all'inizio del polpaccio] *(gener.)*

1389 **sombrero** [a broad-brimmed Mexican straw or felt hat with a tapered crown]
Sombrero *m* [mexikanischer, breitkrempiger, spitzer Hut]
sombréro *m* [le chapeau à très larges bords porté en Espagne et en Amérique latine] *(préf.)*; sombrero *m*
sombrero *m* [cappello di feltro o di paglia a larghe tese del Messico e dell'America Latina]

1390 **southwester** [a dome-shaped, broad-brimmed, waterproof rain hat, longer at the back, used today as an item of children's and fishermen's rainwear]; sou'wester *(AE)*
Südwester *m* [wasserdichter Seemannshut mit seitlich und hinten verlängerter Krempe, heute auch für Kinder und Fischer im Gebrauch] *(präf)*; Seemannshut *m*
suroît *m* [le chapeau de marin imperméable dont le bord descend sur la nuque, aujourd'hui porté par les enfants et les pêcheurs]
sud-ovest *m invar.* [il cappello di tela impermeabilizzata per marinai e pescatori o di tela non impermeabilizzata per bambini] *(pref.)*; sudovest *m*; cappello *m* di tela impermeabilizzata

1391 **spade breast pocket**
Spatenbrusttasche *f*
poche *f* **bêche**
tasca *f* **a zappa**

1392 **spade collar** [a soft collar with broad points and without a gorge seam]
Spatenkragen *m* [ein weicher Kragen mit breit gezogenen Ecken ohne Spiegelnaht]
col bêche *m* [un col mou sans contre-couture anglaise]
collo *m* **a zappa** [un collo floscio senza cucitura a specchio]

1393 **spat** [a short gaiter covering the ankle and the shoe, buttoned at the side] *(obs.)*
Gamasche *f* [eine seitlich geknöpfte, kurze Stoff-Knöchelmanschette mit Steg unter der Schuhsohle] *(veralt.)*
guêtre *f* [courte à bouton qui recouvre le coup de pied et le dessus de la chaussure] *(obs.)*
ghetta *f* [fascia corta abbottonata lateralmente da calzare sopra la scarpa] *(obs.)*

1394 **spencer waist** [a fitted blouse with a band as waistline]
Taillenbluse *f* **mit Taillenbund**
blouse *f* **à ceinture qui enserre la taille**
blusa *f* **a cintura in vita**

1395 **spinnaker** [a heavyweight plain-weave fabric made of cotton]
Spinnakertuch *n* [schweres Baumwollgewebe]
tissu *m* **de spinnaker** [un tissu de coton lourd]
tessuto *m* **per spinnaker** [di cotone pesante] *(pref.)*; spinnaker *m*

1396 **sports bra** [with built-up straps and an elastic strip bound around the body]; sport bra *(AE)*
Sportbüstenhalter *m* [mit

verrutschsicheren, breiteren elastischen Trägern in Kreuzform ohne jeden Verschluss, der einfach über den Kopf gezogen wird]
soutien-gorge *m* **de sport**
reggiseno *m* **sportivo**

1397 **sports jacket** [worn with trousers in a contrasting colour as an item of informal wear - compare blazer] *(pref.)*; sport jacket *(AE)*
Sportjacke *f* [mit Hose in Kontrastfarbe, beide zum Wohlfühlen bequem - vgl. Blazer]
veste *f* **de sport** [avec un pantalon de couleur contrastée - voir également blazer]
giacca *f* **sportiva** [indossata con pantaloni di colore contrastante - vedi anche blazer]

1398 **sports suit** [casual clothing]; sport suit *(AE)*
Sportanzug *m* [mit gesteppten Kanten, aufgesetzten Taschen und Rückengurt]
complet *m* **sport** [de loisir, mais plus élégant]
completo *m* **sportivo** [per il tempo libero, più elegante]

1399 **sportswear** [casual wear for leisure activities - also a *(AE)* term for daywear]
Sportswear *f* [betont lässiger Bekleidungsstil für Tageskleidung] *(präf)*; sportliche Bekleidung *f* [von betont praktisch-funktionellem Charakter]; sportliche Freizeitkleidung *f*
vêtements *mpl* **de sport** [qui se portent à toute heure]; sportwear *m* [anglicisme: vêtements de loisir et de détente réunissant confort, commodité et élégance, qui sont adaptés à une vie décontractée]; sportswear *m*
sportswear *m* [voce inglese: vestiti per lo sport, ma anche un abbigliamento di tipo sportivo]; abbigliamento *m* sportivo [con connotazioni di comfort e d'informalità]

1400 **square neckline** [cut square in the front]
eckiger Ausschnitt *m* [an der Brustpartie]
encolure *f* **carrée** [par devant]
scollatura *f* **quadrata** [che imita un quadrato]

1401 **square neckscarf** [compare neckscarf]; square neckerchief
viereckiges Halstuch *n* [mehrmals gefaltet - vgl. Halstuch] *(präf)*; Viereckhalstuch *n*; Einlegetuch *n* [viereckig]
carré *m* **de cou** [souvent de soie, plus petit que le châle, porté autour du cou]; fichu *m* carré [porté autour du cou - voir également foulard de cou]; foulard *m* de cou carré
foulard *m* **da collo quadrato** [voce francese: un fazzoletto ripiegato su se stesso e avvolto intorno al collo - vedi anche foulard e fazzoletto da collo]; fazzoletto *m* da collo quadrato

1402 **square shoulder**
eckige Schulter *f*
épaule *f* **carrée**
spalle *fpl* **quadre**

1403 **St. Tropez trousers** *pl* [woman's tight-fitting three-quarter trousers/pants]; St. Tropez pants *pl*
St.-Tropez-Hose *f* [eine eng geschnittene dreiviertellange Damenhose]
pantalon *m* **St. Tropez** [un pantalon étroit féminin à longueur trois-quarts]
pantaloni *mpl* **St. Tropez** [pantaloni trequarti molto sfiancati, da donna]

1404 **stand away collar** [a woman's collar that does not hug the neck] *(pref.)*; stand-away collar *(AE)*; neck-distant collar
halsferner Kragen *m* [der nicht passformtechnisch an den Hals einer Frau dicht anliegt, sondern wesentlich weiter als es natürlich erforderlich wäre, geschnitten wird]
col *m* **loin du cou** [un col dégagé]; col *m* dégagé
colletto *m* **distante dal collo** [del corpo]; collo *m* scostato

1405 **stand-up collar** [a narrow front-buttoning, upright band collar standing up around the neck] *(pref.)*; band collar; clerical collar [an upright white collar]
Stehkragen *m* [Abkürzung für Stehbundkragen: ein um den Hals gelegter schmaler Stoffkragen ohne Umschlagteil mit Schließknopf] *(präf)*; Stehbundkragen *m*; Stehbordkragen *m*
col *m* **droit** [à bande étroite cousue sur une

encolure, fermée par un bouton]; col *m* debout
collo *m* **a listino** [una striscia diritta, bassa e rigida, abbottonabile]; collo *m* diritto [o dritto]

1406 **stand-up pleat** [it opens if required]; kick-pleat [a comfort pleat that opens if necessary]
aufspringende Falte *f* [springt bei Beanspruchung auf und erhöht das Volumen, z. B. einer Tasche, oder die Weite, z. B. eines Rückens]
pli *m* **qui s'ouvre d'un coup** [qui bondit à effort]
piega *f* **aperta** [che si apre in caso di movimento]

1407 **stay button** [behind a visible outside button]; back button; inside button
Gegenknopf *m* [befindet sich auf der inneren Seite der Kante]
contre-bouton *m* [opposé au bouton en extérieur]
controbottone *m* [che si trova in contrapposizione al bottone esteriore]

1408 **stay-up hose** [a special top to the hose holds it up - no garter is necessary]; hold-ups *pl*
halterloser Strumpf *m* [abrutschsicherer Damenstrumpf mit elastischem Bund am Oberschenkel]
bas-jarretière *m* [avec une bande élastique fixée au niveau de la cuisse]
calza *f* **autoreggente** [che consente di sostenere la calza senza reggicalze o giarrettiera] *(pref.)*; autoreggente *m* [abbreviazione di calza autoreggente]

1409 **steam** *v* [by using steam vapour]
aufdämpfen *v* [mit Dampf behandeln] *(präf)*; dämpfen *v*
traiter *v* **à la vapeur** *(préf.)*; vaporiser *v*
trattare *v* **a vapore**; vaporizzare *v*

1410 **step collar** [a falling revers collar]
fallender Reverskragen *m*
col *m* **à cran ouvert**
collo *m* **a risvolto aperto**

1411 **step length** [of a person - a body measurement]
Schrittlänge *f* [einer Person beim physiologischen Schreiten - ein Körpermaß]
longueur *f* **du pas** [d'un homme - une mesure du corps]
lunghezza *f* **del passo** [di un uomo - una misura del corpo]

1412 **stickpin collar** *(AE)* [its small, rounded points are joined by an ornamental collar pin like a tiepin]
Nadelstangenkragen *m* [eine Kragennadel hält die kurzen, runden Kragenschenkel hinter dem Krawattenknoten zusammen]
col *m* **à épingle**
collo *m* **a spillone** [uno spillone riunisce le due estremità del collo al di sotto del nodo]

1413 **stiff wing collar** [with or without turned-down points, earlier also unbuttonable - compare wing collar] *(obs.)*
Vatermörderkragen *m* [hoher, vorne offen stehender, steifer Kragen, meistens mit umgeknickten Enden, selten angeknöpft - vgl. Eckenkragen] *(veralt.)*
col *m* **haut et dur à pointes rabattues** [ou non - un col droit, autrefois déboutonnable - voir également col cassé] *(obs.)*
colletto *m* **alto e duro ad angoli ripiegati** [o no, anteriore anche sbottonabile - vedi anche collo ad angoli ripiegati] *(ant.)*

1414 **stiletto heel** [a very high, narrow, tiny shoe heel on a woman's shoe, fitted with a steel core and a rounded metal tip]; stiletto *(AE)*
Stilettoabsatz *m* [italienischer Begriff: sehr feiner, geschweift spitzer und hoher Damenschuhabsatz mit Stahlkern]
talon aiguille *m* [fin et haut à cambrure très marquée dont la surface réduite du bout ressemble à une aiguille]
stiletto *m* [un tacco a spillo alto e molto sottile]; tacco *m* a spillo [alto e molto sottile]

1415 **stirrup** [a strap attached to the bottom of a trouser leg, passing underneath the foot]; trouser strap; foot strap; pants strap *(AE)*; strap [a foot strap]
Hosensteg *m* [Fußsteg an der Saumlinie

einer elastischen Skihose] *(allg)*; Fußsteg *m*; Steg *m*

sous-pied *m* [d'un pantalon - la patte élastique passant sous le pied à l'intérieur de la chaussure destinée à maintenir le pantalon tendu sur la jambe] *(préf.)*; sous-patte *f* [d'un pantalon]

staffa *f* [di un pantalone - la striscia di tessuto che passa sotto il piede e tiene il calzone elasticizzato fermo] *(pref.)*; sottopiede *m* [di un pantalone]

1416 **stocking cap** [a knitted cap with a long pendant tail and a tassel on the end, used for winter sports] *(pref.)*; toboggan cap

Zipfelmütze *f* [heute eher eine Strickkopfbedeckung mit Pompon oder Quaste für den Wintersport und in Volkstrachten]

bonnet *m* **à pointe** [un bonnet de laine tubulaire à pompon folklorique]; bonnet *m* de sport d'hiver; tuque *f* [terme québécoise pour un bonnet à pointe]

berretto *m* **a punta** [un copricapo a maglia morbido a punta]

1417 **stockings** *pl* [usually in *pl*: close-fitting varieties of foot and leg coverings that are longer than socks, now used chiefly for women's nylons - compare hosiery]; hose [more transparent hosiery items]

Strumpf *m* [Fuß- und Beinkleidung: sowohl gröber gestrickte Strümpfe aus Baumwolle, Chemiefasern oder Wolle als auch Feinstrümpfe aus Nylon - vgl. Strumpfware]

bas *m* [de femme qui gaine le pied et la jambe et arrive plus haut que le genou - voir bas (articles chaussants)]; chaussette *f* [d'homme ou de femme plus ou moins haute - les hommes portent toujours des chaussettes]

calza *f* [lunga o corta che veste il piede e la gamba - vedi anche calzetteria]

1418 **stole** [a woman's long, wide, rectangular scarf, worn over the shoulders and folded across the chest, sometimes hanging down as far as the knees]

Stola *f* [langes und breites Tuch zum Abdecken der Schultern oder gerade geschnittener Schulterumhang]

étole *f* [la pièce de tissu longue et large faite en lambswool ou cachemire qui couvre les épaules et qui peut même descendre en deux pans jusqu'aux genoux]

stola *f* [larga e lunga striscia di tessuto portata sulle spalle]

1419 **stole collar** [partially covers the shoulders]

Stolakragen *m* [bedeckt teilweise die Schultern, d. h. der Kragen lässt den mittleren Teil der Schulter frei]

col *m* **à étole** [qui couvre partiellement l'épaule]

collo *m* **a stola** [che copre una parte della spalla]

1420 **storm cuff** [a tight-fitting inside cuff at the end of a sleeve, preventing rain or cold from entering] *(pref.)*; storm tab [of sleeve or trouser leg]

Windfang *m* [mit Gummizug an den Ärmel- und Hosenbeinöffnungen verhindert er das Eindringen von Kälte und Regen] *(präf)*; Windbrechermanschette *f*; winddichte Sturmjackenmanschette *f*

coupe-vent *m* [une bande élastique est fixée à la doublure de la manche ou de la jambe d'un pantalon pour empêcher le passage du froid et du vent à l'intérieur]

polso *m* **antivento** [sfruttando il vento] *(pref.)*; polso *m* di protezione dal vento

1421 **storm zip placket** [inside the end of a sleeve or the leg of trousers/pants, preventing wind or rain from getting in]

Reißverschluss-Windfangleiste *f* [an den Ärmel- und Hosenbeinöffnungen verhindert das Eindringen von Kälte und Regen]; Zippwindfangleiste *f*

coupe-vent *m* **à zip** [une bande élastique à zip fixée à la doublure de la manche ou de la jambe d'un pantalon qui empêche le vent de pénétrer à l'intérieur du zip]

finta *f* **a cerniera antivento** [con riferimento alla protezione delle aperture di un abbigliamento contro il vento]

1422 **straight coat** [not curving into or away from the body]

gerade fallender Mantel *m* [ohne Abnäher von den Schultern bis zur Taille]

manteau *m* **coupé droit** [sans pinces]

cappotto *m* **diritto** [che scende dalle spalle fino alla vita senza riprese]

1423 **straight-cut trouser leg**; straight-cut pants leg *(AE)*; straight leg [of trousers]
gerades Hosenbein *n* [vom Bund bis zum Saum gerade fallendes Hosenbein] *(präf)*; gerades Bein *n* [einer Hose]
jambe *f* **droite de pantalon** [à coupe droite]
gamba *f* **diritta dei pantaloni** [a taglio diritto]

1424 **straight neckline**
gerader Ausschnitt *m*
encolure *f* **droite**
scollatura *f* **diritta**

1425 **straight shoulder** [unlike the dropped shoulder - compare square shoulder]
gerade Schulter *f* [im Gegensatz zu den fallenden Schultern - vgl. eckige Schulter]
épaule *f* **droite** [opposé à l'épaule tombante - voir également épaule carrée]
spalla *f* **diritta** [contrario: spalla cadente - vedi anche spalle quadre]

1426 **straightaway stitch seam**
Naht *f* **mit geraden Stichen** [mit geradeaus gerichteten Stichen]
couture *f* **à point droit**
cucitura *f* **a punto retto**

1427 **strap** [a strip of fabric attached to necklines, slips or bras to fasten them and hold them in place - compare braces] *(gener.)*; suspender strap
Träger *m* [ein an das Dekolleté, das Unterkleid oder den Büstenhalter angesetztes Band, um etwas zu halten - vgl. Hosenträger oder Rockträger] *(allg)*
bretelle *f* [une bande qui passe sur les épaules et joint le dos et le devant d'un décolleté ou de la lingerie féminine - voir également bretelles de pantalon];
bretella *f* [una striscia che sorregge un indumento scollato, p.e. una sottoveste o una scollatura - vedi anche bretelle dei pantaloni] *(gener.)*; spallina *f*

1428 **strap skirt** [with shoulder straps] *(pref.)*; skirt with shoulder straps
Trägerrock *m* [mit Schulterträgern versehen]
jupe *f* **à bretelles** [qui sont droites sur les épaules]
gonna *f* **a bretelle** [sospesa sulle spalle]

1429 **strapped dress** [with shoulder straps]
Trägerkleid *n* [ein von Trägern gehaltenes Kleid]
robe *f* **à bretelles** *(préf.)*; robe *f* galbée par des découpes bretelles
abito *m* **a spalline** [da donna]; vestito *m* a spalline

1430 **straw bag**
Strohtasche *f*
sac *m* **de paille**
borsa *f* **di paglia**

1431 **straw hat** *(gener.)*; bergère [French word for a straw hat with a wide brim and low crown]
Strohhut *m*
chapeau *m* **de paille**
cappello *m* **di paglia** *(gener.)*; cappellina *f* di paglia [leggera da donna]

1432 **stretch cord trousers** *pl* [made from stretch-woven fabric]; stretch cord pants *(AE)*
Stretchcordhose *f* [aus gewebtem Stretch]
pantalon *m* **de velours côtelé en tissu élastique**
pantaloni *mpl* **di velluto a coste in tessuto elasticizzato**

1433 **string** [a cord used to tie and fasten sth., e.g. a bag]
Schnur *f* [zum Festziehen und -binden von etwas]; Bindeschnur *f* [zum Binden]
cordon *m* [pour serrer, attacher, lier, nouer ou faire passer dans une coulisse, par ex.: le cordon d'un anorak]
corda *f* [fascio di fili attorcigliati (treccia) che si usa per legare qualcosa - vedi anche cordoncino]

1434 **string tanga** [very small triangular piece of cloth attached at the back to a tie situated low on the hips - the triangle is smaller than that of a simple tanga]; G-string [abbr. of string tanga]
Stringtanga *m* [mit kleinerem dreieckigem

Stoffteil als beim Tanga, wobei das hintere Dreieck des Tangas durch eine Gesäßschnur ersetzt ist]; String *m* [Abkürzung von Stringtanga]
string *m* [minuscule pièce triangulaire avec la partie arrière réduite à un fin lien laissant les fesses nues] *(préf.)*; cache-sexe *m* [réduit au strict nécessaire]; cache-fri-fri *m* [langage populaire]
string tanga *m* [locuzione inglese per uno slip costituito da un triangolo di dimensioni ridottissime, sostenuto in vita da strisce sottilissime]; string *m* [forma abbreviata di string tanga]

1435 **string tie** [worn in a bow with hanging ends] *(pref.)*; sheriff's tie *(AE)* [held by a neckerchief slide]; cord tie; lariat
Kordelkrawatte *f* [meistens aus einer schwarzen Schnur mit hängenden Enden gebildet] *(präf)*; Sheriffkrawatte *f*
cravate cordelière *f* [une tresse noire portée en guise de cravate] *(préf.)*; cordelière *f* [abréviation de cravate cordelière]; cravate lacet *f*
cordino *m* [abbreviazione di cravatta cordino, una treccia da annodare sotto il collo, indossata da un cow boy]; cravatta *f* cordino

1436 **striped shirt**
Streifenhemd *n*; gestreiftes Hemd *n*
chemise *f* **à rayures**
camicia *f* **rigata**; camicia *f* a righe

1437 **striped tie**
gestreifte Krawatte *f* [vgl. Krawatte mit Klubstreifen]
cravate *f* **rayée**; cravate *f* à rayures
cravatta *f* **rigata** *(pref.)*; cravatta *f* a righe

1438 **style** [the particular shape - the design - of an elegant, fashionable item of clothing] *(pref.)*; model [French term for a style or the garment itself]; garment style; knockoff [a modified style taken over from another firm]
Modell *n* [eines durch Form und Material bestimmten Kleidungsstücks]
modèle *m* [d'un certain vêtement original]
modello *m* [un capo di vestiario con linea e foggia determinata, confezionato in un solo esemplare secondo un disegno originale]

1439 **stylist** [a person who selects fashionable clothes and accessories and adapts them for the market]; styler *(AE)*
Stylist *m* [sucht neue Modelle aus, sorgt für die Harmonie von Kleidung, Accessoires, Frisur, Kopfschmuck und Make-up und passt sie dem Markt an] *(präf)*; Modestylist *m*; Topstylist *m* [höhergestellt als ein einfacher Stylist]
styliste *m* [modéliste d'un bureau de style ou personne sous les ordres d'un confectionneur qui est chargé de choisir des styles et de les adapter à un marché]
stilista *m* [chi progetta, disegna e cerca modelli per collezione]

1440 **subcultural style** [originating from groups that reject the values and culture of the society in which they are living]
Subkulturstil *m* [einer Kulturgruppierung, die die vorherrschenden Gesellschaftswerte ablehnt]
style subculture *m* [anglicisme: la culture propre d'un groupe qui rejette les valeurs de la société]
moda *f* **sottoculturale** [in senso dispregiativo]

1441 **suede jacket** [made of real suede leather]
Veloursjacke *f* [aus echtem Veloursleder]
veste *f* **en velours** [en cuir véritable] *(préf.)*; veste *f* en daim [véritable]
giacca *f* **di pelle vellutata** [pelle naturale scamosciata]

1442 **suit** [for men: jacket and trousers to be worn together, sometimes with an added waistcoat, or for women: jacket and skirt or pants - compare tailleur]
Anzug *m* [ein zweiteiliger Anzug, bestehend aus Sakko für den Herren oder Jacke für die Dame und Hose - vgl. Tailleur] *(präf)*; zweiteiliger Anzug *m*; dreiteiliger Anzug *m*
complet *m* [un costume composé de deux ou trois pièces, par ex.: d'une veste, d'un pantalon et d'un gilet - voir également tailleur] *(préf.)*; costume *m* [employé de façon générale, par ex. blazer et pantalon dépareillés - voir également habit]
completo *m* [un abito da uomo costituito da giacca e pantaloni, facoltativo anche da un gilè - vedi anche tailleur] *(pref.)*; abito *m* da uomo [termine meno usuale]; vestito *m*

intero [spezzato in cui la struttura o il colore della stoffa sono diversi]

1443 **suit jacket** *(pref.)*; jacket [man's suit jacket]
Sakko *m* [ein Herrenanzugbestandteil] *(präf)*; Jackett *n* [Herrenanzugjackett]; Anzugsakko *m*
veston *m* [abréviation de veston d'un complet - la veste d'un complet d'homme s'appelle toujours veston] *(préf.)*; veston *m* d'un complet; veste *f* de costume
giacca *f* **di un completo** [da uomo]

1444 **summer wear**
Sommerbekleidung *f* [leicht]; Sommerkleidung *f*
vêtements *mpl* **d'été** *(préf.)*; toilette *f* d'été [d'une femme exigeante]
indumenti *mpl* **estivi** [o da estate]; tenuta *f* estiva [da donna]

1445 **sun hat** [for protecting the head and neck from the sun]
Sonnenhut *m*
chapeau *m* **de soleil**
cappello *m* **da sole**

1446 **sun top** [for getting a suntan - compare summer top]
Sonnentop *n* [zum Bräunen - vgl. Sommertop]
bain de soleil *m* [un petit corsage à encolure en forme de licou qui laisse le dos et les épaules nus pour bronzer - voir également chemisette] *(préf.)*; haut *m* bain de soleil
top *m* **prendisole** [estivo, senza maniche, sostenuto da bretelle] *(pref.)*; prendisole *m* [un top]

1447 **sunray-pleated skirt**; sunburst-pleated skirt *(AE)*
Sonnenplisseerock *m* [mit einem um den Rockbund herum strahlenförmig angeordneten Plissee]
jupe *f* **à plissé soleil**
gonna *f* **a plissé soleil** [soleil: voce francese per sole]

1448 **superimposed look** [wearing clothing items of visibly different lengths, putting one over the other]
Zwiebellook *m* [entsteht beim Übereinandertragen von Bekleidungsteilen unterschiedlicher Länge] *(präf)*; Etagenlook *m*; Lagenlook *m*; Schichtenlook *m*
look *m* **superposé** [un style vestimentaire avec plusieurs pièces d'habillement disposées les unes sur les autres]
look *m* **sovrapposto** [p.e. due o più parti di abbigliamento una sopra l'altra]; look *m* a strati con indumenti uno sull'altro

1449 **suspender belt** [an elastic belt worn around the waist, with attached elastic garters for holding up stockings] *(pref.)*; suspender garter [with attached garters]; garter belt *(AE)*
Strumpfhaltergürtel *m* [ein einfacher Hüftgürtel ohne Formungsfunktion zum Halten von Strumpfbändern oder Strumpfhaltern] *(präf)*; Strumpfbandgürtel *m*
porte-jarretelle *m inv.* [une ceinture qui supporte les jarretelles destinées à maintenir les bas des femmes] *(préf.)*; porte-jarretelles *m invar.*; ceinture *f* porte-jarretelle; porte-jaja *m (fam.)*
reggicalze *m invar.* [una cintura elastica con quattro giarrettiere con mollette che si porta attorno alla vita per agganciare le calze da donna]

1450 **suspender belt garter** [a decorated elastic strip attached to a suspender belt or girdle to hold up a woman's stocking]; jarretière [French word for garter attached to a suspender belt]; suspender *(AE)* [attached to a suspender belt]
Straps *m* **eines Strumpfhaltergürtels** [am Hüftgürtel festgemacht, hält es Damenstrümpfe fest] *(präf)*; Hüftgürtel-Strumpfband *n*; Strumpfhalter *m* am Hüftgürtel; Straps *m* am Hüftgürtel
jarretelle *f* [chacune des bandes élastiques d'un porte-jarretelle ou d'une gaine munie de pinces destinée à maintenir le bas au-dessus du genou]
giarrettiera *f* **di una guaina** [una fascia elastica attaccata alla guaina per tenere la calza da donna all'altezza della coscia]

1451 **swallow-tailed collar** [a double collar with extremely long and narrow points]

Schwalbenschwanzkragen *m* [ein längerer Doppelkragen mit nach außen gebogenen, sehr langen Ecken]
col *m* **à queue de pie** [aux très longues extrémités en pointe]
collo *m* **a coda di rondine** [un collo ad angoli ripiegati all'esterno che formano due alette]

1452 **sweater** [generic term: a heavy woollen knit upper garment without buttons, worn under a jacket for warmth - compare pullover]
Sweater *m* [langärmeliger, gröberer Pullover, heute meist aus Baumwolle hergestellt - vgl. Pullover] *(veralt.)*; Pullover *m* mit Langarm [gröbere Ausführung]
sweat *m* [un gilet de laine à manches longues ou un maillot épais ayant la faculté d'absorber la sueur - voir également pull-over] *(préf.)*; sweater *m*; chandail *m* [le maillot que l'on enfile par la tête] *(obs.)*; pull *m* de marin [chandail breton]
sweater *m invar.* [termine generico per una maglia di lana a maniche lunghe di taglio ampio - vedi anche pullover]

1453 **sweatshirt** [a long-sleeved item of clothing, made of a thick, fleecy, cotton fabric, that is pulled on over the head, worn by athletes or as an item of leisurewear] *(pref.)*; sweats *pl* [abbr. of sweatshirt]; sweatjacket [with zippers] *(AE)*
Sweatshirt *n* [ein dickes, weit geschnittenes langärmeliges und innen gerautes Schlupf-T-Shirt]; Trainingsjacke *f*
sweat-shirt *m* [anglicisme: maillot épais à manches longues en tissu éponge ou en coton molletonné] *(préf.)*; pull *m* d'entraînement [en coton jersey molletonné resserré aux hanches et poignets]; blouson *m* d'entraînement; sweat *m*
felpa *f* [un giubbetto sportivo a maglia fitta a pelo rado e morbido] *(pref.)*; sweat-shirt *m* [voce inglese: una maglia indossata dagli sportivi per assorbire il sudore o una maglia per il tempo libero]

1454 **sweatsuit** [fleeced sweatshirt or sweat jacket plus sweatpants, worn for active sports, before or after sports events, or as informal clothing]; tracksuit [for light exercises]; sweats *(AE)* [abbr. of sweatsuit] *(fam.)*; warm-up suit *(AE)*
Trainingsanzug *m* [zum Aufwärmtraining und zum Warmhalten des Körpers vor und nach dem Training] *(präf)*; sportlicher Overall *m* [einteiliger Activewearanzug]
training *m* [le survêtement de sport constitué d'un pantalon et d'un blouson chaud et facile à enfiler sur un sportswear pour l'échauffement ou après l'exercice - voir également jogging] *(génér.)*; tenue *f* d'entraînement
tuta *f* **sportiva** [in felpa di cotone, costituita da una giacca e dai pantaloni a elastico in vita e alla caviglia]; tuta *f* di felpa da allenamento; tuta *f* da allenamento

1455 **sweetheart neckline** [with a heart shape, not too low, which is cut into two semicircular curves like the top of a heart] *(pref.)*; sweetheart neck; heart-shaped neckline; en coeur neckline [French term: heart-shaped neckline]
Cœurausschnitt *m (präf)*; Coeurausschnitt *m*; herzförmiger Ausschnitt *m*
encolure *f* **en cœur**
scollatura *f* **a cuore** [tagliata secondo due curve semicircolari]

1456 **swim trunks** *pl* [for men and boys] *(pref.)*; trunks *pl* [abbr. of swim trunks]
Badehose *f* [für Herren und Jungen]; Herrenbadehose *f*
maillot *m* **de bain d'homme** *(préf.)*; culotte *f* de bain d'homme; caleçon *m* de bain d'homme *(obs.)*; slip *m* de bain d'homme
mutandine *fpl* **da bagno da uomo** [costume da bagno da uomo] *(pref.)*; slip *m* da bagno da uomo; costume *m* da bagno da uomo [un paio di calzoncini o slip]

1457 **swimsuit** [a woman's or girl's individual recreational garment for swimming and bathing - compare beachwear]; swimming costume; two-piecer *(AE)* [a swimming costume]; swimdress *(AE)*
Badeanzug *m* [auch Oberbegriff für Damen- und Mädchenbadeanzüge - vgl. Beachwear]; Strandanzug *m* [zur

individuellen Verwendung]; Strandkleidung *f* *(allg)*
costume *m* **de bain** [terme générique désignant tout l'habillement de natation - voir également vêtements de plage] *(génér.)*; maillot *m* de bain [en maille extensible]; maillot *m* [abréviation de maillot de bain]
costume *m* **da bagno** [un indumento per fare il bagno o per prendere il sole - vedi anche indumenti da spiaggia] *(gener.)*; costume *m* [forma abbreviata di costume da bagno]

1458 **swing dress** [fitted at the hips and with a slight bell flare at the wide hem]
Glockenkleid *n* [ein glockig weit geschnittenes, schwingendes Kleid]
robe cloche *f* [à bas légèrement évasé en forme de cloche]
abito *m* **a campana** [con fondo allargato]

1459 **swing pocket** [a nearly horizontal curved pocket]
Swingpocket *f* [englisches Wort für eine bogenförmig geschnittene, beinahe waagerechte Stecktasche] *(präf)*; Stecktasche *f*; Bananentasche *f*
poche banane *f* [à bord supérieur courbé]
tasca *f* **a banana** [a bordo superiore curvato]

T

1460 **T-shirt** [an item of outerwear: a round-necked, T-shaped cotton item of daytime wear with short set-in sleeves] *(pref.)*; tee-shirt [pl.: tees]; blank T-shirt [to be printed on]
T-Shirt *n* [Tageskleidung mit Rundhalsbündchen und kurzem Arm, der ausgebreitet eine T-Form aufnimmt]
teeshirt *m* [un vêtement de dessus: un maillot de coton à manches courtes en forme de T et à encolure au ras du cou porté au dessus] *(préf.)*; tee-shirt *m*; t-shirt *m*
tee-shirt *f invar.* [una maglietta leggera di cotone a girocollo con maniche corte indossata all'esterno]; maglietta *f* *(gener.)*

1461 **tab** [a small strip or loop of fabric attached to sth., adjustable or otherwise, used to hold, fasten or close waistbands, sleeves, cuffs or backs]
Lasche *f* [ein Stoffstreifen zur Weitenregelung eines Teiles oder zum Schließen bzw. zur Verbindung zweier Teile]
tirant *m* [une patte à boucle de fermeture, d'union ou de réglage, par ex.: tirant de la manche] *(préf.)*; tab *m* [mot anglais pour tirant]; patte *f* à boucle de réglage
tirante *m* [una striscia di tessuto che si chiude con un bottone o una fibbia da regolare, p.e. l'ampiezza di una manica] *(pref.)*; tab *m* [dall'inglese: linguetta]

1462 **tab collar** [a shirt collar with a flap that buttons under the knot of the tie and onto the other side of the collar]
Tabkragen *m* [weicher, unter dem Krawattenknoten mittels einer Lasche zusammenknöpfbarer Kragen] *(präf)*; Kragen *m* mit Tab
col *m* **à languette** [qui sert à retenir les deux pointes du col sous le nœud d'une cravate]
collo *m* **a tab** [locuzione inglese per la linguetta di collegamento delle punte del collo al di sotto del nodo] *(pref.)*; collo *m* a linguetta

1463 **tail** [of a jacket, coat or full evening dress, always hanging and floating at the back - compare tails]
Schoß *m* [meistens in Plural Schöße: flatterndes Unterteil eines Bekleidungsstücks, das hinten in der Taille angesetzt wird, z. B. Frackschöße - vgl. Schößchen]
pan *m* [une pièce de tissu qu'on laisse flotter, par ex.: pan d'une chemise ou pan d'une veste]; basque *f* [qui part de la taille et descend sur les hanches - par ex.: basques d'une jaquette]; queue *f* [les deux basques d'un habit]
falda *f* [il lembo inferiore di un abbigliamento da uomo, p.e. le falde della camicia o le falde del frac] *(pref.)*; baschina *f* [la falda della giacca femminile dal punto vita al fianco]; coda *f* [p.e. coda di frac]

1464 **tailleur** [a woman's tailor-made suit

consisting of a jacket and skirt] *(pref.)*; tailored suit
Tailleur *n* [ein auf die Taille geschneidertes Kostüm: Jacke und Rock aus dem gleichen oder aus passenden Materialien] *(präf)*; Kostüm *n*; französisches Kostüm *n* [Tailleur]
tailleur *m* [l'abréviation de costume-tailleur composé d'une veste et d'une jupe du même tissu] *(préf.)*; costume-tailleur *m* *(obs.)*; ensemble *m* jupe-veste [de couleurs différentes]
tailleur *m invar.* [il completo femminile di taglio classico costituito da giacca e gonna, p.e. tailleur elegante fatto da un sarto] *(pref.)*; completo *m* femminile

1465 **tailor-made** *adj* [that has been made to order by a tailor according to the requirements of an individual customer, e.g. tailor-made clothes]; bespoke *adj*; made to measure *adj* [as opposed to ready-made]; made to order *adj (AE)*
maßgeschneidert *adj* [nach individuell ermittelten Maßen gearbeitet] *(präf)*; maßgefertigt *adj*; nach Maß gefertigt *adj*; Maß-; nach Maß; einzeln angefertigt *adj*; maßgearbeitet *adj*
sur mesure [par opposition à 'de confection', par ex.: fait sur mesure ou s'habiller en sur mesure] *(génér.)*; aux mesures [par ex.: vêtement aux mesures]; de grande mesure [en version coûteuse]
su misura [fatto con le misure desiderate, non di serie, p.e. completo su misura]

1466 **tailored costume** [a woman's tailor-made suit having a skirt instead of trousers/pants and with the sharp lines of a man's tailored suit]; tailored suit [woman's]; dressmaker suit [woman's suit with soft lines]
Schneiderkostüm *n* [stilvoll gestaltetes, klassisches Kostüm mit Innenausstattung]
tailleur *m* **structuré** [près du corps en utilisant des draperies relativement lourdes et de l'entoilage]
tailleur *m invar.* **da sartoria** [un completo classico da donna realizzato da un sarto]

1467 **tailoring** [by a bespoke tailor working for an individual customer]; custom making *(AE)*; tailor-madeness [the state of being tailor-made, used about an item of clothing]
Maßfertigen *n* [die Tätigkeit eines Maßschneiders bei der Fertigung von Maßkleidung]
confection *f* **sur mesure** [de vêtements de très grand luxe - l'action de confectionner]
sartoria *f* **su misura** [la produzione artigianale di capi di abbigliamento su misura]

1468 **tails** *pl* [of a tailcoat or of the swallowtail coat]
Frackschöße *mpl* [vgl. Schwalbenschwanzschöße] *(präf)*; Frackschoß *m*
queue *f* **d'habit**
coda *f* **di frac**

1469 **take in** *v* [e.g. the waist of a skirt]
einnehmen *v* [enger machen, z. B. einen Rock an der Taille]
resserrer *v* [rétrécir qqch., par ex.: resserrer une robe à la taille]
restringere *v* [stringere un vestito]

1470 **take** *v* **the measurement of** [a person for clothes, directly on the body] *(pref.)*; take *v* somebody's measurement
maßnehmen *v* [direkte Messung am Körper auf bestimmten Messstrecken, um die Körpermaße zu ermitteln] *(präf)*
prendre *v* **les mesures** [du corps]
prendere *v* **le misure** [del corpo - p.e. il sarto ha preso le misure per tagliare un completo]

1471 **take up** *v* **the hem** [e.g. in order to make an item of clothing shorter] *(pref.)*; shorten *v*
kürzen *v* [die Länge eines Kleidungsstücks verkürzen]
raccourcir *v* [réduire la longueur d'une pièce de vêtement, par ex.: raccourcir un manteau par un grand ourlet]
accorciare *v* [ridurre la lunghezza di un capo di vestiario]

1472 **tam-o'shanter** [a genuine round woollen Scottish cap, large and full above with a pompon on the crown] *(pref.)*; tam-

o-shanter *(AE)*; tam *(AE)* [abbr. for tam o'shanter]
schottische Tellermütze *f* [ein sehr voll geschnittenes Béret mit einem Pompon in der Mitte]
béret *m* **écossais** [un large béret de laine à pompon maintenu éventuel par un bord côtes étroit]; tourmaline *f* [terme québécois]
berretto *m* **scozzese** [di grandi dimensioni, a pompon]

1473 **tanga** [Y-front mini-pants, consisting of a larger triangle than that of a string attached to ties] *(pref.)*; Y-front pants *pl*
Tanga *m* [bestehend aus zwei mittels Stegen oder Taillenschnüre verbundenen Stoffdreiecken, die etwas größer sind als beim Stringtanga] *(präf)*
slip string *m* [un petit slip de forme triangulaire assemblé par des liens, laissant les fesses nues]; string *m* [abréviation de slip string]
tanga *m* [uno slip intimo di dimensioni ridottissime costituito da due triangoli sostenuti da un cordoncino in vita]

1474 **tank swimsuit** [a woman's one-piece maillot swimsuit with straps and a scooped neck - compare maillot]; tank suit *(AE)*
Schwimmanzug *m* [ein seitlich hoch ausgeschnittener einteiliger Badeanzug mit Trägern für Sportlerinnen - vgl. einteiliger Damenbadeanzug]
maillot nageur *m* [formé d'une pièce avec des bretelles et porté par les nageuses professionnelles - voir également maillot de bain à une pièce de femme]; nageur *m* [abréviation de maillot nageur]
costume *m* **da bagno** [intero a bretelle da nuotatore - vedi anche costume da bagno intero a schiena nuda femminile]

1475 **tapered bar tack** [embroidery at the end of a buttonhole or vent in order to reinforce or decorate it]
Keilriegel *m* [Nahtriegel zum Stabilisieren von Tascheneingriffen oder Schlitzen]
arrêt *m* **à fuseau** [servant à renforcer l'extrémité d'une couture, d'une fente ou d'une boutonnière]
travetta *f* **a cuneo** [la cucitura affusolata corta con punti a zig-zag per fermare le cuciture di una tasca o di uno spacco]

1476 **tapered trousers** *pl* [the legs become narrower towards the ankle and have straps under the instep]; tapered pants *(AE)*
Keilhose *f* [eine zum Saum hin sich verjüngende Hose mit Fußsohlensteg]
pantalon *m* **fuseau** [un pantalon fuselé à sous-pied] *(préf.)*; fuseau *m*
fuseau *m* [voce francese: pantaloni elasticizzati molto aderenti di linea affusolata con un passante sotto il piede] *(pref.)*; fuseaux *mpl*

1477 **tasseau** [French word for a triangular scarf used to fill in a low-cut neckline - compare plastron (sewn-on)]; vest insert [V-shaped insert in a contrasting colour, used to fill in a low-cut neckline]
Brusttuch *n* [zur Bedeckung eines tiefen Dekolletés, heute meist zur Tracht getragen - vgl. Plastron] *(präf)*; Busenschleier *m* [leichter Schleier, der zur Bedeckung eines tiefen Dekolletés getragen wird]; Brustlatz *m*
guimpe *f* [un plastron léger porté sous le corsage d'une robe décolletée pour en voiler le décolleté - voir également plastron (fixe recouvrant)]
guimpe *f* **per il décolleté** [voce francese per un coprisparato leggero - vedi anche plastron]

1478 **tassel** [a group of loose threads or thin cords hanging from a knob in a loose fringe, used as an ornament]
Quaste *f* [ein an einer Schlaufe hängendes Fadenbündel zur Verzierung - ein Posament]; Troddel *f* [kleine eichelförmige Quaste]
houppe *f* [un assemblage ornemental de bouts de fil frangés et fixés au bout d'un cordon - une touffe] *(préf.)*; pampille *f*
nappa *f* [un mazzetto formato da fili riuniti e poi lasciati liberi, p.e. cordone con due nappe] *(pref.)*; nappina *f* [una nappa piccola a forma di ghianda]

1479 **telescopic umbrella***
Knirps® *m* [ein zusammenschiebbarer Regenschirm]

parapluie *m* **télescopique**
ombrello *m* **telescopico** [allungabile]

1480 **tennis dress** [tennis shoes, tennis shorts and tennis shirt] *(pref.)*; tennis wear
Tennisdress *m* [Sportkleidung]; Tenniskleidung *f*
tenue *f* **de tennis** *(préf.)*; vêtements *mpl* de tennis
tenuta *f* **da tennis** [l'insieme dei capi d'abbigliamento necessari per il tennis]

1481 **tennis shirt**
Tennisshirt *n*
shirt *m* **de tennis**
shirt *f* **da tennis**

1482 **tennis shoe** [a low-cut Oxford made of light canvas or drill and with soft soles, used for tennis and casual wear]; tennis shoe *(AE)*; athletic shoe [often used in *(AE)* interchangeably with sneakers]
Tennisschuh *m* [zum Tennisspielen - kein Straßenschuh]
tennis *f* [abréviation de chaussure de tennis]; chaussure *f* de tennis [chaussure basse en toile lacée] *(obs.)*
scarpa *f* **da tennis** [con allacciatura a stringhe]

1483 **tent line** [flared from narrow shoulders with a low-standing collar into a widening A-shape - the A-line is fuller and softer than with a trapeze line]
Zeltlinie *f* [pyramidenförmig zugeschnitten]
ligne *f* **en forme de tente** [étroite aux épaules et évasée en bas]
linea *f* **a forma di tenda** [stretta al busto e allargata verso il fondo]

1484 **thermal comfort** [providing a pleasant feeling with clothes with a warmth or insulating lining]
thermischer Komfort *m* [bezieht sich beim Tragen von Kleidung auf das in der Kleidung herrschende Mikroklima]
confort *m* **thermique** [en portant un vêtement]
conforto *m* **termico** [ad uso di abbigliamento]

1485 **thermal trousers** *pl* [insulate the wearer from cold]; thermal pants *pl (AE)*
Thermohose *f* [eine Kälte isolierende Beinbekleidung]
pantalon *m* **thermoisolant** [qui protège contre la chaleur]
pantaloni *mpl* **termoisolanti** [capaci di garantire un isolamento termico efficace]

1486 **thermals** *pl* [a warm item of underwear] *(pref.)*; thermal underclothes *pl*; thermal underwear [insulates the wearer from cold]; warm underwear *(gener.)*
Thermowäsche *f* [eine wärmende Unterwäsche]; Thermounterwäsche *f*
sous-vêtements *mpl* **thermoisolants**
biancheria *f* **termoisolante** [intima]; biancheria *f* intima termoisolante

1487 **three-needle seam** *(pref.)*; triple seam; triple stitch
Dreinadelnaht *f (präf)*; 3-Nadelnaht *f*; Dreifachnaht *f*
couture *f* **à trois aiguilles** [le résultat de l'action de coudre]
cucitura *f* **a tre aghi** [il risultato dell'operazione]

1488 **three-piece** [a woman's garment consisting of three matching items of clothing - a suit of clothes] *(pref.)*; trois-pieces [French term for a woman's garment consisting of three pieces]
Troispièces *n* [eine dreiteilige zusammengehörige Damenbekleidung] *(präf)*; dreiteilige Damenbekleidung *f*; Dreiteiler *m* [Kurzform für dreiteilige Damenbekleidung]
trois-pièces *m* [abréviation de vêtement à trois pièces, par ex. un ensemble féminin composé d'une veste, d'une jupe et d'un chemisier ou un ensemble masculin avec un pantalon, un gilet et un vêtement de dessus] *(préf.)*; vêtement *m* à trois pièces *(génér.)*
tre pezzi *m* [un completino da donna composto di tre capi di vestiario] *(pref.)*; abito *m* femminile a tre pezzi

1489 **three-piece suit** [for men, consisting of a jacket, a waistcoat and trousers]
dreiteiliger Anzug *m* [ein Herrenanzug,

bestehend aus Sakko, Weste und Hose]; Dreiteiler *m* [Herrenanzug]
complet *m* **à trois pièces** [pour hommes] *(préf.)*; costume *m* trois pièces [pour hommes]
completo *m* **a tre pezzi** [da uomo]

1490 **three-quarter trousers** *pl (pref.)*; 3/4 trousers *pl*; three-quarter pants *pl (AE)*
dreiviertellange Hose *f* [drei viertel der üblichen Länge]
pantalon *m* **trois-quarts** [à longueur trois-quarts] *(préf.)*; pantalon *m* à longueur trois-quarts
pantaloni *mpl* **trequarti** [che arrivano fin sopra il ginocchio]

1491 **three-set** [a matching set consisting of three clothing items - compare three-piece (a woman's garment)]
Dreiteiler *m* [drei aufeinander abgestimmte Kleidungsstücke - vgl. Troispièces]; Triset *n* [aus dem Englischen für drei aufeinander abgestimmte Kleidungsstücke] *(allg)*
three-set *m* [anglicisme pour un trois-pièces harmonisé - voir également trois-pièces]; trois-pièces *m* harmonisé *(génér.)*
completo *m* **a tre pezzi** [abbigliamento costituito da tre pezzi armonizzati - vedi anche tre pezzi] *(gener.)*

1492 **three-way pocket** [with three openings and three inside pockets]
Dreiwegtasche *f* [mit drei Eingriffen und drei Innentaschen]
poche *f* **à trois voies** [c'est-à-dire à trois ouvertures et à trois sacs]; poche *f* triplex
tasca *f* **a tre aperture** [e a tre sacchetti]

1493 **thrust-in pocket** [with a sloping or vertical opening]
Schubtasche *f* [mit schrägem oder vertikalem Eingriff, in die die Hand leicht hinein geschoben werden kann]
poche *f* **à ouverture oblique**
tasca *f* **ad apertura obliqua**

1494 **tie** [a strip of material worn under the collar, folded on the chest and knotted - abbr. of necktie] *(pref.)*; necktie *(BE; obs.)*; necktie *(AE)*; cravat *(obs.)*
Krawatte *f* [ein Langbinder] *(präf)*; Schlips *m* [umgangssprachlich für Krawatte]; Langbinder *m (veralt.)*
cravate *f* [une bande de tissu passée autour de cou sous le col et nouée sur le devant] *(préf.)*
cravatta *f* [una striscia di stoffa che viene fatta passare sotto il collo e annodata]; cravattina *f* [dim. di cravatta]

1495 **tiered flounced skirt**
Stufenvolantrock *m*
jupe *f* **à volants étagés**; jupe *f* avec volants à gradins; jupe *f* à volants superposés
gonna *f* **con volant a balze** [una gonna a balze]

1496 **tight-fitting** *adj* [that has been fitted closely to the body, but is not yet uncomfortable, e.g. a tight-fitting pair of jeans] *(pref.)*; tight fit *adj*; close-fitting *adj*; cling *adj*
eng anliegend *adj* [eng geschnitten, jedoch nicht zu eng, die Bewegungsfreiheit nicht einschränkend, z. B. enganliegende Jeans] *(präf)*; enganliegend *adj*
serré *adj* [par ex.: robe serrée à la taille]
molto aderente *agg* [ma non troppo stretto]

1497 **tights** *pl* [a woman's opaque, tight-fitting stretchable knitted panty and stockings in one piece] *(gener.)*; pantie hose [nylon stockings and panty in one piece, sheer or otherwise]; pantihose; nylons *pl* [tights]; pantyhose *(AE)*
Strumpfhose *f* [eine durchsichtige oder undurchsichtige, bis zur Taille reichende Feinstrumpfhose mit Höschenteil]
collant *m* [bas-culotte: un sous-vêtement féminin qui se compose de deux bas qui se prolongent en forme de culotte retenue à la taille par un élastique] *(préf.)*; bas-culotte *m*; bas-slip *m*
collant *m invar.* [una calzamaglia leggera che copre il corpo dalla vita in giù, composto da due calze tenute insieme da una mutandina]; calzamaglia *f* [non trasparente che ricopre il corpo dal piede alla vita]

1498 **toggle (fastener)** [a rod-shaped wooden or leather button which is pulled through a frogging on the other side, the frogging looping over the button] *(pref.)*; frogging; toggle closure *(AE)*

Knebelverschluss *m* [stabförmiger Holz- oder Lederknopf in Verbindung mit einer Schlaufe, anstelle eines Knopflochs]
fermeture *f* **à bûche** [ouverture par laquelle on peut passer un bouton en forme de bûche]
chiusura *f* **ad olivetta** [di legno a forma allungata per la allacciatura montgomery]

1499 **top** [a woman's sleeveless garment for the upper body with a U-neckline, deep armholes and wide straps, for wearing with a separate part on the lower body] *(pref.)*; tank top [closer-fitting than a top]
Top *n* [kleines, ärmelloses Oberteil mit U-Ausschnitt und breiten Trägern für den Tag oder den Abend] *(präf)*; Tanktop *n* [enger anliegend geschnitten als ein gewöhnliches Top, etwa wie beim Damenschwimmanzug]
tricot *m* [un haut sans manches à encolure en U, à emmanchure profonde et à bretelles larges - voir également haut (s'opposant au bas)]
top *m* [un corpetto scollato sul davanti con girocollo profondo - vedi anche canotta]

1500 **top hat** [a man's tall hat with a narrow brim, made of shiny silk] *(pref.)*; plug hat *(AE)*; topper *(fam.)*; pot hat; silk hat; high hat; chimney pot hat *(AE)*
Zylinderhut *m* [ein schwarzer, steifer röhrenförmiger Seidenhut]
haut-de-forme *m* [le cylindre de soie haut à fond ovale qui se porte avec un costume habillé] *(préf.)*; chapeau *m* haut-de-forme; tube *f (fam.)*; huit-reflets *m* [à cause de son aspect brillant]
cappello *m* **a cilindro** [con calotta alta e cilindrica] *(pref.)*; cilindro *m* [abbreviazione di cappello a cilindro]; cappello *m* a tuba; tuba *f* [abbreviazione di cappello a tuba] *(fam.)*

1501 **top of a two-piece swimsuit** [or a bathing suit for women]
Oberteil *n/m* **eines zweiteiligen Badeanzugs** [eine Büstenhalterart]
haut *m* **d'un maillot de bain à deux-pièces** [le soutien-gorge d'un deux pièces]
pezzo *m* **di sopra di un costume da bagno a due pezzi** [il reggiseno]

1502 **topstitched seam** [machine-stitched on the right side, e.g. on the edge of a collar for ornamentation, or on either side of the seam for general purposes] *(gener.)*
Steppnaht *f* [meistens zur Kanten- oder Saumbefestigung bzw. zur Verzierung eingesetzt] *(allg)*; Absteppnaht *f* [Einfach- oder Doppelsteppstichnaht]
surpiqûre *f* [la couture à points noués apparente sur l'endroit du tissu]
impuntura *f* [la cucitura a punto annodato destinata a vista]

1503 **toreador pants** *pl (chiefly AE)* [women's tight, snugly fitting pants, reaching to below the knee or calf-length]
Torerohose *f* [hautenge Damenhose, die bis unter das Knie reicht]
culotte *f* **de toréador** [pantalon moulant pour femmes qui descend au-dessous du genou]
pantaloni *mpl* **da toreador** [aderenti, lunghi fin sotto il ginocchio con la vita alta fino a metà busto da donna]

1504 **torso dress** [following the line of a woman's body down to the hips, with an attached ruffled skirt]
Torsokleid *n* [mit einem gekräuselten Rock; wirkt figurbetont]
robe *f* **à torse** [avec une jupe à ruche qui souligne les formes du corps jusqu'aux hanches]
abito *m* **a torso** [a linea molto attillata in corrispondenza del torso femminile]

1505 **torso skirt** [with a bullfighter waist - the yoke extends above the waist]; hi-rise girdle skirt [extends above the waistline]
Miederrock *m* [mit angeschnittenem oder angenähtem Torerobund, der hoch über die Taille hinaus reicht] *(präf)*; Miederbundrock *m*
jupe *f* **à corselet montant** [de toréador]; jupe *f* à ceinture gaine montante; jupe *f* à torse
gonna *f* **a cintura montante** [da toreador]; gonna *f* a torso

1506 **traditional suit**; peasant suit *(AE)*
Trachtenanzug *m* [Modebegriff: ein mit alpenländischen Hornknöpfen und Applikationen trachtenartig gestalteter

Anzug, sonst von Land zu Land unterschiedlich]
costume *m* **régional** [vêtement particulier à une région]
costume *m* **regionale** *(pref.)*; costume *m* tradizionale

1507 **train** [an elongated section attached to the back of a ceremonial dress and drawn along on the ground behind the wearer] *(pref.)*; chapel-length train [at least 1 metre long]
Schleppe *f* [ein am Boden nachschleppendes Rockteil festlicher Kleider]
traîne *f* [le bas d'une robe ou un pan situé en prolongement de la partie inférieure d'une robe qui traîne à terre derrière la personne qui marche]
strascico *m* [la parte della gonna di un abito lungo che appoggia sul pavimento]

1508 **trapeze neckline**
Trapezausschnitt *m*
encolure *f* **en trapèze**
scollatura *f* **a trapezio**

1509 **travel coat** [an item of outerwear, but in *(AE)* also an item of women's loungewear]
Travelcoat *m* [englisches Wort für einen Reisemantel aus Popelin mit Einknöpffutter]
manteau *m* **de voyage**
cappotto *m* **da viaggio**

1510 **trench coat** [a long, double-breasted loose coat with a convertible collar, a double yoke, large lapels and epaulettes, fastened with a fabric belt]
Trenchcoat *m* [zweireihiger Wettermantel mit wuchtigem Revers sowie mit Achselklappen, Ärmelspangen und Ringsgürtel] *(präf)*; Trench *m* [Kurzform von Trenchcoat]
trench-coat *m* [anglicisme: l'imperméable à épaulettes, à bavolet, ayant de vastes poches et des pattes de serrage aux poignets]; trench *m* [abréviation de trench-coat]
trench *m invar.* [locuzione inglese - la forma abbreviata di trench coat: impermeabile di stile militare con bavero abbondante, spalline doppie e cinturini, che non lascia filtrare l'acqua]

1511 **trijama** [pyjamas and a dressing gown]
Trijama *m* [besteht aus Pyjama und Morgenmantel]
trijama *m* [pyjama et robe de chambre]
trigiama *m* [costituito da pigiama e vestaglia]

1512 **trilby** [a man's soft felt hat with a plush-like texture, a narrow, flexible brim and the top part pushed in] *(pref.)*; floppy hat
Schlapphut *m* [ein weicher Herrenhut mit geschmeidiger Krempe]; weicher Hut *m* *(allg)*
chapeau *m* **mou** [qui s'oppose au chapeau rigide]
cappello *m* **floscio** [da uomo]

1513 **trimming of seam border by pinking**
Versäubern *n* **einer Nähgutkante durch Auszacken**
finition *f* **d'un bord en dentelant le tissu**
rifinitura *f* **di un bordo per mezzo di dentellatura** [del tessuto]

1514 **trimming seam** [enclosing the seam and thus preventing ravelling - compare overedge seam]
Versäuberungsnaht *f* [zur Absicherung der Schnittkanten gegen Ausfransen - vgl. Umstechnaht und Sicherheitsnaht]
couture *f* **de finition du bord** [d'une couture - voir également couture à surfil]; couture *f* de surjet [contre l'effilochement]
cucitura *f* **di rifinitura** [a sopraggitto per evitare la sfilacciatura - vedi anche cucitura a sopraffilo] *(pref.)*; cucitura *f* a sopraggitto contro la sfilacciatura

1515 **tropical wear** [suitable for wearing in a hot climate]
Tropenkleidung *f* [eine tropentaugliche Kleidung in feuchtigkeitsgesättigter Luft bis 50 °C]
vêtements *mpl* **tropicaux** [qui sont destinés au climat tropical]
indumenti *mpl* **tropicali** [che sono destinati a regioni tropicali]

1516 **trouser bib** [a piece of fabric attached to the waist of trousers and extending upwards over the chest]; pants bib *(AE)*
Hosenlatz *m* [ein Stoffansatz, der sich vom Hosenbund nach oben erstreckt]
bavette *f* **d'un pantalon** [une partie qui remonte sur la poitrine]; plastron *m* de pantalon
pettorina *f* **dei pantaloni** [che copre una parte del busto a partire dai pantaloni]

1517 **trouser crotch** [the line where the trouser legs meet at the top and cover the body crotch - a finished measurement] *(pref.)*; crutch of trousers/pants
Hosenschritt *m* [die Stelle, wo sich die Hosenbeine treffen und den Körperschritt abdecken - ein Fertigmaß] *(präf)*; Schritt *m* der Hose
fourche *f* **d'un pantalon** [le lieu d'union des jambes d'un pantalon - une mesure finie] *(préf.)*; entrejambe *f* d'un pantalon [le lieu de réunion des jambes du pantalon qui va du milieu du devant par le fond au milieu du dos de la ceinture]
cavallo *m* **dei pantaloni** [la parte dove le gambe dei pantaloni si dividono in due parti come una forca - una misura finita] *(pref.)*; inforcatura *f* dei pantaloni

1518 **trouser fly** [the opening at the front of a pair of trousers, covered by a flap containing a button or zip fastening]; trouser flies *pl* [frequently in *pl*]; trouser front fly; fly of trousers; flies *pl* of trousers [frequently in *pl*]; fly of pants *(AE)*
Hosenschlitz *m* [vordere Öffnung der Hose, deren Kanten sich in Form eines Schlitzübertritts und eines Schlitzuntertritts überlappen]
braguette *f* **de pantalon** [l'ouverture verticale sur le devant d'un pantalon]
allacciatura *f* **dei pantaloni** [l'apertura centrale dei pantaloni] *(gener.)*

1519 **trouser leg width** [mainly determined by the width of the lower leg from the knee to the hem]; pants leg width *(AE)*
Hosenbeinweite *f* [im Wesentlichen von der Weite des Hosenbeines vom Knie zum Saum hin bestimmt] *(allg)*
ampleur *f* **de la jambe d'un pantalon** *(génér.)*
ampiezza *f* **della gamba dei pantaloni** *(gener.)*

1520 **trouser measurement** [the width of trousers - compare waistband measurement of trousers]; trouser width; pants measurement *(AE)* [the width of pants]
Hosenweite *f* [vgl. Hosenbundweite]
tour *m* **de pantalon** [voir également tour de ceinture d'un pantalon]; largeur *f* du pantalon
circonferenza *f* **dei pantaloni** [vedi anche circonferenza della cintura di un pantalone] *(pref.)*; larghezza *f* dei pantaloni

1521 **trouser rise** [the distance from the crotch to the top of the waistband centre - a finished measurement]
Leibtiefe *f* **der Hose** [vom Schrittpunkt bis zur oberen Kante des Bundes - ein Fertigmaß]
hauteur *f* **de l'enfourchure** [d'un pantalon: la partie échancrée qui va de la pointe de la fourche jusqu'à la ceinture du pantalon - une mesure finie]
altezza *f* **della inforcatura** [dei pantaloni, misurata dalle gambe unite del cavallo alla cintura dei pantaloni - una misura finita]

1522 **trouser suit** [a woman's suit consisting of a jacket and trousers]; pantsuit [a trouser/pants suit]
Hosenanzug *m* [immer ein Damenhosenanzug = Jacke oder Tunika + Hose, da beim Herrenanzug die Hose selbstverständlich ist] *(präf)*; Damenhosenanzug *m*
pantailleur *m* [composé d'un tailleur classique et d'un pantalon] *(préf.)*; ensemble-pantalon *m* [la coupe de son haut peut se prêter à la fantaisie]
tailleur pantalone *m invar.* [da donna costituito da giacca e pantaloni] *(pref.)*; completo *m* femminile [a giacca e pantaloni]

1523 **trouser turn-up** [the turned-up part of a trouser leg at its lower end - turn-ups are also the name for the British man's trousers with turn-ups]; pants cuff *(AE)*; trouser turnback

Hosenumschlag *m* [am Saum des Hosenbeines] *(präf)*; Umschlag *m* [Kurzform von Hosenumschlag]; Hosenaufschlag *m* [am Saum des Hosenbeines] *(veralt.)*; Aufschlag *m* [Kurzform von Hosenaufschlag] *(veralt.)*
revers *m* **d'un pantalon** *(préf.)*; bas *m* relevé d'un pantalon [qui est replié]
risvolto *m* **dei pantaloni** [la parte del bordo di una gamba che viene rovesciata all'infuori] *(pref.)*; fondo *m* dei pantaloni

1524 **trouser waistband** [compare waistband]; pants waistband *(AE)*
Hosenbund *m* [angesetzter oder angeschnittener Taillenabschluss - vgl. Bund]
ceinture *f* **d'un pantalon** [reliée par une couture au pantalon - voir également ceinture (d'un pantalon)]
cintura *f* **dei pantaloni** [una striscia di tessuto rinforzata, fatta dello stesso materiale che rifinisce in vita pantaloni e gonne - vedi anche cintura (di un pantalone)]

1525 **trousers** *pl* [a full-length loose garment which covers the body from the waist to the ankles - also called a pair of trousers]; pants *pl (AE)*
Hose *f* [ohne nähere Bezeichnung eine Beinkleidung voller Länge] *(präf)*; Pantalon *m* [lange Hose] *(veralt.)*
pantalon *m* [une culotte à jambes longues jusqu'aux pieds - on dit mettre ou enfiler son pantalon] *(préf.)*; culotte *f* [le vêtement de dessus peu à peu supplantée par le terme pantalon] *(obs.)*
pantaloni *mpl* [il termine pantalone viene usato al plurale] *(pref.)*; calzoni *mpl*

1526 **trousers** *pl* **with crease** [down the trouser leg - the creases can be set with the aid of presses that shape and steam trouser legs]; pants *pl* with crease *(AE)*
Bügelfaltenhose *f* [die in der Mitte der Vorder- und Hinterhose jeweils einen Bruch eingebügelt haben]
pantalon *m* **à pli** [on dit faire le pli d'un pantalon ou repasser le pli d'un pantalon]
pantaloni *mpl* **a piega** [stirata lungo la linea di piegatura]

1527 **trumpet dress** [that flares out near the hemline or with flared flounce below the knee]
Trompetenkleid *n* [das unterhalb des Knies dem Saum entsprechend ausgestellt ist]
robe trompette *f* [évasée sous le genou]
abito *m* **a tromba** [da donna svasato sotto il ginocchio]

1528 **trunks** *pl* [an item of men's underwear with short legs and a drawstring at the waist - compare swim trunks]
Unterhose *f* [mit kurzem Bein und Zugschnur für Herren - vgl. Badehose] *(präf)*; Herrenunterhose *f* [mit kurzem Bein und Zugschnur]
caleçon *m* [un sous-vêtement d'homme à jambes courtes et à cordelette coulissante - voir également maillot de bain d'homme]
mutande *fpl* [con gamba corta a cordoncino da stringere da uomo - vedi anche mutandine da bagno da uomo]

1529 **tube dress** [a long, straight-line close-fitting dress with minimal decoration, made of elasticized fabric]; pipe dress
Schlauchkleid *n* [ein gerade geschnittenes, einfaches Kleid bzw. ohne Taillierung und ohne viel Verzierung]; Röhrenkleid *n*
robe tube *f* [une robe droite simple dont la taille non coupée et l'ourlet ont le même diamètre]; robe *f* tubulaire
abito *m* **a tubino** [un abito da donna a linea diritta, semplice]; abito *m* tubolare

1530 **tuck** [a flattened and stitched fold in fabric - with a bulge if there is a cord inside - used to ornament or tighten a dress or blouse] *(pref.) (pref.)*; folded tuck
Biese *f* [ein wulstartig dargestelltes, abgenähtes Stofffältchen, auch mit Schnureinlage möglich, für seine ausgeprägte Darstellung gefertigt - vgl. Biesenarbeit] *(präf)*
nervure *f* [rappelant par son aspect un nerf, le petit pli fin et décoratif en relief qui est piqué à la base de tout son long]
nervatura *f* [la piegolina in rilievo interrotta in un punto e lasciata libera, usata per guarnire]

1531 **tucked seam** [the tucks are stitched from both sides] *(pref.)*; pin tuck

seam [folding the cloth narrowly and stitching it from just one side]
Biesennaht *f* [wulstartig hervorgewölbtes und doppelt gestepptes Gebilde zur Verzierung]
couture *f* **à nervure** [à petit plis en relief fins et décoratifs, piqués près des bords]
cucitura *f* **a nervatura** [una piegolina decorativa in rilievo]

1532 **tulip skirt** [with a bell shape narrowing to the hem like a tulip bloom]
Tulpenrock *m* [mit ausladender Hüfte, jedoch zum Saum hin schmaler werdend]
jupe tulipe *f* [une jupe en forme de tulipe, c'est-à-dire ample aux hanches et étroite vers le bas]
gonna *f* **a tulipano** [più ampia sui fianchi e stretta sull'orlo]

1533 **tunic** [a woman's or girl's dress, blouse or skirt ending between hip and calf, worn over trousers or a longer skirt] *(gener.) (pref.)*; tabard [hip-length, sleeveless top with a hole for the head]
Tunika *f* [Überrock, Überkleid oder Überweste mit einer Länge, die zwischen der Hüfte und der Wade endet und der oder die über einem längeren Rock oder einer Hose getragen wird] *(allg)*
tunique *f* [robe, blouse ou jupe droites qui retombent aux hanches sur une jupe plus longue ou un pantalon] *(génér.)*
tunica *f* [abito, gonna o blusa diritti, lunghi fin sopra il ginocchio, indossati sopra i pantaloni o una gonna più lunga] *(gener.)*

1534 **tunnel loop** [a very broad loop on the waistbands of trousers or skirts, designed to take a belt]
Tunnelschlaufe *f* [eine an den Hosen- oder Rockbund angenähte und zum Halten eines Gürtels geeignete, sehr breite Bundschlaufe]
passant tunnel *m* [une bande de tissu très large cousue verticalement à la ceinture d'un pantalon ou d'une jupe dans laquelle on passe la ceinture pour la maintenir en place]
passante *m* **tunnel** [molto largo sulla cintura dei pantaloni o di una gonna nel quale si fa passare la cintura]

1535 **turn-up** [the turn-up in length of a clothing item, especially the turned-up edge of a trouser leg - compare trouser turn-up]
Umschlag *m* [eines Saumabschlusses nach außen - vgl. Hosenumschlag] *(präf)*; Aufschlag *m* [veralt]
bas *m* **relevé** [d'un ourlet vers l'extérieur dans le sens de la longueur - voir également revers d'un pantalon] *(préf.)*; revers *m* du bas *(obs.)*
risvolto *m* [la parte bassa di un indumento che viene rovesciata all'infuori - vedi anche risvolto dei pantaloni]

1536 **turn-up trousers** *pl* [the bottoms of the lower ends of the trouser legs have been folded up outside - compare plain bottom trousers] *(pref.)*; turn-ups *pl* [abbr. for turn-up trousers]; cuffed pants *(AE) pl*
Umschlaghose *f* [weist am Hosensaum einen Aufschlag auf - vgl. Hose ohne Umschlag] *(präf)*; Hose *f* mit Umschlag; Aufschlaghose *f (veralt.)*
pantalon *m* **à revers** [c'est-à-dire à bas relevé] *(préf.)*; pantalon *m* à bas relevé [voir également pantalon à bas droit]
pantaloni *mpl* **con il risvolto** [vedi anche pantaloni a fondo diritto]; pantaloni *mpl* a risvolto

1537 **turnback** [of a seam or hem to the back] *(pref.)*; turn-up [of a seam or hem]
Einschlag *m* [Naht- oder Saumeinschlag nach innen] *(allg)*
rempli *m* [le dépassant à l'envers d'une couture ou le pli vers l'intérieur fait à un tissu afin de le raccourcir et de le border, par ex. rempli d'une robe] *(génér.)*
rimboccatura *f* [la parte della cucitura, del fondo o di un orlo che si rimbocca all'interno, p.e. rimboccatura di un abito da donna]

1538 **turning back** [of the seam allowance - turning to the back, i. e. inside] *(pref.)*; turning up [inside]
Einschlagen *n* [der Nahtzugabe nach innen, wodurch ein Nahteinschlag entsteht]
rempliage *m* [d'une couture vers l'intérieur]
ripiegatura *f* [l'operazione di ripiegare l'aggiunta di una cucitura all'interno];

rimboccatura *f* [il rimboccare, p.e. la rimboccatura dell'orlo della manica]

1539 **turtleneck** [a high-band, close-fitting, knitted collar that is rolled over]
Schildkrötenkragen *m* [ein eng anliegender, schlauchförmiger, rippengestrickter Kragen mit Umschlag, evtl. mit Reißverschluss] *(präf)*; Turtleneck *m* [englisches Wort für Schildkrötenkragen]
col tortue *m* [un col tricoté très large et roulé]; col *m* boule roulé [un col tricoté très large et roulé]
collo *m* **alla ciclista** [un collo alto, aderente e risvoltato di un capo in maglia che si chiude con una zip - vedi anche collo da ciclista]

1540 **two-piece dress** [consisting of a dress and jacket]; two-piecer [dress] *(AE)* [consisting of a dress and jacket]
zweiteiliges Ensemble *n* [bestehend aus Kleid und Jacke]; Zweiteilerensemble *n* [bestehend aus Kleid und Jacke]
ensemble *m* **à deux pièces** [composé d'une veste et d'une robe]
completo *m* **a due pezzi da donna** [formato da giacca e abito]

1541 **two-thread seam** [the line along which two or more fabric layers are joined together with two threads]
Zweifadennaht *f (präf)*; Naht *f* mit zwei Fäden
couture *f* **à deux fils** [l'endroit même]
cucitura *f* **a due fili** [il risultato dell'operazione di cucire, il luogo stesso dove passa la cucitura]

1542 **two-way pocket** [may be accessed two ways: from the top or the side]; double-entry pocket *(AE)*
Zweiwegetasche *f* [mit zwei Eingriffen und zwei Taschenbeuteln oder -abtrennungen]; 2-Wege-Tasche *f*
poche *f* **à deux voies** [à deux ouvertures et à deux sacs] *(préf.)*; poche *f* duplex; poche *f* à deux ouvertures
tasca *f* **a due aperture**

1543 **two-way zip** [it is possible to separate the two flexible strips]; two-way zipper *(AE)*
Zweiwegereißverschluss *m* [trennbar]; 2-Wege-Reißverschluss *m* [trennbar]; Zweiwegezipper *m* [trennbar]; 2-Wege-Zipper *m* [trennbar]
fermeture *f* **à glissière à deux voies** [une glissière séparable]
cerniera *f* **a due vie** [una cerniera separabile]

U

1544 **umbrella skirt** [a bell skirt with umbrella-like topstitched pin tucks]
Schirmrock *m* [ein Glockenrock, der einem Regenschirm ähnlich mit nach innen und nach außen abgesteppten Biesen versehen ist]
jupe parapluie *f* [une jupe cloche à nervures surpiquées]
gonna *f* **a ombrello** [una gonna a campana con nervature a rilievo impuntite e fissate]

1545 **unbuttonable lining** [inserted into an item of clothing - compare removable lining]
Ausknöpffutter *n* [vgl. austrennbares Futter] *(präf)*; ausknöpfbares Futter *n*
doublure *f* **déboutonnable** [une doublure détachable grâce aux boutons - voir également doublure amovible]
fodera *f* **sbottonabile** [sfilando i bottoni dagli occhielli - vedi anche fodera staccabile]

1546 **underbodice** [worn under another bodice, it may also be a button-through undervest]; undervest
Unterleibchen *n* [hier ein taillenkurzes, durchgeknöpftes oder durchgeschnürtes Unterhemd]
corselet *m* [maillot de corps - un vêtement de dessous boutonné ou lacé]
corsaletto *m* [leggero - un capo intimo femminile stringato davanti da portare in alcuni costumi tradizionali dalla vita fin sotto il seno]

1547 **underclothes** *pl* [clothes worn next to the skin under other clothes] *(pref.)*; underwear; underclothing [a collective noun for underclothes]; undergarment

(obs.); underlinen [underclothing made of linen]
Unterwäsche *f* [persönliche Unterwäsche für Damen und Herren - vgl. Wäsche und Damenunteräsche]
sous-vêtements *mpl* [féminins et masculins que l'on porte à même la peau sous les habits visibles]; lingerie *f*; linge *m* de corps [lingerie masculine inclus]; vêtements *mpl* de dessous *(génér.)*; dessous *mpl* [vêtements de dessous féminins]
indumenti *mpl* **intimi** *(pref.)*; intimo *m* [abbreviazione di biancheria intima]; biancheria *f* intima [da uomo e da donna]

1548 **underpants** *pl* [briefs with short legs, worn by men]; drawers *pl*; trunks *pl*; panties *pl* [chiefly derog.]; panties *pl (AE)*; knickers *pl* [women's underwear reaching from the waist to the top of the thighs]; short *(AE)* [men's undergarment]
Unterhose *f* [für sie und für ihn] *(allg)*; Schlüpfer *m* [immer nur eine Damenunterhose]; Höschen *n* [eine minimale Damenunterhose]
culotte *f* [un sous-vêtement féminin]; caleçon *m* [un sous-vêtement d'homme ou de garçon]
mutandine *fpl* [indumento intimo da donna e da bambino] *(pref.)*; mutandina *f (raro, spec. pl)*; mutande *fpl* [da uomo o da donna]; mutanda *f* [da uomo o da donna] *(raro, spec. pl)*

1549 **underside turn-up seam** [of an item - better: hem turn-up seam]
Saumeinschlagnaht *f* **am unteren Teil** [eines Kleidungsstücks] *(präf)*; Saumaufschlagnaht *f*
couture *f* **du rempli du bas** [d'une pièce d'habillement]
cucitura *f* **della ripiegatura di fondo** [di un capo di vestiario]

1550 **underskirt** [a loose-fitting underskirt worn from the waist downwards under another skirt] *(pref.)*
Unterrock *m* [oberteilloses Unterkleid] *(präf)*; Taillenunterrock *m*; Jupon *m* [französisches Wort für Unterrock]; Halbrock *m*
jupon *m* [de dessous qui part de la taille vers le bas - l'ensemble formé par une jupe de dessus et un jupon s'appelle les jupes] *(génér.) (préf.)*; jupe *f* de dessous
sottogonna *f* [una mezzasottoveste indossata sotto una gonna che serve a tenere la sopragonna gonfia] *(pref.)*; mezzasottoveste *f*; gonna *f* sottoveste

1551 **underwear ensemble** [for women] *(pref.)*; underclothes ensemble [for women]
Dessous-Ensemble *n* [zarte, damenhafte Unterwäsche mit Spitzen]; Damenunterwäscheensemble *n*
ensemble *m* **des dessous féminins**
insieme *m* **di biancheria intima (femminile)**

1552 **underwear for daytime**
Tagesunterwäsche *f*
sous-vêtement *m* **de jour**; dessous *mpl* de jour
biancheria *f* **intima da giorno**

1553 **underwired bra** [with a fabric-covered wire for more support]; wired bra *(AE)*
Bügelbüstenhalter *m* [Büstenhalter mit überzogenen Metallbügeln]
soutien-gorge *m* **à armature** [un soutien-gorge doté d'armatures métalliques ou plastiques recouvertes]
reggiseno *m* **ad armatura** [ricoperto di tessuto]

1554 **uniformlike coat** [a fitted double-breasted coat with a slightly flared bottom, borrowing military details and resembling a uniform - a fashion term]
Mantel *m* **im Uniformstil** [bzw. im Militarylook - ein Modebegriff]
manteau *m* **style militaire** [terme de mode pour un style vestimentaire inspiré d'éléments des uniformes militaires]
cappotto *m* **di stile militare** [un cappotto civile di foggia severa]

1555 **unisex fashion** [may be worn by either men or women - the items are interchangeable]
Unisexmode *f* [eine sich in Farbe, Material und Schnitt annähernde Mode, insbesondere bei Sportswear, ohne jeden Unterschied zwischen den Geschlechtern]

mode unisexe *f* [même vêtements pour hommes et femmes, échangeables entre eux]
moda *f* **unisex** [l'insieme degli indumenti adatti a entrambi i sessi, p.e. pantaloni unisex]

1556 **upper thigh width of a trouser leg**
Hosenbeinweite *f* **auf Schenkelhöhe**
ampleur *f* **de la jambe d'un pantalon au niveau de la cuisse**
ampiezza *f* **della gamba dei pantaloni all'altezza della coscia**

V

1557 **V-shaped collar**
Kragen *m* **in V-Form** [der Buchstabe V steht dabei Kopf]; V-Kragen *m*
col *m* **en pointe** [en V]
collo *m* **a punta** [a forma di V]

1558 **Velcro®** [with tiny nylon hooks to hold tiny loops when pressed together]; hook and loop closure *(AE)*; hook-and-loop tape
Klettverschluss *m* [der zweiteilige Haftverschluss besteht aus Flauschband und Hakenband, die ineinander haften] *(präf)*; Klettband *n*; Velcroband *n*
fermeture velcro *f* [une fermeture à velcro composée de deux bandes avec des jeux de crochets minuscules qui s'agrippent par contact] *(préf.)*; ruban *m* velcro
chiusura *f* **a velcro** [costituito da due strisce di nastri a uncini che aderiscono] *(pref.)*; nastro *m* velcro

1559 **velvet covering of a lapel** [the lapel is covered with velvet - unusual term]
Samtspiegel *m* [mit Spiegelsamt abgedecktes Revers - vgl. Trottoirspiegel]
parement *m* **de velvet** [d'un revers]
specchio *m* **di velluto** [di un risvolto]

1560 **velvet trousers** *pl*; velvet pants *pl* *(AE)*
Velourshose *f* [vgl. Stretchcordhose]
pantalon *m* **de velours** [voir également pantalon de velours côtelé en tissu élastique]
pantaloni *mpl* **di velluto** [vedi anche pantaloni di velluto a coste in tessuto elasticizzati]

1561 **vest with short sleeves**; undervest with short sleeves; undershirt with short sleeves
Unterhemd *n* **mit kurzem Ärmel**
maillot *m* **de corps manches courtes**
maglia *f* **della salute a maniche corte** [che si porta sulla pelle]; maglietta *f* della salute a maniche corte

1562 **vintage fashions** *pl* [dating from another era, from the past]
Vintagemode *f* [englisches Wort für eine Rückwendung der Mode, insbesondere bei Accessoires, auf frühere Zeiten]
mode vintage *f* [retour de la mode d'autrefois - les vêtements et les accessoires sont de l'époque d'origine et non des copies]
moda *f* **vintage** [locuzione inglese: abiti e gioielli usati d'epoca]

W

1563 **waist** [the narrowest place of a torso or an item of clothing]
Taille *f* [die engste Stelle eines Kleidungsstücks oder des Rumpfes über der Hüfte]
taille *f* [la partie resserrée du tronc entre les côtes et les hanches, mais également celle d'une pièce de vêtement - voir également taille (des vêtements)]
vita *f* [l'incavatura del corpo che si trova sopra i fianchi, ma anche di un capo di vestiario in corrispondenza della cintura]; *(pref.)*; sciancratura *f*

1564 **waist measurement** [the body measurement around a woman's natural waistline or the finished measurement of a woman's dress - compare waistband measurement]; waist circumference
Taillenumfang *m* [ein Damenkörpermaß in der Höhe der Taillenlinie - vgl. Bundweite];

Bundumfang *m* [Herrenkörpermaß in der Höhe der Tailleneinbuchtung]
tour *m* **de taille** [la mesure du corps prise à la ligne de la ceinture ou la mesure finie des vêtements pour femmes - voir également tour de la ceinture]
circonferenza *f* **della vita** [una misura del corpo o una misura finita di abiti da donna - vedi anche circonferenza della cintura] *(pref.)*; girovita *m invar.*; giro *m* della vita

1565 **waist panties** *pl* [an item of women's and girls' underwear reaching nearly to the top of the hips]; waist briefs *pl* [an item of men's underwear reaching nearly to the top of the hips]
Taillenslip *m* [ohne Beinansatz und ohne die Taillenlinie zu erreichen; für Damen]
slip *m* **presque jusqu'au niveau de la taille** [destiné aux femmes]
slip *m* **a vita** [da donna]

1566 **waistband** [of trousers/pants or skirt - a faced and interfaced band of fabric attached to the waistline of trousers and skirts and forming the upper part of them]
Bund *m* [von Hose oder Rock - Taillenabschluss bei Hosen und Röcken - vgl. Hosenbund und Rockbund]
ceinture *f* [d'un pantalon ou d'une jupe - une hausse de ceinture d'un pantalon ou d'une jupe] *(préf.)*; hausse *f* de ceinture [d'un pantalon ou d'une jupe]
cintura *f* [di un pantalone o di una gonna - striscia rinforzata che rifinisce in vita pantaloni e gonne] *(pref.)*

1567 **waistband drawstring fastener** [allowing a cord, drawn through a casing on the waistline, to pull together the waistband] *(pref.)*; waistband drawstring closing; waistband fastener with drawstring
Bundzugverschluss *m* [der mittels einer an der Taillenlinie durch einen Tunnel durchgezogenen Kordel zusammengezogen wird] *(präf)*; Zugschnurverschluss *m* im Bund
fermeture *f* **à coulisse d'une ceinture** [de pantalon ou de jupe] *(préf.)*; serrage *m* d'une ceinture à cordelette coulissée
allacciatura *f* **a coulisse di una cintura** [di pantaloni o di gonna, che fa passare un cordoncino all'interno di un raddoppio di tessuto (un orlo) che tirato ai due capi arriccia la cintura]

1568 **waistband measurement** [measured around the waistband of trousers/pants]
Bundweite *f* [effektive Weite des Bundes eines Fertigteils - vgl. Hosenbundweite und Rockweite] *(präf)*; Bundumfang *m* *(veralt.)*
tour *m* **de la ceinture** [d'un pantalon ou d'une jupe - voir également tour de ceinture d'un pantalon]
circonferenza *f* **della cintura** [dei pantaloni o di una gonna - vedi anche circonferenza della vita, circonferenza della cintura di un pantalone]

1569 **waistband measurement of trousers** [the width measured around the waistband of finished trousers/pants - compare waistband measurement]; waistband measurement of pants *(AE)*; trouser waistband measurement
Hosenbundweite *f* [ein Fertigmaß: effektive Weite des Bundes eines Fertigteils - vgl. Bundweite] *(präf)*; Taillenweite *f* bei Damenhosen [eine Alternativbezeichnung der Hosenbundweite]
tour *m* **de ceinture d'un pantalon** [une mesure finie - voir également tour de la ceinture]
circonferenza *f* **della cintura di un pantalone** [una misura finita - vedi anche circonferenza della cintura]

1570 **waistband pleat** [of a trouser forepart] *(pref.)*; waistband tuck
Bundfalte *f* [in der Vorderhose eingeschlagen stellt der Faltenknick den Beginn des Bügelbruchs dar]
pli *m* **de la ceinture** [du devant de pantalon]
piega *f* **della cintura** [del davanti dei pantaloni]

1571 **waistcoat** [a close-fitting, sleeveless garment extending to the hips, worn under a jacket and over a shirt] *(pref.)*; vest *(AE)*; gilet [a short waistcoat]; shell [a vest-like top]
Weste *f* [hüftlanges Bekleidungsteil ohne Ärmel mit spitzem Saumabstich, das über einem Hemd unter dem Sakko getragen

wird] *(präf)*; Gilet *n* [im Deutschen eine taillenlange Zierweste]
gilet *m* [un vêtement échancré boutonné sur le devant sans manches recouvrant le buste, qui se porte sur la chemise]
gilè *m invar.* [un indumento senza maniche abbottonato davanti che riveste il busto, da indossare sopra la camicia] *(pref.)*; gilet *m* [voce francese per gilè]; panciotto *m*; corpetto *m* maschile

1572 **walking shoe** [a comfortable shoe with a low heel]; city shoe [suitable for town wear]
Laufschuh *m* [ein bequemer Schuh] *(präf)*; Straßenschuh *m*; Trotteur *m* [ein bequemer Damenlaufschuh mit niedrigem Absatz] *(veralt.)*
chaussure *f* **de marche** *(préf.)*; trotteurs *mpl* [chaussures de femmes à cambrure douce et à talons plats de type sport]; chaussure *f* de ville
scarpa *f* **per tutti i giorni** [scarpa comoda] *(gener.)*; scarpa *f* da città

1573 **wardrobe** [all the clothes belonging to one person]
Garderobe *f* [einer Person in ihrer Gesamtheit]
garde-robe *f* [tous les vêtements d'une personne] *(préf.)*; vestiaire *m* [d'une personne]; saint-frusquin *m* [la garde-robe d'un homme] *(fam.)*; vêtements *mpl* de qqn.
guardaroba *m* [l'insieme dei vestiti personali di una persona]; vestiario *m* [un assortimento di vestiti, p.e. capi di vestiario]

1574 **washed out clothes** *pl* [mill-washed after manufacture, these clothes are no longer brightly coloured] *(gener.)*; mill-washed garment; washed out apparel *(AE; gener.)*
Délavékleidung *f* [franz. Wort für eine gealtert aussehende Bekleidung, die nach der Herstellung zu diesem Zweck noch gewaschen wurde] *(präf)*; Mill-washed-Kleidung *f*; Auswaschkleidung *f*
vêtements *mpl* **délavés** *(génér.)*; vêtements *mpl* lavés en pièce
indumenti *mpl* **délavé** [voce fr.: abbigliamento a tinte sbiadite realizzato tramite lavaggio dopo il finissaggio] *(gener.)* *(pref.)*; abbigliamento *m* dilavato *(gener.)*

1575 **wasp waist** [very slender, because of a tight corset]
Wespentaille *f* [eine sehr schlanke Taille, meistens unter Anwendung eines Korsetts zu Stande gebracht]
taille *f* **de guêpe** [une taille très fine qui se cambre]
vitino *m* **di vespa** [a girovita molto sottile] *(pref.)*; vita *f* di vespa

1576 **Watteau pleats** *pl* [box pleats hanging at the back from the neckline or the yoke of dresses or coats]
Watteaufalten *fpl* [eine an der Rückenpartie des Halsansatzes eingelegte und frei zum Boden herabfallende Faltenpartie]
plis Watteau *mpl* [des plis creux, évasés dans le dos d'une robe qui retombent librement]
pieghe *fpl* **alla Watteau** [pieghe cave di dietro al capo di vestiario]

1577 **weather clothing** [resistant to degradation under all climatic conditions]; all-weather clothing [weatherproofed, it withstands all types of inclement weather]; weatherproof clothing
Wetterschutzkleidung *f* [aus wetterfesten Textilien gefertigt schützt sie vor Kälte, Wind und Regen]; Allwetterkleidung *f*
vêtements *mpl* **résistants aux intempéries** [au mauvais temps, à la pluie et au vent]
indumenti *mpl* **da maltempo** [resistenti agli agenti atmosferici] *(pref.)*; abbigliamento *m* da intemperie

1578 **wedding dress** [simple, less formal than a wedding gown - compare bridal dress and bridal gown]; wedding gown [more formal than a wedding dress]
Hochzeitskleid *n* [vgl. Brautkleid]
robe *f* **de mariage** [voir également robe de mariée]
abito *m* **nuziale** [bianco da sposa - vedi anche abito da sposa]

1579 **welt pocket** [a horizontal or bias pocket with an upstanding broad welt that doesn't cover the opening, e.g. the breast

pocket] *(pref.)*; broad welt pocket [e.g. a raglan pocket] *(rar)*
Leistentasche *f* [mit verstürzter Leiste, die schräg oder gerade positioniert ist, z. B. Sakkobrust- oder Raglantasche]
poche *f* **à patte gilet** [dont l'ouverture est bordée d'une patte qui dépasse le bord]
tasca *f* **ad aletta** [che non copre l'apertura sul petto sinistro di una giacca]

1580 **western pocket** [a slanted, curved pocket cut away at the top, e.g. a jeans pocket - compare 'cargo pocket' and 'wing pocket']
Westerntasche *f* [eine schräg geschwungene Eingrifftasche, z. B. eine Jeanstasche, meistens mit einer kleinen Zusatztasche versehen - vgl. Cargotasche und Flügeltasche]
poche western *f* [incurvée - voir également poche cargo et poche aileron] *(préf.)*; poche cavalière *f*
tasca *f* **western** [che imita il genere western - vedi anche tasca cargo e tasca ad ala]

1581 **white tie** [a dress code meaning men's full evening dress]
Frackempfehlung *f*; formelle Abendkleidung *f* [ein Dresscode]
cravate *f* **blanche** [le dresscode de s'habiller en habit]; tenue *f* correcte
cravatta *f* **bianca** [il dresscode per frac]

1582 **white tie** [the white bow tie worn with tails in full evening dress - compare white tie (part of the dress code)]
weiße Schleife *f* [Querbinder - vgl. formelle Abendkleidung (ein Dresscode)] *(präf)*; weiße Fliege *f* [umgangssprachlich]
nœud papillon *m* **blanc** [voir également tenue correcte] *(préf.)*; papillon *m* blanc; nœud pap *m* blanc [forme familière pour nœud papillon blanc]
cravatta *f* **a farfalla bianca** [una cravatta annodata a farfalla - vedi anche cravatta bianca]

1583 **width** [of an item of clothing measured from side to side - a finished measurement]
Weite *f* [Quermaß von Bekleidung, das dem waagerechten Fertigmaß entspricht] *(präf)*; Weitenmaß *n* [ein Fertigmaß als Alternative zum Rundmaß, wobei das letztere ein Körpermaß ist]
largeur *f* [une mesure horizontale parallèle à la ligne des épaules ou à la taille - une mesure finie]
larghezza *f* [di un capo di vestiario in senso orizzontale - una misura finita del capo]

1584 **windcheater** [a lightweight, waist-length, zipped, wind-resistant short jacket with a fitted waistband and close-fitting cuffs, usually hooded]; windbreaker *(AE)* [a jacket]
Windjacke *f* [leicht, taillenlang, mit knappem Bund, dichten Manschetten und Reißverschluss] *(präf)*; Windbreaker *m* [engl. Wort für Schlupfanorak mit Kapuze - keine echte Windjacke]
blouson *m* **antivent** [s'arrêtant à la taille, avec la ceinture resserrée par un bord côtes, qui empêche le vent de passer]
giacca *f* **a vento** [corta in vita con cerniera nel centro davanti]

1585 **wing collar** [a high, relatively stiff shirt collar with upper corners that turn down at the front, worn with formal suits - compare stiff wing collar] *(pref.)*; stick-up collar
Eckenkragen *m* [ein hoher Frack- und Smokinghemdkragen mit umgeknickten Enden, relativ steif - vgl. Vatermörderkragen] *(präf)*; Klappenkragen *m*; Kläppchenkragen *m*
col *m* **cassé** [à pointes rabattues, dur ou pas dur - voir également col haut et dur à pointes rabattues]
collo *m* **ad angoli ripiegati** [un collo alto, duro o no, con estremità appuntite e angoli ripiegati all'esterno - vedi anche colletto alto e duro ad angoli ripiegati] *(pref.)*; collo *m* smoking; collo *m* ad aletta

1586 **wing pocket** [a bias-cut straight western pocket]
Flügeltasche *f* [mit schräg positioniertem, gerade geschnittenem Eingriff, der vom Bund her ausgeht]
poche aileron *f* [coupée en biais en ligne droite]
tasca *f* **ad ala** [tagliata di sbieco di linea diritta]

1587 **with décolleté back** [the back has a low-cut neckline - compare back-bared]
rückendekolletiert *adj* [mit tiefem Ausschnitt am Rücken - vgl. rückenfrei]; mit Rückendekolleté
décolleté *adj* **dans le dos** [à encolure dans le dos qui dégage largement le cou - voir également à dos nu]; échancré *adj* dans le dos
scollato *agg* **sulla schiena** [vedi anche a schiena nuda] *(pref.)*; décolleté *agg invar.* sulla schiena [a scollatura molto profonda sul dietro]

1588 **woman's briefs** *pl* [short underpants, narrow on the hips, for women and girls]
Slip *m* [ein hoch bzw. bis in die Schenkelbeuge ausgeschnittener, eng anliegender Damen- und Mädchenslip]
slip *m* [anglicisme: une culotte courte moulante unisexe, échancrée sur les cuisses de femmes et de jeunes filles - voir également culotte]
slip *m* [mutandine aderenti, molto corte a gamba alla francese]

1589 **woman's dressing gown**; woman's bathrobe *(AE)*
Damenmorgenmantel *m* [ein über der Nachtwäsche oder der Unterwäsche getragener Hausmantel mit Schalkragen und Gürtel]; Damenmorgenrock *m*
saut-de-lit *m* [un peignoir léger féminin que l'on met en se levant du lit - un déshabillé]
veste *f* **da camera** [una vestaglia lunga da donna da portare in casa]

1590 **woman's panties** *pl* [legless item of underwear for women and girls] *(rar)*
Taillenhöschen *n* [Damenunterwäsche, die bis zur Taille reicht]; Damentaillenhöschen *n*
culotte *f* **à la taille pour femme** [jusqu'au niveau de la taille]
culotte *f* [voce francese: mutandine femminili alte in vita, relativamente corte e piuttosto ampie]

1591 **woman's riding breeches** *pl*
Damenreithose *f*
culotte *f* **d'amazone**; culotte *f* de cavalière
pantaloni *mpl* **da cavallerizza** [stretti alla gamba e comodi al bacino e alle cosce]

1592 **women's fashion**
Damenmode *f*
mode *f* **féminine**
moda *f* **femminile**

1593 **wool tights** *pl* [a woman's one-piece stretchable woollen undergarment, similar to that worn by dancers]; wool pantie hose; wool pantihose; wool pantyhose *(AE)*; wool all-in-one pantyhose *(AE)*
Wollstrumpfhose *f*; Strumpfhose *f* aus Wolle
collant *m* **de laine** [bas-culotte de laine]
calzamaglia *f* **di lana** [due calze di lana tenute insieme da una mutandina di lana]

1594 **woollen comforter** [a warm article of clothing, e.g. a long woollen scarf] *(pref.)*; woollen scarf; woolen scarf *(AE)*
Seelenwärmerschal *m* **aus Wolle** [warmer Schal gegen große Kälte] *(präf)*; Wollschal *m*
cache-nez *m* **en laine** [une longue écharpe dont on s'entoure le cou pour recouvrir le nez quand il fait froid]; écharpe *f* en laine [un long rectangle de tricot en laine]
sciarpa *f* **di lana** [lunga fascia di lana portata attorno al collo per ripararsi dal freddo]

1595 **wraparound blouse** [wrapped round the body and fastened with a sash or a tie belt]; wrap blouse *(AE)*
Wickelbluse *f* [um den Körper gewickelt, übereinander geschlagen und festgebunden]
blouse portefeuille *f* [qui s'enroule autour du corps et se croise pour se fermer] *(préf.)*; blouse enveloppe *f*
blusa *f* **a portafoglio** [che si incrocia sul davanti e si ferma sul fianco]

1596 **wraparound skirt** [lapped over and buttoned or held with tied or knotted sashes]; wrap skirt *(AE)*
Wickelrock *m* [um den Körper gewickelt, mit Überschlag übereinander gelegt und zugeknöpft oder festgebunden]
jupe portefeuille *f* [à deux devants ouverts qui s'enroulent autour du corps et se croisent par superposition des deux extrémités pour être boutonnés]

gonna *f* **a portafoglio** [che si incrocia sul davanti o sul dietro, nel senso che un lembo si sovrappone ad un altro e si ferma sul fianco]

1597 **wraparound top** [a strapless top made of a folded piece of fabric wrapped round the body and tied at the front]; wrapped top NAME
Wickeltop *n* [trägerlos um den Körper gewickelt und festgebunden]
haut portefeuille *m* [qui s'enroule autour du corps et se croisent pour se fermer]
top *m* **a portafoglio** [che si incrocia sul davanti e si ferma sul fianco]

Y

1598 **yachting look** [deriving from the boating clothing used for a race or a cruise in a yacht]
Jachtmode *f* [eleganter als Marinelook in blau oder weiß mit Streifen- oder Ringeldessin, Goldknöpfen und Seefahrtssymbolen]
style yachting *m* [plus élégant que le style à la marinière]
moda *f* **yachting** [per la navigazione a vela, più elegante dello stile alla marinara]; look *m* alla yachting

1599 **yoke** [the upper part of a garment fitted across the shoulders or around the hips] *(pref.)*; saddle
Sattel *m* [ein an der Schulterpartie angesetztes Gewebeteil, z. B. Rückensattel oder Rocksattel] *(präf)*; Koller *n*; Passe *f* [angesetzt wie eine Hemdenpasse oder lose aufgesetzt wie ein Sattel]
empiècement *m* [la partie plate rapportée dans le haut d'une veste ou d'un manteau ou bien la partie d'une jupe ou d'un pantalon qui part de la taille]
sprone *m* **(cucito)** [il pezzo di tessuto che scende dalle spalle in uguale misura sul dorso o sul petto] *(pref.)*; baschina *f* [sprone]; carré *m invar.* [voce fr.: sprone]

Z

1600 **zigzag seam** [looking like a series of Ws]
Zickzacknaht *f* [eine schwierig auftrennbare blitzförmige Naht] *(allg)*; Zickzackdoppelsteppstichnaht *f*
couture *f* **en zigzag** [en formant des angles saillants - le résultat de l'action de coudre]
cucitura *f* **a zig-zag** [formando angoli a Z - il risultato dell'operazione di cucire]

1601 **zigzag stitching** [in a triangular arrangement]
Nähen *n* **in Zickzack** [mit dreieckförmiger Anordnung der Nahtwinkel]
couture *f* **en zigzag** [en formant des angles saillants - l'action de coudre]
cucitura *f* **a zig-zag** [formando angoli a Z - l'operazione di cucire]

1602 **zip-in/zip-out lining** [a lining that can be removed by means of a zip around the coat facing]
Ausreißfutter *n* [das mittels Reißverschluss aus einem Mantel entfernbar ist] *(präf)*; ausreißbares Futter *n*
doublure *f* **détachable (à fermeture) à glissière**
fodera *f* **staccabile a cerniera**

1603 **zip jacket** [with a single zip or many zips]
Zipperjacke *f* [mit einem oder vielen Reißverschlüssen versehen]
veste *f* **à glissière(s)** [avec un ou plusieurs glissières]
giacca *f* **a cerniere**

1604 **zip-off trousers** *pl* [a part of the leg length can be removed by unfastening a zip, making the trousers shorter]; zip-off pants *pl (AE)*
Zipp-off-Hose *f* [mit Reißverschluss am Hosenbein, um die Hose in Shorts umwandeln zu können - ein englischer Begriff]
pantalon zip-off *m* [avec des fermetures à glissière aux jambes du pantalon pour les raccourcir - une notion anglaise]
pantaloni *mpl* **zip-off** [locuzione inglese: calzoni con zip che permette il cambio

della lunghezza delle gambe di un pantalone]

1605 **zip pocket** [closed with a zip fastener]; zipper pocket *(AE)*
Reißverschlusstasche *f (präf)*; Tasche *f* mit Reißverschluss; Zippertasche *f* [einer Bekleidung]
poche *f* **à zip** [à fermeture éclair]; poche *f* à glissière; poche *f* à fermeture éclair
tasca *f* **a cerniera**; tasca *f* a zip

1606 **zippered look** [of a garment with many zip fasteners]
Zipperlook *m* [sportliche Modekleidung mit vielen markanten Reißverschlüssen]
style *m* **zippé** [muni de fermetures à glissière] *(préf.)*; style *m* à glissières [un style sport à multiple zips]
moda *f* **a cerniere** [una moda sportiva]

Anhang

Abbildung 1

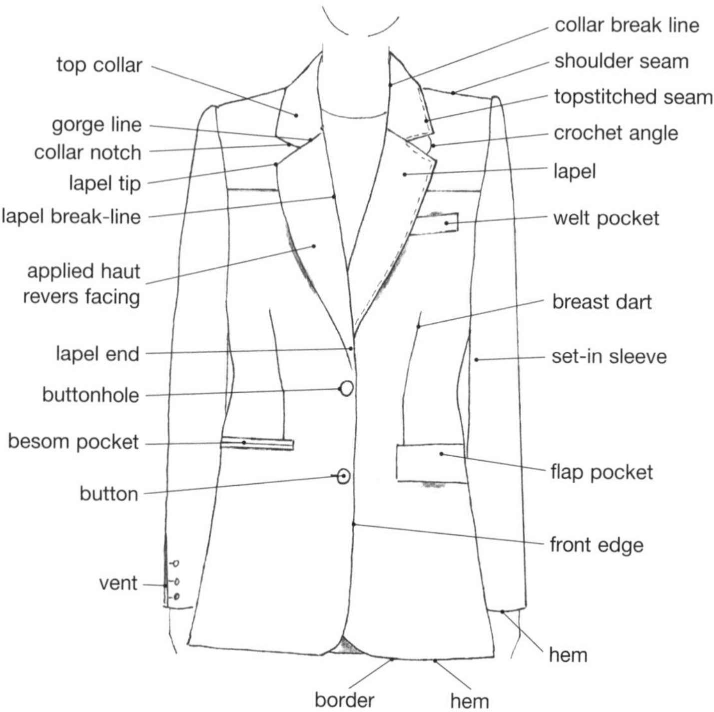
top collar
gorge line
collar notch
lapel tip
lapel break-line
applied haut
revers facing
lapel end
buttonhole
besom pocket
button
vent
collar break line
shoulder seam
topstitched seam
crochet angle
lapel
welt pocket
breast dart
set-in sleeve
flap pocket
front edge
hem
border
hem

EN	DT	FR	IT
applied haut revers facing	angesetzter Reversbesatz *m*	parement *m* haut revers rapporté	paramontura *f* attaccata di un revers
besom pocket	Paspeltasche *f*	poche *f* passepoilée	tasca *f* a filetto
border	Bordüre *f*	bordure *f*	bordatura *f*
breast dart	Brustabnäher *m*	pince *f* de poitrine	ripresa *f* di petto
button	Knopf *m*	bouton *m*	bottone *m*
buttonhole	Knopfloch *n*	boutonnière *f*	asola *f*
collar break line	Kragenbruchlinie *f*	ligne *f* de la cassure d'un col	linea *f* della spezzatura di un collo
collar notch	Kragenabstich *m*	cran *m* du col	cran *m* del collo
crochet angle	Crocheteck *n*	angle *m* de crochet	angolo *m* da unione del collo con il risvolto
flap pocket	Pattentasche *f*	poche *f* à rabbat	tasca *f* ad aletta
front edge	Kante *f*	bord *m* devant	bordo *m* davanti
gorge line	Spiegelnahtlinie *f*	ligne *f* d'anglaise; ligne *f* de la contre-anglais (du col)	linea *f* di specchio
hem	Saum *m*	ourlet *m*	orlo *m*
lapel	Revers *n*	revers *m*	risvolto *m*
lapel break-line	Reversbruchlinie *f*	ligne *f* de la cassure d'un revers	linea *f* della spezzatura di un risvolto
lapel end	Fassonauslauf *m*	arrêt *m* du revers	fine *f* del risvolto
lapel tip	Reversspitze *f*	pointe *f* d'un revers	punta *f* di un risvolto
set-in sleeve	eingesetzter Ärmel *m*	manche *f* montée	manica *f* attaccata
shoulder seam	Schulternaht *f*	couture *f* d'épaule	cucitura *f* di spalla
top collar	Oberkragen *m*	dessus *m* de col	sopraccollo *m*
topstitched seam	Steppnaht *f*	surpiqûre *f*	impuntura *f*
vent	Schlitz *m*	fente *f*	spacco *m*
welt pocket	Leistentasche *f*	poche *f* à patte gilet	tasca *f* ad aletta

Abbildung 2

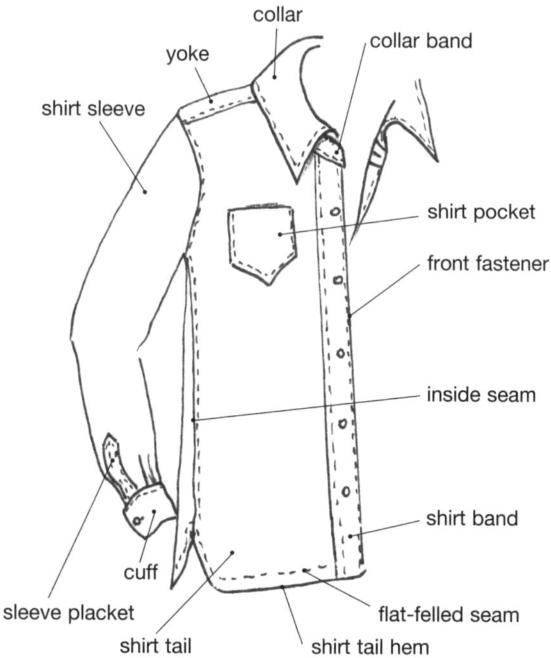
collar
yoke
collar band
shirt sleeve
shirt pocket
front fastener
inside seam
shirt band
cuff
sleeve placket
flat-felled seam
shirt tail
shirt tail hem

EN	DT	FR	IT
collar	Kragen *m*	col *m*	collo *m*
collar band	Kragenbündchen *n*	bande *f* du col	banda *f* del collo
cuff	Manschette *f*	poignet *m*	polso *m*
flat-felled seam	einfache Kappnaht *f*	couture *f* rabattue simple	cucitura *f* ribattuta semplice
front fastener	vorderer Verschluss *m*	fermeture *f* par-devant	chiusura *f* sul davanti
inside seam	Innennaht *f*	couture *f* intérieure	cucitura *f* interna
shirt band	Hemdleiste *f*	patte *f* de chemise	patta *f* di camicia
shirt pocket	Hemdtasche *f*	poche *f* d'une chemise	tasca *f* di una camicia
shirt sleeve	Hemdsärmel *m*	manche *f* de chemise	manica *f* di camicia
shirt tail	Hemdschoß *m*	pan *m* d'une chemise	falda *f* di una camicia
shirt tail hem	Hemdschoßsaum *m*	ourlet *m* du pan d'une chemise	orlo *m* della falda di una camicia
sleeve placket	Ärmelschlitzleiste *f*	patte *f* de la fente d'une manche	patta *f* dell'apertura di una manica
yoke	Sattel *m*	empiècement *m*	sprone *m*

Abbildung 3a

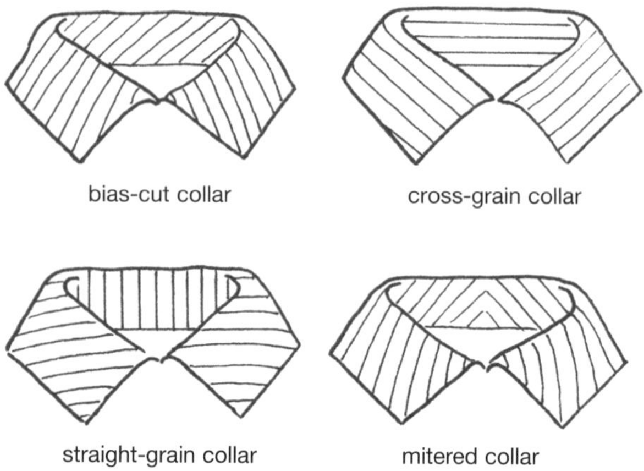

Abbildung 3b

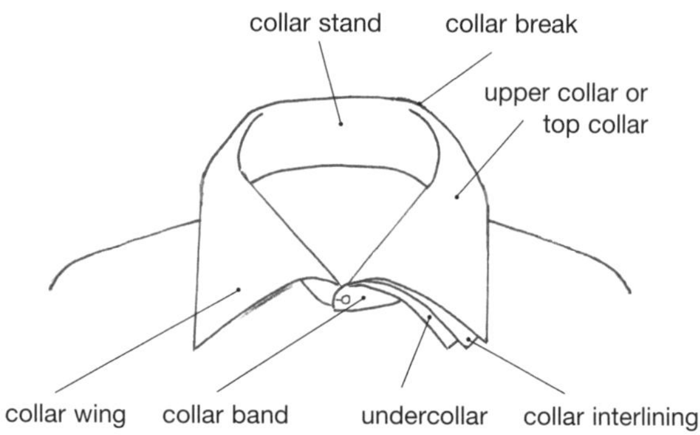

Abbildung 3a, 3b

EN	DT	FR	IT
bias-cut collar	schräg geschnittener Kragen *m*	col *m* coupé en biais	collo *m* tagliato di sbieco
collar band	Kragenbündchen *n*	bande *f* du col	banda *f* del collo
collar break	Kragenbruch *m*	cassure *f* du col	spezzatura *f* del collo
collar interlining	Krageneinlage *f*	triplure *f* pour les cols	interfodera *f* per colli
collar stand	Kragenfuß *m*	pied *m* du col	piede *m* del collo
collar wing	Kragenschenkel *m*	bout *m* de col	estremità *f* del collo
cross-grain collar	quer geschnittener Kragen *m*	col *m* coupé en travers	collo *m* tagliato trasversale
mitered collar	zweiteiliger Kragen *m*	col *m* à deux pièces	collo *m* a due pezzi
straight-grain collar	gerade geschnittener Kragen *m*	col *m* coupé droit	collo *m* tagliato diritto
top collar	Oberkragen *m*	dessus *m* de col	sopraccollo *m*
undercollar	Unterkragen *m*	dessous *m* de col	sottocollo *m*
upper collar	Oberkragen *m*	dessus *m* de col	sopraccollo *m*

Abbildung 4a

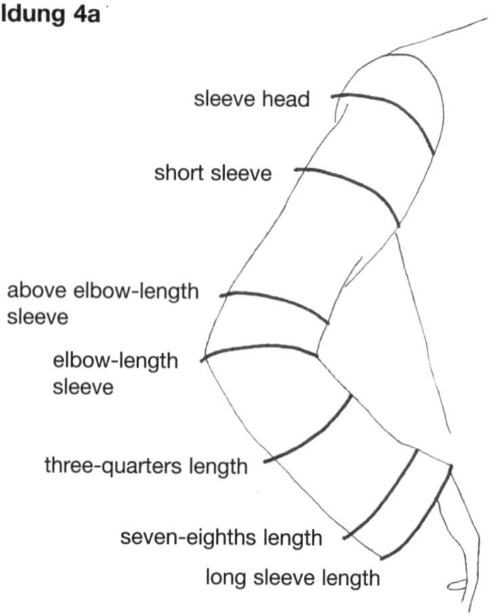

Abbildung 4b

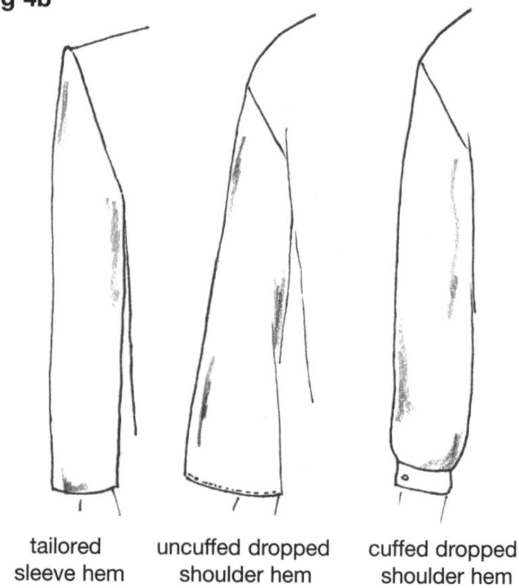

Abbildung 4a, 4b

EN	DT	FR	IT
above elbow-length sleeve	halber Ärmel *m*	demi-manche *f*	mezzamanica *f*
cuffed dropped shoulder hem	Manschettensaum *m* eines fallenden Schulterärmels	ourlet *m* du poignet d'une manche à épaule tombante	orlo *m* del polso di una manica a spalla cadente
elbow-length sleeve	ellbogenlanger Ärmel *m*	manche *f* qui arrive au coude	manica *f* fino al gomito
long sleeve length	Länge *f* eines langen Ärmels	longueur *f* d'une longue manche	lunghezza *f* di una manica lunga
seven-eighths length	Siebenachtellänge *f*	longueur *f* 7/8	lunghezza *f* 7/8
short sleeve	kurzer Ärmel *m*	manche *f* courte	manica *f* corta
sleeve head	Ärmelkugel *f*	tête *f* de la manche	tromba *f* della manica
tailored sleeve hem	Schneiderärmelsaum *m*	ourlet *m* d'une manche tailleur	orlo *m* di una manica di sarto
three-quarters length	Dreiviertellänge *f*	longueur *f* trois-quarts	lunghezza *f* tre quarti
uncuffed dropped shoulder hem	fallender Schulterärmelsaum *m*	ourlet *m* d'une manche à épaule tombante	orlo *m* di una manica a spalla cadente

Abbildung 5a

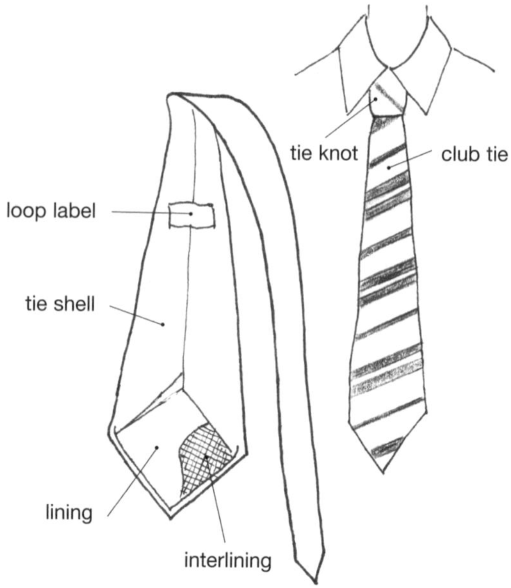

Abbildung 5b

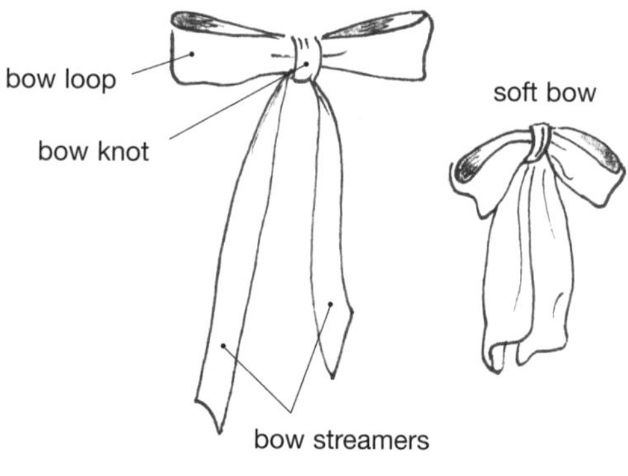

Abbildung 5a, 5b

EN	DT	FR	IT
bow knot	Schleifenknoten *m*	nœud *m* à boucle	nodo *m* a fiocco
bow loop	Schleifenauge *n*	boucle *f* d'un nœud	capo *m* di un fiocco
bow streamers	Schleifenende *n*	extrémité *f* flottante libre d'une boucle	capo *m* libero di un fiocco
club tie	Klubkrawatte *f*	cravate *f* club	cravatta *f* club
interlining	Steifleinen *n*	toile *f* forte	fusto *m* di canovaccio
lining	Futter *n*	doublure *f*	fodera *f*
loop label	Schlaufenetikett *n*	passant *m*	passante *m* etichetta
soft bow	schlappe Schleife *f*	boucle *f* molle	fiocco *m* floscio
tie knot	Krawattenknoten *m*	nœud *m* de cravate	nodo *m* di cravatta
tie shell	Krawattenstoff *m*	tissu *m* pour les cravates	tessuto *m* per cravatte

Abbildung 6

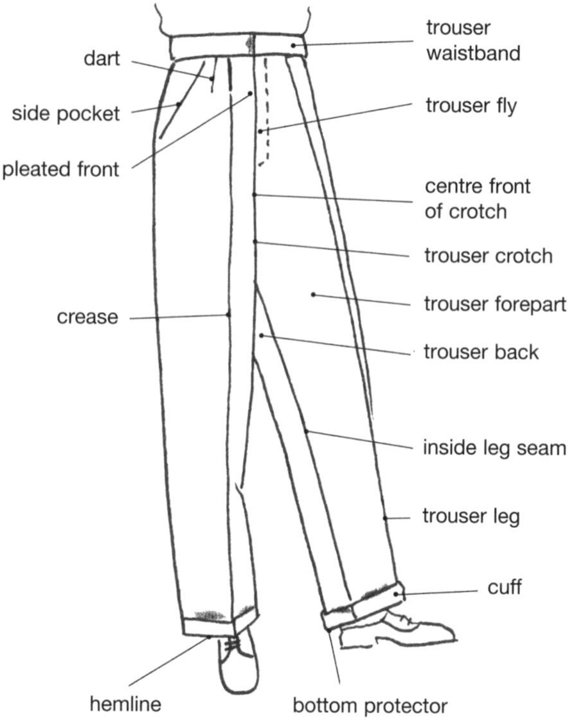
dart
side pocket
pleated front
crease
hemline
trouser
waistband
trouser fly
centre front
of crotch
trouser crotch
trouser forepart
trouser back
inside leg seam
trouser leg
cuff
bottom protector

EN	DT	FR	IT
bottom protector	Hosenschoner *m*	protège-pantalon *m*	battitacco *m*
centre front of crotch	vordere Mittelschrittpartie *f*	entrejambe *m* central de devant	cavallo *m* centrale davanti
crease	Bügelfalte *f*	pli *m* repassé	piega *f* stirata
cuff	Manschette *f*	poignet *m*	polso *m*
dart	Abnäher *m*	pince *f*	ripresa *f*
hemline	Saumkante *f*	ligne *f* d'un ourlet	linea *f* di un orlo
inside leg seam	Schrittnaht *f*	couture *f* intérieure de la jambe	cucitura *f* interna della gamba
pleated front	gefälteltes vorderes Oberteil *n*	devant *m* à plis	davanti *m* pieghettato
side pocket	Seitentasche *f*	poche *f* sur le côté	tasca *f* laterale
trouser back	Hinterhose *f*	dos *m* du pantalon	dietro *m* dei pantaloni
trouser crotch	Hosenschritt *m*	entrejambe *m* d'un pantalon	cavallo *m* dei pantaloni
trouser fly	Hosenschlitz *m*	braguette *f* de pantalon	allacciatura *f* dei pantaloni
trouser forepart	Vorderhose *f*	devant *m* d'un pantalon	davanti *m* dei pantaloni
trouser leg	Hosenbein *n*	jambe *f* d'un pantalon	gamba *f* dei pantaloni
trouser waistband	Hosenbund *m*	ceinture *f* d'un pantalon	cintura *f* dei pantaloni

Abbildung 7

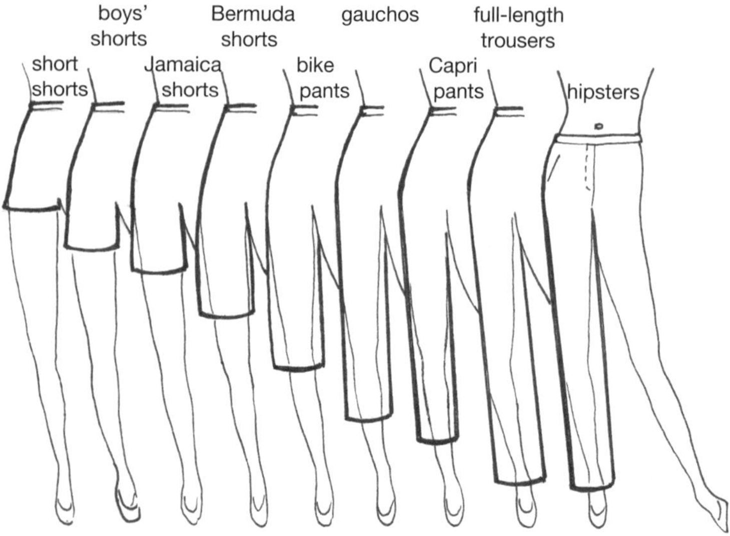

EN	DT	FR	IT
Bermuda shorts	Bermudas *pl*	bermuda *m*	bermuda *mpl*
bike pants	Radlerhose *f*	culotte *f* de cycliste	pantaloni *mpl* da ciclista
boys' shorts	kurze Knabenhose *f*	culotte *f* courte de garçon	pantaloncini *mpl* da ragazzo
Capri pants	Caprihose *f*	pantacourt *m* Capri	pantaloni *mpl* Capri
full-length trousers	lange Hose *f*	pantalon *m* (long)	pantaloni *mpl* lunghi
gauchos	Gauchohose *f*	pantalon *m* gaucho	pantaloni *mpl* alla gaucho
hipsters	Hüfthose *f*	pantalon *m* à taille basse	pantaloni *mpl* a vita bassa
Jamaica shorts	Jamaikashorts *pl*	short *m* Jamaïque	shorts *mpl* alla giamaicana
short shorts	sehr kurze Shorts *pl*	short *m* très court	shorts *mpl* molto corti

Abbildung 8a

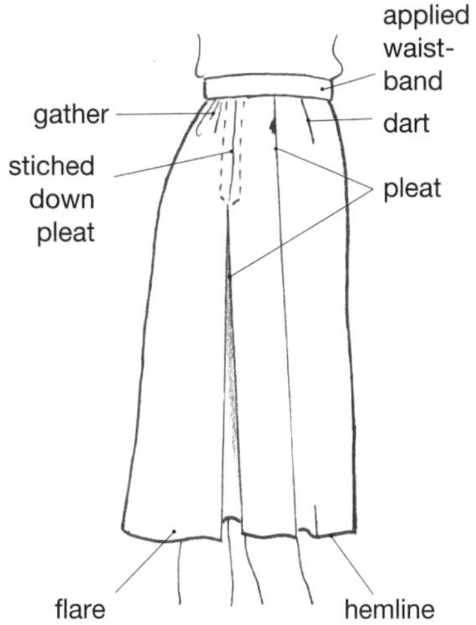

Abbildung 8b

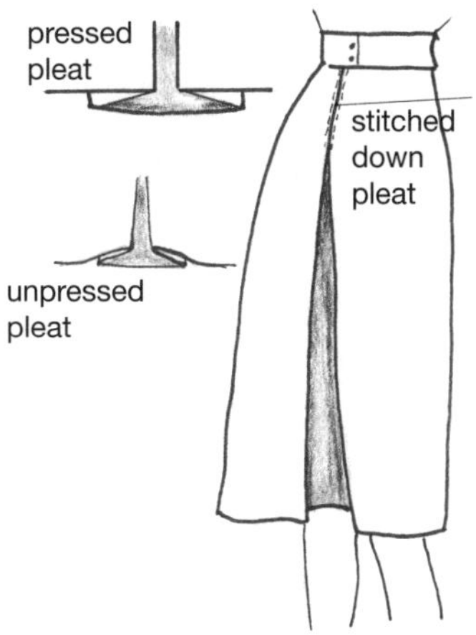

EN	DT	FR	IT
applied waistband	angesetzter Bund *m*	ceinture *f* rapportée	cintura *f* attaccata
dart	Abnäher *m*	pince *f*	pince *f*
flare	ausgestellter Schnitt *m*	coupe *f* évasée	taglio *m* svasato
gather	Kräuselfalte *f*	fronce *f*	piegolina *f*
hemline	Saumkante *f*	ligne *f* de bord de l'ourlet	linea *f* dell'orlo
pleat	Falte *f*	pli *m*	piega *f*
pressed pleat	gebügelte Falte *f*	pli *m* repassé	piega *f* stirata
stitched down pleat	abgesteppte Falte *f*	pli *m* surpiqué et fixé	piega *f* impuntita e fissata
unpressed pleat	ungebügelte Falte *f*	pli *m* non-repassé	piega *f* sciolta

Abbildung 9a

Abbildung 9b

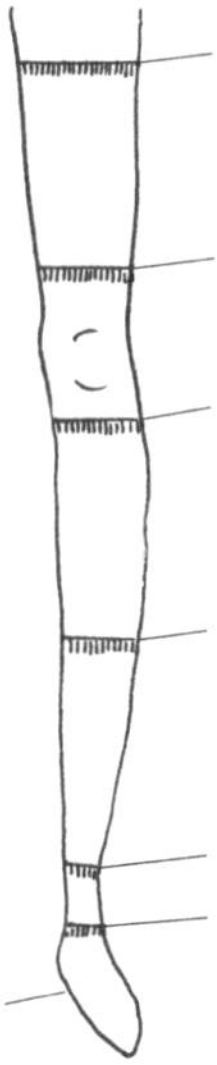

EN	DT	FR	IT
ankle sock	Knöchelsocke *f*	socquette *f*	calzino *m* corto
appliqué lace	Spitzenapplikation *f*	application *f* en dentelle	applicazione *f* di pizzo
inset	Einsatz *m*	incrustation *f*	inserto *m*
knee-high sock	Kniestrumpf *m*	chaussette *f* haute	calzettone *m*
over-the-knee sock	Overknees *pl*	bas-cuissarde *m*	overknees *pl*
sock	Socke *f*	chaussette *f* courte	calzino *m*
socklet	Sneakersocke *f*	socklet *m*	calzino *m* da sneaker
sole	Sohle *f*	semelle *f*	suola *f*
stocking	Strumpf *m*	bas *m*	calza *f*

Abbildung 10

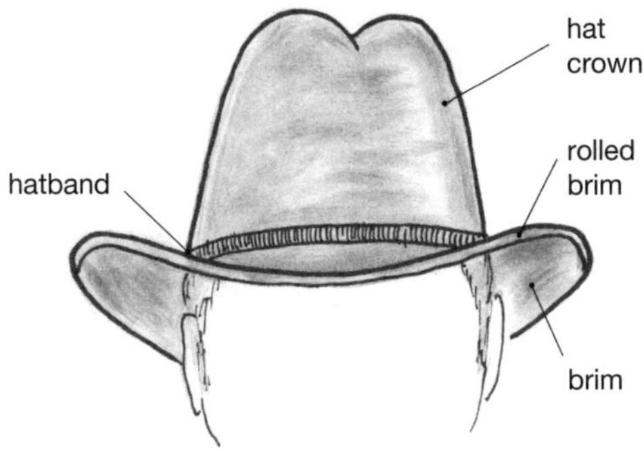

EN	DT	FR	IT
brim (of hat)	Hutkrempe *f*	bord *m* d'un chapeau	tesa *f* di cappello
hat crown	geformtes Kopfteil *n* des Hutes	calotte *f* de chapeau	calotta *f* di cappello
hatband	Hutband *n*	bourdalou *m*	banda *f* di cappello
rolled brim	gerollte Krempe *f*	bord *m* roulé	tesa *f* arrotolata

Abbildung 11

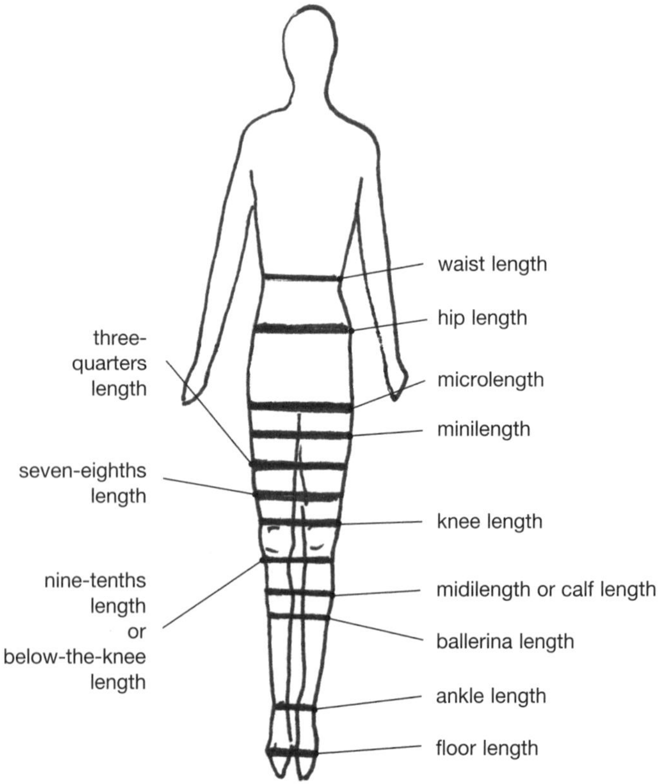

EN	DT	FR	IT
ankle length	Knöchellänge *f*	longueur *f* à la cheville	lunghezza *f* alla caviglia
ballerina length	Ballerinalänge *f*	longueur *f* de la ballerine	lunghezza *f* alla ballerina
below-the-knee length	Neunzehntellänge *f*	longueur *f* 9/10	lunghezza *f* 9/10
calf length	Midilänge *f*	longueur *f* midi	lunghezza *f* midi
floor length	Bodenlänge *f*	longueur *f* au sol	lunghezza *f* al suolo
hip length	Hüftlänge *f*	longueur *f* aux hanches	lunghezza *f* al fianco
knee length	Knielänge *f*	longueur *f* au genou	lunghezza *f* fino al ginocchio
microlength	Mikrolänge *f*	microlongueur *f*	microlunghezza *f*
midilength	Midilänge *f*	longueur *f* midi	lunghezza *f* midi
minilength	Minilänge *f*	longueur *f* mini	lunghezza *f* mini
nine-tenths length	Neunzehntellänge *f*	longueur *f* 9/10	lunghezza *f* 9/10
seven-eighths length	Siebenachtellänge *f*	longueur *f* 7/8	lunghezza *f* 7/8
three-quarters length	Dreiviertellänge *f*	longueur *f* trois-quarts	lunghezza *f* tre quarti
waist length	Taillenlänge *f*	longueur *f* à la taille	lunghezza *f* fino alla vita

Abbildung 12a

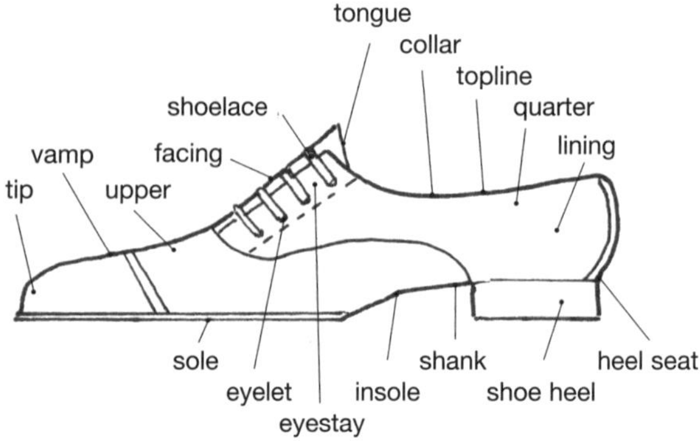

Abbildung 12b

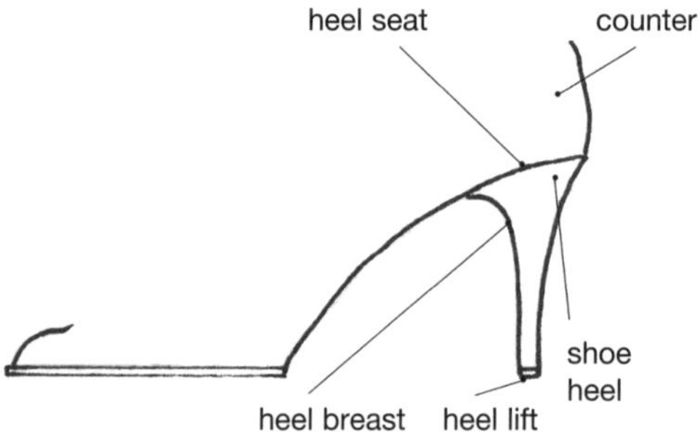

Abbildung 12a, 12b

EN	DT	FR	IT
collar	Kragen *m*	col *m*	collo *m*
counter (outside counter)	Hinterkappe *f*	talonnette *f* de tige	sperone *m*
eyelet	Öse *f*	œillet *m*	occhiello *m*
eyestay [facing stay]	Ösenunterlage *f*	sous-œillet *m*	sottocchielli *m*
facing (of shoe)	Ösenteil *n*	garant *m*	riporto *m*
heel breast	Absatzfront *f*	gorge *f* d'un talon	avantacco *m*
heel lift [the top piece]	Absatzoberfleck *m*	bonbout *m*	sopratacco *m*
heel seat (of shoe)	Absatzfersenbett *n*	emboîtage *m* du talon	corona *f* del tacco
insole	Brandsohle *f*	première *f*	sottopiede *m*
lining	Futter *n*	doublure *f*	fodera *f*
quarter (of shoe)	Schaftrückteil *n*	quartier *m*	quartiere *m*
shank	Gelenkfeder *f*	cambrion *m*	cambrione *m*
shoe heel	Schuhabsatz *m*	talon *m* d'une chaussure	tacco *m* di una scarpa
shoelace	Schnürsenkel *m*	lacet *m* de chaussure	stringa *f* da scarpe
sole	Sohle *f*	semelle *f*	suola *f*
tip	Spitze *f*	pointe *f*	punta *f*
tongue	Zunge *f*	languette *f*	linguetta *f*
topline [the top band of the lining]	Futterauflage *f*	revers *m* de dou-blure	bordatura *f* di fodera
upper (of shoe)	Schaft *m*	tige *f*	tomaia *f*
vamp	Blatt *n*	claque *f*	mascherina *f*

Abbildung 13a

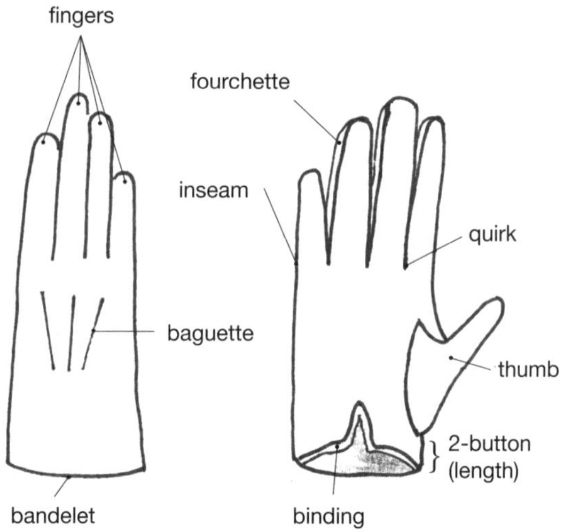

Abbildung 13b

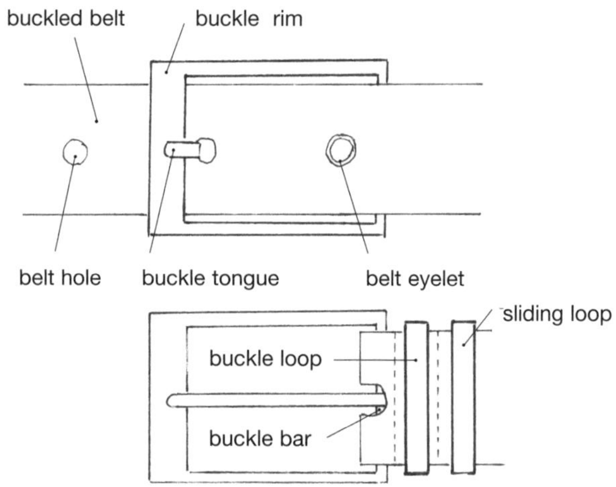

Abbildung 13a, 13b

EN	DT	FR	IT
2-button (length)	Zweiknopflänge *f*	longueur *f* de deux boutons	lunghezza *f* di 2 bottoni
baguette	Aufnaht *f*	baguette *f* de gant	cucitura *f* ornamentale di guanto
bandelet(te)	Handschuhsaum *m*	bord *m* d'un gant	orlo *m* di un guanto
belt eyelet	Gürtelöse *f*	œillet *m* de ceinture	foretto *m* di cintura
belt hole	Gürtelloch *n*	trou *m* d'une ceinture	foro *m* di una cinghia
binding	Einfassband *n*	ruban *m* de bordage	nastro *m* di bordatura
buckle bar	Schnallenmittelsteg *m*	barrette *f* d'une boucle	puntello *m* di una fibbia
buckle loop	Schnallenschlaufe *f*	passant *m* de la boucle	passante *m* della fibbia
buckle rim	Schnallenbügel *m*	barrette *f* de boucle	archetto *m* di fibbia
buckle tongue	Schnallendorn *m*	ardillon *m* de boucle	ardiglione *m* di fibbia
buckled belt	Schnallengürtel *m*	ceinture *f* à boucle	cintura *f* con fibbia
finger	Finger *m*	doigt *m*	dito *m*
fourchette	Schichtel *f/n*	fourchette *f* (de gant)	fourchette *f* (del guanto)
inseam (of glove)	Innennaht *f* eines Handschuhs	couture *f* intérieur pour les gants	cucitura *f* interna per guanti
quirk	Handschuhzwickel *m*	pièccette *f* triangulaire de gant	gherone *m* di guanto
sliding loop	lose Gürtelschlaufe *f*	coulant *m* d'une ceinture	passante *m* scorrevole di una cintura di pelle
thumb	Daumen *m*	pouce *m*	pollice *m*

Deutscher Index

A

B

C

D

G

H

I

L

M

N

O

P

Q

R

S

Z

Index français

A

B

C

D

E

F

G

H

I

J

K

N

O

Q

R

S

T

U

V

Z

Indice italiano

A

B

C

G

H

I

J

K

L

Q

R

S

T

U

V

W

Z

Nützliche Internet-Links

Deutsche Fachverbände	
Arbeitgeberverband der Textil-industrie in Aachen und Umgebung	E-Mail: norbert.wilkens@vuvaachen.de
Arbeitgeberverband der Textil industrie von Düren, Jülich, Euskirchen und Umgebung	E-Mail: h.sowka@vivdueren.de
Bundesverband der deutschen Schuhindustrie e.V.	E-Mail: info@hds-schuh.de www.hds-schuh.de
Bundesverband des Deutschen Lederwareneinzelhandels e.V.	E-Mail: Info@ledewareneinzelhandel.de www.lederwareneinzelhandel.de
Bundesverband des Deutschen Schuheinzelhandels e.V.	E-Mail: info@bdse.org www.bdse.org
Bundesverband des Deutschen Seiler- und Netzmacherhandwerks e.V.	E-Mail: info@bv-seiler.de www.bv-seiler.de
Bundesverband des Deutschen Textileinzelhandels e.V.	E-Mail: info@bte.de www.bte.de
Bundesverband des Deutschen Versandhandels e.V.	E-Mail: info@versandhandel.org www.versandhandel.org
Bundesverband Lederwaren und Kunststofferzeugnisse eV.	E-Mail: info@lederwarenverband.de www.lederwarenverband.de
Deutscher Naturfaserverband e.V.	E-Mail: info@naturfaserverbund.de www.naturfaserverband.de
Deutscher Pelz- Groß- und Außen-handelsverband e.V.	E-Mail: bs@fur-fashion-frankfurt.de www.deutscherpelzverband.de
Deutsches Mode-Institut e.V.	E-Mail: info@deutschesmodeinstitut.de http//www.deutschesmodeinstitut.de
EFG	E-Mail: efg@bte.de www.bte.de/bte/der-bte/EFG.php
Einzelhandelsverband des Freistaates Thüringen e.V.	E-Mail: lv-thueringen@einzelhandel.de www.ehvthueringen.de
Einzelhandelsverband Nord e.V.	E-Mail: info@ehv-nord.de www.ehv-nord.de
Einzelhandelsverband Nordrhein-Westfalen	E-Mail: info@einzelhandelnrw.de www.einzelhandelnrw.de
Einzelhandelsverband Nordsee Bremen e.V.	E-Mail: ehvnordseebremen@t-online.de www.einzelhandelsverband-bremen.de

Europäische Vereinigung der Spitzenverbände des Textileinzelhandels, AEDT	E-Mail: info@aedt.org www.aedt.org
Fachverbände des Hamburger Einzelhandels e.V.	E-Mail: info@fhe.de www.fhe.de
GermanFashion Modeverband Deutschland e.V.	E-Mail: info@germanfashion.net www.germanfashion.net
GermanFashion Modeverband Deutschland e.V. BESPO-Gruppe	E-Mail: info@germanfashion.net www.germanfashion.net
Gesamtverband der deutschen Maschenindustrie – Gesamtmasche e.V.	E-Mail: info@gesamtmasche.de www.gesamtmasche.de
Gesamtverband der deutschen Textilveredlungsindustrie e.V.	E-Mail: info@tvi-verband.de www.tvi-verband.de
Gesamtverband Leinen e. V.	E-Mail: info@gesamtverband-leinen.de www.gesamtverband-leinen.de
Handelsverband Berlin-Brandenburg e.V.	E-Mail: info@hbb-ev.de www.hbb-ev.de
Handelsverband des Deutschen Einzelhandels e.V.	E-Mail: hde@einzelhandel.de www.einzelhandel.de
Handelsverband Sachsen e.V.	E-Mail: hvs-land@handel-sachsen.de www.handel-sachsen.de
Industrieverband Technische Textilien – Rollladen – Sonnenschutz e.V.	www.cms.bktex.com
Industrieverband Veredlung – Garne – Gewebe – Technische Textilien e.V.	E-Mail: info@ivgt.de www.ivgt.de
Industrievereinigung Chemiefasern e.V.	E-Mail: ivc@ivc-ev.de www.ivc-ev.de
Interessenverbund ModeCentren e.V.	E-Mail: info@fashionconsulting.eu www.modecentren-imc.de
Kreishandwerkerschaft Düsseldorf	E-Mail: info@kh-duesseldorf.de www.kh-duesseldorf.de
Landesverband des Bayerischen Einzelhandels e.V.	E-Mail: info@lbe.de www.lbe.de/index2.php4
Landesverband des Hessischen Einzelhandels e.V.	E-Mail: info@einzelhandel-hessen.de www.einzelhandel-hessen.de
Landesverband Einzelhandel Rheinland-Pfalz e.V.	E-Mail: lv-rheinland-pfalz@einzelhandel.de www.einzelhandel-rlp.de
Landesverband Einzelhandel und Dienstleistung Saarland e.V.	E-Mail: mail@einzelhandel-saarland.de www.einzelhandel-saarland.de
SachsenLeinen GmbH	E-Mail: info@sachsenleinen.de www.sachsenleinen.de

Unternehmerverband Einzelhandel Niedersachsen e.V.	E-Mail: info@einzelhandel-niedersachsen.de www.einzelhandel-niedersachsen.de
Verband der Bayerischen Textil- und Bekleidungsindustrie	E-Mail: info@vtb-bayern.de www.vtb-bayern.de
Verband der Damenoberbekleidungsindustrie e.V.	E-Mail: info@germanfashion.net www.germanfashion.net
Verband der Deutschen Heimtextilien-Industrie e.V.	E-Mail: info@heimtex.de www.heimtex.de
Verband der Deutschen Lederindustrie e.V.	E-Mail: Info@vdl-web.de www.vdl-web.de
Verband der Kaufleute Sachsen-Anhalt e.V.	Email: vdk@bzeonline.de www.handel-sachsen-anhalt.de
Verband der Nord-Ostdeutschen Textil- und Bekleidungsindustrie e.V.	E-Mail: vti@vti-online.de www.vti-online.de
Verband der Nordwestdeutschen Textil- und Bekleidungsindustrie e.V.	E-Mail: info@textil-bekleidung.de www.textil-nord-west.de
Verband der Rheinischen Textilindustrie e.V.	E-Mail: info@vbu-net.de www.vbu-net.de
Verband der Südwestdeutschen Textil- und Bekleidungsindustrie – Südwesttextil e.V.	E-Mail: info@suedwesttextil.de www.suedwesttextil.de
Verband der Textil- und Bekleidungsindustrie Hessen, Rheinland-Pfalz und Saarland e.V.	E-Mail: info@verband-textil-bekleidung.de www.verband-textil-bekleidung.de
Verband Deutscher Mode- und Textildesigner e.V.	E-Mail: vdmd@fashiondesign.de www.vdmd.de/de
Verein Deutscher Maschinen- und Anlagenbau e.V.	E-Mail: isabel.sabir@vdma.org www.vdma.de
Vereinigung der Textilindustrie von Berlin e.V.	E-Mail: bkitex.berlin@berlin.de
Vereinigung des Wollhandels e.V.	E-Mail: info@ivgt.de www.ivgt.de
Zentralstelle für Berufsbildung im Handel e.V.	E-Mail: info@zbb.de web.zbb.de
Zentralverband des deutschen Kürschnerhandwerks	E-Mail: zv-kuerschner@kreishandwerkerschaft-kl.de www.kuerschner-verband.de
Zentralverband des Deutschen Schuhmacherhandwerks e.V.	E-Mail: info@schuhmacherhandwerk.de www.schuhmacherhandwerk.de

Ausbildungsstätten mit Studiengang Mode- u. Textildesign	
Baden-Württemberg	
Hochschule Albstadt-Sigmaringen Fakultät Engineering Studiengang Bekleidungstechnik	www.hs-albsig.de/bkt
Hochschule für Gestaltung Schwäbisch Gmünd	www.hfg-gmuend.de
Hochschule Konstanz Hochschule für Technik, Wirtschaft und Gestaltung Fachbereich Architektur und Gestaltung	www.fh-konstanz.de/Architektur-und-Gestaltung.66.0.html
Hochschule Mannheim Fakultät für Gestaltung	www.gestaltung.hs-mannheim.de/designwiki
Hochschule Pforzheim Fachbereich Gestaltung	www.hs-pforzheim.de/De-de/Gestaltung/Seiten/Bereich.aspx
Hochschule Reutlingen Fachbereich Textil und Design	www.td.reutlingen-university.de
Modeschule Holzenbecher	www.modeschule-holzenbecher.de
Private Modeschule Albstadt	www.private-modeschule.de
Schule für Farbe und Gestaltung Stuttgart	www.farbegestaltung.de
Staatliche Akademie der Bildenden Künste Stuttgart Studiengang Textilgestaltung	www.textilgestaltung.abk-stuttgart.de
Staatliche Hochschule für Gestaltung Karlsruhe Institut für Kunstwissenschaft und Medientheorie	kunstwissenschaften.hfg-karlsruhe.de
Bayern	
Akademie der Bildenden Künste in Nürnberg	www.adbk-nuernberg.de
Akademie der Bildenden Künste München	www.adbk.de/index.php
AMD Akademie Mode & Design GmbH	www.amdnet.de/amd_muenchen.html
Bekleidungsfachschule Aschaffenburg e.V.	www.bekleidungsfachschule.de
Deutsche Meisterschule für Mode	www.fashionschool.de
ESMOD	www.esmod.de/muenchen
Fachhochschule Würzburg-Schweinfurt, Fakultät Gestaltung	rzwwwneu.fh-wuerzburg.de/fh/fb/gestaltung/index1.html

Georg-Simon-Ohm-Hochschule Nürnberg	www.ohm-hochschule.de/seitenbaum/home/fakultaeten/design/page.html
Hochschule Augsburg Fakultät für Gestaltung	www.hs-augsburg.de/gestaltung
Hochschule Hof Fakultät Textil und Design	www.fh-hof.de/textildesign.476.0.html
Hochschule München Fakultät für Design	www.design.hm.edu
Berlin	
AMD Akademie Mode & Design GmbH	www.amdnet.de/berlin8.html
BEST-Sabel-Bildungszentrum GmbH	www.best-sabel.de/Designschule/BEST-Sabel_Berufsfachschule_Design.php
ESMOD	www.esmod.de/berlin
Fachhochschule Potsdam Fachbereich Design	www.design.fh-potsdam.de
Hochschule für Technik und Wirtschaft Berlin, Fachbereich Gestaltung	www2.f5.htw-berlin.de
Lette-Verein Berufsfachschule für Design Foto – Grafik – Mode	www.lette-verein.de/fgm
Oberstufenzentrum Bekleidung und Mode	www.osz-bekleidung-mode.de
Universität der Künste Studiengang Industrial Design Institut für experimentelles Bekleidungsdesign	www.design.udk-berlin.de/Modedesign/HomePage
Weißensee Kunsthochschule Berlin Fachbereich Mode-Design	www.kh-berlin.de/index.php5?groupID=4&Action=showGroup
Bremen	
Hochschule für Künste Bremen Fachbereich Kunst und Design	www.hfk-bremen.de/index.php?id=21
Hamburg	
Akademie JAK Modedesign	neu.jak-network.de/files/index_blank.php?seite=7&folge=00
AMD Akademie Mode & Design GmbH, Private Berufsfachschule	www.amdnet.de/hamburg9.html
Hochschule für Angewandte Wissenschaften Hamburg Fakultät Design Medien und Information, Department Design	www.design.haw-hamburg.de

M3-MenschenMachenMode e.V. Berufsfachschule – Maßschneiderei und Modedesign – Ergänzungsschule	www.m3-menschenmachenmode.de
Hessen	
Frankfurter Schule für Bekleidung und Mode	www.modeschule.de
Hochschule Darmstadt Fachbereich Gestaltung	www.fbg.h-da.de
Hochschule für Gestaltung Offenbach am Main	www.hfg-offenbach.de
Hochschule RheinMain Wiesbaden Fachbereich Design Informatik Medien	www.hs-rm.de/dcsm
Kunsthochschule Kassel	www.kunsthochschule-kassel.de/willkommen
Modeinstitut Gabriel	www.modeinstitut.de
Schule für Mode. Grafik. Design.	www.schule-fuer-mgd.de
Mecklenburg-Vorpommern	
Hochschule Wismar Fakultät Gestaltung	www.fg.hs-wismar.de
Niedersachsen	
Fachhochschule Bielefeld Fachbereich Gestaltung	www.fh-bielefeld.de/fb1
Fachhochschule Hannover Abteilung Design und Medien Modedesign	www.fakultaet3.fh-hannover.de/studium/bachelor/modedesign/index.html
Fachhochschule Hildesheim/Holzminden/Göttingen Fakultät Gestaltung	www.hawk-hhg.de/gestaltung
Fahmoda GmbH Akademie für Mode & Design	fahmoda.de
Hochschule für Bildende Künste Braunschweig Institut für Kunstwissenschaft	kuwi.hbk-bs.de
Nordrhein-Westfalen	
AMD Akademie Mode & Design GmbH	www.amdnet.de/duesseldorf9.html
Bergische Universität Wuppertal Fachbereich Design und Kunst	www.uni-wuppertal.de/fachbereiche/fachbereich_f/
Fachhochschule Aachen Fachbereich Gestaltung	www2.design.fh-aachen.de

Fachhochschule Dortmund Fachbereich Design	www.fh-dortmund.de/de/studi/fb/2/ index.php
Fachhochschule Düsseldorf Fachbereich Design	design.fh-duesseldorf.de/a_aktuelles
Fachhochschule Köln Köln International School of Design	kisd.de
Fachhochschule Münster Fachbereich Design	www.fh-muenster.de/fb7/index.php
Hochschule Niederrhein Fachbereich Textil- und Bekleidungstechnik	www.hs-niederrhein.de/fachbereiche/fb07
Private Modeschule Düsseldorf	www.private-modeschule.de
Universität Duisburg-Essen Institut für Kunst- und Design- wissenschaften	www.uni-due.de/kunst-design/ ikud_start.shtml
Rheinland-Pfalz	
Fachhochschule Kaiserslautern Fachbereich Bauen und Gestalten	www.fh-kl.de/fachbereiche/bg/bg0.html
Fachhochschule Mainz Designlabor Gutenberg Institut des Fachbereichs Gestaltung Studiengang Design	www.designlabor-gutenberg.de/ front_content.php
Fachhochschule Trier Fachbereich Gestaltung Studiengang Modedesign	www.fh-trier.de/index.php?id=460
Hochschule der Bildenden Künste Saar	www.hbksaar.de
Sachsen	
Hochschule für Grafik und Buchkunst Leipzig Studiengang Buchkunst/Grafik-Design	www.hgb-leipzig.de
Hochschule für Technik und Wirt- schaft Dresden, Fakultät Gestaltung	www.htw-dresden.de/gwww/de
Westsächsische Hochschule Zwickau Fakultät Angewandte Kunst Schnee- berg	whz-cms-01.zw.fh-zwickau.de/ index.php?id=694
Sachsen-Anhalt	
Burg Giebichenstein Hochschule für Kunst und Design Halle	www.burg-halle.de/mode-textil.html
Hochschule Anhalt Fachbereich Design	www.design.hs-anhalt.de

Schleswig-Holstein	
Muthesius Kunsthochschule Design	www.muthesius-kunsthochschule.de/ de/design/
Schulen im Ausland	
Aalto University School of Art and Design (Helsinki)	www.taik.fi/mo/english
Akademia Sztuk Piknych (Łódź)	www.asp.lodz.pl
Artesis Hogeschool Antwerpen Koninklijke Academie voor Schone Kunsten Fashion Department (Antwerp)	www.antwerp-fashion.be
Central Saint Martins University of the Arts London Fashion and Textiles	www.csm.arts.ac.uk/courses/37593.htm
ESMOD (Paris)	www.esmod.com/en
Gerrit Rietveld Academie (Amsterdam)	www.gerritrietveldacademie.nl/en/fashion
Hochschule für Gestaltung und Kunst Institut Mode-Design (Basel)	www.fhnw.ch/hgk/imd
NABA – Nuova Accademia di Belle Arti Milano	www.naba.it
Universität für angewandte Kunst Wien Mode	www.dieangewandte.at